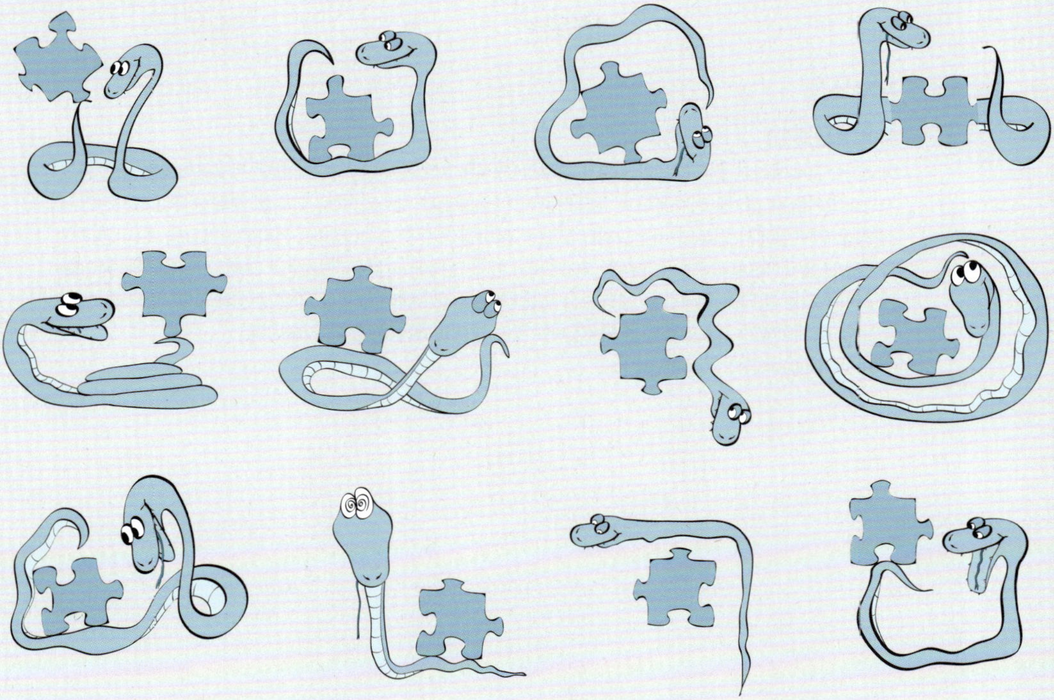

파이썬 알고리즘

ALGORITHMS in PYTHON

최영규 지음

생능출판

저자 소개

최영규(崔濚圭)

한국기술교육대학교 컴퓨터공학부에서 교수로 재직하고 있습니다. 경북대학교 전자공학과를 졸업하고 한국과학기술원 전기및전자공학과 컴퓨터공학 연구실에서 석사와 박사 학위를 취득한 후 LG산전연구소 영상 연구실에서 컴퓨터 비전과 3D 모델링 분야를 연구했습니다. 한국전자통신연구원 초빙 연구원과 GWU 및 UTSA에서 방문교수를 거쳤으며, 현재 대학에서 컴퓨터 비전과 그래픽스, 딥러닝 분야를 연구하는 지능 미디어 연구실을 운영하고 있습니다. 소프트웨어 교육에 많은 관심을 갖고 있으며, 학생들이 쉽고 재미있게 프로그래밍을 공부할 수 있는 방법을 열심히 찾고 있습니다.

E-mail: ykchoi@koreatech.ac.kr

파이썬 알고리즘

초판발행 2021년 1월 28일
제1판3쇄 2025년 7월 31일

지은이 최영규
펴낸이 김승기, 김민수
펴낸곳 (주)생능출판사 / **주소** 경기도 파주시 광인사길 143
출판사 등록일 2005년 1월 21일 / **신고번호** 제406-2005-000002호
대표전화 (031)955-0761 / **팩스** (031)955-0768
홈페이지 www.booksr.co.kr

책임편집 신성민 / **편집** 이종무, 최동진 / **디자인** 유준범, 노유안
마케팅 최복락, 심수경, 차종필, 백수정, 송성환, 최태웅, 명하나, 김민정
인쇄 · 제본 새한문화사

ISBN 978-89-7050-479-7 93000
정가 27,000원

머리말

현대 사회를 살아가고 있는 우리에게 '알고리즘'은 더 이상 낯선 단어가 아닙니다. 알고리즘이 컴퓨터 분야에서 코딩과 소프트웨어 개발을 위한 핵심이지만 체계적으로 생각하는 방법을 다룬다는 측면에서 공학은 물론이고 자연과학, 사회과학, 경영학 등 거의 모든 분야에서 중요하기 때문입니다.

알고리즘은 자료구조와 함께 컴퓨터 분야에서 매우 중요하고 기초적인 과목이지만 개념을 정확히 이해하는 것은 물론이고 코딩을 통한 구현 능력도 함께 요구되기 때문에 학생들이 어려워하는 과목이기도 합니다. 이 책은 알고리즘을 보다 쉽고 재미있게 공부하고 다양한 문제 해결에 활용할 수 있도록 하는데 초점을 맞추었습니다. 이를 위해 역점을 두었던 사항들은 다음과 같습니다.

- **파이썬을 이용해 알고리즘을 설명**하였습니다. 파이썬은 C나 자바 등에 비해 훨씬 간결하게 알고리즘의 핵심적인 사항들을 표현할 수 있기 때문에 코드의 이해가 훨씬 쉽고, 특히 알고리즘을 바로 실행하여 동작을 확인할 수 있다는 강력한 장점이 있습니다.
- 문제 중심이 아니라 **알고리즘 설계 전략을 중심으로 구성**하였습니다. 예를 들어, 정렬 문제를 여러 가지 전략으로 해결할 수 있는데, 정렬을 하나의 장에서 다루는 것이 아니라 사용되는 전략에 따라 여러 장에 나누어 설명하고 있습니다. 이것은 단순히 하나의 알고리즘을 익히는 것이 아니라 체계적으로 생각하는 방법을 공부하기 위한 것입니다.
- 알고리즘의 **핵심 아이디어와 동작 원리를 자세하게 설명**하였으며, 지루하지 않고 내용을 보다 쉽게 이해할 수 있도록 적절한 **그림들을 충분히 사용**하였습니다. 또한 모든 코드를 완전한 형태로 제공하여 바로 실행할 수 있도록 하는 등, 최대한 쉬운 교재를 만들고자 노력하였습니다.
- 최대한 **다양한 문제를 다루고 충분한 연습문제를 제공**하려고 노력하였습니다. 개념의 이해를 묻는 간단한 문제에서부터 본문의 알고리즘을 확장한 다양한 문제들을 통해 취업을 위한 코딩 테스트에 대비할 수 있도록 하였습니다.
- 파이썬에 익숙하지 않더라도 **C언어에 대한 기본적인 지식만 있으면 충분히 학습**할 수 있는 책이 되도록 노력하였습니다. 특별한 파이썬 문법들은 코드에서 사용될 때마다 충분히 설명하려고 노력했습니다.

이 책이 만들어지기까지 많은 분들의 도움이 있었습니다. 출판을 위해 적극적으로 지원해 주신 생능출판사 가족들께 감사를 드립니다. 이 시간에도 나라를 지키고 있을 항상 든든하고 자랑스러운 아들 진영이와 유쾌하고 활기찬 제목을 제안해준 사랑스런 딸 민영이, 그리고 늘 곁에서 묵묵히 남편을 지지하고 응원해주는 사랑하는 아내에게 진심으로 감사를 드립니다. 항상 막내를 배려해주시는 형님과 두 누님들께 늘 감사드리며, 얼마 전 하늘나라로 떠나셔서 이제 아버지와 함께 다정히 자식들을 내려다보실 보고 싶은 어머니께 사랑한다는 말씀을 올립니다. 한없는 사랑으로 평생을 자식을 위해 살아가신 사랑하는 아버지와 어머니께 이 책을 바칩니다.

2021년 1월

최영규

이 책의 특징

파이썬을 이용한 알고리즘 설명

알고리즘을 파이썬으로 설명하므로 알고리즘 코드가 매우 간결합니다. 복잡한 알고리즘도 핵심 아이디어와 동작을 훨씬 쉽고 명확하게 이해할 수 있습니다.

알고리즘 7.7 최장 공통 부분순서(순환 구조)

```
def lcs_recur(X, Y, m, n):
    if m == 0 or n == 0:                # base case
        return 0
    elif X[m-1] == Y[n-1]:              # case 1: x_m == y_n
        return 1 + lcs_recur(X, Y, m-1, n-1)
    else:                               # case 2
        return max(lcs_recur(X, Y, m, n-1), lcs_recur(X, Y, m-1, n))
```

알고리즘을 바로 테스트

알고리즘은 완전한 형태로 제공하며, 실제 문제에 바로 적용하고 결과를 보입니다. 따라서 동작의 완전한 이해와 활용에 큰 도움이 됩니다.

알고리즘 테스트 미로탐색(백트래킹)

```
maze = [[ ...]...]              # 미로맵
solve_maze(maze, 3, 0)
```

C:₩WINDOWS₩system32₩cmd.exe

```
[0, 0, 0, 1, 0, 0, 0, 0, 0, 0, 0]
[0, 0, 0, 1, 0, 0, 0, 1, 1, 1, 0]
[0, 0, 0, 1, 1, 1, 0, 1, 0, 1, 0]
[0, 0, 0, 0, 0, 1, 0, 1, 0, 1, 0]
[0, 0, 0, 0, 0, 1, 0, 1, 0, 1, 1]
[0, 0, 0, 0, 0, 1, 1, 1, 0, 0, 0]
[0, 0, 0, 0, 0, 0, 0, 0, 0, 0, 0]
[0, 0, 0, 0, 0, 0, 0, 0, 0, 0, 0]
[0, 0, 0, 0, 0, 0, 0, 0, 0, 0, 0]
```

최종 경로

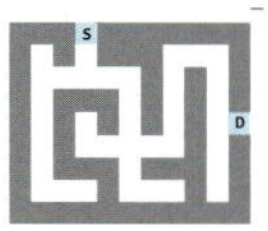

그림을 이용한 개념 전달

많은 그림과 삽화를 수록하였습니다. 따라서 알고리즘의 핵심 아이디어를 보다 쉽게 이해할 수 있고, 학습자들이 주로 하는 질문과 답변을 재미있게 확인할 수 있습니다.

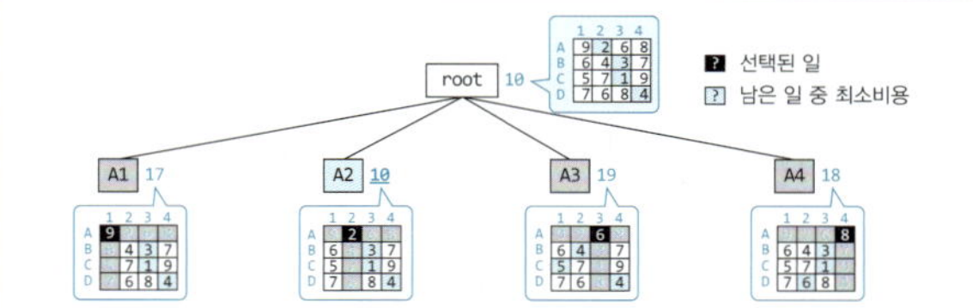

헬로 파이썬 박스 제공

약간 독특한 파이썬 문법들은 헬로 파이썬 박스에서 자세히 설명하였습니다. 파이썬이 친숙하지 않더라도 한 단계씩 따라가다 보면 알고리즘을 이해할 수 있을 것입니다.

파이썬 슬라이스 기능

파이썬의 슬라이스 기능은 리스트(또는 튜플)의 원소 일부를 연속해서 또는 일정한 간격으로 꺼내 새로운 리스트를 만드는 것을 말한다. 리스트를 A라 하면, A[from:to] 또는 A[from:to:step]으로 사용할 수 있는데, from은 시작 인덱스, to는 마지막 인덱스 바로 다음, 그리고 step은 간격을 말한다. 사용 예는 다음과 같다.

```
A = [ 7, 10, 4, 3, 20, 15, 30 ]
A[2:6]          # from=2, to=5, step=1 : [ 4, 3, 20, 15]
A[2:6:2]        # from=2, to=6, step=2 : [ 4, 20 ]
```

잠깐만!!과 심화 학습 박스 제공

참고로 알아두면 좋을 내용과 보충 설명을 위해 잠깐만!! 박스를 제공합니다. 또한 "증명"과 같이 이론적이고 더 수준이 있는 내용들은 심화 학습 박스로 분리하였습니다.

잠깐만!! 자료구조 리스트와 파이썬 리스트

자료구조 리스트와 파이썬 리스트란 용어를 정리해 보자. 먼저, 자료구조 리스트는 그림 1.11과 같은 개념적인(추상적인) 리스트를 의미한다. 파이썬의 리스트는 자료구조 리스트를 구현한 하나의 예이다. 즉, 파이썬의 리스트는 자료구조 리스트를 배열 구조로 구현한 예이다. 이들 용어의 의미를 잘 구분해서 사용해야 한다.

다양한 연습문제

알고리즘의 이해를 묻는 간단한 문제에서부터 본문의 내용을 확장한 심도 있는 수준까지 다양한 문제들을 제공합니다. 어려운 연습문제에는 별표(*)로 난이도를 표시하였습니다.

연습문제

1 알고리즘 4.3의 삽입 정렬을 순환 구조(하향식)로 기술해 보라.

2 리스트 A, L, G, O, R, I, T, H, M을 삽입 정렬을 이용해 오름차순으로 정렬하라.

강의 계획안

알고리즘은 다루어야 하는 내용이 많아 강의 계획을 세우기가 까다롭습니다. 만약 컴퓨터나 관련 전공 3학년 이상의 전공자를 대상으로 하고, 한 학기를 15주로 가정한다면 다음이 가장 일반적인 강의 진행일 것입니다.

주	주제	장
1	강의 소개	1장
2	알고리즘 개요	1장
3	알고리즘 효율성 분석	2장
4	억지 기법과 완전 탐색	3장
5	축소 정복 기법	4장
6	분할 정복 기법(1)	5장
7	분할 정복 기법(2)	5장
8	중간고사	

주	주제	장
9	공간으로 시간벌기	6장
10	동적 계획법(1)	7장
11	동적 계획법(2)	7장
12	탐욕적 기법	8장
13	백트래킹과 분기 한정 기법	9장
14	NP-완전과 근사 알고리즘	10장
15	기말고사	

만약 비전공자나 저학년을 대상으로 한다면 진도를 좀 늦추는 것이 바람직할 것입니다. 이 경우 기본적인 자료구조와 파이썬(1.4절)을 좀 더 자세히 다루고, 모든 "알고리즘 테스트"에서 추가적인 입력들을 적용하여 결과를 예측하고 확인하는 것도 알고리즘의 이해를 위한 좋은 방법입니다. 이 경우, "증명" 등을 포함하는 "심화 학습"이나 9장과 10장의 내용은 생략하거나 간략히 다룰 수 있습니다. 혼자서 공부하는 비전공자도 같은 방법으로 학습할 수 있습니다.

취업준비생이라면 누구나 가고 싶어 하는 소프트웨어 관련 기업들에서 코딩 테스트가 매우 중요한 평가 수단이 되고 있습니다. 이 책에서 제공하는 다양한 문제와 파이썬으로 기술된 알고리즘 및 연습문제들을 통해 알고리즘 설계 전략들을 활용할 수 있다면 어떤 코딩 테스트도 자신 있게 대비할 수 있을 것입니다.

대상 독자

컴퓨터 관련 전공의 학생들은 물론이고, 주어진 일을 체계적으로 분석하고 보다 효율적인 방법으로 해결하고 싶어 하는 모든 이들을 대상으로 합니다. 이 책을 통해 알고리즘의 설계와 분석을 능력을 기르면 소프트웨어 관련 분야의 개발자나 연구자로서의 핵심 역량을 갖출 수 있습니다.

강의 보조 자료

생능출판사 홈페이지에서 '교수회원'으로 가입하신 분은 교수용 강의 보조 자료를 제공받을 수 있습니다. 홈페이지 상단의 '강의지원' 메뉴를 클릭하세요.

https://www.booksr.co.kr/

학습 순서

이 책의 각 장은 반드시 순서대로 공부하지 않아도 상관은 없습니다. 만약 이미 여러 가지 알고리즘을 잘 알고 있고 프로그래밍에 능숙한 독자라면 필요한 부분만을 선택적으로 찾아서 공부하는 것도 충분히 가능합니다. 그러나 가능하면 책의 순서대로 공부하기를 권장합니다. 알고리즘의 개념(1장)과 분석방법(2장)을 먼저 학습하고, 단순한 방법으로 문제를 해결하는 방법(3장)들을 이해한 다음에 여러 가지 알고리즘 설계 기법을 공부하는 것이 자연스러운 학습 순서입니다.

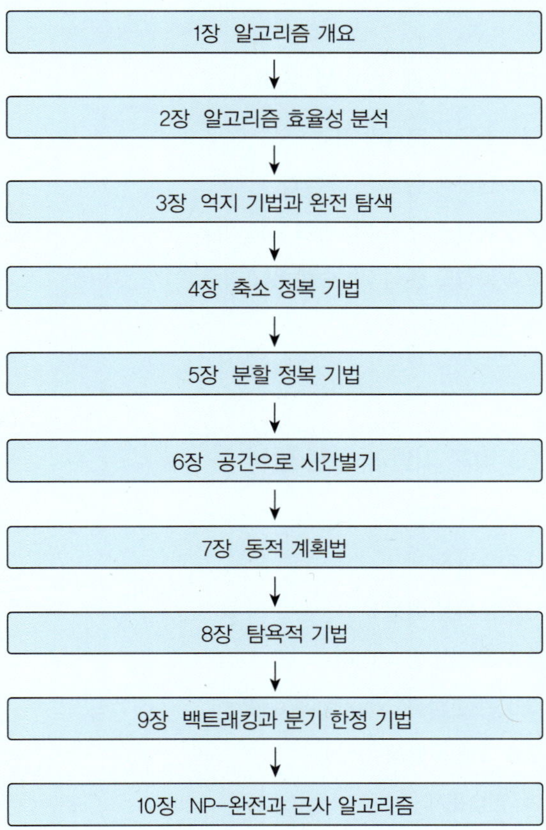

차례

CHAPTER 04 축소 정복 기법

CHAPTER 05 분할 정복 기법

CHAPTER 06 공간으로 시간벌기

CHAPTER 07 동적 계획법

CHAPTER 08 탐욕적 기법

CHAPTER 09 백트래킹과 분기 한정 기법

CHAPTER 10 NP-완전과 근사 알고리즘

알고리즘 목록

CHAPTER 01

알고리즘 개요

학습목표

- 알고리즘의 개념과 기술 방법들을 이해한다.
- 주어진 문제를 해결하기 위한 알고리즘 개발 과정을 이해한다.
- 컴퓨터로 해결해야 할 중요한 문제들의 유형을 이해한다.
- 자료구조와 알고리즘의 관계와 여러 가지 자료구조의 동작을 이해한다.
- 파이썬에서 제공하는 다양한 자료구조를 활용할 수 있다.

CHAPTER

1 알고리즘 개요

'알고리즘'이라는 단어가 미국이나 유럽이 아니라 9세기경 페르시아의 수학자 알-콰리즈미(al-Khwarizmi)의 이름에서 유래되었다는 것은 좀 생소할 것이다. 그러나 고도로 정보화된 시대를 살아가고 있는 우리에게 '알고리즘'은 더 이상 낯선 단어가 아니다. **알고리즘(algorithm)**은 해결해야 할 어떤 **문제**가 주어졌을 때, 이 문제의 해답을 구하기 위한 절차를 순서대로 명확하게 나타낸 것을 말한다.

두 개의 컵에 들어있는 음료를 서로 바꾸는 간단한 문제를 생각해 보자. 콜라와 사이다가 각각 담겨있는 두 개의 컵 A와 B의 내용물을 서로 바꾸려고 한다. 어떻게 할까? 일단, ❶ 용량이 충분한 새로운 컵이 하나 필요하다. 이 컵을 C라 하자. ❷ A의 콜라를 먼저 C로 모두 옮기고, ❸ B의 사이다를 비어있는 A에 모두 붓고, 마지막으로 ❹ C의 콜라를 모두 B에 옮기면 문제가 해결된다. 우리는 문제의 해를 구하는 하나의 알고리즘을 얻었다.

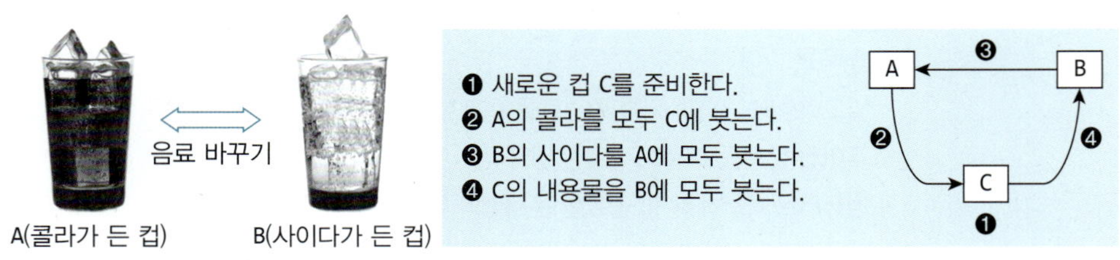

[그림 1.1] 컵의 음료를 서로 바꾸기 위해서도 "알고리즘"이 필요하다.

일반적으로 컴퓨터를 이용해 우리가 해결해야 하는 문제들은 변수 A와 B의 값을 교환하는 앞의 문제보다 훨씬 어렵고, 따라서 알고리즘도 복잡하다. 또한, 하나의 문제를 해결하기 위해서 매우 다양한 방법을 사용할 수도 있다. 즉, 동일한 문제에 대해서도 서로 다른 전략을 사용하는 다양한 알고리즘이 가능하며, 이들의 효율성은 매우 차이가 크다.

이 책에서는 다양한 문제를 제시하고 이들을 해결하기 위해 어떤 전략을 사용할 수 있는지, 그리고 이것을 어떻게 알고리즘으로 구체화할 수 있는지를 공부한다. 먼저 이 장에서는 알고리즘의 개념과 문제 해결 과정을 살펴보고, 컴퓨터 분야에서 중요하게 다루어지는 문제들의 유형과 이 책의 알고리즘에서 사용될 자료구조에 대해 간략히 살펴본다.

잠깐만!! 알-콰리즈미(al-Khwarizmi)

아부 압둘라 무함마드 이븐 무사 알-콰리즈미(al-Khwarizmi). '대수학(algebra)의 아버지'라 불리기도 한다. 페르시아 최초의 수학책을 만들었는데, 아라비아 숫자를 이용하여 최초로 사칙연산을 만들고 0과 위칫값을 사용한 수학자이며, 천문학, 수학, 지리학 분야의 많은 책을 저술하였다.

1.1 알고리즘이란?

■ 알고리즘의 정의와 조건

알고리즘(algorithm)은 주어진 문제를 해결하기 위한 단계적인 절차를 말한다. 컴퓨터에서는 어떤 일을 하는 절차를 표현하기 위해 명령어들을 사용하는데, 결국 알고리즘은 특정한 일을 수행하는 명령어의 집합으로 볼 수 있다. 이때 **명령어**(instruction set)란 컴퓨터에서 수행되는 문장들을 의미하는데, 이러한 문장들은 프로그래밍 언어의 종류나 스타일과는 관련이 없다. 즉, 알고리즘은 C언어나 Java, 파이썬 등과 같은 프로그래밍 언어와 상관없이 문제 해결 절차를 나타내는 명령어의 집합이다.

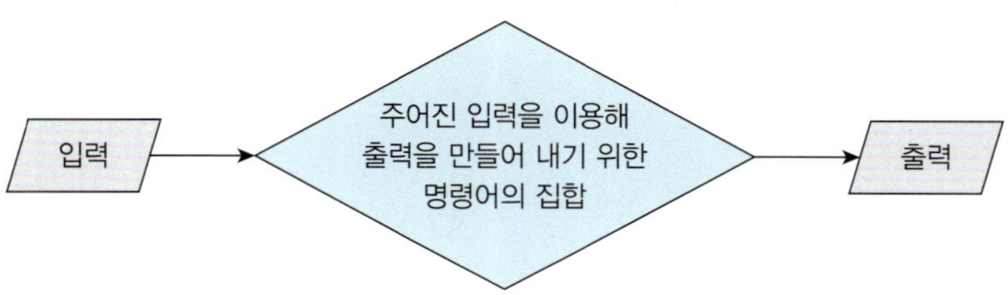

알고리즘

그렇다고 프로그래밍을 위해 작성된 모든 명령어의 집합이 알고리즘이 되는 것은 아니다. 알고리즘이 되기 위해서는 다음과 같은 조건들을 만족해야 한다.

정의 1.1 알고리즘의 조건

- **입력**(well-defined inputs): 알고리즘이 입력을 받는다면 모호하지 않고 잘 정의된 입력이어야 한다. 알고리즘은 0개 이상의 입력을 갖는다.
- **출력**(well-defined outputs): 출력은 명확하게 정의되어야 하며 1개 이상의 출력이 반드시 존재하여야 한다.
- **명확성**(clear and unambiguous): 각 명령어의 의미는 모호하지 않고 명확해야 한다.
- **유한성**(finiteness): 한정된 수의 단계 후에는 반드시 종료되어야 한다. 즉, 무한루프나 이와 유사한 상태로 끝나서는 안 된다.
- **유효성**(feasible): 명령어들은 현재 실행 가능한 연산이어야 한다. 미래에 개발될 기술 등을 포함해서는 안 된다.

알고리즘 대부분이 입력을 요구하지만 때로는 입력이 필요 없는 경우(예를 들어, 난수 발생 알고리즘)도 있다. 그렇지만 반드시 하나 이상의 출력은 있어야 한다. 의미가 모호한 명령어가 하나라도 포함된다면 알고리즘이 될 수 없다. 또 컴퓨터가 실행할 수 없는 명령어(예를 들면 0으로 나누는 연산)를 사용하면 역시 알고리즘이 아니다. 무한히 반복되는 명령어들의 집합도 알고리즘이 아니다.

알고리즘의 기술 방법과 파이썬

그렇다면 알고리즘은 어떻게 표현할 수 있을까? 네 가지 방법으로 알고리즘을 기술할 수 있다.

① 영어나 한국어와 같은 **자연어**를 사용하는 방법
② **흐름도**(flowchart)로 표시하는 방법
③ **유사코드**(pseudo-code)로 기술하는 방법
④ 특정한 프로그래밍 언어(예: C언어, Java, 파이썬)의 코드로 나타내는 방법

간단한 문제를 예로 들어보자. n개의 숫자가 들어있는 배열(또는 리스트) A에서 최댓값을 찾는 것이다. 이 문제에 대한 가장 간단한 해결 방법은 배열의 각 항목들을 순서대로 검사해 보는 것이다. 구체적인 절차를 생각해 보자.

먼저 최댓값을 저장할 변수를 하나 준비한다(이를 max라 하자). A의 첫 번째 항목을 일단 최댓값이라 생각하고 max에 복사한다. 다음으로 A의 나머지 항목들을 하나씩 max와 비교하여 그 항목이 더 크면 max에 복사한다. 결국, max에는 최댓값이 남고, 이것을 출력(반환)한다. 이제, 이 알고리즘을 네 가지 방법으로 기술해 보자.

자연어 표현

알고리즘 1.1 최댓값을 찾는 알고리즘(자연어로 표현)

```
find_max( A )
1. 리스트 A의 첫 번째 항목을 변수 max에 복사한다.
2. 리스트 A의 다음 항목들을 차례대로 max와 비교하여, max보다 더 크면 그 값을 max로 복사한다.
3. 배열 A의 모든 요소를 비교했으면 max를 반환한다.
```

이 방법은 표현이 자유롭고 편리하다는 장점이 있지만, 자칫 문장의 의미가 애매해질 수 있다. 따라서 사용되는 단어들의 의미를 정확히 해야만 알고리즘이 될 수 있다.

흐름도(flowchart) 표현

흐름도는 알고리즘의 절차들을 가장 정확하게 표현할 수 있다. 따라서 특허 명세서 등에서 많이 사용된다. 그렇지만 알고리즘이 조금만 길어도 그림이 너무 복잡해져 혼란스러워질 수 있다는 문제가 있다.

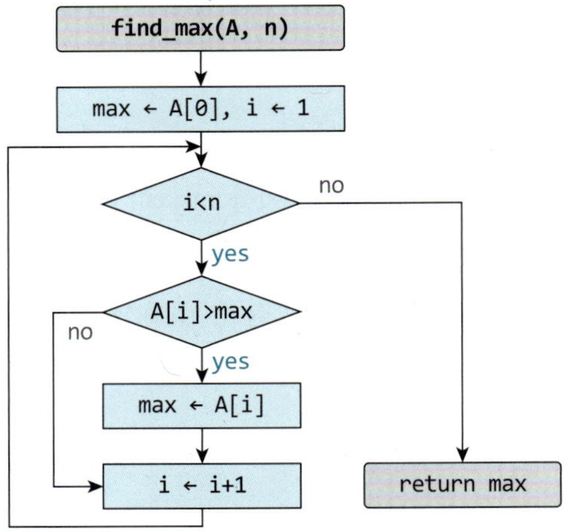

[그림 1.2] 흐름도로 표시한 알고리즘 예(배열에서 최댓값 찾기)

유사코드(pseudo code) 표현

알고리즘 1.2 최댓값을 찾는 알고리즘(유사코드로 표현)

```
find_max( A )
    max ← A[0]                          // ← 는 대입 연산을 의미함
    for i ← 1 to size(A) do
        if A[i]>max then
            max ← A[i]
    return max
```

유사코드는 자연어보다는 체계적이지만 프로그래밍 언어보다는 덜 엄격한 방법으로, 프로그래밍 언어에서 발생하는 구현상의 불필요한 표현들을 생략할 수 있어 논문이나 도서들에서 흔히 사용되는 알고리즘 표기법이다. 유사코드의 문법은 C와 같은 기존 언어의 문법과 유사하지만, 대입(할당) 연산자로 =이 아니라 ←를 사용하는 것에 유의해야 한다. =는 비교 연산자로 사용된다.

특정 프로그래밍 언어 표현

알고리즘 1.3 최댓값을 찾는 알고리즘(C언어 표현)

```
01 int find_max(int A[], int n) {       // 배열의 길이도 전달해야 함
02     int i, tmp=A[0];                  // 사용할 변수를 미리 선언해야 함
03     for( i=1 ; i<n ; i++ ) {          // 블록의 시작을 '{'로 표시함
04        if( A[i] > tmp ) {
05           tmp = A[i];                 // =를 대입 연산자로 사용하고,
06        }                              // 비교 연산자로는 ==를 사용함
07     }                                 // 중괄호 { }를 맞추어 주어야 함
08     return tmp;
09 }
```

1행: C언어 함수는 반환형이 명시되어야 하고, 매개변수의 자료형도 정확히 표시되어야 한다.

2행: C언어에서 변수들은 사용하기 전에 반드시 미리 선언해야 한다.

1~9행: 모든 블록은 중괄호 { }로 묶어야 하고, 괄호의 짝을 정확히 맞추어야 한다.

C언어와 같이 특정 프로그래밍 언어로 기술하면 알고리즘을 실행해 볼 수 있어 매우 편리하다. 그러나 이 방법은 선택한 프로그래밍 언어의 문법을 정확히 따라야 하므로 언어의 특징에 따른 많은 불필요한 표현들이 알고리즘 기술에 포함되어야 한다. 따라서 쉬운 알고리즘도 매우 복잡해 보일 수 있으며, 이러한 표현들이 알고리즘의 핵심적인 이해를 방해할 수도 있다.

파이썬을 이용한 표현

파이썬을 사용하면 다른 프로그래밍 언어들과 달리 알고리즘을 매우 간결하게 기술할 수 있다. 다음은 동일한 알고리즘을 파이썬으로 기술한 예이다.

알고리즘 1.4 최댓값을 찾는 알고리즘(파이썬 표현과 유사코드 표현 비교)

```
def find_max( A ):
    max = A[0]
    for i in range(len(A)) :
        if A[i] > max :
            max = A[i]
    return max
```

```
find_max( A )
    max ← A[0]
    for i ← 1 to size(A) do
        if A[i] > max then
            max ← A[i]
    return max
```

파이썬 표현과 유사코드 표현이 놀랍도록 유사하다. 대입 연산자('←' 대신에 '=' 사용)와 반복문의 문법 정도가 다르다. 파이썬을 자세히 공부하지 않았더라도 C언어의 기본 문법 정도만 이해하고 있다면 많은 파이썬 코드를 이해할 수 있을 것이다. 특히 파이썬으로 기술된 알고리즘은 바로 실행하여 결과를 확인할 수도 있다! 다음은 알고리즘 테스트 코드와 실행 결과를 보여준다.

알고리즘 테스트 최댓값 찾기

```
array = [ 20, 34, 12, 93, 84, 39, 64, 55, 24 ]
print(array, "최댓값=", find_max(array))
```

```
C:\WINDOWS\system32\cmd.exe
[20, 34, 12, 93, 84, 39, 64, 55, 24] 최댓값= 93
```

코드를 바로 실행할 수 있다는 것은 유사코드에 비해 포기할 수 없는 너무나 큰 장점이다. 이 책에서는 흐름도를 제외한 여러 알고리즘의 표현 방법들을 사용하는데, 대부분의 경우는 파이썬을 이용해 알고리즘을 제시하고 설명할 것이다. 이것은 최댓값 알고리즘의 예에서 볼 수 있듯이 파이썬이 언어적인 특성의 불필요한 표현들을 최소화하고 알고리즘을 최대한 간결하게 표현할 수 있도록 설계되었기 때문이다.

잠깐만!! 파이썬을 이용한 알고리즘 기술 방법에 대한 이견

유사코드 기술된 알고리즘을 공부하고, 파이썬이나 다른 언어로 구현하는 것이 옳다고 생각할 수도 있다. 실제로 많은 도서들이 이런 방법으로 기술되어 있다. 그러나 이 책에서는 중복적인 설명을 줄이고 알고리즘의 실행 결과를 바로 확인할 수 있는 방법으로 알고리즘을 기술하기 위해 파이썬을 주로 사용한다.

이 책에서의 파이썬 설명과 헬로 파이썬 박스

이 책에서는 파이썬 문법을 체계적으로 자세히 설명하지는 않는다. 그러나 C언어의 기본 문법을 이해하고 있다면 충분히 내용을 이해할 수 있도록 기술하려고 노력하였다. 또한, 파이썬의 특별한 모듈들이나 사용자 클래스 등은 가급적 사용하지 않고, 기본 문법과 내장 자료형들만을 이용하여 알고리즘을 설명한다. 간혹 특별한 모듈을 사용하거나 기존 언어의 문법과 차이가 있는 코드를 사용하면 그때마다 "헬로 파이썬" 박스에서 간략한 설명을 제공한다.

알고리즘 1.4의 range()와 len() 함수

알고리즘 1.4에서 매개변수 A는 파이썬 리스트인데, len(A)는 리스트 A의 길이를 반환하는 내장함수이다. A=[10, 20, 30, 40, 50]이면 len(A)는 5를 반환한다.

3행의 반복문 for ~ in에 사용된 range() 함수로 반복을 제어할 수 있다. for ~ in 문에서의 사용법의 예를 보자.

```
for i in range(5):          # i에 0, 1, 2, 3, 4가 순서대로 들어가 루프를 반복
```

range()는 시작(s)과 증가분(step)을 추가로 지정할 수 있다.

```
range(n)                    # 0 이상 n 미만의 수를 1씩 증가하여 차례로 나열
range(s, n)                 # s 이상 n 미만의 수를 1씩 증가하여 차례로 나열
range(s, n, step)           # s 이상 n 미만의 수를 step 간격으로 나열
```

약간 어려운 내용이지만, 실제로 range()는 이터러블(iterable) 객체를 반환하는 함수인데, 파이썬의 대표적인 이터러블 객체에는 리스트(list), 문자열(str), 튜플(tuple) 등이 있다.

최대 공약수 문제와 알고리즘

구체적인 문제와 이를 해결하는 알고리즘들을 찾아보자. 우리가 잘 알고 있는 최대 공약수 문제는 다음과 같이 정의된다.

문제 1.1 최대 공약수 문제

> 두 자연수 a와 b의 최대 공약수(greatest common divisor)를 구하라. a와 b의 최대 공약수는 a의 약수인 동시에 b의 약수인 숫자 중에서 가장 큰 수를 의미한다.

알고리즘 1: 정의를 직접 사용

최대 공약수는 어떻게 구할 수 있을까? 가장 먼저 떠오르는 방법은 최대 공약수의 정의에 따르는 것이다. 즉, a와 b의 모든 약수를 각각 구한 다음 공통적으로 포함된 가장 큰 약수를 찾으면 된다. 이 알고리즘을 자연어로 나타내면 다음과 같다.

60의 약수:	1	2	3	4	5	6	10	12	15	20	30	60
28의 약수:	1	2	4	7	14	28						
공통 약수:	1	2	4									
최대 공약수:			4									

[그림 1.3] 최대 공약수를 구하는 가장 직접적인 방법

알고리즘 1.5 최대 공약수를 구하는 알고리즘(두 수의 약수를 이용)

```
gcd(a, b)
1. a의 약수를 모두 찾아 리스트 alist에 저장한다.
2. b의 약수를 모두 찾아 리스트 blist에 저장한다.
3. alist와 blist에 공통적으로 들어 있는 가장 큰 숫자를 찾아 반환한다.
```

알고리즘은 제법 간단히 표현되었지만, 뭔가 할 일이 많이 남은 것 같다. 약수를 찾는 방법도 생각해 봐야 하고, 두 리스트에 공통적으로 들어있는 큰 수를 찾는 것도 만만치 않아 보인다. 좀 더 간단한 방법은 없을까?

알고리즘 2: 한 수의 약수만 구함

생각을 약간 바꾸어보면 두 수의 약수를 모두 구해놓을 필요가 없다는 것을 알 수 있다. 즉, a의 약수만을 구하고, 이들 중에서 가장 큰 수부터 b의 약수인지를 검사하는데, 만약 b의 약수이기도 하다면 이 수가 최대 공약수이다. 알고리즘은 다음과 같다.

60의 약수:	1	2	3	4	5	6	10	12	15	20	30	60
28을 60의 약수들로 나눈 나머지 (28%약수):				0	3	4	8	4	13	8	28	
나누어 떨어지는 가장 큰 약수:				4								

[그림 1.4] 최대 공약수를 구하는 약간 개선된 방법

알고리즘 1.6 최대 공약수를 구하는 알고리즘(한 수의 약수를 이용)

gcd(a, b)
1. a의 약수를 모두 찾아 리스트 alist에 저장한다.
2. alist의 가장 큰 수부터 차례대로 b의 약수인지를 검사한다. 만약 b의 약수이기도 하면 이 숫자를 반환한다.
3. 이 과정을 alist의 모든 숫자에 대해 반복한다.

여전히 할 일은 남았지만, 그래도 뭔가 단순해진 것 같다. 사실 효율도 알고리즘 1.5에 비해 훨씬 좋다. 알고리즘의 효율성은 2장에서 공부한다.

알고리즘 3: 유클리드 알고리즘

최대 공약수를 구하는 가장 좋은 방법은 기원전 300년경에 만들어져 "최초의 알고리즘"이라고도 불리는 **유클리드 알고리즘**(Euclid's algorithm)이다. 이 방법은 a와 b의 최대 공약수 gcd(a, b)를 구하기 위해 다음과 같은 정리를 이용한다(증명은 생략한다). 이때, 반드시 a가 b보다 작지 않아야 한다.

$$\gcd(a, b) = \gcd(b, a \bmod b)$$

이때, mod는 나머지 연산을 말한다. a와 b에 이 방법을 연속으로 적용하면 결국 a mod b가 0이 되는 상황이 오는데, 이때의 a가 최대 공약수이다. 예를 들어 gcd(60, 28)을 구해보자.

```
gcd(60, 28)   60을 28로 나눈 나머지는 4
= gcd(28, 4)  28을 4로 나눈 나머지는 0
= gcd(4, 0)   작은 수가 0이 되면 큰 수가 최대 공약수: 4
```

[그림 1.5] 유클리드 알고리즘을 이용한 최대 공약수 계산 예

결국, 60과 28의 최대 공약수는 4가 된다. 이러한 유클리드 알고리즘은 파이썬으로 다음과 같이 기술할 수 있다. 물론 이 알고리즘은 바로 테스트도 가능하다.

알고리즘 1.7 최대 공약수를 구하는 유클리드 알고리즘(파이썬 표현)

```
def gcd(a, b) :              # a가 b보다 작지 않아야 함
    while b != 0 :           # b가 0이 아닐 때까지
        r = a % b
        a = b
        b = r
    return a                 # 결과 반환
```

알고리즘 테스트 유클리드 알고리즘

```
print( "60과 28의 최대 공약수 =", gcd(60, 28))
```

중간 과정을 보이기 위해 간단한 출력문을 추가해야 함에 유의하라. 만약 a가 b보다 작다면 이 알고리즘을 호출하기 전에 반드시 이들을 서로 교환해야 한다. 물론 이 부분까지 알고리즘 1.7에 추가할 수도 있다.

알고리즘의 비교

이 알고리즘을 앞의 두 알고리즘과 비교해 보자. 입력의 제한은 있지만 모든 과정이 명확히 제시되어 있고, 간단하며, 실제로 훨씬 더 빠르다. 알고리즘 1.5와 1.6은 약수를 구하고, 공통적인 수를 찾는 등 아직 구체적으로 기술해야 할 부분들이 많이 남아 있다. 최대 공약수 문제의 예를 통해 다음을 확인할 수 있다.

- 알고리즘은 여러 가지 방법으로 표현할 수 있다.
- 하나의 문제를 해결하기 위해 여러 가지 알고리즘이 가능하다.

- 동일한 문제에 대해 매우 다른 전략을 기반으로 알고리즘을 작성할 수 있고, 이들은 매우 다른 속도로 문제를 해결할 수 있다.
- 알고리즘의 정확한 동작을 위한 제한 조건이나 입력의 범위를 신중하게 고려해야 한다. 예를 들어, 유클리드 알고리즘에서는 a가 b보다 커야한다.

1.2 문제 해결 과정

주어진 문제를 해결하기 위한 알고리즘을 만들기 위해서는 다음과 같이 몇 가지 단계가 필요하다. 문제 해결을 위한 알고리즘 개발 과정을 자세히 살펴보자.

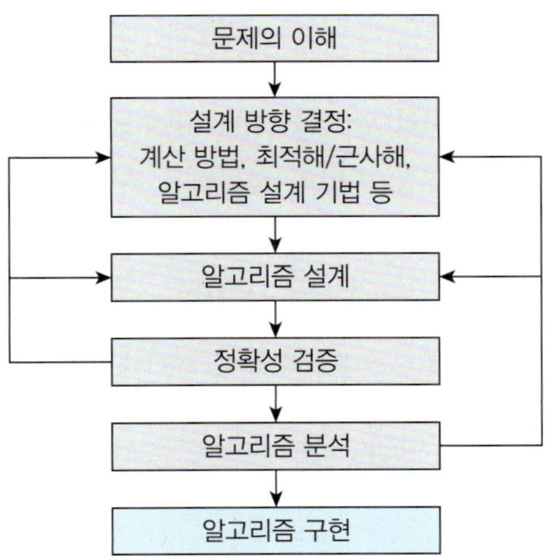

[그림 1.6] 알고리즘 개발 과정

■ 문제의 이해

문제의 해결을 위해서는 주어진 문제를 정확히 이해하는 것이 가장 중요하다. 알고리즘을 설계하기 전에 반드시 문제를 자세히 읽고 조금이라도 애매한 부분들을 없애야 한다. 이를 위해 간단한 입력 예에 대한 해를 구해보고, 좀 더 특별한 경우에 대해서도 생각해 보아야 한다.

알고리즘의 입력(input)은 주어진 문제의 하나의 **사례(instance)**를 나타낸다. 예를 들어, 앞에서 살펴본 최대 공약수 문제를 생각해 보자. 우리는 최대 공약수 알고리즘 gcd(a, b)

를 설계해야 하는데, gcd(20, 30)이나 gcd(25, 18) 등은 이 문제의 사례들이다. 중요한 것은 알고리즘이 다루어야 하는 사례의 집합, 즉 입력의 범위를 정확히 해야 한다는 것이다. 올바른 알고리즘은 "대부분의 입력"이 아니라 "모든 유효한 입력"에 대해 정확한 해답을 구할 수 있어야 한다.

다음 절에서는 컴퓨터 분야에서는 자주 발생하는 여러 종류의 중요한 문제들을 소개하고, 남은 장들에서 이들에 대한 해결 방법을 자세히 다룬다. 따라서 만약 주어진 문제가 이들과 관련되었다면 이 책을 참고하여 더 쉽게 해결할 수 있을 것이다. 만약 그렇지 않다면 새로운 알고리즘을 개발해야 할 것이다.

■ 개발 방향 결정과 알고리즘의 설계

문제를 완전히 이해했다면 이제 알고리즘을 설계한다. 그러나 그 전에 몇 가지 결정해야 할 사항들이 있다. 먼저 사용할 계산 장치의 특성에 따라 전통적인 **순서적 알고리즘**(sequential algorithm)과 **병렬처리 알고리즘**(parallel algorithm)을 선택할 수 있다. 이 책에서는 폰 노이만(von Neumann) 방식의 컴퓨터를 위한 순서적 알고리즘만을 다룬다.

> **잠깐만!! 폰 노이만(von Neumann) 구조의 컴퓨터**
>
> 프로그램 내장방식의 컴퓨터를 말한다. 중앙처리장치(CPU) 옆에 기억장치(memory)를 붙인 것으로 프로그램과 자료를 기억장치에 저장해 놓고 실행시키는 명령에 따라 작업을 차례로 불러내어 처리하는 방식이다. 현재 사용되는 대부분의 컴퓨터가 이 방식으로 분류된다.

최적해와 근사해

대부분의 문제는 정확한 해답, 즉 최적해를 요구하겠지만, 근사해를 구해야 하는 경우도 있다. 따라서 주어진 문제에 대해 최적해를 구할 것인지 근사해를 구할 것인지를 먼저 결정해야 한다. 근사해를 구하는 알고리즘을 **근사**(approximation) **알고리즘**이라 하는데, 이를 고려해야 하는 상황은 다음과 같다.

- 문제 중에는 많은 사례에 대해 정확한 해를 구할 수 없는 것들이 있다. 예를 들어, 제곱근을 구하는 문제의 경우 $\sqrt{4}$ 와 달리 $\sqrt{2}$ 나 $\sqrt{3}$ 등은 정확한 해 자체를 구할 수 없다.
- 입력의 개수가 어느 정도만 넘어도 계산량이 너무 많아져서 현실적인 시간에 해결할 수

없는 문제들이 있다. 이러한 문제들은 정확한 해답보다는 근사해를 구하는 것이 현실적이다. 이러한 근사 알고리즘은 10장에서 다룬다.

- 때로는 정확한 해를 구하기 위한 알고리즘의 중간 단계에서 근사해가 사용되는 때도 있다. 이러한 예는 9장의 분기 한정 기법에서 소개한다.

알고리즘 설계 기법

개발 방향에 관한 결정이 끝나면 이제 알고리즘을 설계한다. 이 책에서는 다음과 같은 **알고리즘 설계 기법**(algorithm design technique)들을 자세히 다룬다.

- **억지(brute-force) 기법과 완전 탐색**(exhaustive search): 문제의 정의를 가장 직접 사용하는 방법으로, 원하는 답을 구할 때까지 모든 가능한 경우를 테스트한다. 3장에서 이 기법을 다룬다.
- **축소 정복**(decrease-and-conquer): 주어진 문제를 하나의 좀 더 작은 문제로 축소하여 해결하는 방법으로 4장에서 다룬다.
- **분할 정복**(divide-and-conquer): 주어진 문제를 여러 개의 더 작은 문제로 반복적으로 분할하여 해결 가능한 충분히 작은 문제로 만든 다음 해결한다. 이후 해결된 결과를 병합하는 방법으로 원래의 문제를 해결하는데, 5장에서 다룬다.
- **공간을 이용해 시간을 버는 전략**: 추가적인 공간을 사용하여 처리시간을 줄이는 전략으로 6장에서 다룬다.
- **동적 계획법**(dynamic programming): 원래의 문제를 더 작은 문제로 나누는 면에서 분할 정복과 유사하지만, 작은 문제를 먼저 해결하고 결과를 '저장'하여 다음에 더 큰 문제를 해결할 때 사용한다는 것이 분할정복과 가장 큰 차이이다. 7장에서 다룬다.
- **탐욕적(greedy) 기법**: 단순하고 직관적인 방법으로 모든 경우를 고려해 보고 가장 좋은 답을 찾는 것이 아니라 어떤 결정을 해야 할 때마다 "그 순간에 최적"이라고 생각되는 것을 선택하는 방법이다. 8장에서 다룬다.
- **백트래킹과 분기 한정 기법**: 상태공간트리에서 해를 단계적으로 찾아가는 과정에서 현재의 해가 최종 해가 될 수 없다고 판단되면 더 이상 탐색하지 않고 되돌아가서(backtracking) 다른 후보해를 탐색하는 방법이다. 더 많은 가지치기(pruning)을 통한 탐색 효율을 높이기 위해 분기 한정 기법을 추가로 사용할 수 있다. 9장에서 자세히 다룬다.

알고리즘의 정확성

작성된 알고리즘은 정확성을 검증해야 한다. 즉, 알고리즘이 주어진 문제의 모든 유효한 입력에 대해 유한한 시간 안에 정확한 해를 구한다는 것을 보이는 것이다. 이를 위한 두 가지 접근 방법이 있다.

- **실험적 분석**(Experimental analysis, testing): 다양한 입력을 이용해 알고리즘의 테스트 하여 타당성을 보이는 방법이다. 간단하지만 모든 가능한 입력 사례들을 포함하기 어렵고, 충분한 테스트가 어느 정도인지를 알 수 없다는 문제가 있다. 반면에, 알고리즘이 틀렸다는 것을 보여주기 위해서는 한 가지 입력 사례만으로 충분하다.
- **증명적인 분석**(Formal analysis, proving): 수학적인 방법으로 알고리즘의 타당성을 증명하는 방법이다. 수학적 귀납법(mathematical induction)등이 자주 사용되는데, 알고리즘에 따라 증명이 매우 어려울 수도 있다.

■ 알고리즘 분석

알고리즘이 정확하게 동작한다면 다음으로 우리가 가장 관심을 가지는 것은 알고리즘의 효율성이다.

- **시간 효율성**: 가장 중요하게 생각되는 알고리즘의 평가 요소로 더 빨리 결과를 내는 알고리즘이 더 효율적이다. 시간 효율성 평가를 위해 실제로 실행시간을 측정하는 방법과 이론적으로 복잡도를 분석하는 방법이 있는데, 2장에서 자세히 다룬다.
- **공간 효율성**: 알고리즘이 컴퓨터 메모리를 얼마나 많이 사용하는지를 나타낸다. 동일한 문제를 위한 알고리즘이라도 더 적은 메모리를 사용하는 것이 공간 효율성이 더 높다. 일반적으로 시간 효율성보다는 덜 중요하게 여겨지는데, 이에 따라 시간 효율성을 높이기 위해 공간 효율성을 희생하는 전략이 사용되기도 한다.
- **코드 효율성**: 알고리즘을 기술한 코드가 얼마나 이해하기 쉬운가를 나타낸다.

■ 알고리즘의 구현

알고리즘의 설계가 끝나고 정확성이 입증되었으면 알고리즘을 특정 프로그래밍 언어로 구현한다. 실행 효율을 높이기 위해서는 C언어와 같은 **컴파일**(compile) **기반 언어**를 사용하는 것이 좋고, 빠른 구현과 알고리즘의 동작 확인 등을 위해서는 파이썬과 같은 **인터프리터**(interpreter) **기반 언어**가 편리할 것이다. 이 책에서는 알고리즘을 파이썬으로 기술하므로 알고리즘의 동작을 바로 확인할 수 있다. 알고리즘들을 다양한 입력으로 테스트하여 동작을 정확히 이해해보자.

1.3 중요한 문제의 유형들

컴퓨터로 해결해야 할 문제들은 매우 다양하지만 몇 가지의 중요한 유형으로 분류할 수 있다. 이 책에서는 주로 다루는 문제의 유형들은 다음과 같다.

■ 정렬(Sorting)

정렬(sorting)은 데이터를 순서대로 재배열하는 문제를 말한다. 예를 들어, 인터넷 쇼핑몰에서는 상품을 가격이나 판매량 순으로 정렬할 수 있고, 사전에는 단어들이 순서대로 나열되어 있다. 정렬을 위해서는 사물들을 서로 **비교**할 수 있어야 한다는 것을 명심하라. 비교할 수 있는 모든 속성은 **정렬의 기준**이 될 수 있다. 예를 들어, 다음은 말들을 키 순서로 정렬한 것인데, 이때 순서에는 **오름차순**(ascending order)과 **내림차순**(descending order)이 있다.

[그림 1.7] 오름차순 정렬과 내림차순 정렬의 예

정렬할 대상을 보통 **레코드**(record)라고 부르는데, 하나의 레코드는 여러 개의 **필드**(field)로 이루어진다. 예를 들어, 선풍기의 경우 모델명이나 가격, 평점, 단수, 리모컨 유무 등 다양한 속성들이 가능한데, 이들이 각각 필드가 된다. 그리고 정렬의 기준이 되는 필드를 **키**(key) 또는 **정렬 키**(sort key)라고 한다. 결국, 정렬이란 레코드를 키(key)의 순서로 재배열하는 것이다.

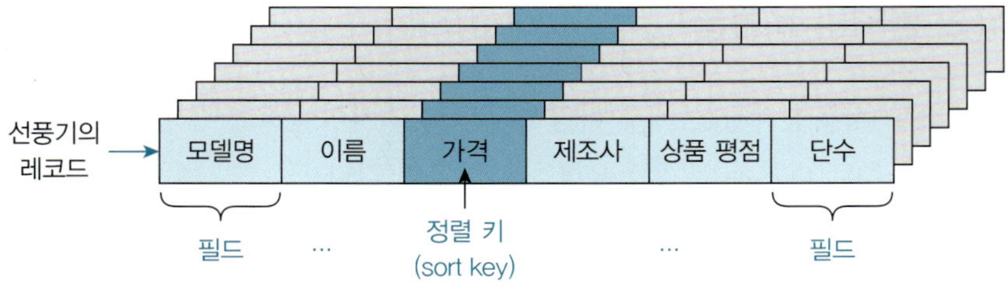

[그림 1.8] 정렬의 대상인 레코드와 필드, 키의 개념

그렇다면 왜 정렬이 중요할까? 정렬은 자료의 탐색에서 매우 중요하다. 예를 들어, 우리가 사전에서 단어를 쉽게(효율적인 알고리즘으로) 찾을 수 있는 것은 단어들이 **알파벳순**으로 정렬되어 있기 때문이다. 만약 정렬되어 있지 않다면 단어 하나를 찾기 위해 시간이 오래 걸리는 매우 무식한 방법을 사용해야 할 것이다. 이처럼 데이터가 정렬되어 있으면 효율적으로 처리할 수 있는 경우가 많으므로 다양한 알고리즘에서 정렬이 사용된다.

정렬을 위해 지금까지 매우 다양한 알고리즘들이 제안되었는데, 3~6장에서 각기 다른 전략을 사용하는 여러 정렬 기법들을 공부한다. 이들은 크게 알고리즘이 단순하지만 비효율적인 방법들(삽입, 선택, 버블 정렬 등)과 효율적이지만 복잡한 방법들(퀵, 힙, 병합, 기수, 팀 정렬 등)로 나눌 수 있다. 다음은 정렬에서 기억해야 할 용어들이다.

- **비교기반**과 **분배기반 정렬**: 대부분의 알고리즘은 킷값을 서로 "비교"하여 정렬하지만, 기수 정렬과 같이 킷값의 "분배"를 이용하는 방법들도 있다. n개의 레코드를 정렬할 때 **비교기반** 기법들이 최소한 $n\log n$에 비례하는 연산이 필요한데 비해, **분배기반 정렬**은 이보다 빠른 정렬도 가능하다. 그러나 적용할 수 있는 킷값에는 제한이 있다.
- **안정성**(stability): 입력에 동일한 킷값을 갖는 레코드가 있을 때, 정렬 후에도 이들의 상대적인 위치가 바뀌지 않는 경우 안정성을 갖는 정렬이라 한다.

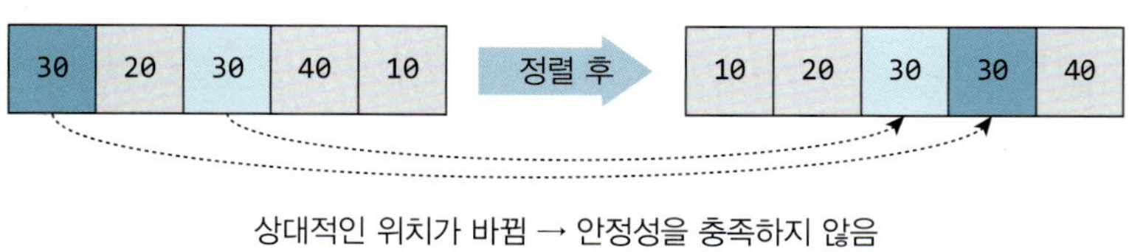

[그림 1.9] 안정성을 충족하지 않는 정렬의 예

- **제자리(in-place) 정렬**: 어떤 정렬 알고리즘이 입력 배열 외에 추가적인 메모리를 사용하지 않는다면 이를 **제자리 정렬**이라고 한다.

■ 탐색(Searching)

탐색(searching)은 주어진 레코드의 집합에서 "탐색키"라 불리는 원하는 값을 가진 레코드를 찾는 작업이다. 인터넷에서 원하는 상품을 찾고, 특정한 단어나 문장이 들어있는 웹사이트를 검색하는 등의 모든 작업이 탐색이다.

가장 단순한 탐색 방법은 항목을 하나씩 순서적으로 찾는(순차탐색, 3장) 것이지만, 대규모 데이터베이스에서 정보를 효율적으로 찾아내기 위해서는 이진탐색(4장)이나 해싱(6장)과 같은 더 복잡한 방법을 사용한다.

탐색에서도 모든 상황에 가장 적합한 알고리즘은 없다. 보통 더 빠른 알고리즘은 더 많은 메모리나 정렬과 같은 추가적인 사전 작업을 반드시 요구한다. 따라서 문제의 특성에 따라 적절한 방법을 사용해야 한다.

■ 문자열 처리

문자열(string)은 문자들의 시퀀스(sequence)를 말한다. 최근 수십 년 동안 숫자가 아닌 데이터를 다루어야 하는 응용들이 급속히 늘어나고 있는데, 문자열도 그중의 하나이다. 예를 들어, 알파벳이나 숫자들로 구성된 텍스트 문자열이나, 0과 1로 구성된 비트 문자열(bit string), 알파벳 문자 {A, C, G, T}를 이용한 문자열로 모델링 할 수 있는 유전 시퀀스 등도 문자열의 일종이다.

이러한 문자열 처리 알고리즘은 프로그래밍 언어와 컴파일 문제 등과 관련하여 컴퓨터 과학에서 매우 중요하게 인식되고 있다. 이들 중에서 가장 관심을 끄는 문제가 텍스트에서 어떤 단어를 찾는 **문자열 매칭**(string matching) 문제이다. 이 문제를 위해 몇 가지 알고리즘이 제안되었는데, 3장과 6장에서 이들을 살펴본다.

■ 그래프 문제

알고리즘 분야에서 가장 오래되고 흥미로운 영역의 하나가 그래프 문제이다. **그래프**(graph)는 연결된 객체들 사이의 관계를 표현할 수 있는 자료구조이다. 지하철 노선도는 대표적인 그래프의 예로 많은 지하철역들이 서로 어떻게 연결되어 있는지를 알려주는데, 이것을 이용해 약속한 지하철역으로 가는 최단 경로를 찾을 수 있다. 그래프는 정점과 간선의 집합으로 생각할 수 있는데, 다양한 객체(정점)들이 서로 복잡하게 연결(간선)되어 있는 구조를 표현할 수 있는 훌륭한 논리적 도구이다.

대표적인 그래프 문제로는 모든 정점을 빠짐없이 방문하는 순회 문제(3장), 방향 그래프에서의 위상 정렬(4장), 두 도시 사이의 가장 빠른 경로를 찾는 최단경로(7, 8장), 가중치 그래프에서 최소비용의 신장트리를 찾는 문제(8장) 등이 있는데, 이들은 이 책에서 공부할 알고리즘 설계 기법에 대한 예시로 사용된다.

이들 외에도 그래프와 관련된 다양한 문제가 있는데, 이들은 흔히 계산량이 매우 많다. 예를 들어, 외판원(traveling salesman) 문제(3장)는 모든 도시를 정확히 한 번 방문하는 최단 경로를 찾는 문제인데, 회로나 VLSI 설계, 유전공학 등 다양한 분야에서 발생한다. 그래프 색칠(graph-coloring) 문제는 인접한 두 정점이 같은 색이 되지 않도록 그래프의 모든 정점을 가장 적은 수의 색으로 칠하는 문제인데(9장), 이벤트 스케쥴링 등 다양한 분야에서 발생한다.

▪ 조합 문제(Combinatorial problems)

조합 문제는 어떤 조건을 만족하는 순열이나 조합 또는 부분집합과 같은 **조합 객체**(combinatorial object)를 찾는 문제이다. 가능한 모든 조합에서 최소 비용과 같은 추가적인 특성을 갖는 조합 객체를 찾도록 요구할 수도 있다. 사실 추상적인 관점에서 보면 외판원 문제(TSP)나 그래프 색칠 문제도 조합 문제의 예로 볼 수 있는데, 예를 들어, TSP의 경우 모든 가능한 경로(조합 객체) 중에서 최단 경로란 추가적인 특성을 갖는 조합 객체를 찾는 문제이기 때문이다.

조합 객체의 수는 일반적으로 문제의 크기에 따라 매우 빠르게 증가한다. 입력의 크기가 조금만 늘어나도 상상할 수 없는 규모에 도달하게 되고, 따라서 조합문제는 컴퓨팅에서 가장 어려운 문제로 볼 수 있다. 또한, 많은 조합문제가 "허용 가능한" 시간 내에 정확한 해를 구한다고 알려진 알고리즘이 없고, 대부분의 뛰어난 컴퓨터 과학자들도 그런 알고리즘이 존재하지 않는다고 생각한다. 그렇지만 이런 생각은 입증되지도 않았고, 그렇다고 반증되지도 않았으며, 컴퓨터 과학에서 가장 중요한 미해결 문제로 남아 있다. 이러한 주제는 10장에서 다룬다. 그래프 문제 중에 최단 경로와 같이 일부 조합문제는 효율적인 알고리즘으로 해결할 수 있는데, 이것은 일반적인 경우가 아니라 운 좋은 예외라고 생각할 수 있다.

▪ 기하학적 문제(Geometric problems)

기하학적 문제들은 주로 점이나 선 또는 다각형과 같은 기하학적인 객체를 다룬다. 고대의 그리스인들은 자와 컴퍼스를 이용해 삼각형이나 원 등의 간단한 기하학적인 형태를 만드는 것과 같은 다양한 기하학적 문제를 해결하는데 깊은 관심이 있었다. 물론 그때는 그것을 알고리즘이라 부르지는 않았다. 오늘날 기하학적 문제들은 컴퓨터 그래픽이나 로봇 공학, 단층 촬영 등 다양한 분야에서 발생한다.

이러한 기하학적 문제들은 생각보다 매우 다양하고, 알고리즘도 복잡하고 어려운데, "계산 기하학"은 이러한 문제들을 다루는 학문이다. 이 책에서는 최근접 쌍의 거리 문제(closest-pair problem)만을 다루는데, 평면에 n개의 점이 주어졌을 때 가장 가까운 점들의 거리를 찾는 문제이다(3장, 5장). 잘 알려진 컨벡스 헐(convex-hull) 문제를 포함한 다양한 기하학적 문제들은 계산 기하학 관련 도서를 참고하기 바란다.

1.4 기본적인 자료구조와 파이썬

문제 해결을 위해 다루어야 하는 자료(data)들은 매우 다양하다. 이러한 자료를 처리하려면 먼저 컴퓨터가 잘 다룰 수 있는 형태로 표현해 주어야만 한다. 사람들이 물건들을 편리하고 효율적으로 사용하기 위해 정리하는 것과 마찬가지로 컴퓨터에서도 자료들을 정리하고 조직화하는 여러 가지 구조들이 있는데, 이를 **자료구조**(data structure)라 부른다. 알고리즘이 다양한 자료를 다루어야 하므로 이러한 자료구조는 알고리즘의 설계에 큰 영향을 미친다.

자료구조는 크게 단순 자료구조와 복합 자료구조로 나눌 수 있다. **단순 자료구조**는 정수나 실수, 문자와 같이 대부분의 프로그래밍 언어에서 기본적으로 제공한다. **복합 자료구조**는 여러 개의 자료를 모은 창고와 같다. 이 절에서는 다양한 형태의 복합 자료구조를 간략히 살펴본다.

배열 구조와 연결된 구조

모든 복합 자료구조들은 배열 구조와 연결된 구조로 표현할 수 있다. 예를 들어, 자료구조 리스트는 그림 1.10과 같이 배열 구조와 연결된 구조로 구현할 수 있다.

- **배열 구조**는 (a)와 같이 항목들을 인접한 메모리 공간에 나열하는 구조이다. 이것은 **직접 접근**(direct access) 방법을 지원하는데, i번째 항목 A[i]의 위치를 한 번에 계산할 수 있어 바로 접근할 수 있다. 그렇지만 항목을 중간에 끼워 넣거나 빼는 작업이 쉽지 않다.
- **연결된 구조**는 (b)와 같이 메모리 공간에 흩어진 자료들을 연결고리(링크)를 이용해 연결한 구조이다. 이것은 **순서 접근**(sequential access) 방법으로, i번째 항목의 위치를 한번만에 계산할 수 없다. 즉, A[i]에 접근하기 위해서는 시작 노드에서부터 순서적으로 찾아가야 하므로 번거롭다. 그러나 용량의 변경이나 항목의 추가 및 삭제가 쉬운 장점이 있다.

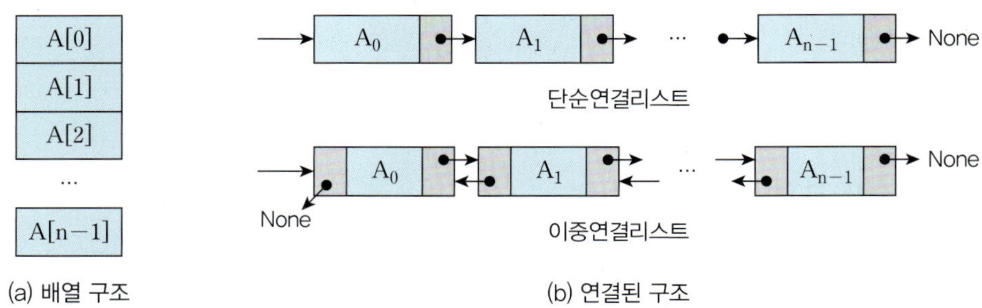

[그림 1.10] 배열 구조와 연결된 구조의 예

> **파이썬에서의 배열**
>
> 파이썬에서는 배열을 리스트(list)와 튜플(tuple)로 구현할 수 있다. 이들은 모두 배열과 비슷한 기능을 하고, 많은 추가 기능들이 있어 파이썬 프로그래밍에서 많이 사용되는데, 특히 원소를 변경하고, 추가하고, 삭제할 수 있는 리스트가 가장 많이 사용된다. 튜플은 원소를 변경할 수 없는 점이 불편하지만 그 대신 메모리 측면에서는 리스트보다 효율적이다. 이 책에서는 "배열"이란 용어와 "리스트"란 용어를 같은 의미로 사용할 것이다.

복합 자료구조는 선형 구조와 비선형 구조로 크게 나눌 수 있는데, 이들은 모두 배열 구조와 연결된 구조로 구현할 수 있다. 이 책에서 다룰 알고리즘과 관련된 자료구조들을 간략히 살펴보자. 만약 자료구조를 이미 공부했다면 이 절은 생략해도 좋다.

■ 선형 자료구조(Linear Data Structure)

항목들을 순서적으로 나열하여 저장하는 형태의 창고이다. 항목들을 접근하는 방법에 따라 다시 리스트와 스택, 큐, 덱 등으로 나누어진다.

리스트

리스트(list) 또는 **선형 리스트**(linear list)는 항목들이 차례대로 나열되어 있는 선형 자료구조이다. 리스트의 항목들은 순서 또는 **위치**(position)를 가진다. 다음은 리스트의 구조를 보여주고 있는데, 항목들이 순서대로 나열되어 있고, 각 항목들은 위치를 갖는다. 특히 리스트에서는 어떤 위치에서도 항목의 삽입이나 삭제가 가능하다.

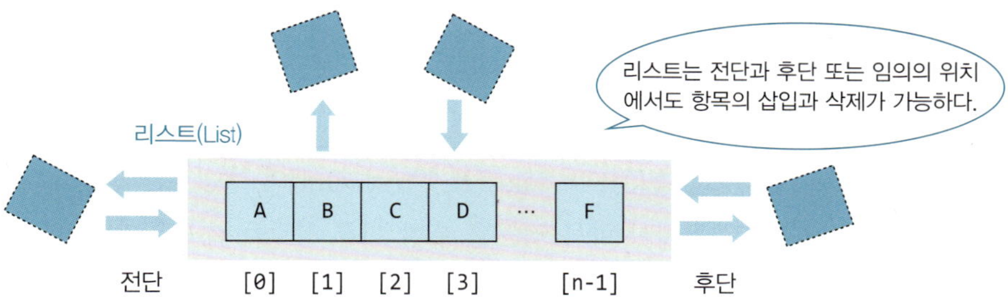

[그림 1.11] 리스트의 구조

리스트는 "항목들 사이에 순서가 있다"는 점에서 집합(Set)과는 다르다. 집합에서는 원소들 사이에 순서의 개념이 없다. 집합은 원소의 중복도 허용하지 않지만 리스트에서는 이러한 제한도 없다.

잠깐만!! 자료구조 리스트와 파이썬 리스트

자료구조 리스트와 파이썬 리스트란 용어를 정리해 보자. 먼저, 자료구조 리스트는 그림 1.11과 같은 개념적인(추상적인) 리스트를 의미한다. 파이썬의 리스트는 추상적인 의미의 자료구조 '리스트'를 실제로 구현한 사례로, 자료구조 리스트를 배열 구조로 구현한 예이다. 이들 용어의 의미를 잘 구분해서 사용해야 한다.

파이썬에서의 리스트

리스트는 파이썬에서 가장 많이 사용되는 컬렉션 자료형이다. 기본적인 사용법은 C언어의 배열과 같으며 클래스로 구현되어 추가적인 기능도 많다. 다음은 5개의 항목을 가진 파이썬의 리스트 객체를 만들고 몇 가지 연산을 한 예이다.

```
A = [ 1, 2, 3, 4, 5 ]          # 파이썬 리스트 A
print(A[0])                    # 0번째 항목(1) 출력. print()는 파이썬의 출력함수
print(len(A))                  # 리스트 A의 길이(5)를 출력
A.append(9)                    # 리스트 맨 뒤에 9 추가: [ 1, 2, 3, 4, 5, 9 ]
A.pop(2)                       # 2번째 항목(3) 삭제: [ 1, 2, 4, 5, 9 ]
```

파이썬 리스트는 내장함수인 len(A)을 통해 항목의 수를 알 수 있고, append()나 pop() 등의 멤버 함수를 이용해 항목을 추가하거나 삭제할 수 있다. 이 책에서도 리스트를 광범위하게 사용할 것이다.

스택

스택(stack)은 입출력이 **후입선출**(LIFO: Last-In First-Out)의 형태로만 일어나는 자료 구조를 말한다. 이것은 리스트에서 항목 접근을 위한 다른 통로들은 모두 막고 한쪽만을 열어둔 구조와 같다. 이때, 열린 곳을 보통 **스택 상단**(top)이라 부른다.

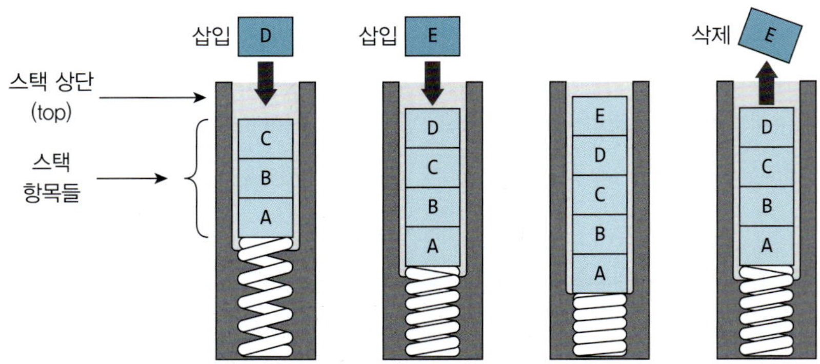

[그림 1.12] 스택의 구조와 일련의 연산들

스택에서는 그림과 같이 항목의 접근이 한쪽 통로(스택 상단)로만 이루어지므로 삽입(push())과 삭제(pop()) 연산에서 위치를 지정해 줄 필요가 없다. 따라서 연산들도 매우 간단하다.

파이썬에서의 스택

파이썬에서는 스택을 위해 파이썬 리스트를 사용할 수 있다. 이 경우, 삽입 연산은 리스트의 append()를 사용하고, 삭제 연산은 리스트의 pop() 또는 pop(-1)을 사용하면 된다. 이때, 매개변수 -1은 리스트의 맨 마지막 항목을 의미한다.

큐

큐(queue)는 먼저 들어온 데이터가 먼저 나가는 **선입선출**(FIFO: First-In First-Out)의 특성을 갖는 자료구조이다. 즉, 다음과 같이 뒤에서 새로운 데이터가 추가되고 앞에서 데이터가 하나씩 삭제되는 구조를 가지고 있다. 이때, 삽입이 일어나는 곳을 **후단**(rear)라고 하고 삭제가 일어나는 곳을 **전단**(front)라고 한다.

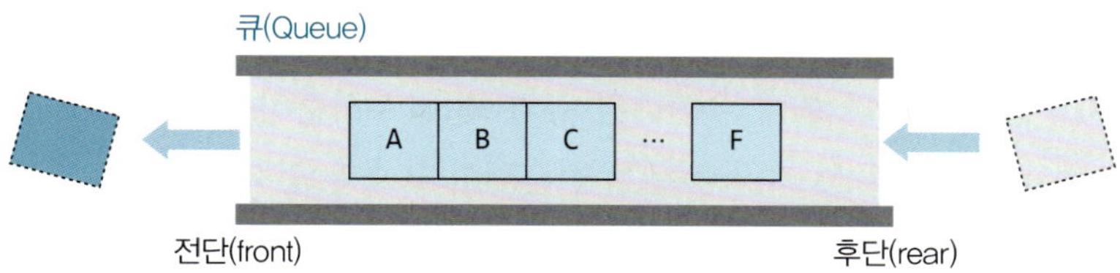

[그림 1.13] 큐의 구조

큐도 리스트에서 항목 접근을 위한 다른 통로들은 모두 막고 입력은 후단에서만 출력은 전단에서만 이루어지도록 제한한 구조이다. 따라서 스택과 마찬가지로 삽입(enqueue())과 삭제(dequeue()) 연산에서 위치를 지정할 필요가 없다.

파이썬에서의 큐

큐를 위해 파이썬의 리스트를 이용할 수도 있지만, "선형큐"는 문제가 있어 "원형큐" 형태를 사용해야 한다. 원형큐는 약간의 알고리즘과 클래스 구현이 필요한데, 이와 관련해서는 자료구조 관련 도서를 참고하라.

파이썬에서는 효율적인 큐 모듈인 queue를 제공한다. 이 모듈을 사용하기 위해서는 다음과 같이 import 문장을 이용해 프로그램에 포함해야 하는데, queue 모듈에서는 큐를 위해 Queue 클래스를, 스택을 위해 LifoQueue 클래스를 제공한다.

```
import queue                      # 파이썬의 큐 모듈 포함
Q = queue.Queue(maxsize=20)       # 큐 객체 생성(최대 크기 20)
S = queue.LifoQueue(maxsize=20)   # 스택 객체 생성(최대 크기 20)
```

```
Q.put(20)              # 큐에 20을 삽입(enqueue)
val = Q.get()          # 큐에서 항목 삭제(꺼냄, dequeue)
S.put(20)              # 스택에 20을 삽입(push)
val = S.get()          # 스택에서 항목 삭제(꺼냄, pop)
```

스택과 큐의 삽입과 삭제 연산으로 put()과 get()을 사용하는 것에 유의하라.

우선순위 큐

우선순위의 개념을 큐에 도입한 자료구조이다. 보통의 큐는 먼저 들어온 데이터가 먼저 나가는 구조(FIFO)인데 비해, **우선순위 큐**(priority queue)는 모든 데이터가 우선순위를 가지고 있고, 들어온 순서와 상관없이 우선순위가 높은 데이터가 먼저 출력되는 구조이다.

우선순위 큐에서도 가장 중요한 연산은 삽입과 삭제인데, 특히 삭제 연산에서 어떤 요소가 먼저 삭제되는가에 따라 **최대 우선순위 큐**와 **최소 우선순위 큐**로 나누어진다. 특별한 언급이 없으면 우선순위 큐는 가장 높은 우선순위의 요소가 먼저 삭제되는 최대 우선순위 큐를 의미한다. 다음은 최대 우선순위 큐의 일련의 연산을 보여주고 있다.

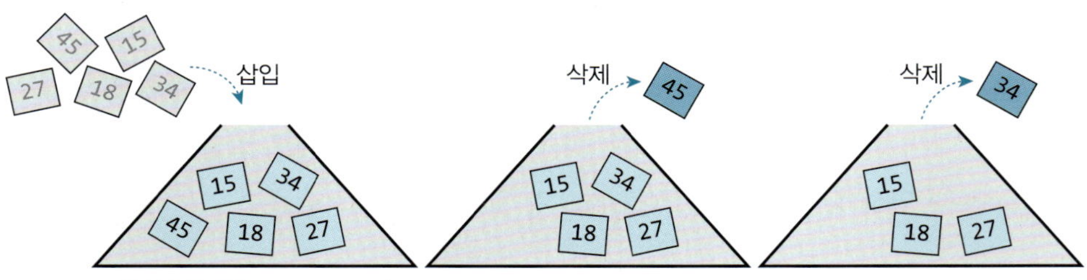

[그림 1.14] 최대 우선순위 큐의 삽입과 삭제 연산

그림에서 항목들이 일렬로 나열되어 있지 않음에 유의하라. 우선순위 큐는 한순간에 가장 우선순위가 높은 항목만 알 수 있으면 된다. 나머지 자료를 순서대로 나열하고 있을 필요는 없다. 따라서 선형 자료구조로 보기는 어렵다. 실제로 가장 효율적인 우선순위 큐의 구현 방법은 트리 구조를 사용하는 **힙**(heap)이다. 파이썬에서는 힙을 이용한 우선순위 큐를 위해 heapq 모듈을 제공하는데, 사용 방법은 8.6절(허프만 코드)을 참고하라.

■ 그래프(graph)

그래프(graph)는 연결된 객체들 사이의 관계를 표현할 수 있는 가장 복잡한 형태의 자료구조이다. 수학적으로 그래프는 G = (V, E)와 같이 표시하는데, V(G)는 그래프 G의 **정점**(vertex)들의 집합을, E(G)는 **간선**(edge)들의 집합을 의미한다. 정점은 객체(object)를 표현하고, 간선은 객체들 사이의 관계를 나타내는데, 정점 A와 B를 연결하는 간선은 (A, B)와 같이 정점의 쌍으로 표현한다.

그래프는 그림으로 표현하기도 하지만 시각적인 형태가 그래프의 정의는 아니다. 예를 들어, 다음 그림의 두 그래프는 시각적으로는 서로 다르게 보이지만 실제로는 동일한 그래프를 나타낸다. 같은 객체들을 가지고, 객체들 간의 관계도 정확히 일치하기 때문이다. 즉, 그래프는 오직 정점과 간선의 집합이며, 그래프의 시각적 표현은 이해를 돕는 역할만을 하는 것을 명심하라.

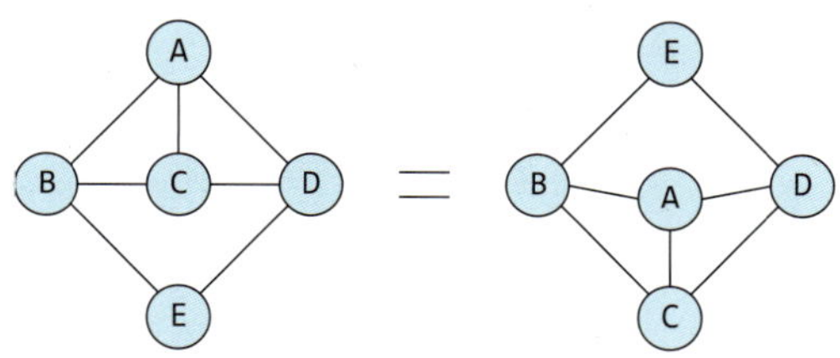

[그림 1.15] 시각적으로는 다르게 보이지만 동일한 두 그래프

그래프의 종류

- **무방향 그래프**(undirected graph): 간선에 방향이 표시되지 않은 그래프를 말한다. 따라서 간선은 양방향으로 갈 수 있는 길을 의미하고, (A, B)와 (B, A)는 동일한 간선이다. 그림의 G1과 G2는 무방향 그래프의 예이다. 그래프 색칠 문제 등이 이러한 무방향 그래프를 다룬다.

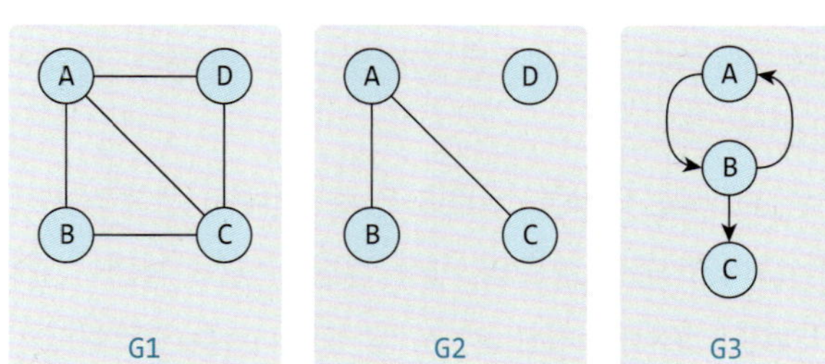

[그림 1.16] 무방향 그래프(G1, G2)와 방향 그래프(G3)의 예

- **방향 그래프(directed graph)**: 간선에 방향성이 존재하는 그래프를 말한다. 간선은 화살표로 표시되는데, 한쪽 방향으로만 갈 수 있다. 〈A, B〉는 정점 A에서 B로만 갈 수 있는 간선인데, 〈B, A〉와는 서로 다른 간선이다. 그림의 G3는 방향 그래프의 예이다. 위상 정렬 문제에서 방향 그래프를 다룬다.
- **가중치 그래프(weighted graph)**: 간선에 비용이나 가중치가 할당된 그래프를 말하는데, **네트워크(network)**라고도 한다. 간선이 두 정점 사이의 연결 유무뿐만 아니라 연결 강도까지 나타낼 수 있어 보다 복잡한 관계를 표현할 수 있다. 다음 그림은 가중치 그래프의 예를 보여주는데, 최단거리나 최소비용 신장트리, TSP 문제 등 많은 문제가 가중치 그래프를 다룬다.

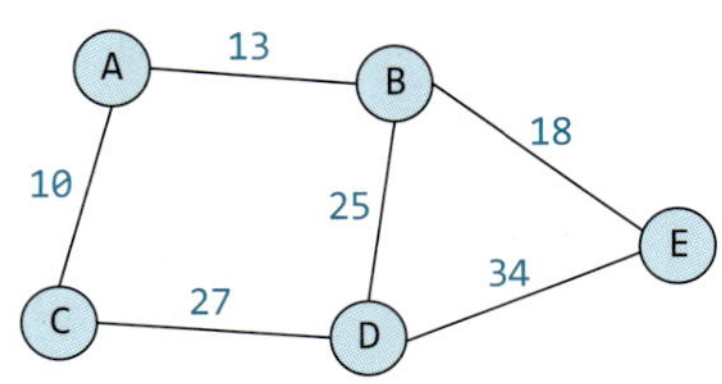

[그림 1.17] 가중치 그래프의 예

그래프 용어

- **인접 정점**(adjacent vertex): 간선에 의해 직접 연결된 정점을 말한다. 그림 1.16의 그래프 G1에서 정점 B의 인접 정점은 A와 C이다.
- 정점의 **차수**(degree): 그 정점에 연결된 간선의 수를 말한다. 무방향 그래프에서는 단순히 인접한 정점의 수를 말하고, 방향 그래프에서는 **진입 차수**(in-degree, 들어오는 간선의 수)와 **진출 차수**(out-degree, 외부로 나가는 간선의 수)로 세분화된다.
- **경로(path)**: 간선을 따라 갈 수 있는 길을 말하며, 정점의 나열로 표시된다. 무방향 그래프에서 정점 s로부터 정점 e까지의 경로는 s, v_1, v_2, ..., v_k, e로서, 나열된 정점들 간에는 반드시 간선 (s, v_1), (v_1, v_2), ..., (v_k, e)가 존재해야 한다.
- **경로의 길이**: 경로를 구성하는데 사용된 간선의 수를 말한다. 가중치 그래프의 경우 간선의 총 가중치의 합이 된다.
- **단순 경로**(simple path)와 **사이클**(cycle): 경로 중에서 반복되는 간선이 없는 경로를 **단순 경로**라 한다. 그리고 단순 경로의 시작 정점과 종료 정점이 같다면 이러한 경로를 **사이클**이라 한다. 그림 1.18에서 경로 B, A, C, D는 단순 경로이고, 경로 B, A, C, B는 사이클이 된다.

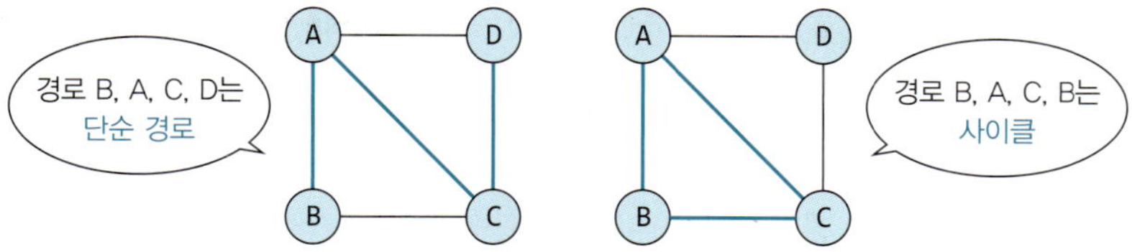

[그림 1.18] 단순 경로와 사이클의 예

- **연결 그래프**(connected graph): 모든 정점들 사이에 경로가 존재하는 그래프를 **연결 그래프**라 부른다. 이 그래프에는 따로 떨어진 정점이 없이 모든 정점들이 연결되어 있다. 그렇지 않은 그래프는 **비연결 그래프**라고 한다.
- **트리**(Tree): 사이클을 가지지 않는 **연결 그래프**를 말한다. 연결 그래프에서 사이클이 없으면 그래프의 임의의 두 정점을 연결하는 경로는 오직 하나 뿐이다. 만약 두 개의 경로가 존재한다면 이들에 의해 사이클을 형성되기 때문이다.
- **완전 그래프**(complete graph): 모든 정점 간에 간선이 존재하는 그래프를 말한다. 무방향 완전 그래프의 정점 수를 n이라고 하면, 하나의 정점은 $n-1$개의 다른 정점으로 연결되므로 전체 간선의 수는 $n(n-1)/2$가 된다. 만약 완전 그래프에서 $n=4$라면 간선의 수는 $4(4-1)/2=6$이다.

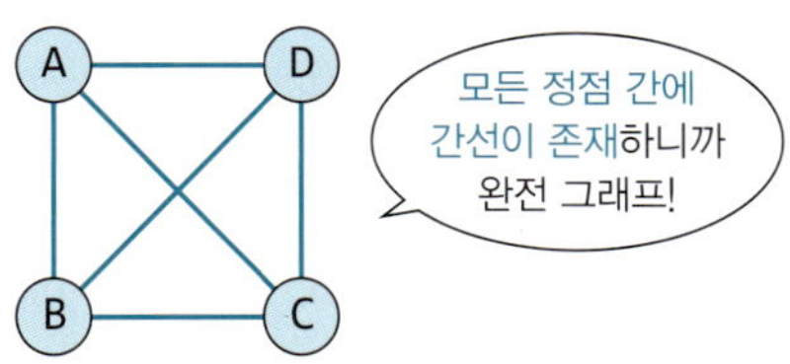

[그림 1.19] 완전(complete) 그래프의 예

그래프의 표현

그래프를 표현하는 방법에는 인접 행렬과 인접 리스트가 있다.

- 정점들의 연결 관계를 표현하는 가장 간단한 방법은 행렬(matrix), 즉 **인접 행렬**(adjacency matrix)을 사용하는 것이다. 만약 정점의 개수가 n이라면 $n \times n$의 행렬이 필요한데, 행렬 요소들은 행과 열에 해당하는 정점들 사이의 간선 정보를 나타낸다(간선이 있으면 1, 없으면 0과 같이 나타낼 수 있음). 만약 간선이 가중치를 갖는 가중치 그래프라면 행렬 요소는 가중치를 나타낸다.
- 그래프의 각 정점과 연결된 인접 정점들을 각각의 리스트로 표현할 수도 있는데, 이것

을 **인접 리스트**(adjacency list)라 부른다. 각 정점은 인접 리스트를 이용해 인접 정점들을 관리하는데, 이때 리스트로는 연결된 구조를 사용할 수도 있고 배열 구조인 파이썬의 리스트를 사용할 수도 있다. 특히, 파이썬은 딕셔너리나 집합과 같은 다양한 자료구조를 내장 자료형으로 제공하므로 이들을 활용하면 더 직관적인 그래프의 표현이 가능하다.

이 책에서의 그래프 표현

이 책에서는 다양한 형태의 그래프와 관련된 문제들을 다룬다. 이들은 처음 나올 때마다 충분한 설명을 제공한다.

- 인접 행렬: 7.5절에서 인접 행렬을 이용한 가중치 그래프 표현을 자세히 다루고, 8.3~8.5절에서 이러한 표현을 이용한 가중치 그래프를 다룬다. 9.4절에서는 가중치가 없는 일반 그래프를 인접 행렬로 표현한다.
- 인접 리스트: 3.6절에서 인접 리스트로 표현된 그래프를 설명하고 탐색 문제를 다룬다. 4.2절의 위상 정렬에서도 3.6절과 같은 방법으로 그래프를 표현한다.

■ 트리(Tree)

트리(tree) 또는 **자유트리**(free tree)는 그래프의 일종으로 사이클이 없는 연결 그래프(connected acyclic graph)이다. 만약 자유트리의 정점들 중에 하나를 루트(root)로 선택하면 이 트리는 **루트를 가진**(rooted) **트리**가 된다. 그리고 이러한 트리에서는 "정점" 대신에 **노드**(node)란 용어를 더 많이 사용한다. 다음은 자유트리에서 A를 루트노드로 선택해 루트를 가진 트리로 변환한 예를 보여준다.

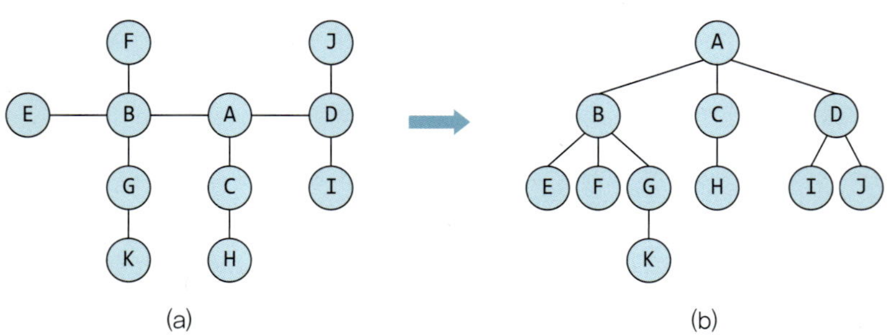

[그림 1.20] 자유 트리 (a)를 루트를 가진 트리 (b)로 변환하는 예

루트를 가진 트리는 컴퓨터 과학에서 매우 중요한 역할을 한다. 만약 자료들이 직장의 조직도나 컴퓨터의 폴더 구조와 같은 계층적인 구조를 가진다면 이러한 루트를 가진 트리 구조로 표현하는 것이 적절하다. 간결함을 위해 이를 트리라고 하자. 트리는 일반적인 그래프와 달리 다음과 같은 특별한 성질들을 갖는다.

- 노드의 개수가 n이면 간선의 수는 반드시 $n-1$개이다.
- 트리의 두 노드 사이에는 단 하나의 단순 경로가 있다.

트리의 용어

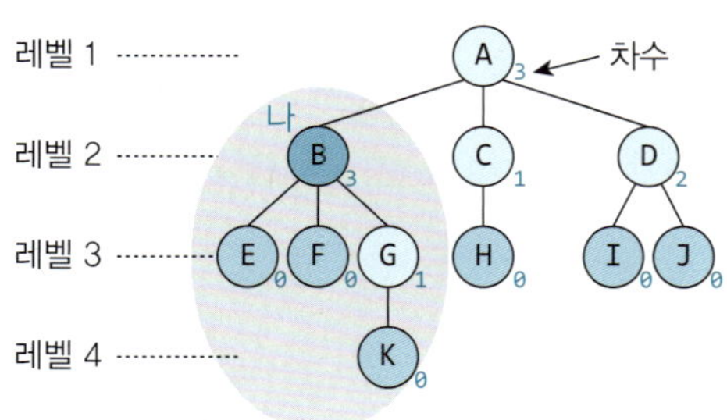

- 루트 노드: A
- B의 부모 노드: A
- B의 자식 노드: E, F, G
- B의 자손 노드: E, F, G, K
- K의 조상 노드: G, B, A
- B의 형제 노드: C, D
- B의 차수: 3
- 단말 노드: E, F, K, H, I, J
- 비단말 노드: A, B, C, D, G
- 트리의 높이: 4
- 트리의 차수: 3

[그림 1.21] 트리(rooted tree)와 관련된 용어들

- **루트(root) 노드**: 계층적인 구조에서 가장 높은 곳에 있는 노드. 트리에서 모든 노드는 자신의 서브트리의 루트 노드이다.
- **부모(parent) 노드**와 **자식(child) 노드**: 간선으로 직접 연결된 노드 중에 상위노드와 하위노드
- **형제(sibling) 노드**: 동일한 부모 노드를 가진 노드
- **조상(ancestor) 노드**와 **자손(descendent) 노드**: 어떤 노드에서 루트 노드까지의 경로상에 있는 모든 노드와 어떤 노드 하위에 연결된 모든 노드
- **단말(terminal, leaf) 노드**: 자식 노드가 없는 노드. 자식이 있으면 비단말 노드
- **노드의 차수(degree)**: 어떤 노드가 가지고 있는 자식의 수
- **트리의 차수**: 트리가 가지고 있는 모든 노드의 차수 중에서 가장 큰 차수
- **레벨(level)**: 트리의 각층에 번호를 매기는 것. 루트의 레벨을 기준으로 한 층씩 내려갈

수록 1씩 증가

- **트리의 높이**(height): 트리가 가지고 있는 최대 레벨

트리의 표현

노드들이 임의의 개수의 자식을 가질 수 있는 트리를 **일반 트리**라 하는데, 노드마다 자식의 수에 제한이 없으므로 표현이 복잡하다. 다행히 트리의 중요한 알고리즘들은 대부분 단순한 형태의 트리인 이진트리를 사용한다. **이진트리**(binary tree)는 자식 노드의 개수가 항상 2개 이하인 트리를 말하는데, 왼쪽 자식과 오른쪽 자식은 정확히 구별되어야 한다. 이진트리도 배열 구조와 연결된 구조로 표현할 수 있는데, 5.4절에서 이진트리의 표현 방법을 자세히 다룬다.

트리는 많은 알고리즘에서 활용되는데, 8장에서 허프만 코딩 트리, 최소비용 신장트리, union-find 연산 등에서 트리 구조를 사용한다. 또한, 3장과 9장에서 상태공간트리의 개념을 사용하고, 10장에서 TSP 근사 알고리즘에서도 트리의 순회 연산이 사용된다.

■ 집합(Set)

수학에서 **집합**(Set)의 개념은 매우 중요하다. 집합은 리스트와 비슷하지만 원소들 사이에 순서가 없고, 원소의 중복을 허용하지 않는다는 면에서 리스트와는 다르다. 원소들이 어떤 "위치"를 가지지도 않고, 일렬로 나열한다는 의미도 적용할 수 없으므로 선형 자료구조로 볼 수 없다.

집합은 $S = \{ \text{elem}_0, \text{elem}_1, \text{elem}_2, \ldots, \text{elem}_{n-1} \}$와 같이 표현된다. 집합에서 가장 중요한 연산들은 어떤 원소가 집합 S에 속하는지를 검사하는 연산과, 두 집합의 합집합, 교집합, 차집합 등을 구하는 연산들이다. 다음은 집합의 다양한 연산들의 예를 보여준다.

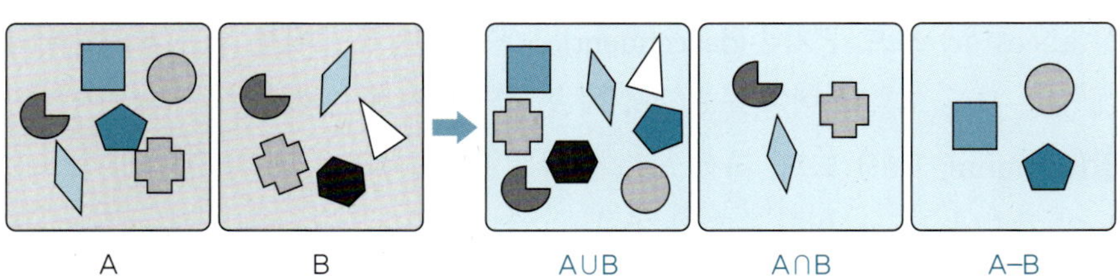

[그림 1.22] 집합의 다양한 연산들

집합은 다양한 방법으로 구현할 수 있다. 가장 간단하게는 리스트를 사용할 수도 있고, 비트 벡터(bit vector)를 사용할 수도 있다. 예를 들어, n개의 원소를 가진 집합을 U라 하면, U의 모든 부분집합 S를 비트 벡터를 이용해 간단히 표현할 수 있다. 만약 U={1,2,3,4,5,6,7,8,9}라 하고 S={4,5,7,8}이라 한다면 S는 000110110와 같이 나타낼 수 있다. 이 방법은 기본적인 집합 연산을 빨리 처리할 수 있지만, U가 매우 큰 집합이라면 많은 메모리 공간이 필요하다.

집합은 트리 구조나 해싱(6장) 등의 방법으로 구현할 수도 있다. 물론 구현 방법에 따라 연산들의 성능도 영향을 받는다. 8장에서 최소비용 신장트리를 구하기 위해 트리 구조로 집합을 구현해 union-find 연산을 효율적으로 하는 방법을 다룬다.

파이썬의 집합

파이썬에서는 set과 frozenset의 두 가지 집합형을 제공하는데, frozenset은 내용을 변경할 수 없는 set이다. 다음은 집합 객체를 만들고, 합집합, 교집합, 차집합 등의 연산을 처리하는 파이썬 코드를 보여준다.

```
s1 = { 1,2,3 }                 # 집합 객체
s2 = { 2,3,4,5 }               # 집합 객체
s3 = s1.union(s2)              # 합집합
s4 = s1.intersection(s2)       # 교집합
s5 = s1 - s2                   # 차집합
print("s1:", s1)
print("s2:", s2)
print("s3:", s3)
print("s4:", s4)
print("s5:", s5)
```

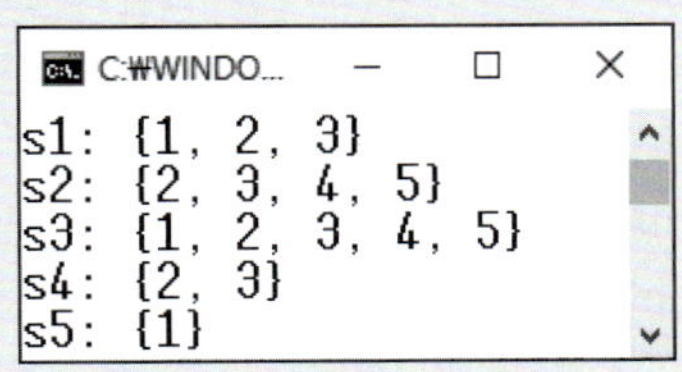

■ 맵(Map)

맵(map) 또는 **딕셔너리**(dictionary)는 자료를 저장하고 탐색키를 이용해 원하는 자료를 빠르게 찾을 수 있도록 하는 탐색을 위한 자료구조를 말한다. 맵은 **엔트리**(entry)라고 불리는 **키를 가진 레코드**(keyed record)의 집합이다. 엔트리는 두 개의 필드를 가진다. 맵과 엔트리는 영어 사전을 생각하면 쉽게 이해할 수 있다.

- **키(key)**: 영어 단어와 같은 레코드를 구분할 수 있는 탐색키
- **값(value)**: 단어의 의미와 같이 탐색키와 관련된 여러 가지 정보

결국, 맵은 키-값의 쌍(key, value)으로 이루어진 엔트리의 집합이다. 파이썬은 내장 자료형으로 딕셔너리를 제공하는데, 이것은 자료구조 맵을 구현한 하나의 예이다. 다음은 딕셔너리의 사용 예인데, 컬러 테이블에 몇 가지 색을 키(색상 이름)와 값(R,G,B 값)으로 저장하고 있다.

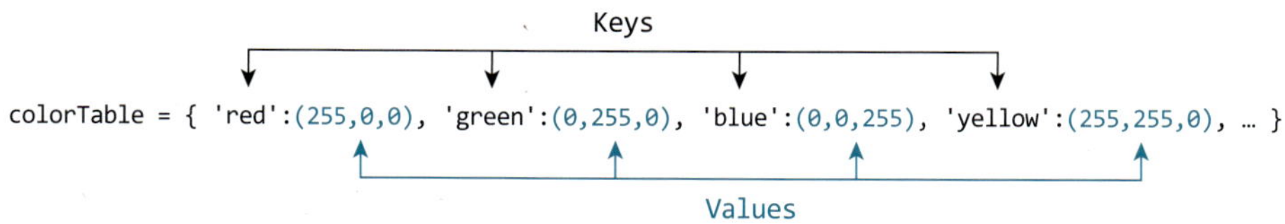

맵을 구현하는 방법은 여러 가지가 있지만 가장 효율적인 것은 해싱이다. 그리고 해싱은 많은 공간을 이용해 탐색 효율을 높이려는 전략을 사용한다. 6장에서 이러한 기법들을 공부한다.

파이썬의 딕셔너리

운동선수의 이름과 이들의 종목을 파이썬의 딕셔너리(맵)로 만들고 출력해 보자. 다음은 딕셔너리를 만들고 키(이름)를 이용해 관련된 값(종목)을 찾아 출력하는 예이다.

```
map = { '김연아':'피겨', '류현진':'야구', '쿠드롱':'당구', '메시':'축구' }
print(map)
print('쿠드롱이 뭐하는 사람이지? ', map['쿠드롱'])
```

```
C:\WINDOWS\system32\cmd.exe
{'김연아': '피겨', '류현진': '야구', '쿠드롱': '당구', '메시': '축구'}
쿠드롱이 뭐하는 사람이지?  당구
```

딕셔너리에 하나의 항목이나 한꺼번에 여러 항목을 추가하는 코드는 다음과 같다. 리스트에서와는 달리 이 코드가 항목의 변경이 아니라 새로운 항목을 추가하는 코드임에 유의하라.

```
map['나달'] = '테니스'   # 맵에 하나의 항목 추가(항목 변경 코드가 아님)
map.update({'최민영':'여자야구', '고진영':'골프'})   # 여러 항목 추가
print(map)
```

```
C:\WINDOWS\system32\cmd.exe
{'김연아': '피겨', '류현진': '야구', '쿠드롱': '당구', '메시': '축구', '나달': '테니스', '최민영': '여자야구', '고진영': '골프'}
```

in 연산자를 이용하면 어떤 키가 딕셔너리에 있는지를 검사할 수 있다.

```
print('쿠드롱 : ', '쿠드롱' in map)
print('페더러 : ', '페더러' in map)
```

```
C:\WINDO...
쿠드롱 :  True
페더러 :  False
```

연습문제

1 다음의 문제에 대한 알고리즘을 작성해 보라. 정의 1.1의 모든 조건이 충족되어야 한다.

(1) 집에서 학교로 등교하는 문제

(2) 라면을 내 스타일 대로 맛있게 끓이는 문제

2 알고리즘 1.5를 파이썬을 이용해 다시 기술하라. gcd(60, 28)에 대해 다음과 같은 결과가 출력되도록 테스트 코드를 작성하라.

```
선택 C:\WINDOWS\system32\cmd.exe
60 의 약수 = [1, 2, 3, 4, 5, 6, 10, 12, 15, 20, 30, 60]
28 의 약수 = [1, 2, 4, 7, 14, 28]
60과 28의 최대 공약수 = 4
```

3 알고리즘 1.6을 파이썬을 이용해 다시 기술하라. gcd(60, 28)에 대해 다음과 같은 결과가 출력되도록 테스트 코드를 작성하라.

```
선택 C:\WINDOWS\system32\cmd.exe
60 의 약수 = [1, 2, 3, 4, 5, 6, 10, 12, 15, 20, 30, 60]
60과 28의 최대 공약수 = 4
```

4 유클리드 알고리즘(알고리즘 1.7)에 적절한 출력문을 추가하여 중간 과정을 보여줄 수 있도록 수정하라.

5 a가 b보다 작은 경우에도 정확한 결과를 낼 수 있도록 알고리즘 1.7을 수정하라.

6 알고리즘 1.7을 유사코드로 다시 기술하라. 파이썬으로 기술된 알고리즘과의 차이를 설명해 보라.

7 알고리즘 1.7과 문제 2~3에서 구현된 알고리즘들의 속도 차이를 분석해 보라. 어떤 부분에서 차이가 큰지 설명하라.

8 최소 공배수를 구하는 알고리즘을 설계해 보라. 최소 공배수의 정의를 이용할 수도 있지만, 최대 공약수와의 관계를 이용할 수도 있다. 이러한 알고리즘 설계 방법을 변환정복 기법

(transform and conquer)이라고 한다.

9 임의의 실수 a, b, c가 주어졌을 때, 2차 방정식 $ax^2+bx+c=0$의 근을 구하는 알고리즘을 적어보라. 단, 제곱근의 계산을 위해 sqrt(x)란 함수를 사용할 수 있다고 가정하라.

10 파이(π) 값을 계산하는 문제에 대해 정확한 해를 구할 수 있을까? 인터넷에서 이 문제에 대한 알고리즘들을 찾아 설명하라.

11 지금까지 알고 있던 문제들 중에서 두 가지 이상의 알고리즘으로 해결할 수 있는 문제를 제시해 보라. 단, 최대 공약수 문제는 제외한다. 어떤 알고리즘이 더 쉬운가? 그리고 어떤 알고리즘이 더 효율적인가?

12* 다음은 배열에서 가장 가까운 두 항목을 찾아 거리를 찾아 반환하는 알고리즘이다. 이 알고리즘을 개선하는 방법을 생각해 보라. 알고리즘을 완전히 바꾸어도 좋다.

```
min_distance( A )
    // 입력: 숫자 배열 A[0..n − 1]
    // 출력: 두 항목간의 거리들 중의 최소 거리
    dmin ← ∞
    for i ← 0 to n - 1 do
        for j ← 0 to n - 1 do
            if i ≠ j and |A[i]- A[j]| < dmin
                dmin ← |A[i]- A[j]|
    return dmin
```

13* 다음은 유사코드로 기술한 선택정렬 알고리즘이다. 물음에 답하라.

```
selection_sort(A, n)
    for i ← 0 to n-2 do
        least = i;
        for j ← i to n-1
            if (A[j]<A[least]) :
                least ← j
        A[i] ↔ A[least]          // 항목 교환
```

(1) 이 알고리즘으로 리스트 [3, 7, 9, 4, 2, 8, 1, 5]를 정렬하는 과정과 결과를 보여라.
(2) 이 정렬이 비교기반인지 분배기반인지를 설명하라.
(3) 이 알고리즘이 안정성이 있는지 없는지를 설명하라.
(4) 이 알고리즘이 제자리 정렬인지 아닌지를 설명하라.

14 영어 사전에서 단어를 찾는 알고리즘을 자연어로 기술해 보라. 이 알고리즘을 적용하기 위한 사전 조건을 설명하라.

15 텍스트에서 어떤 문자열을 찾는 간단한 알고리즘을 설계해 보라.

16 다음과 같은 맵이 있다. 물음에 답하라.

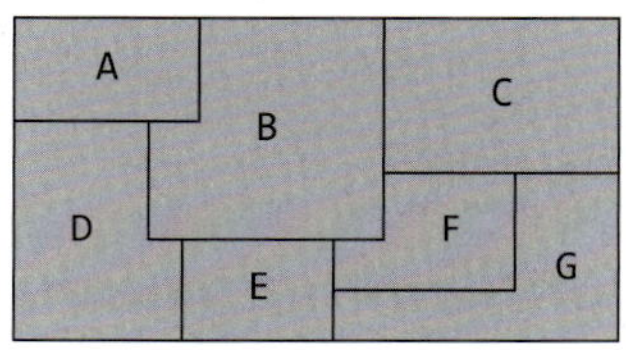

(1) 이 맵을 그래프 형태로 변환해 보라. 하나의 영역은 정점이 되고 인접한 영역들 사이에는 간선이 있어야 한다.
(2) 이 맵에서 인접한 영역에 같은 색이 칠해지지 않도록 색을 칠하는 방법을 설명하라.
(3) 위 문제에서 가장 작은 수의 색을 이용해 색칠하는 방법을 구하라.

17 TSP 문제를 조합문제로 볼 수 있는 이유를 자세히 설명하라. 이때, 어떤 것이 조합 객체가 되는가?

18* 다음과 같이 리스트에 사용자가 입력하는 값을 저장하고, 출력하는 프로그램을 작성하려고 한다. 물음에 답하라.

```
노드의 개수 : 3
노드 #1 데이터 : 5
노드 #2 데이터 : 6
노드 #3 데이터 : 7
리스트의 내용: [ 5 6 7 ]
```

(1) 파이썬의 리스트를 이용해 이를 구현하라.

(2) 단순연결리스트 구조(그림 1.10(b))를 이용해 이를 구현하라. 이를 위해 인터넷이나 자료구조 관련 도서를 참고하라. 코드가 좀 복잡해질 것이다. 다음과 같은 노드(Node) 클래스를 사용하라.

```
class Node:                             # 단순연결리스트를 위한 노드 클래스
    def __init__ (self, data, link):    # 생성자
        self.data = data                # 데이터 필드
        self.link = link                # 링크 필드
```

19 파이썬 리스트 내의 항목들 중에서 가장 작은 항목과 큰 항목을 모두 찾아 한꺼번에 반환하는 함수를 작성하라. 두 값의 반환을 위해 튜플을 사용할 수 있다.

20 두 개의 리스트를 입력받아 리스트에 같은 항목이 있으면 True를 없으면 False를 반환하는 함수를 작성하라.

21 공백상태의 스택에 총 25번의 push 연산과 10번의 pop 연산이 실행되었는데, 이 중에 3번은 공백상태였다. 현재 스택의 항목 수는 어떻게 될까?

22 사용자로부터 문자열을 입력받고 이것을 역순으로 출력하는 프로그램을 작성하라. 단, 스택 구조를 사용한다.

23* 피보나치 수열을 효과적으로 계산하기 위하여 큐를 이용할 수 있다. 처음에는 큐에 $F(0)$와 $F(1)$의 값이 들어가 있고, $F(2)$를 계산할 때 $F(0)$를 큐에서 제거해야 하고, 새로 계산된 $F(2)=F(0)+F(1)$가 다시 큐에 들어간다. 피보나치 수열은 다음과 같이 정의된다. 큐를 이용하여 피보나치 수열을 계산하는 프로그램을 작성하라.

$$F(0)=0,\quad F(1)=1$$
$$F(n)=F(n-1)+F(n-2)$$

24* 우선순위 큐를 이용해 숫자를 정렬하는 프로그램을 구현해 보자. 숫자로 이루어진 리스트를 입력받아 우선순위 큐에 모두 넣은 다음 순서대로 하나씩 꺼내서 원래의 리스트에 저장하면 정렬할 수 있다. 우선순위 큐로는 파이썬의 heapq 모듈을 사용하라(8.6절의 허프만 코드에서 heapq의 사용법을 참고하라).

25 파이썬의 리스트로 표현된 두 집합 A와 B가 있다. A와 B의 합집합과, 교집합, 및 차집합을 구하는 함수를 각각 구현하라.

26* 위 문제와 같이 구현된 집합에서 A가 B의 진부분집합인지를 검사하는 함수를 구현하라. 단, A가 B의 부분집합이지만 A와 B가 같지 않은 경우 A는 B의 진부분집합(proper subset)이다.

27 어느 식당의 음식에 대한 가격 정보를 다음과 같이 딕셔너리로 표현하자.

price = { '콩나물해장국':4500, '갈비탕':9000, '돈가스':8000 }

여기에 새로운 메뉴 '팟타이'를 7000원에 추가하고, 모든 메뉴와 가격을 출력하는 코드를 작성해 보라.

CHAPTER 02

알고리즘 효율성 분석

학습목표

- 시간 효율성과 공간 효율성을 이해한다.
- 알고리즘의 점근적 성능 분석 방법을 이해한다.
- 반복 알고리즘에 대한 복잡도 분석 능력을 기른다.
- 순환의 개념을 이해하고 순환 알고리즘의 복잡도 분석 능력을 기른다.

CHAPTER

2 알고리즘 효율성 분석

문제 해결을 위한 어떤 알고리즘이 정확히 동작한다는 것이 확인되었다면 다음으로 우리가 궁금한 것은 "이 알고리즘이 얼마나 효율적인가?"라는 것이다. 좋은 알고리즘은 같은 일을 하면서도 컴퓨터의 **자원**(resource)들을 최소한으로 사용해야 하는데, 이때 가장 중요하게 생각되는 것이 처리시간과 메모리 사용량이다. 즉, 시간 효율성과 공간 효율성이 알고리즘 평가에서 가장 중요하다.

- **시간 효율성**(Time efficiency): 가장 중요하게 생각되는 평가 요소로 더 빨리 결과를 내는 알고리즘 더 효율적이다. 시간 효율성 평가를 위해 실제로 실행시간을 측정할 수도 있지만, 대부분은 이론적으로 복잡도를 분석하는 방법이 사용된다.
- **공간 효율성**(Space efficiency): 알고리즘이 컴퓨터 메모리를 얼마나 사용하는지를 나타낸다. 물론 더 적은 메모리를 사용하는 알고리즘이 공간 효율성이 더 높고, 더 좋은 알고리즘이다.

가장 좋은 알고리즘은 실행시간도 짧고 메모리와 같은 컴퓨터의 자원들도 적게 사용하는 것이겠지만 둘 중에서 하나를 골라야 한다면 보통은 시간 효율성을 선택한다. 따라서 실행시간이 효율적인 알고리즘의 기준이 되는 경우가 일반적이다.

2.1 효율성 분석의 기초

어떤 알고리즘의 효율성을 측정하는 가장 단순하지만 확실한 방법은 그 알고리즘을 프로그래밍 언어로 구현하고, 실제 컴퓨터상에서 실행시킨 다음 시간을 측정하는 것이다. 만약, 알고리즘이 파이썬으로 기술되어 있다면 파이썬의 time 모듈을 이용해 실행시간을 쉽게 측정할 수 있다.

실행시간 측정 방법

파이썬에서 time 모듈은 다양한 시간 관련 기능을 제공하는데, time.time()은 컴퓨터의 현재 시각을 반환하는 함수이다. 이를 이용해 실행시간을 측정하는 전형적인 코드는 다음과 같다.

```
import time                          # time 모듈 불러오기
...
start = time.time()                  # 현재 시각을 start에 저장(시작 시각)
testAlgorithm(input)                 # 실행시간을 측정하려는 알고리즘 함수 호출
end = time.time()                    # 현재 시각을 end에 저장(종료 시각)
print("실행시간 = ", end-start)      # 실제 실행시간(종료-시작)을 출력
```

어떤 알고리즘의 실행시간을 측정하는 것은 쉽지만, 이를 알고리즘의 효율성 평가에 사용하는 데는 몇 가지 치명적인 약점이 있다.

- 당연한 이야기지만 알고리즘을 반드시 "구현"해야 한다. 알고리즘이 비교적 단순하다면 쉽게 구현할 수 있겠지만 복잡한 경우에는 구현이 큰 부담이 될 수 있다.
- 여러 알고리즘의 측정 결과를 비교하기 위해서는 반드시 같은 조건의 하드웨어를 사용하여 실행시간을 측정해야 한다. 이것은 아주 비효율적인 알고리즘도 슈퍼컴퓨터상에서 실행하면 가장 효율적인 알고리즘을 구형 컴퓨터에서 실행하는 것보다 더 빨리 처리될 수 있기 때문이다.

- 프로그래밍 언어나 운영체제와 같은 소프트웨어 환경도 같아야 한다. 예를 들어, 구현에 사용된 프로그래밍 언어에 따라서도 실행속도가 크게 달라질 수 있는데, C나 C++와 같은 **컴파일 방식** 언어를 사용한 경우가 파이썬이나 베이직과 같은 **인터프리트 방식**보다 훨씬 빠르다.
- 성능 비교에 사용했던 데이터가 아닌 다른 데이터에 대해서는 다른 결과가 나올 수 있어 실험되지 않은 입력에 대해서는 실행시간을 주장할 수 없다.

이러한 문제에 따라 알고리즘의 효율성 평가를 위해 절대적인 시간 측정이 아니라 이론적으로 알고리즘의 복잡도를 분석하는 방법이 주로 사용된다. 즉, 알고리즘들을 이론적인 복잡도를 기준으로 비교하는 것이다. 이러한 복잡도는 시간과 공간에 모두 적용할 수 있는데, 시간 복잡도와 공간 복잡도가 모두 낮은 알고리즘이 가장 좋은 알고리즘이다. 다음은 알고리즘의 복잡도를 분석하기 위해 반드시 확인해야 하는 사항들이다.

- 알고리즘에서 입력의 크기는 무엇인가?
- 복잡도에 영향을 미치는 가장 핵심적인 기본 연산은 무엇인가?
- 입력의 크기가 증가함에 따라 처리시간은 어떤 형태로 증가하는가?
- 입력의 특성에 따라 알고리즘 효율성에는 어떤 차이가 있는가?

입력의 크기

대부분 알고리즘은 입력이 많아질수록 처리시간이 늘어난다. 예를 들어, 정렬 문제를 생각해 보자. 정렬할 항목의 수가 많으면 당연히 더 많은 계산이 필요할 것이다. 만약, 항목 수는 같은데 각 항목 값이 모두 10배 크다면 더 많은 계산이 필요할까? 물론 그렇지 않다. 따라서 정렬 문제에서 입력의 크기는 항목의 수이다.

알고리즘의 효율성은 보통 입력 크기의 함수 형태로 표현된다. 따라서 분석할 알고리즘에서 무엇이 입력의 크기를 나타내는지를 먼저 명확히 결정해야 한다. 몇 가지 문제에서 입력의 크기를 생각해 보자.

- 리스트 A에서 어떤 값(key)을 가진 항목을 찾는 탐색 문제에서 입력의 크기는 무엇일까? 리스트가 클수록 탐색을 위한 시간이 오래 걸릴 것이므로 리스트 A의 크기(항목의 수, len(A))가 입력의 크기이다. 찾는 값 key의 크기가 처리시간을 결정하지는 않는다.

- x의 n-거듭제곱 값인 x^n을 구하기 위해 수학 라이브러리를 사용하지 않고 x를 n번 곱하는 거듭제곱 알고리즘을 생각해 보자. 입력의 크기는 무엇인가? x^n을 위해 n-1번의 곱셈 연산이 필요하므로 n이 입력의 크기이다. x가 크다고 처리시간이 늘어나지는 않는 것에 유의하라.
- 다항식 $p(x)=a_nx^n+a_{n-1}x^{n-1}+\cdots+a_1x+a_0$은 계수의 리스트 $[a_0, a_1, \cdots, a_n]$로 표현할 수 있다. 이 경우 두 다항식의 덧셈 알고리즘에서 입력의 크기는 무엇일까? 연산의 양은 계수 리스트의 크기에 따라 증가하는데, 이 리스트의 크기는 다항식의 최대 차수에 의해 결정된다. 따라서 다항식의 최대 차수 n이 입력의 크기가 된다. 다항식의 각 계수 a_i가 크다고 처리시간이 늘어나지는 않는다.
- 입력의 개수가 여러 개인 경우도 있다. 예를 들어, 가로가 W, 세로가 H인 영상이나 행렬을 다루는 알고리즘에서 입력의 크기는 W와 H이다.
- 그래프를 다루는 많은 알고리즘의 처리시간은 그래프의 정점의 수(V)뿐만 아니라 간선의 개수(E)에도 영향을 받는다. 따라서 이 경우 입력의 크기는 V와 E가 된다. 이러한 상황은 그래프가 인접 리스트로 표현된 경우 흔히 발생한다.

파이썬 내장함수

리스트 A의 항목 수는 `len(A)`를 이용해 구할 수 있는데, `len()`과 같은 함수들을 파이썬 내장 함수라 부른다. 파이썬은 다양한 내장 함수를 제공하는데, `print()`와 `input()`을 비롯하여 자료형 판별, 자료형 변환, 간단한 수학 연산 등을 포함한다. 이들은 외부 모듈들과 달리 `import`가 필요하지 않고, 아무런 설정 없이 바로 사용할 수 있다. 파이썬 내장 함수들은 매우 유용하므로 인터넷을 통해 사용 방법을 알아보는 것이 좋다.

대부분은 입력의 크기를 간단히 결정할 수 있지만 신중하게 결정해야 하는 상황도 있다. 예를 들어, 우리가 흔히 사용하는 문서 편집기에서 맞춤법 검사(spell-checking) 문제를 생각해 보자. 만약 알고리즘이 입력 텍스트를 개별 문자 단위로 검사한다면 입력의 크기는 텍스트의 문자 개수가 될 것이다. 그러나 단어 단위로 처리하는 알고리즘이라면 입력의 크기는 텍스트에서 탭(tab)이나 공백문자(space), 엔터(enter) 등으로 분리된 단어의 개수가 될 것이다.

■ 실행시간 측정의 단위(기본 연산)

입력의 크기가 결정되면 다음으로 알고리즘의 실행시간 측정을 위한 단위를 결정해야 한다. 물론 우리가 생활에서 사용하는 시, 분, 초 등을 단위로 사용할 수 있지만, 이것은 절대적인 처리시간을 측정해야 구할 수 있고, 이 방법에는 치명적인 약점이 있었다. 우리는 구현과 관련된 여러 복잡한 사항들과 상관없이 이론적으로 알고리즘의 효율을 평가하는 측정 단위를 찾아야 한다.

하나의 방법은 알고리즘이 실행될 때 처리되는 모든 연산을 찾고, 그 횟수를 계산하는 것이다. 그러나 이것은 매우 어렵고 사실 필요하지도 않다. 우리가 해야 하는 것은 알고리즘에서 가장 많이 실행되는 연산, 즉 **기본 연산**(basic operation)을 찾고, 이 연산이 실행되는 횟수만을 계산하는 것이다. 이러한 연산을 찾는 것은 보통 어렵지 않은데, 다중 루프의 경우 가장 안쪽 루프에 있는 연산이 가장 많이 실행된다.

예: n의 거듭제곱을 구하는 3가지 알고리즘

양의 정수 n의 제곱, 즉 n^2을 구하는 다음 세 가지 알고리즘을 생각해 보자. 입력의 크기는 정수 n 자체이고, 우리는 당연히 알고리즘 A를 사용할 것이지만, 좀 억지스러운 알고리즘인 B와 C도 분명히 n^2을 정확히 구해준다.

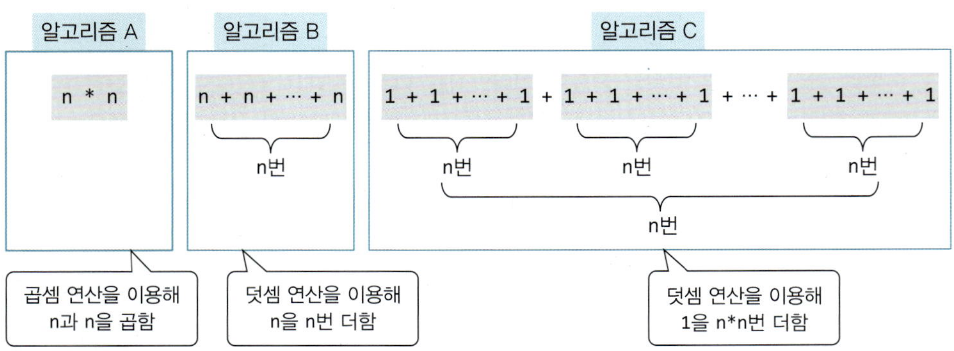

[그림 2.1] n^2을 구하는 세 가지 방법

각 알고리즘을 유사코드로 나타내고, 모든 연산의 횟수를 계산해 보자.

[표 2.1] n^2을 구하는 3가지 알고리즘과 연산 횟수

	알고리즘 A	알고리즘 B	알고리즘 C
유사코드	sum ← n * n	1. sum ← 0 2. for i←1 to n do 3. sum ← sum + n	1. sum ← 0 2. for i←1 to n do 3. for j←1 to n do 4. sum ← sum + 1
전체 연산 횟수	대입 연산: 1 곱셈 연산: 1 전체 횟수: 2	대입 연산: $n+2$ 덧셈 연산: n 전체 횟수: $2n+2$	대입 연산: n^2+n+2 덧셈 연산: n^2 전체 횟수: $2n^2+n+2$

- 알고리즘 A는 간단하다. 곱셈(*)과 대입(←) 연산이 각각 한 번씩 사용된다.
- 알고리즘 B는 연산의 횟수 계산이 약간 복잡하다. 반복문 내부의 문장인 3행은 덧셈(+)과 대입(←) 연산이 각각 한 번씩 필요하고, 2행에 의해 이 문장은 n번 반복된다(대입 n번, 덧셈 n번). 반복문을 제어하는 문장은 어떨까? 2행에서 인덱스 i를 초기화(i←1) 하는 문장이 한 번 나타난다. 물론 sum을 초기화하는 문장에서도 한 번의 대입이 필요하다. 따라서 대입연산은 $n+2$번 나타났다. 숨어 있어 보이지 않는 연산들도 있다. 반복마다 매번 i를 n과 비교(=)해야 하고, i를 증가시켜야 하는데, 이들은 코드에 나타나 있지 않다. 이러한 연산들을 모두 포함하여 정확하게 모든 연산의 횟수를 계산하는 것은 사실 너무 복잡하고, 실제로 필요하지도 않다. 대신에 가장 많이 실행되는 연산, 즉 기본 연산을 찾고, 이 연산이 실행되는 횟수를 사용한다. 알고리즘 B에서는 3행(sum ← sum + n)이 가장 많이 실행되므로 기본 연산이 될 수 있다.
- 알고리즘 C에서도 코드에 나타나는 연산들은 덧셈이 명확히 n^2이고, 대입 연산은 각종 초기화를 포함하면 n^2+n+2 번이다. 그러나 4행의 sum ← sum + 1을 기본 연산으로 생각하고, 이를 복잡도 측정의 기본 단위로 사용한다.

표에서는 연산들의 전체 횟수를 계산할 때 모든 기본 연산들을 단순하게 합했지만, 사실 연산마다 처리시간이 약간씩 다를 수 있다. 그러나 이것은 중요하지 않으며, 모든 연산에 동일한 시간이 걸린다고 가정한다.

잠깐만!! 연산들의 속도 차이

보통의 시스템에서는 나눗셈과 곱셈이 덧셈이나 뺄셈보다 더 시간이 걸린다. 그러나 항상 그런 것도 아니다. 이러한 연산들의 상대적인 처리시간 차이는 알고리즘 분석에서 중요하지 않다.

■ 복잡도 함수와 증가 속도

알고리즘에서 기본 연산이 실행되는 전체 횟수는 입력의 개수 n에 영향을 받는데, 연산의 수를 n의 함수로 나타낸 것을 **시간 복잡도 함수**라고 하고 $T(n)$이라고 표기한다. 예를 들어, 표 2.1의 세 알고리즘의 시간 복잡도 함수는 각각 다음과 같이 나타낼 수 있다(알고리즘 B는 3행, C는 4행을 기본 연산으로 사용한 경우).

$$T_A(n) = 2,\ T_B(n) = 2n,\ T_C(n) = 2n^2$$

알고리즘의 실행시간은 입력의 크기가 작은 경우에는 별다른 차이가 없다. 예를 들어, n이 1이면 $T_A(1) = 2$, $T_B(1) = 2$, $T_C(1) = 2$로 모두 같다. 그러나 n이 증가할수록 차이가 엄청나게 커지는데, 그림 2.2를 보면 효율적인 알고리즘이 무엇인지 쉽게 판단할 수 있다. 그림에서 관심 없는 부분에 유의하라. 알고리즘의 효율성 분석은 충분히 큰$(n \geq n_0)$ 입력에 대해서만 관심이 있다.

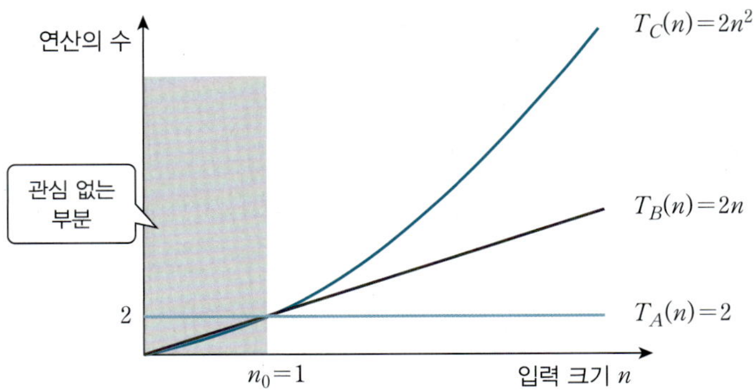

[그림 2.2] n^2을 구하는 세 가지 알고리즘의 복잡도 함수

이제 실제 실행시간을 생각해 보자. 하나의 연산에 c_{op}가 걸린다고 가정하면 $T(n)$ 연산의 실행시간은 $c_{op}T(n)$이다. 이때, c_{op}와 $T(n)$은 모두 근사적으로 계산된 것이다.

만약 같은 알고리즘을 10배 빠른 컴퓨터에서 실행하면 어떻게 될까? 이것은 c_{op}가 1/10로 줄어드는 것을 의미하고, 따라서 모든 알고리즘의 처리시간이 1/10로 줄어든다.

입력의 크기 n을 2배 늘리면 어떻게 될까? 이때 n은 충분히 큰 값이라고 가정한다. 예를 들어, 표 2.1의 알고리즘 중에서 A의 처리시간은 n과 상관없지만, B와 C는 다음과 같은 속도로 증가한다.

$$\text{알고리즘 B: } \frac{c_{op}T_B(2n)}{c_{op}T_B(n)} = \frac{T_B(2n)}{T_B(n)} \approx \frac{2(2n)}{2n} = 2$$

$$\text{알고리즘 C: } \frac{c_{op}T_C(2n)}{c_{op}T_C(n)} = \frac{T_C(2n)}{T_C(n)} \approx \frac{2(2n)^2}{2n^2} = \frac{8n^2}{2n^2} = 4$$

일단, 두 알고리즘의 증가 속도가 c_{op} 와는 관련이 없는 것에 유의하라. 입력이 두 배가 되면 알고리즘 B의 처리시간은 두 배로 늘고, 알고리즘 C는 네 배로 늘어난다. 이러한 증가 속도 계산에서 복잡도 함수의 각 항의 계수들(예를 들어, $T_C(n) = 2n^2$ 에서 n^2 항의 계수 2)도 아무런 영향을 주지 못한다.

여러 알고리즘이 있을 때 이들을 구현하지 않고도 효율성을 비교하는 것은 이와 같은 **복잡도 분석**(complexity analysis)으로 가능하다. 특히 이러한 분석은 충분히 큰 $(n \geq n_0)$ 입력에 대해, n의 증가에 따른 실행시간의 **증가 속도**(order of growth)에만 관심이 있다. 특히, 알고리즘을 구현하지 않고도 모든 입력에 대해 실행 하드웨어나 소프트웨어 환경과 관계없이 효율성을 평가할 수 있다. 다음 절에서 몇 가지 반복 알고리즘과 순환 알고리즘들에 대해 복잡도 분석을 적용해 본다.

■ 최선, 최악, 평균적인 효율성

같은 알고리즘도 입력의 종류 또는 구성에 따라 다른 특성의 실행시간을 보일 수 있다. 예를 들어, 보통의 경우 비효율적이라고 알려진 어떤 정렬 알고리즘은 거의 정렬이 되어 있는 입력에 대해서는 매우 빨리 정렬할 수 있다. 그렇다면 알고리즘의 성능을 이야기할 때 도대체 어떤 종류의 입력을 기준으로 해야 할까? 알고리즘의 효율성은 입력의 특징에 따라 3가지 경우로 나누어 평가할 수 있다.

- **최선의 경우**(best case): 실행시간이 가장 적은 경우를 말하는데, 알고리즘 분석에서는 큰 의미가 없다.
- **평균적인 경우**(average case): 알고리즘의 모든 입력을 고려하고 각 입력이 발생할 확률을 고려한 평균적인 실행시간을 의미하는데 정확히 계산하기가 어렵다.
- **최악의 경우**(worst case): 입력의 구성이 알고리즘의 실행시간을 가장 많이 요구하는 경우를 말하는데, 가장 중요하게 사용된다.

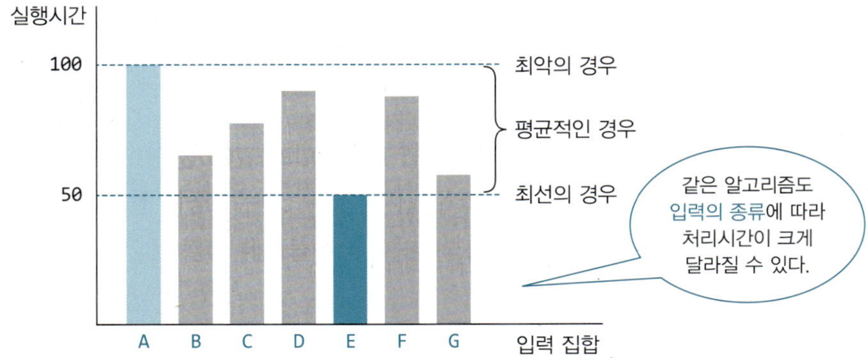

[그림 2.3] 최악의 경우, 평균적인 경우, 최선의 경우

예: 순차 탐색의 최선, 최악, 평균적인 효율성 계산

리스트에서 어떤 값을 가진 항목을 찾는 문제를 생각해 보자. 찾는 값이 어디 있을지 모르기 때문에 첫 번째 항목부터 순서대로 검사해 보아야 할 것이다. 이러한 알고리즘을 **순차 탐색**이라고 한다. 다음은 순차 탐색 알고리즘인데, 탐색 대상인 리스트 A와 탐색키 key를 입력받아 리스트의 모든 항목(A[0]~A[len(A)−1])을 순서대로 key와 비교하여 같으면 그 위치(인덱스)를 반환한다.

알고리즘 2.1 순차 탐색

```
01 def sequential_search(A, key):      # 순차 탐색. A는 리스트, key는 탐색키
02     for i in range(len(A)) :        # i : 0, 1, ... len(A)−1
03         if A[i] == key :            # 탐색 성공하면 (비교 연산. 기본 연산임)
04             return i                # 인덱스 반환
05     return -1                       # 탐색에 실패하면 −1 반환
```

이 알고리즘에서 입력의 크기와 기본 연산을 정의해 보자. 처리시간은 리스트 A의 크기(len(A))에 달려 있으므로 리스트의 크기가 입력의 크기 n이다. 기본 연산으로는 가장 많이 반복되는 3행을 사용하면 될 것이다. 3행의 비교 연산을 기본 연산으로 하여 효율성을 평가하자. 그런데 이 알고리즘은 입력의 구성에 따라 처리시간이 달라질 수 있다. 최선, 최악, 평균적인 경우의 시간 복잡도 함수를 계산하여 보자.

- **최선의 경우:** 리스트 A의 첫 번째 항목이 key와 같은 경우이다. 항상 한번 만에 탐색이 완료되고, 시간 복잡도 함수 $T_{best}(n) = 1$ 이다.

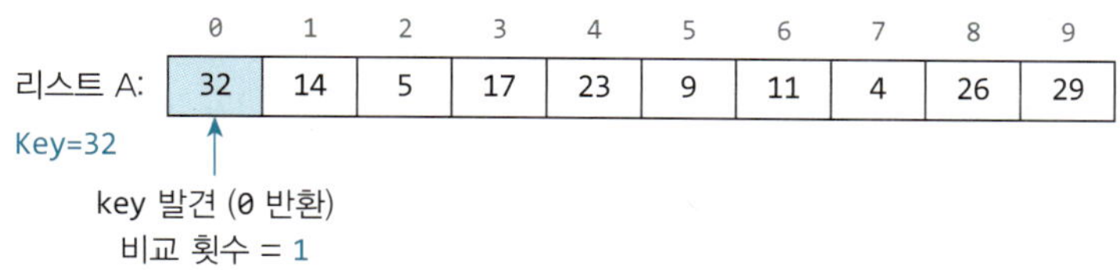

- **최악의 경우:** 탐색키 key가 리스트에 없거나 맨 뒤에 있는 경우이다. 항상 모든 항목을 검사해야 하므로 n번의 비교가 필요하고, 시간 복잡도 함수 $T_{worst}(n) = n$ 이다.

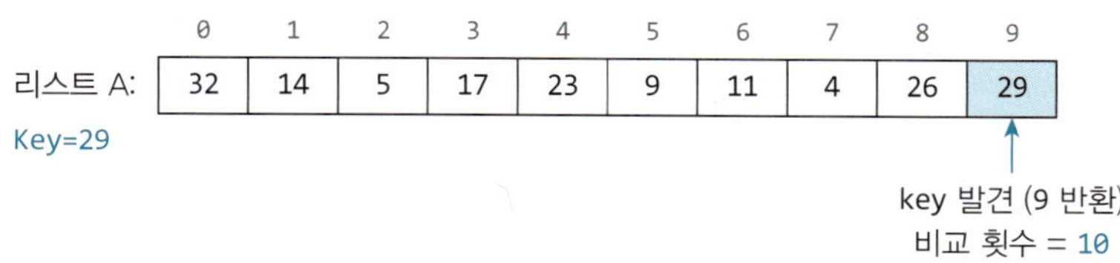

- **평균적인 경우:** 평균적인 경우는 어떻게 계산할까? 먼저 리스트 내의 모든 숫자가 균일하게 탐색된다고 가정하자. 즉, 각 숫자가 key로 사용될 가능성이 $1/n$로 모두 같다고 가정하는 것이다. 이제 모든 숫자를 탐색했을 때 비교 연산의 횟수를 모두 더한 다음, 이것을 전체 숫자의 개수로 나누어주면 평균적인 경우의 비교 연산 수행 횟수를 알 수 있다.

$$T_{avg}(n) = \frac{1+2+\cdots+n}{n} = \frac{n(n+1)/2}{n} = \frac{n+1}{2}$$

평균적인 경우가 좋아 보이지만 계산하기 어려운 경우가 많고, 특히 최악의 상황에 대한 시간을 보장하지 못한다는 점에서 문제가 있다. 따라서 알고리즘에 최대한 불리한 입력 데이터를 사용하는 최악의 경우에 대한 성능이 가장 중요하게 사용된다. 예를 들어, 자율주행 자동차나 항공 관제업무에 사용되는 알고리즘들은 아무리 불리한 입력이 들어오더라도 일정한 시간 안에 반드시 계산을 끝낼 수 있어야 중대한 사고를 막을 수 있다.

잠깐만!! 평균적인 경우의 효율성

주사위 던지기에서 기대치를 계산하는 것처럼 단순한 경우와는 달리 대부분의 문제에서는 "평균적인 경우"를 정의하기가 매우 어렵다. 따라서 진정한 의미의 평균이 아니라 "평균"에 대한 어떤 가정을 사용한다. 예를 들어, 위에서는 "리스트의 모든 숫자가 key로 한 번씩 사용되는 경우"를 평균적인 경우로 가정하였다. 그러나 어떤 사람은 "key 값으로 1부터 100까지가 한 번씩 사용되는 경우"가 더 평균적인 경우라고 생각할 수도 있을 것이다. 따라서 평균적인 경우보다는 최악의 경우가 훨씬 중요하게 생각된다.

효율성 분석 요약

이러한 효율성 분석 방법은 시간뿐 아니라 공간 효율성에서도 동일하게 적용된다. 알고리즘의 효율성은 다음과 같이 요약할 수 있다.

- 알고리즘의 시간 효율성과 공간 효율성은 모두 입력의 크기 n의 함수로 나타난다.
- 시간 효율성은 알고리즘의 기본 연산의 실행 횟수를 이용해 구하고, 공간 효율성은 알고리즘에 의해 사용되는 추가적인 메모리양을 이용해 구한다.
- 어떤 알고리즘은 입력의 크기가 같더라도 입력의 구성에 따라 효율이 매우 다르게 나타날 수 있다. 이런 알고리즘에서는 최선, 평균, 그리고 최악의 경우에 대한 분석이 추가적으로 필요하다.
- 알고리즘의 효율성 분석은 입력의 크기가 무한대로 커짐에 따라 실행시간(또는 추가적인 메모리 사용량)이 어떤 속도로 증가하는지에만 관심이 있다.

2.2 점근적 성능 분석 방법

알고리즘의 복잡도 함수 $T(n)$은 입력의 크기 n에 대한 수식으로, 보통 여러 개의 항을 가진 다항식의 형태가 된다. 그런데 n이 커질수록 차수가 최대인 항의 영향이 절대적이고 나머지 항들은 무시할 수 있을 정도가 된다. 예를 들어, 복잡도 함수 $T(n)=n^2+n+1$에서 최고차항인 n^2의 영향을 계산해 보자.

- $n=1$일 때: $T(n) = 1 + 1 + 1 = 3$ (n^2항이 33.3%)
- $n=10$일 때: $T(n) = 100 + 10 + 1 = 111$ (n^2항이 90%)

- $n = 100$일 때: $T(n) = 10000 + 100 + 1 = 10101$ (n^2항이 99%)
- $n = 1,000$일 때: $T(n) = 1000000 + 1000 + 1 = 1001001$ (n^2항이 99.9%)

만약 n이 충분히 크다면 복잡도 함수의 전체 항이 아니라 최고차항만으로도 실행시간의 대부분이 반영될 수 있을 것이라는 것을 예상할 수 있다.

점근적 표기(asymptotic notation)

점근적 표기는 입력의 크기 n이 무한대로 커질 때의 복잡도를 간단히 표현하기 위해 사용하는 방법으로 여러 항을 갖는 복잡도 함수를 최고차항만을 계수 없이 취해 단순화시킨다. 예를 들어, n이 충분히 크다면 $3n^2 - 100n + 10000$는 n^2으로, $2n! + 100^n$은 $n!$로 단순화된다.

> 효율성 분석에서 중요한 것은 n에 대해 "연산이 정확히 몇 번 필요한가?"가 아니라 n이 증가함에 따라 "무엇에 비례하는 수의 연산이 필요한가?"이다.

이러한 점근적 표기는 함수에 **상한**(upper bound)과 **하한**(lower bound) 및 **동일 등급**(tight bound)과 같은 개념을 적용하여 **빅오**(big O), **빅오메가**(big omega)와 **빅세타**(big theta) 표기로 다시 나눌 수 있다. 빅오는 어떤 복잡도 함수의 상한을, 빅오메가는 하한을 나타내고, 빅세타는 점근적으로 상한이면서 하한인 경우를 표현한다. 이들의 정의를 공부하기 전에 예를 통해 각 표기법의 의미를 생각해 보자.

- 빅오 표기법은 복잡도 함수의 상한을 나타내는데, $O(g(n))$은 증가 속도가 $g(n)$과 같거나 낮은 모든 복잡도 함수를 포함하는 집합이다. 예를 들어, 복잡도 함수 $0.000001n^3$은 아무리 계수가 작더라도 $O(n^2)$에 속할 수 없다.

$$3n^2 + 4n \in O(n^2), \quad 2n - 3 \in O(n^2), \quad 2n(n+1) \in O(n^2)$$
$$3n^2 + 4n \notin O(n), \quad 0.000001n^3 \notin O(n^2), \quad 1000^n \in O(n!)$$

- 빅오메가 표기법은 하한을 나타내는데, $\Omega(g(n))$은 증가 속도가 $g(n)$과 같거나 높은 모든 복잡도 함수를 포함한다.

$$2n^3+3n \in \Omega(n^2),\ 2n(n+1) \in \Omega(n^2),\ 100000n+8 \notin \Omega(n^2)$$

- 빅세타 표기법은 상한인 동시에 하한인 경우로, $\Theta(g(n))$은 증가 속도가 $g(n)$과 같은 복잡도 함수들만을 포함한다.

$$2n^3+3n \in \Theta(n^3),\ 2n^3+3n \notin \Theta(n^2),\ 2n^3+3n \notin \Theta(n^4)$$

■ 빅오 표기법

정의 2.1 빅오 표기법

> 복잡도 함수 $f(n)$이 주어졌을 때 $n \ge n_0$인 모든 정수 n에 대해 $|f(n)| \le c|g(n)|$을 만족하는 양의 상수 c와 자연수 n_0가 존재하면 $f(n) \in O(g(n))$이다.

빅오(big O) 표기법은 어떤 함수의 점근적 상한을 표시하는 방법이다. 다음 그림에서 n이 매우 커지게 되면 $f(n)$값은 결국은 $g(n)$보다 작거나 같아지게 된다. 이것은 $g(n)$이 $f(n)$의 점근적 상한이라는 것을 말한다. 이때, $n < n_0$인 모든 n에 대해서는 전혀 관심이 없다는 것에 유의하라.

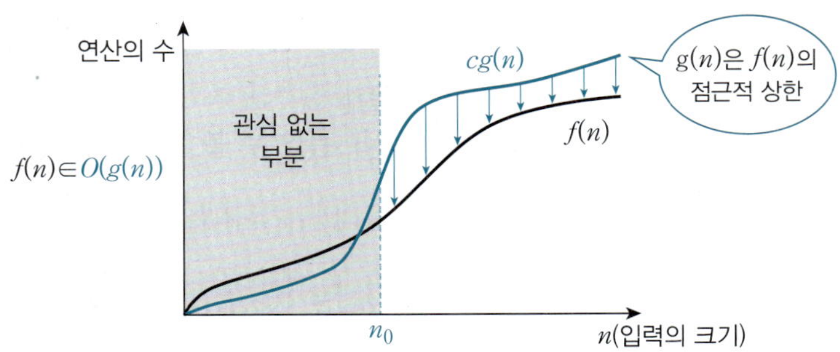

[그림 2.4] 빅오 표기: $f(n) \in O(g(n))$

정의에서 c와 n_0에 대해서는 아무런 제한이 없으므로 부등식을 만족하는 c나 n_0는 무수히 많을 것이다. 따라서 복잡도 함수 $f(n)$이 $O(g(n))$에 포함된다는 것을 증명하기 위해서는 이 부등식을 만족하는 c와 n_0를 하나만 찾아 제시하면 된다.

- $2n^2 + 3n + 1 \in O(n^2)$ 임을 증명해 보자. c가 5이면 $n \geq 4$ 인 모든 n에 대해 부등식 $|2n^2 + 3n + 1| \leq 5|n^2|$이 성립한다. 따라서 $c = 5$ 와 $n_0 = 4$ 가 존재하므로 이 식은 성립한다.
- $100n + 5 \in O(n^2)$ 임을 증명해 보자. c가 100이면 $n \geq 2$ 인 모든 n에 대해 부등식 $|100n + 5| \leq 100|n^2|$이 성립한다. 따라서 $c = 100$ 과 $n_0 = 2$ 가 존재하므로 이 식은 성립한다.

심화 학습 $f(n) \notin O(g(n))$ 의 증명

$f(n) \in O(g(n))$ 는 부등식을 만족하는 c와 n_0 를 하나만 찾아 제시하면 된다. 그렇다면 $f(n) \notin O(g(n))$, 즉 $f(n)$ 이 $O(g(n))$ 에 포함되지 않는다는 것은 어떻게 증명할 수 있을까? **귀류법**이라 불리는 **모순 유도 증명법**(proof by contradiction)을 사용할 수 있다. 이 방법은 어떤 명제를 참이라고 가정하고 내용을 따라가다 보면 모순에 도달하여, 가정한 명제가 잘못된 것임을 보이는 방법이다.

$5n^3$ 이 $O(n^2)$ 에 포함되지 않음을 이 방법으로 증명해 보자. 먼저 $5n^3$ 이 $O(n^2)$ 에 포함된다고 가정한다. 그러면 $n \geq n_0$ 인 모든 n에 대해 $|n^3| \leq c|n^2|$을 만족하는 c와 n_0 가 존재해야 한다. 부등식의 양변을 n^2 으로 나누면 이 부등식은 $|n| \leq c$ 이 되는데, 상수 c를 아무리 크게 잡더라도 그보다 큰 n이 존재할 수 있다. 따라서 위의 가정은 틀렸고, $5n^3 \notin O(n^2)$ 이다.

빅오메가 표기법

정의 2.2 빅오메가 표기법

복잡도 함수 $f(n)$ 이 주어졌을 때 $n \geq n_0$ 인 모든 정수 n에 대해 $|f(n)| \geq c|g(n)|$을 만족하는 양의 상수 c와 자연수 n_0 가 존재하면 $f(n) \in \Omega(g(n))$ 이다.

빅오메가(big omega)는 어떤 함수의 점근적 하한을 표시하는 방법이다. 다음 그림은 n이 증가함에 따라 $g(n)$ 이 $f(n)$ 의 점근적 하한이라는 것을 보여준다.

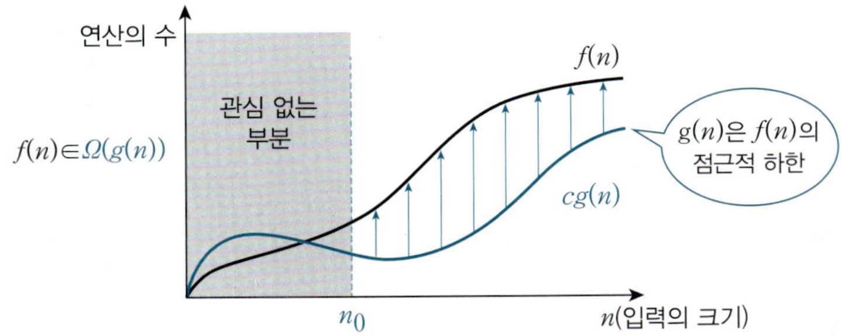

[그림 2.5] 빅오메가 표기: $f(n) \in \Omega(g(n))$

빅오와 마찬가지로 $\Omega(g(n))$에 포함된다는 것을 증명하기 위해서는 부등식을 만족하는 c와 n_0를 한 쌍만 찾아 제시하면 된다.

- $2n^2+3n+1 \in \Omega(n^2)$임을 증명해 보자. c가 2이면 $n \geq 1$인 모든 n에 대해 부등식 $|2n^2+3n+1| \geq 2|n^2|$이 성립한다. 따라서 $c=2$와 $n_0=1$이 존재하므로 이 식은 성립한다.

▪ 빅세타 표기법

정의 2.3 빅세타 표기법

> 복잡도 함수 $f(n)$이 주어졌을 때 $n \geq n_0$인 모든 정수 n에 대해 $c_1|g(n)| \leq |f(n)| \leq c_2|g(n)|$을 만족하는 양의 상수 c_1, c_2와 자연수 n_0가 존재하면 $f(n) \in \Theta(g(n))$이다.

빅세타(big theta)는 어떤 복잡도의 함수의 점근적 상한인 동시에 점근적 하한임을 나타낸다.

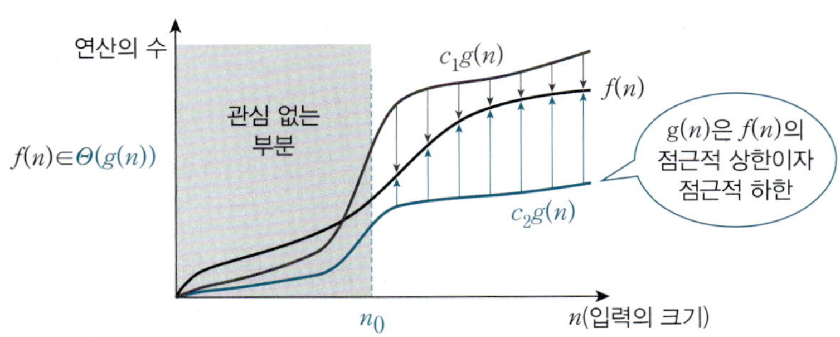

[그림 2.6] 빅세타 표기: $f(n) \in \Theta(g(n))$

- $2n^2+3n+1 \in \Theta(n^2)$ 임을 증명해 보자. c_1이 1이면 $n \geq 4$인 모든 n에 대해 부등식 $2|n^2| \leq |2n^2+3+1|$이 성립한다. 또한, c_2가 5이면 $n \geq 4$인 모든 n에 대해 부등식 $|2n^2+3n+1| \leq 5|n^2|$이 성립한다. 따라서 $c_1=1$, $c_2=5$와 $n_0=4$가 존재하므로 이 식은 성립한다.

3개의 표기법 중에서 가장 정밀한 것은 역시 빅세타이지만, 통상적으로 빅오 표기법을 많이 사용한다. 단 그때는 최소차수로 상한을 표시를 한다고 가정하자.

점근적 표기와 관련된 유용한 성질

어떤 알고리즘을 개발할 때 내부적으로 몇 가지의 알고리즘을 함께 사용하는 경우가 많다. 다음은 이러한 경우에 적용할 수 있는 유용한 정리이다.

정리 2.1

만약 $f_1(n) \in O(g_1(n))$이고 $f_2(n) \in O(g_2(n))$이면 다음이 성립한다.

$$f_1(n)+f_2(n) \in O(\max\{g_1(n),\ g_2(n)\})$$

이것은 $\Omega-$ 표기와 $\Theta-$ 표기에서도 동일하게 적용된다.

이 정리는 어떤 알고리즘이 두 개의 연속적인 부분으로 나누어져 있고, 각 부분의 시간 복잡도가 각각 $O(g_1(n))$과 $O(g_2(n))$이라면 전체 알고리즘의 복잡도는 $O(\max\{g_1(n), g_2(n)\})$으로 더 복잡한 부분에 의해 결정된다는 것을 의미한다.

심화 학습 정리 2.1의 증명

정리 2.1을 증명해 보자.

$a_1 \leq b_1$와 $a_2 \leq b_2$를 만족하는 네 개의 실수 a_1, a_2, b_1, b_2가 있다면 $a_1+a_2 \leq 2\max\{b_1,\ b_2\}$의 관계가 성립한다는 것을 이용한다.

$f_1(n) \in O(g_1(n))$가 만족하기 때문에 반드시 $n \geq n_1$인 모든 정수 n에 대해 $f_1(n) \leq c_1|g_1(n)|$를 만족하는 c_1과 n_1이 존재한다.

같은 방법으로 $f_2(n) \in O(g_2(n))$가 만족하기 때문에 반드시 $n \geq n_2$인 모든 정수 n에 대해 $f_2(n) \leq c_2|g_2(n)|$를 만족하는 c_2와 n_2도 존재한다.
그렇다면 $n \geq \max\{n_1, n_2\}$인 모든 n에 대해 다음 식도 성립한다.

$$f_1(n) + f_2(n) \leq c_1 g_1(n) + c_2 g_2(n)$$

만약 $c_3 = \max\{c_1, c_2\}$이라면 이 부등식은 다시 다음과 같이 전개된다.

$$\begin{aligned} f_1(n) + f_2(n) &\leq c_3 g_1(n) + c_3 g_2(n) = c_3[g_1(n) + g_2(n)] \\ &\leq c_3 2 \max\{g_1(n), g_2(n)\} \end{aligned}$$

따라서 $f_1(n) + f_2(n) \in O(\max\{g_1(n), g_2(n)\})$가 성립하고, 이때, c와 n_0는 각각 다음과 같이 계산된다.

$$c = 2c_3 = 2\max\{c_1, c_2\},\ n_0 = \max\{n_1, n_2\}$$

예를 들어, 어떤 리스트에 중복된 항목이 있는지를 검사하는 문제를 생각해 보자. 두 가지 알고리즘으로 해결할 수 있을 것이다.

	0	1	2	3	4	5	6	7	8	9
리스트 A	32	14	5	17	23	9	11	14	26	29

중복된 항목 있음(14)

	0	1	2	3	4	5	6	7
리스트 B	22	16	14	12	7	13	27	17

중복된 항목 없음

[그림 2.7] 리스트에 중복된 항목이 있는지 검사하는 문제 예

- 알고리즘 A: 리스트의 각 항목을 다른 모든 항목과 비교하여 같은 항목이 있으면 True, 모두 다르면 False를 반환한다. 이중 루프를 이용하면 어렵지 않게 구현할 수 있다(다음 절의 알고리즘 2.5를 참조하라).
- 알고리즘 B: 2-단계 알고리즘을 사용할 수 있다. (1) 리스트를 항목의 크기순으로 정렬한다. (2) 정렬된 리스트에서 인접 항목을 비교하여 같은 항목이 있으면 True, 모두 다르면 False를 반환한다.

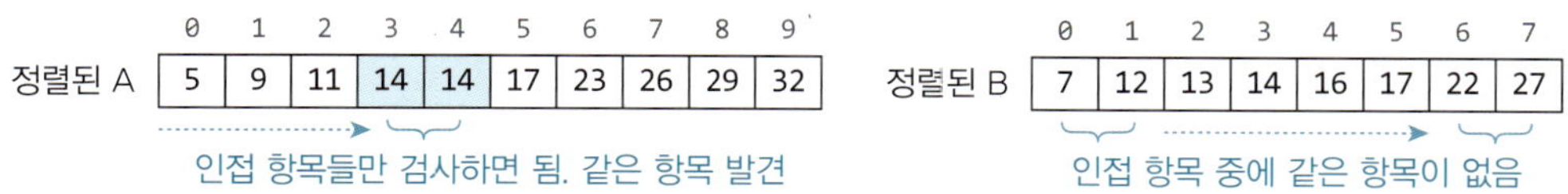

[그림 2.8] 2-단계 알고리즘: 리스트를 먼저 정렬하고, 인접 항목들만을 비교

리스트의 크기가 n이라고 하자. 알고리즘 A는 이중 루프를 사용해야 한다. 모든 항목을 하나씩 선택하여 남은 모든 항목과 비교해야 하기 때문이다. 이때, 각 루프의 길이는 n이다. 따라서 총 n^2에 비례하는 비교 연산이 필요하고, 복잡도는 $O(n^2)$이다.

2단계 알고리즘 B의 복잡도는 어떻게 구할 수 있을까? 정리 2.1을 사용한다.

- 1단계: 리스트의 정렬 단계는 병합 정렬이나 퀵 정렬과 같은 효율적인 알고리즘을 사용한다면 $O(n\log_2 n)$에 처리된다. 그림 2.7의 리스트 A와 B는 각각 $O(n\log_2 n)$에 그림 2.8과 같이 정렬할 수 있다.
- 2단계: 정렬된 리스트에서 인접 항목을 비교하는 것은 리스트에 대한 한 번의 스캔만으로 가능하다. 즉, 그림 2.8과 같이 정렬된 리스트의 맨 앞의 두 항목부터 비교를 시작하여 다르면 다음의 두 항목을 비교하는 과정을 반복한다. 이 과정은 중복된 항목을 찾거나 모든 항목의 검사가 끝날 때까지 진행된다. 따라서 최대 $n-1$번의 비교만으로 검사가 완료되고, 복잡도는 $O(n)$이다.
- 결국, 전체 알고리즘의 시간 복잡도는 정리 2.1에 의해 $O(\max\{n\log_2 n, n\}) = O(n\log_2 n)$이다. 더 복잡해 보이지만 2단계 구조를 갖는 알고리즘 B가 훨씬 효율적이다!

■ 알고리즘의 점근적 성능 클래스들

다음은 자주 사용되는 빅오 표기와 n이 증가할 때 각 함수가 어떻게 증가하는지를 보여준다.

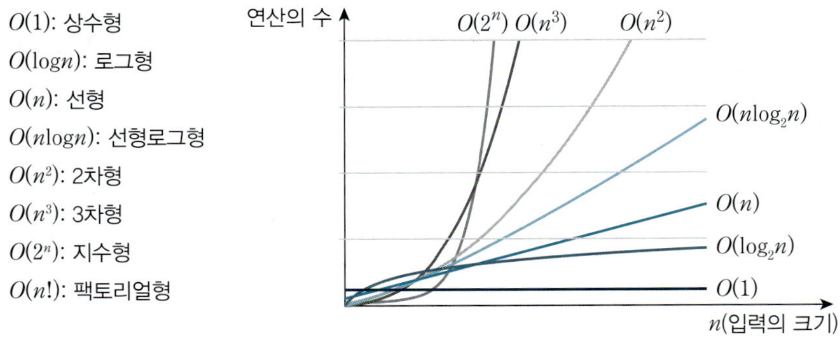

[그림 2.9] n이 증가함에 따른 시간 복잡도 함수의 증가 속도

- 상수형인 $O(1)$은 n이 변하더라도 항상 일정한 시간에 처리된다.
- 로그형인 $O(\log n)$은 알고리즘이 반복될 때마다 문제의 크기가 상수배 만큼 작아지는 매우 효율적인 방법으로, 이진 탐색이 대표적인 예이다.
- $O(n)$은 n에 비례하는 시간이 걸리는 것으로 선형시간이라고도 부른다.
- $O(n\log n)$형은 많은 분할정복기반 알고리즘들에서 흔히 나타나는데, 병합 정렬이나 평균적인 경우의 퀵 정렬이 이에 해당한다.
- $O(n^2)$은 이중 루프로 처리되는 알고리즘에서 흔히 나타나는데, 단순한 정렬 알고리즘들이나 $n \times n$ 행렬의 덧셈이나 뺄셈 등의 연산들이 이에 해당한다.
- $O(n^3)$은 삼중 루프로 처리되는 알고리즘에서 흔히 나타나는데, Floyd의 최단경로 알고리즘 등이 이에 해당한다.
- $O(2^n)$은 지수형(exponential)으로 불리는데, 원소의 개수가 n인 집합의 모든 부분집합을 찾는 문제 등에서 흔히 나타난다.
- $O(n!)$은 팩토리얼형(factorial)으로 입력이 수십 개만 되더라도 강력한 슈퍼컴퓨터로도 지구가 탄생하여 지금까지 흘러온 시간보다 더 많은 실행시간이 요구된다!

2.3 복잡도 분석 예: 반복 알고리즘

컴퓨터의 가장 중요한 능력의 하나가 어떤 일을 빠르게 되풀이하는 것이다. 프로그래밍 언어에서는 이를 위해 **반복**(iteration)과 **순환**(recursion)이란 두 가지 방법을 제공한다. 반복은 for나 while과 같은 반복문을 이용해 어떤 일을 되풀이하는 방법을 말하는데, 이러한 알고리즘들의 시간 복잡도를 분석해 보자. 분석을 위한 일반적인 절차는 다음과 같다.

(1) 입력의 크기를 나타내는 파라미터를 결정한다.
(2) 기본 연산을 찾는다. 보통 반복 루프의 가장 안쪽에 있다.
(3) 연산의 횟수가 입력 크기에 의해서만 결정되는지 살핀다. 만약 입력의 종류에 따라서도 다를 수 있다면 최선, 최악, 평균의 경우에 대해 독립적으로 복잡도를 분석해야 한다.
(4) 기본 연산의 전체 실행 횟수를 구하는 복잡도 함수 $T(n)$을 구한다.
(5) 알려진 공식 등을 이용해 $T(n)$을 풀고, 증가 속도를 계산한다.

■ 자연수의 제곱 계산

문제 2.1 자연수의 제곱 계산 문제

자연수 n이 주어졌을 때, n^2을 구하라.

좀 시시한 문제이지만, 표 2.1에서 우리는 세 가지 알고리즘을 살펴보았다. 각 알고리즘을 구현하고 시간 복잡도를 분석해 보자.

문제에서 입력의 크기는 n 자체이다. 또한, n에 의해서만 연산 횟수가 결정되므로 최악이나 평균, 최선의 경우로 나누어 분석할 필요가 없다. 기본 연산만 잘 찾아 전체 횟수를 계산하면 된다. 모든 알고리즘은 파이썬으로 기술한다.

알고리즘 A

알고리즘 2.2 자연수의 제곱 계산($O(1)$)

```
def compute_square_A(n) :       # n의 제곱 계산 함수. 알고리즘 A 사용
    return n*n                  # 기본 연산: n*n
```

이 알고리즘은 n의 크기와 상관없이 $n \times n$ 연산을 한 번 수행한다. 따라서 복잡도 함수 $T(n) = 1$이고, $O(1)$에 속한다.

알고리즘 B

알고리즘 2.3 자연수의 제곱 계산($O(n)$)

```
01 def compute_square_B(n) :      # n의 제곱 계산 함수. 알고리즘 B 사용
02    sum = 0
03    for i in range(n) :         # i : 0, 1, ... n-1
04      sum = sum + n             # 기본 연산
05    return sum
```

기본 연산은 4행의 sum = sum + n이고, 이 연산은 i가 0부터 $n-1$까지 n번 반복된다. 따라서 복잡도 함수 $T(n)=n \in O(n)$이다.

알고리즘 C

알고리즘 2.4 자연수의 제곱 계산($O(n^2)$)

```
01 def compute_square_C(n) :      # n의 제곱 계산 함수. 알고리즘 C 사용
02    sum = 0
03    for i in range(n) :         # i : 0, 1, ... n-1
04      for j in range(n) :       # j : 0, 1, ... n-1
05          sum = sum + 1         # 기본 연산
06    return sum
```

기본 연산은 5행의 sum = sum + 1이고, 이 연산은 j가 각각 0부터 $n-1$까지 반복되는 이중 루프 안에 위치한다. 따라서 기본 연산은 $n*n$번 반복된다. 결국 시간 복잡도는 $T(n)=n^2 \in O(n^2)$이다.

■ 리스트의 중복 항목 탐색

문제 2.2 리스트의 중복 항목 탐색 문제

> n개의 항목으로 이루어진 어떤 리스트 A가 주어졌다. A에 중복된 항목이 있는지 없는지를 검사하라.

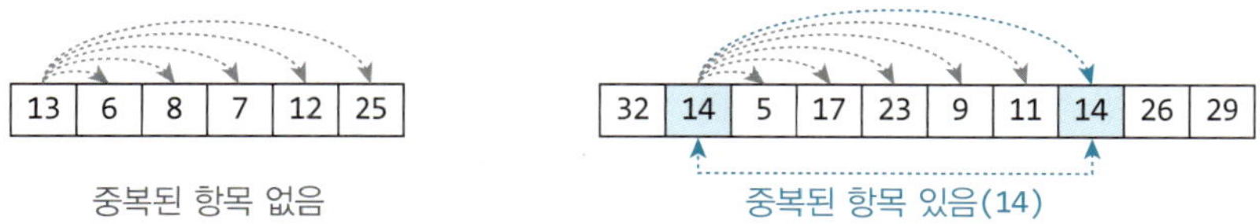

[그림 2.10] 리스트에 중복된 항목 검사 아이디어

이 문제에 대한 가장 직접적인 알고리즘은 각 항목을 나머지 항목들과 비교하는 것이다. 비교 중에 하나라도 같은 항목이 있으면 False를 반환하고 모든 항목을 비교했는데도 같은 것이 없으면 True를 반환하면 된다. 다음은 파이썬으로 기술한 알고리즘이다.

알고리즘 2.5 리스트의 중복 항목 탐색

```
01  def unique_elements(A) :          # 리스트 A 입력
02      n = len(A)                    # 입력의 크기 = 리스트의 크기
03      for i in range(n-1) :         # i : 0, 1, ... n-2
04        for j in range(i+1,n) :     # j : i+1, i+2, ... n-1
05           if A[i] == A[j] :        # 기본 연산
06              return False          # 같은 항목이 있으면 False 반환
07      return True                   # 같은 항목이 없으면 True 반환
```

알고리즘 테스트 리스트의 중복 항목 존재 검사

```
A = [32, 14, 5, 17, 23, 9, 11, 14, 26, 29]
B = [13, 6, 8, 7, 12, 25]
print(A, unique_elements(A))
print(B, unique_elements(B))
```

```
C:\WINDOWS\system32\cmd.exe
[32, 14, 5, 17, 23, 9, 11, 14, 26, 29] False
[13, 6, 8, 7, 12, 25] True
```

복잡도 분석

이 알고리즘에서 입력의 크기는 리스트의 전체 항목 수이다. 기본 연산은 무엇일까? 이중 루프의 가장 안쪽에 위치한 5행의 비교연산 A[i] == A[j]을 사용하는 것이 자연스럽다.

이 알고리즘이 입력의 구성에 따라 연산 횟수가 달라질 수 있는지 생각해 보자. 만약 A[0]

와 A[1]이 같다면? 기본 연산이 한 번만 처리되고 알고리즘은 바로 종료된다! 따라서 이 알고리즘은 최선, 평균, 최악의 경우에 대한 복잡도가 다르고, 최선의 경우는 1번의 비교만 필요하므로 명백히 $O(1)$이다.

최악의 경우에 대한 복잡도를 분석해 보자. 최악의 입력은 어떤 경우일까? 모든 항목이 서로 다른 경우가 최악의 상황이다. 이 경우의 기본 연산 실행 횟수를 $C_{worst}(n)$라 하고 이를 계산해 보자. 각각의 루프를 다음과 같이 Σ로 나타내고 전체 식을 계산하면 된다.

$$
\begin{aligned}
C_{worst}(n) &= \sum_{i=0}^{n-2}\sum_{j=i+1}^{n-1}1 \\
&= \sum_{i=0}^{n-2}[(n-1)-(i+1)+1] = \sum_{i=0}^{n-2}(n-1-i) \\
&= \sum_{i=0}^{n-2}(n-1) - \sum_{i=0}^{n-2}i \\
&= (n-1)\sum_{i=0}^{n-2}1 - \frac{(n-2)(n-1)}{2} \\
&= (n-1)^2 - \frac{(n-2)(n-1)}{2} = \frac{n(n-1)}{2} \in O(n^2)
\end{aligned}
$$

잠깐만!! 유용한 합 공식들

$$\sum_{i=1}^{n}1 = n$$

$$\sum_{i=1}^{n}i = \frac{n(n+1)}{2}$$

$$\sum_{i=1}^{n}(k+i) = k\sum_{i=1}^{n}1 + \sum_{i=1}^{n}i$$

이 알고리즘은 최악의 경우 $n(n-1)/2$번의 비교가 필요해 $O(n^2)$에 속한다. 만약 이 문제를 2.2절에서 설명한 두 단계 알고리즘(리스트를 먼저 정렬한 후 정렬된 리스트를 순서대로 검사)으로 해결한다면 복잡도를 $O(n\log_2 n)$으로 줄일 수 있을 것이다.

■ 자연수의 2진수 변환에서 총 비트 수 계산(반복 구조)

문제 2.3 자연수의 이진수 변환에서 총 비트 수 계산 문제

> 자연수 n을 이진수로 표시하였을 때 총 비트 수를 구하라.

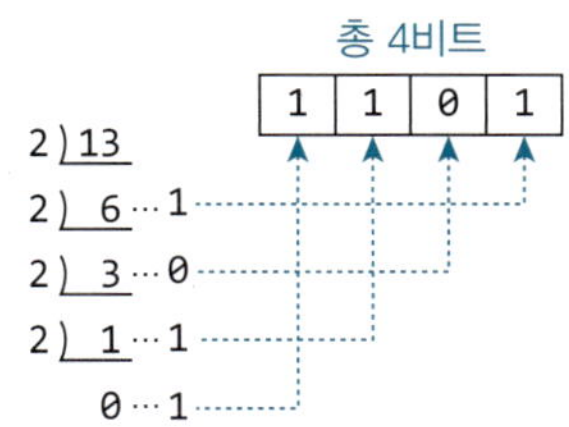

예를 들어, n으로 13이 입력되었다면 이진수로 1101이므로 4를 반환해야 한다. 이 문제는 주어진 값 n을 2로 나누는 과정을 몫이 0이 될 때까지 수행하면서 몇 번 반복되었는지를 찾으면 해결할 수 있다.

13에 대한 비트 수를 계산해 보자. n이 0이거나 1이더라도 최소 한 비트는 필요하므로 전체 비트 수를 나타내는 변수는 1로 초기화하고, 나눗셈할 때마다 이를 증가시킨다. 13을 2로 연속적으로 나누면 6(13/2) → 3(6/2) → 1(3/2)이 되어 세 번의 나누기가 가능하고, 총 비트 수는 4가 된다. 다음은 파이썬으로 기술한 알고리즘이다.

알고리즘 2.6 이진수 변환에서 총 비트 수 계산(반복 알고리즘)

```
01  def binary_digits(n) :          # 입력 양의 정수 n
02      count = 1                   # 이진수의 최소 길이는 0
03      while n > 1 :               # n이 1보다 크면 더 나눌 수 있음
04          count = count + 1       # count 증가
05          n = n // 2              # n의 몫을 구해 다시 n에 저장 (정수 나눗셈)
06      return count                # count를 반환
```

이 문제의 입력 크기는 정수 n 자체이다. n이 크면 그만큼 더 많은 나눗셈이 필요하기 때문이다. 기본 연산은 무엇일까? 3행의 while 문 내부의 문장들이 가장 많이 반복될 것으로 예상할 수 있는데, 4행과 5행이 같은 횟수만큼 반복된다. 5행의 정수 나눗셈(n // 2)을 기본 연산으로 사용하고, n이 어떻게 줄어드는지를 살펴보자. 만약 n을 2의 거듭제곱인 2^k 라고 가정하면 루프가 반복될 때마다 n이 다음과 같이 절반씩 줄어든다.

$$2^k \rightarrow 2^{k-1} \rightarrow 2^{k-2} \rightarrow \cdots \rightarrow 2^1 \rightarrow 2^0$$

몇 번의 반복이 일어날까? while 문은 k번 반복할 것임을 알 수 있다. $n = 2^k$ 이므로 양변에 log 함수를 취하면 $k = \log_2 n$ 이 된다. 따라서 기본 연산은 $\log_2 n$ 번 반복된다. n이 2의 거듭제곱이 아닌 경우는 어떻게 될까? 예를 들어, $2^k + 1$ 을 2로 나누면 몫은 2^{k-1} 이 되고 나머지 0.5는 버려진다. 따라서 n이 2의 거듭제곱이 아니더라도 while 루프는 절대 $\log_2 n$ 번 이상 반복할 수 없다. 결국, 이 알고리즘의 시간 복잡도는 $\log_2 n \in O(\log_2 n)$ 이다.

파이썬의 두 가지 나눗셈 연산

파이썬에서 제공하는 산술 연산자들은 대부분 C언어와 동일하지만 나눗셈은 두 가지로 나누어진다. 연산자 /는 실수의 나눗셈(결과가 실수)을 의미하고, 새롭게 추가된 연산자 //는 나머지를 제거한 정수 연산(floor division)을 나타낸다. 따라서 연산 5/4의 결과는 1.25(실수)이고 5//4의 결과는 1(1.25보다 크지 않은 최대 정수)이다.

2.4 복잡도 분석 예: 순환 알고리즘

반복과 마찬가지로 순환을 이용해서도 어떤 일을 되풀이할 수 있다. 반복과 달리 **순환** 또는 **재귀**는 어떤 함수가 자기 자신을 다시 호출하는 방법으로 일을 되풀이하는 방법을 말한다. 이것은 약간 이상해 보일 수 있지만, 매우 흥미롭고 효과적인 프로그래밍 기법의 하나이다.

순환적으로 기술된 몇 가지 알고리즘을 살펴보고, 복잡도를 분석하는 방법을 공부해 보자. 순환 알고리즘의 복잡도 분석 방법은 다음과 같은데, (4)와 (5) 단계가 반복 알고리즘에서와 다르다.

(1) 입력의 크기를 나타내는 파라미터를 결정한다.
(2) 기본 연산을 찾는다.
(3) 연산의 횟수가 입력 크기에 의해서만 결정되는지 살핀다.
(4) 기본 연산의 실행 횟수를 구하기 위한 순환 관계식(recurrence relation) $T(n)$ 을 구한다. 이때, 초기 조건도 찾아야 한다.
(5) 순환 관계식(점화식)을 풀거나 증가 속도(order of growth)를 계산한다.

■ 팩토리얼 계산 문제

문제 2.4 팩토리얼 계산 문제

> 자연수 n의 팩토리얼을 계산하라.

자연수 n의 **팩토리얼**(Factorial)은 1부터 n까지의 모든 자연수의 곱이다. 팩토리얼 함수를 $F(n)$이라 하면, $F(n)=1\cdot 2\cdot \cdots \cdot (n-1)\cdot n = n!$이다. 이 함수는 반복적으로 기술할 수도 있지만, 다음과 같이 점화식 또는 **순환 관계식**(recurrence relation)으로도 정의할 수 있다.

$$F(n)=\begin{cases}1 & n=1\\ F(n-1)\cdot n & n>1\end{cases}$$

팩토리얼 $F(n)$을 정의하는데 다시 팩토리얼 $F(n-1)$이 사용된 것에 주목하라. 이러한 정의를 **재귀적** 또는 **순환적**이라 한다. n이 1인 경우는 순환 관계식의 **초기 조건**이다. 이 정의에 따라 $n!$을 구하는 알고리즘 factorial(n)을 파이썬으로 기술하면 다음과 같다.

알고리즘 2.7 순환적인 팩토리얼 알고리즘

```
01 def factorial(n) :                 # 순환적으로 구현한 factorial 함수
02     if n == 1 :                    # 종료 조건
03         return 1                   # 순환을 멈추는 부분
04     else :
05         return n * factorial(n - 1)  # 자기 자신을 순환적으로 호출
```

2~3행: 순환호출을 멈추는 부분이다. 만약 순환호출을 멈추는 부분이 없다면 시스템 스택을 모두 사용할 때까지 순환적으로 호출되다가 결국 오류를 내면서 멈출 것이다.

4~5행: 자신을 순환적으로 호출하는 부분이다. 이때, 문제의 크기가 줄어드는 것에 유의하라. 만약 문제의 크기가 줄어들지 않으면 마찬가지로 무한대로 순환하다가 오류를 내면서 멈출 것이다.

factorial(3)이 호출되었을 때 순환적으로 호출과 반환되는 과정은 다음 그림과 같다.

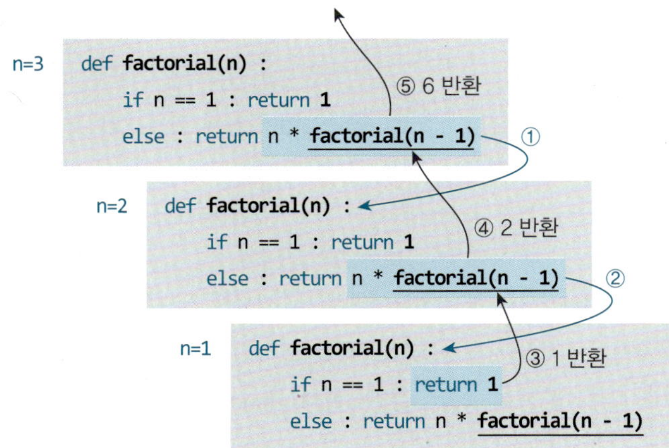

[그림 2.11] factorial(3)에서의 순환호출과 반환 과정

복잡도 함수의 순환 관계식 만들기

이 알고리즘에서 입력의 크기는 무엇일까? n 자체이다. 기본 연산은? 2행의 비교 연산(n == 0)이나 5행의 곱셈 연산(n * factorial(n - 1))을 사용할 수 있다. 여기서는 후자를 선택한다. factorial(n)을 줄여서 $F(n)$이라 하자. $F(n)$이 호출되었을 때의 전체 곱셈 연산의 수를 $T(n)$이라 하고, 이를 구해보자. $n>0$인 모든 n에 대해서 $F(n)=F(n-1)\cdot n$이기 때문에 $T(n)$은 다음과 같이 $F(n-1)$을 구하기 위한 연산의 수 $T(n-1)$과 한 번의 곱셈의 합(+1)이다.

$$T(n)=T(n-1)+1$$

초기 조건은 무엇일까? n이 1이면 2~3행을 통해 바로 결과를 반환하고, 따라서 곱셈 연산이 필요 없다. 따라서 $T(1)=0$이다. 복잡도 함수를 순환 관계식으로 표현하였다. 이제 이 식을 풀어야 한다. 어떻게 풀 수 있을까?

연속 대치법에 의한 풀이

$T(n)$을 풀 수 있는 가장 단순한 방법은 순환 항을 순환식에 연속적으로 대치하여 순환이 없는 식을 만드는 방법이다. 이를 **연속 대치법**이라 한다. $T(n-1), T(n-2)$ 등을 구하기 위해서도 같은 방법을 적용하면 되는데, $T(n)$을 다음과 같이 풀 수 있다.

$$
\begin{aligned}
T(n) &= T(n-1)+1 \\
&= [T(n-2)+1]+1 = T(n-2)+2 \\
&= [T(n-3)+1]+2 = T(n-3)+3 \\
&\cdots \\
&= T(n-(n-1))+n-1 = T(1)+n-1
\end{aligned}
$$

마지막으로 초기 조건 $T(1)=0$을 대입하면 된다. 결국, 이 알고리즘의 복잡도 함수는 $T(n)=n-1$이고, $O(n)$이다.

팩토리얼의 반복 구조 알고리즘

많은 경우 순환은 반복 구조로 변환할 수 있다. 팩토리얼 문제도 다음과 같이 반복 알고리즘도 해결할 수 있다.

알고리즘 2.8 반복구조의 팩토리얼 알고리즘

```
def factorial(n) :                # 반복 구조로 구현한 Factorial 함수
    result = 1
    for k in range(n, 0, -1) :    # k: n, n-1, ...., 2, 1
        result = result * k       # 기본 연산
    return result
```

시간 복잡도는 $O(n)$으로 순환 알고리즘과 동일하다. 일반적으로 순환은 트리와 같은 특정한 문제에 대해 반복에 비해 훨씬 명확하고 간결한 알고리즘을 나타낸다. 그렇지만 실제 실행속도 면에서는 함수 호출의 부담에 따라 반복보다 느린 경우가 많다. 즉, 순환 알고리즘은 이해하기 쉽다는 것과 쉽게 프로그램할 수 있다는 장점이 있는 대신 수행 시간과 메모리 사용 측면에서는 비효율적인 경우가 많다.

잠깐만!! 순환 알고리즘의 중요성

많은 학생들은 반복 구조에 비해 순환 구조의 알고리즘을 훨씬 어렵게 생각한다. 그렇지만 순환 구조는 알고리즘에서 매우 중요하고, 이 책에서도 많은 알고리즘을 순환의 형태로 제시한다. 따라서 순환 구조를 이해하는 것은 알고리즘 공부에서 선택이 아니라 필수이다. 앞으로 공부할 알고리즘들을 통해 순환구조와 친해지자.

■ 하노이의 탑 문제

문제 2.5 n개의 원판을 옮기는 하노이의 탑 문제

> 세 개의 막대 A, B, C가 있고, 막대 A에 크기가 모두 다른 n개의 원판이 큰 것부터 아래에 놓이도록 순서대로 쌓여있다. 이 원판들을 모두 막대 C로 옮겨라. 단, 원판은 한 번에 한 개씩만 옮길 수 있고, 작은 원판 위에 큰 원판을 절대 놓을 수 없다. 모든 원판의 크기는 서로 다르고, 원판의 이동 횟수는 최소로 해야 한다.

이 문제는 **하노이의 탑**(Tower of Hanoi) 퍼즐로 불리는데, 1883년 프랑스 수학자 루카스(Lucas)에 의해 고안되었다. 이 문제를 *Hanoi*(n)이라 하고, 먼저 원판의 개수가 3개인 경우, 즉 *Hanoi*(3)을 살펴보자. 막대 A에 쌓여있는 원판 3개를 막대 C로 옮기는 전체 이동 과정은 다음 그림과 같다.

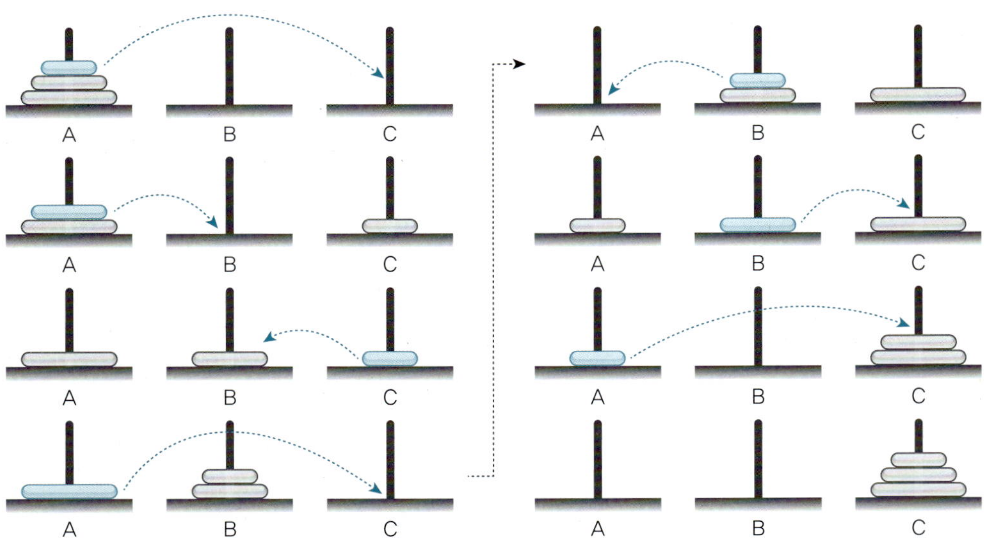

[그림 2.12] 3개의 원판을 가지는 하노이의 탑 문제의 해결 과정

3개를 움직이는데도 꽤 이동이 많고 복잡한데, *Hanoi*(n)을 해결하려면 상당히 복잡할 것이다. 그러나 이 문제는 순환을 사용하면 간단히 해결된다.

순환 알고리즘에서는 순환이 일어날수록 문제의 크기가 작아져야 한다. 이때 문제의 크기는 이동하여야 하는 디스크의 개수가 된다. n개의 원판을 A에서 C로 옮기는 문제는 다음

과 같은 순환적 전략으로 해결할 수 있다.

❶ 먼저 A 위에 쌓여 있는 n-1개의 원판을 B로 옮긴다. 이때, C를 임시막대로 사용한다.
❷ 이제 A의 제일 밑에 있는 가장 큰 원판을 바로 C로 옮긴다.
❸ B로 옮겨져 있는 n-1개의 원판을 C로 옮긴다. 이때, A를 임시막대로 사용한다.

단계 ❷는 1개의 원판만 옮기면 되므로 매우 쉽다. 이제 n-1개의 원판을 옮기는 ❶과 ❸만 처리할 수 있으면 문제는 해결된다. 중요한 것은 ❶과 ❸에서 문제의 크기가 작아졌다는 것이다. n개가 아니라 n-1개만 옮길 수 있으면 된다. 이 방법을 계속 적용한다면 뭔가 답이 보일 것 같다. ❶과 ❸은 동일한 문제이다. 각각 C와 A를 임시로 사용하면 되고, 두 경우 모두 바닥에는 움직일 원판보다 더 큰 원판이 있으므로 원판 크기 조건을 걱정할 필요가 없다.

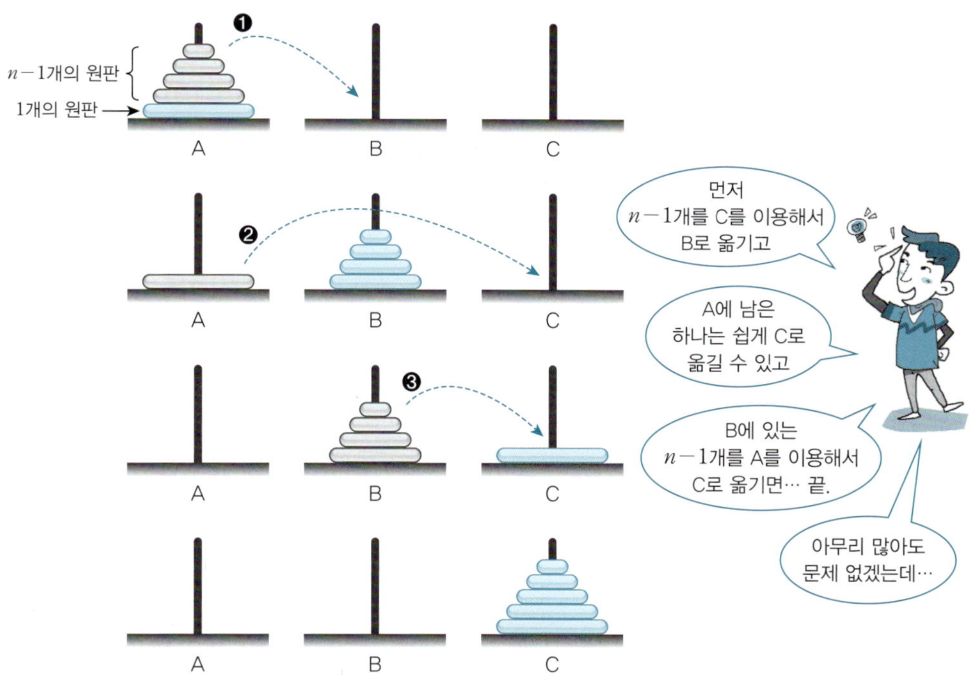

[그림 2.13] n개의 원판을 가지는 하노이의 탑 문제에 대한 순환적인 해결 방법

순환 알고리즘으로 구현한 코드는 다음과 같다. 많은 경우 순환을 사용하면 대부분 코드가 놀랄 정도로 짧아진다.

알고리즘 2.9 하노이의 탑

```
01 def hanoi_tower(n, fr, tmp, to) :                 # Hanoi Tower 순환 함수
02     if (n == 1) :                                  # 종료 조건
03         print("원판 1: %s --> %s" % (fr, to))      # 가장 작은 원판을 옮김
04     else :
05         hanoi_tower(n - 1, fr, to, tmp)            # n-1개를 to를 이용해 tmp로
06         print("원판 %d: %s --> %s" % (n,fr,to))    # 하나의 원판을 옮김
07         hanoi_tower(n - 1, tmp, fr, to)            # n-1개를 fr을 이용해 to로
```

1행: 이동할 원판의 개수 n과, 시작 막대 fr, 임시 막대 tmp, 목표 막대 to를 입력한다.

2~3행: 종료 조건. 원판이 하나이면 바로 to로 옮기면 된다.

4~7행: 순환호출. n-1개를 먼저 to를 이용해 tmp로 옮긴 다음(5행), 남은 하나의 원판을 to로 옮기고(6행), tmp에 있는 n-1개의 원판을 fr을 이용해 to로 옮긴다.

원판을 이동한다는 것은 그냥 화면에 어디서 어디로 이동한다고 출력해주면 된다. 복잡하게 보였던 문제가 순환을 이용하여 의외로 매우 쉽게 해결되었다.

알고리즘 테스트 하노이의 탑: n=4인 경우

```
hanoi_tower(4, 'A', 'B', 'C')                # 4개의 원판이 있는 경우
```

```
C:\WINDOWS\system32\cmd.exe
원판 1: A --> B
원판 2: A --> C
원판 1: B --> C
원판 3: A --> B
원판 1: C --> A
원판 2: C --> B
원판 1: A --> B
원판 4: A --> C
원판 1: B --> C
원판 2: B --> A
원판 1: C --> A
원판 3: B --> C
원판 1: A --> B
원판 2: A --> C
원판 1: B --> C
```

원판의 이동(예: 1번 원판을 A에서 B로 이동한다.)

복잡도 함수의 순환 관계식 만들기

알고리즘에서 입력의 크기는 원판의 개수 n이다. 기본 연산은 3행과 6행의 출력 문장이 좋을 것이다. 왜냐하면, 원판 하나를 옮길 때마다 한 번의 출력문이 처리되기 때문이다.

복잡도 분석을 위해 순환 관계식을 만들어 보자. n개 원판의 전체 이동 횟수를 나타내는

복잡도 함수 $T(n)$을 순환 관계로 나타내는 것이다. n개의 원판을 옮기는 문제 $Hanoi(n)$는 ❶ 한 번의 $Hanoi(n-1)$ 문제를 해결하고, ❷ 원판을 하나 옮긴 후, ❸ 다시 $Hanoi(n-1)$ 문제를 해결하면 된다. 따라서 $n>1$인 모든 n에 대한 복잡도는 다음과 같은 순환 관계로 나타낼 수 있다.

$$T(n) = T(n-1) + 1 + T(n-1)$$

초기 조건을 구해보자. 옮겨야 할 원판이 하나라면 바로 옮기면 된다. 따라서 $T(1)$은 명확히 1이다.

연속 대치법에 의한 풀이

이 순환식을 풀기 위해서 앞에서와 마찬가지로 **연속 대치법**을 사용하자.

$$\begin{aligned} T(n) &= 2T(n-1)+1 \\ &= 2[2T(n-2)+1]+1 = 2^2 T(n-2)+2+1 \\ &= 2^2[2T(n-3)+1]+2+1 = 2^3 T(n-3)+2^2+2+1 \end{aligned}$$

이 과정을 i번 반복하고 등비수열의 합 공식을 사용하면 $T(n)$은 다음과 같이 정리된다.

$$\begin{aligned} T(n) &= 2^i T(n-i)+\underline{2^{i-1}+\cdots+2+1} \\ &= 2^i T(n-i)+\underline{2^i-1} \end{aligned}$$

이 식에 $i=n-1$을 대입하고, $T(1)=1$이라는 초기 조건을 적용하여 정리하면 $T(n)$은 다음과 같이 풀린다.

$$\begin{aligned} T(n) &= 2^{n-1} T(n-(n-1))+2^{n-1}-1 \\ &= 2^{n-1} T(1)+2^{n-1}-1 \\ &= 2^{n-1}+2^{n-1}-1 \\ &= 2^n-1 \end{aligned}$$

결국, $T(n)=2^n-1$이고, 이 알고리즘의 복잡도는 $O(2^n)$이다.

잠깐만!! 등비수열의 합 공식

$$\sum_{i=1}^{n} ar^{i-1} = a + ar + \cdots + ar^{n-1} = a\frac{1-r^n}{1-r}$$

$$\sum_{i=1}^{n} 2^{i-1} = 1 + 2 + \cdots + 2^{n-1} = 2^n - 1$$

▪ 자연수의 2진수 변환에서 총 비트 수 계산(순환 구조)

앞 절에서 자연수를 이진수로 변환할 때의 총 비트 수를 구하는 문제 2.3도 순환 구조로 해결할 수 있다. 순환 알고리즘은 다음과 같다.

알고리즘 2.10 이진수 변환에서 총 비트 수 계산(순환 알고리즘)

```
01  def binary_digits(n) :                  # 입력 양의 정수 n
02      if n <= 1 :                         # n이 1 이하이면 길이는 1
03          return 1
04      else :                              # n이 1보다 크면
05          return 1 + binary_digits(n//2)  # 1 + n//2의 길이
```

2~3행: 종료 조건. n이 1 이하이면 한 비트만 필요하므로 1을 반환한다.

4~5행: 순환호출. 그렇지 않으면 2로 한 번 나누고, 다시 순환호출한다. 하나의 비트가 추가되므로 1을 더한다.

복잡도 함수의 순환 관계식 만들기

알고리즘을 분석해 보자. 입력의 크기는 n이다. 기본 연산은 2행의 비교 연산이나 5행의 덧셈 연산(1 + binary_digits(n//2))을 사용할 수 있는데, 여기서는 후자를 사용한다.

binary_digits(n)이 호출되었을 때의 전체 기본 연산의 수를 $T(n)$이라 하자. $n > 1$인 모든 n에 대해서 $T(n)$은 다음과 같이 $T(\lfloor n/2 \rfloor)$과 한 번의 덧셈의 합이므로 다음의 순환 관계가 성립한다.

$$T(n) = T(\lfloor n/2 \rfloor) + 1 \quad \text{for } n > 1$$

연속 대치법에 의한 풀이

초기 조건은 n이 1일 때로 덧셈 연산이 일어나지 않으므로 $T(1)=0$이다. 이때, $\lfloor n/2 \rfloor$은 floor 연산으로 n을 2로 나누었을 때의 몫을 말하는데, 만약 n의 2의 거듭제곱이 아니라면 순환식을 푸는 과정이 복잡해진다. 따라서 일단 n을 2의 거듭제곱 2^k 라고 가정하고 이 식을 풀어보자.

$$
\begin{aligned}
T(2^k) &= T(2^{k-1})+1 \\
&= [T(2^{k-2})+1]+1 = T(2^{k-2})+2 \\
&= [T(2^{k-3})+1]+1 = T(2^{k-3})+3 \\
&\cdots \\
&= T(2^{k-k})+k \\
&= T(2^0)+k \\
&= T(1)+k \\
&= k
\end{aligned}
$$

결국 k번의 덧셈 연산이 필요하다. 그런데, $n=2^k$ 이므로 양변에 log 함수를 취하면 $k=\log_2 n$ 이 되고, 결국 이 알고리즘은 기본 연산을 $\log_2 n$ 번 수행하는 $O(\log_2 n)$ 이 된다.

이 장에서는 알고리즘의 복잡도 분석 방법을 소개하고, 반복 구조의 알고리즘과 순환 구조의 알고리즘에 적용하는 방법을 소개하였다. 이러한 분석 방법들을 이 책에서 전반적으로 사용할 것이다.

잠깐만!! $n \neq 2^k$ 인 경우의 복잡도

만약 n이 2의 거듭제곱이 아니라면 어떻게 될까? 정확히 복잡도를 계산하는 것은 매우 복잡하겠지만 부드러움 규칙(smoothness rule)이라는 정리를 이용할 수 있다. 이 정리는 $n=2^k$ 인 경우의 알고리즘 증가 속도는 $n \neq 2^k$ 인 경우에도 유효하다는 것을 보인다. 따라서 이 정리에 의하면 알고리즘 2.10이 모든 n에 대해 $O(\log_2 n)$ 의 복잡도를 갖는다고 주장할 수 있다.

연습문제

1 다음 알고리즘들에 대해 입력의 크기와 기본 연산을 설명해 보라.

(1) 입력 리스트에서 가장 큰 항목을 찾는 알고리즘
(2) 입력 리스트의 모든 숫자를 더하는 알고리즘
(3) $n!$ 알고리즘
(4) 두 개의 $n \times n$ 행렬을 더하는 알고리즘
(5) 유클리드 알고리즘(알고리즘 1.7)
(6) 최대 공약수 알고리즘(알고리즘 1.5)
(7) 최대 공약수 알고리즘(알고리즘 1.6)

2 위 문제의 알고리즘들에 대해 입력의 구성에 따른 처리시간(최선, 평균, 최악) 특성을 각각 설명하라.

3 다음의 두 알고리즘이 입력의 크기에 따라 어떤 증가 속도를 갖는지를 설명하고, 입력의 구성에 따라 처리시간이 달라지는지를 설명하라.

(1) 입력 리스트에서 어떤 항목이 있는지를 검사하는 알고리즘
(2) 입력 리스트에서 어떤 항목이 몇 번 나타나는지를 구하는 알고리즘

4 다음 시간 복잡도 함수들의 증가 속도를 비교하고, =, 〉, 〈 기호로 표시하라.

(1) $n(n-100)(n-2000)$ 과 $50000n^3$
(2) $(\log_2 n)^2$ 과 $\log_2 n^2$
(3) $100000n$ 과 $0.00001n^2$
(4) 3^{n-3} 과 3^n
(5) 1000^n 과 $n!$

5 입력의 크기가 두 배로 늘어나면 다음 시간 복잡도 함수들의 처리시간은 몇 배가 늘어날까?

(1) $\log_2 n$ (2) n (3) n^2 (4) 2^n (5) $\sqrt{n}$

6 다음의 시간 복잡도 함수를 빅오 표기법으로 나타내라.

(1) $T(n) = n^2 + 10n + 8$
(2) $T(n) = n^3 + 10000n^2 + 50n$
(3) $T(n) = n^2 \log_2 n + n^3 + 3$
(4) $T(n) = 7(2^n) + 3^n$
(5) $T(n) = 3^n + n!$

7 다음의 빅오 표기법들을 실행 시간이 적게 걸리는 것부터 나열하라.

$$O(1)\ \ O(n)\ \ O(n^2)\ \ O(n^3)\ \ O(\log n)\ \ O(n \log n)\ \ O(n!)\ \ O(2^n)$$

8 다음의 시간 복잡도 함수들을 증가 속도의 오름차순으로 정렬하라.

$$2^{3n},\ (n-10)!,\ 0.0001n^4 + 3n + 1,\ 4^n,\ 3^n,\ \log_2 n,\ \ln^2 n$$

9* 정의 2.1~2.3을 이용해 다음을 증명하라.

(1) $0.1n^2 - 10000 \in O(n^2)$
(2) $2n(n^2 + 1) \in O(n^3)$
(3) $0.000001n^3 \notin O(n^2)$
(4) $5n^2 + 10000n \in \Omega(n^2)$
(5) $100000n + 8 \notin \Omega(n^2)$
(6) $2n^3 + 3n \in \Theta(n^3)$
(7) $2n^3 + 3n \notin \Theta(n^2)$
(8) $2n^3 + 3n \notin \Theta(n^4)$
(9) 최고 차수가 k인 모든 다항식 $\in O(n^k)$

10 똑같이 생긴 n개의 동전과 양팔 저울이 있다. 동전 중에서 하나는 가짜 동전이고 진짜 동전과 무게가 약간 다르다. 양팔 저울은 동전의 무게를 직접 측정할 수 없고, 양쪽의 무게가 같은지 또는 어느 쪽이 더 무거운지를 알 수 있을 뿐이다. 이 저울을 이용해 $O(1)$에 위조 동전이 진짜 동전보다 무거운지 가벼운지를 판단하는 알고리즘을 작성하라. 단, $n > 2$이다.

11 다음의 합을 구하라.

(1) $11 + 12 + 13 + \cdots + 19$
(2) $2 + 4 + 6 + 8 + \cdots + 4096$
(3) $\sum_{i=1}^{n} 1$
(4) $\sum_{i=1}^{n}\sum_{j=1}^{n} 1$
(5) $\sum_{i=1}^{1000}\sum_{j=1}^{n} 1$
(6) $\sum_{i=1}^{n} i$
(7) $\sum_{i=1}^{n} i^2$
(8) $\sum_{i=1}^{n}\sum_{j=1}^{n} ij$

12 문제 11의 (3)~(8)에 대한 시간 복잡도를 빅오 표기법으로 나타내라.

13 다음 알고리즘에 대해 물음에 답하라.

```
def mystery1(n) :                    # n은 음이 아닌 정수
    sum = 0
    for i in range(1, n+1) :
        sum = sum + i
    return sum
```

(1) 이 알고리즘의 용도를 설명하라.
(2) 이 알고리즘에서 기본 연산을 찾아라.
(3) 기본 연산이 몇 번 수행되어야 하는가?
(4) 이 알고리즘의 복잡도를 설명하라.
(5) 더 좋은 알고리즘이 있다면 제시하고, 복잡도를 설명하라.

14 다음 알고리즘에 대해 문제 13의 (1)~(5)에 답하라.

```
def mystery2(A) :                    # A는 실수의 리스트
    min = A[0]
    max = A[0]
    for i in range(1, len(A)) :
        if max < A[i] :
            max = A[i]
        if min > A[i] :
            min = A[i]
    return max-min
```

15 다음 알고리즘의 시간 복잡도를 빅오 표기법으로 나타내라.

(1)

```
sum = 0
for i in range (n):
  for j in range (n):
    sum = sum + j
```

(2)

```
sum = 0
k = 1
while k <= n :
  sum = sum + k
  k = k * 2
```

(3)

```
sum = 0
for i in range (n):
  for j in range (i+1, n, 2):
    sum = sum + j
```

(4)

```
def algorithm(n) :
  k = 0
  while n > 1 :
    n = n / 2
    k = k + 1
  return k
```

16 다음의 순환 알고리즘에서 잘못된 점을 찾아라.

(1)

```
def recursive1(n) :
    if n==1 : return 0
    return n * recursive1(n)
```

(2)

```
def recursive2(n) :
    print('현재 n = ', n )
    return n * recursive2(n-1)
```

17 다음의 순환 알고리즘을 sub(3)과 같이 호출할 때 sub()가 호출되는 전체 횟수를 구하라.

```
def sub(n) :
    if n <= 1 : return n
    return sub(n-1) + sub(n-2)
```

18 다음 함수를 sum(5)로 호출하였을 때, 화면에 출력되는 내용과 함수의 반환 값을 구하라.

```
def sum(n) :
    print(n)
    if n<1 : return 0
    else : return n + sum(n-1)
```

19 다음 함수에서 asterisk(5)와 같이 호출할 때 출력되는 *의 개수는?

```
def asterisk(i) :
    if i > 1 :
        asterisk(i/2)
        asterisk(i/2)
    print("*", end='')
```

20 다음의 순환 관계식을 풀어라.

(1) $T(n) = T(n-1)+3 \quad \text{for } n>1, \quad T(1) = 0$
(2) $T(n) = 2T(n-1) \quad \text{for } n>1, \quad T(1) = 4$
(3) $T(n) = T(n-1)+n \quad \text{for } n>0, \quad T(0) = 0$
(4) $T(n) = T(n/2)+1 \quad \text{for } n>1, \quad T(1) = 1$ ($n = 2^k$ 라고 가정)
(5) $T(n) = T(n/3)+n \quad \text{for } n>1, \quad T(1) = 1$ ($n = 3^k$ 라고 가정)

21* 다음과 같은 순환 알고리즘이 주어졌다. 물음에 답하라.

```
def mystery3(n) :                # n은 양의 정수
    if n == 1 : return 1
    else : return mystery3(n-1) + 2 * n - 1
```

(1) 이 알고리즘의 반환값에 대한 순환 관계식을 만들고 풀어라. 이것은 무슨 알고리즘인가?
(2) 기본 연산으로 곱셈을 사용했을 때의 복잡도를 순환 관계식으로 만들고 풀어라. 시간 복잡도를 설명하라.
(3) 기본 연산으로 덧셈과 뺄셈을 사용했을 때의 복잡도를 순환 관계식으로 만들고 풀어라. 시간 복잡도를 설명하라.

CHAPTER 03

억지 기법과 완전 탐색

학습목표

- 억지 기법의 개념과 장단점을 이해한다.
- 정렬, 탐색, 문자열 매칭에 대한 억지 기법 알고리즘을 이해한다.
- 최근접 쌍의 거리 문제와 억지 기법 전략을 이해한다.
- 상태공간트리와 완전 탐색의 개념을 이해한다.
- 그래프 순회의 개념과 깊이 우선 및 너비 우선 탐색을 이해한다.

CHAPTER

3 억지 기법과 완전 탐색

주어진 문제를 해결하기 위한 알고리즘을 생각해 내는 것은 상당히 까다로운 일이다. 1장에서 이러한 문제 해결 과정을 공부했지만, 실제로 문제가 주어지면 어떻게 해결할지 감도 오지 않아 멍하니 모니터만 쳐다보는 경우도 많다. 이제 본격적으로 문제를 해결하는 방법을 공부해 보자. 주어진 문제의 해법을 찾을 때는 컴퓨터가 아니라 종이와 펜이 더 효율적인 경우가 많은 것을 명심하라. 모니터를 끄고 펜으로 종이에 쓰고 그려보는 것이 훨씬 빠른 방법이다.

문제 해결을 위한 알고리즘을 개발하기 위해서는 먼저 문제를 잘 파악해야 하고, 적절한 알고리즘 설계 기법을 선택해야 한다. 그러나 많은 경우 효과적인 설계 기법이 바로 머리에 떠오르지는 않을 것이다. 이때 우리는 문제를 해결할 수 있는 가장 단순한 방법을 먼저 생각해 보아야 한다.

이처럼 문제의 정의를 바탕으로 한 가장 직접적인 해결 방법을 **억지 기법**(brute-force)이라고 하는데, **단순한** 또는 **순진한**(naive) 방법이라고도 불린다. 이러한 전략은 보통 문제에서 특별한 시간 조건이나 공간 조건이 주어져 있지 않았을 때 사용할 수 있으며, 더 효율적인 알고리즘을 설계하기 위한 바탕으로도 사용된다. 예를 들어, 최대 공약수를 구하는 알고리즘 1.5는 최대 공약수의 정의를 직접 이용한 가장 단순하고 확실한 억지 기법의 알고리즘이다. 물론 유클리드 알고리즘이 더 효율적이지만, 이 알고리즘으로도 정확한 해답을 구할 수 있다.

자연수 a의 n승(거듭 제곱)인 a^n을 구하는 문제를 생각해 보자. 정의에 따라 다음과 같이 단순하게 a를 n번 곱하는 알고리즘으로 해결할 수 있다.

$$a^n = 1 \cdot a \cdot \cdots \cdot a$$

이 알고리즘의 시간 복잡도는 명확히 $O(n)$이지만, 다른 설계 기법(4장)을 이용하면 더 좋은($O(\log_2 n)$) 알고리즘을 만들 수도 있다. 그렇다고 이러한 억지 기법이 시시하고 의미가 없을까? 물론 그렇지 않다. 다음과 같은 측면에서 매우 중요하다.

- 해결하지 못하는 것보다는 단순하게라도 해결하는 것이 훨씬 좋다. 또한, 쉬운 문제를 어렵게 풀 필요는 없다.
- 억지 기법은 매우 광범위한 문제에 적용할 수 있는 알고리즘 설계 기법이다.
- 입력의 크기가 작은 경우 억지 기법이 충분히 빠를 수 있고, 심지어 점근적으로 더 효율적인 알고리즘보다 실제로는 더 빠를 수도 있다.
- 더 효율적인 알고리즘의 설계와 분석을 위한 이론적인 기반이 된다.

어떤 문제를 주면 먼저 이를 가장 단순하게는 해결하는 방법을 생각해 보고, 다음으로 더 효율적인 방법을 찾는 것이 좋다. 이 장에서는 정렬, 탐색, 기하학적 문제 등에 대한 억지 기법의 알고리즘을 보인다. 또한, 억지 기법의 매우 중요한 사례인 완전 탐색(exhaustive search)과 그래프 탐색을 살펴본다. 이 장에서 다룬 문제들에 대한 더 효율적인 설계 기법은 4장부터 다룬다.

3.1 선택 정렬

정렬은 레코드들을 키(key)의 순서로 재배열하는 것이다. 이러한 정렬 문제를 억지 기법으로 해결하는 방법을 생각해 보자. 이미 다양한 정렬 알고리즘을 공부했고, 잘 이해하고 있을지도 모르지만, 우리는 알고리즘의 설계 기법에 초점을 맞추기 때문에 일단 이들은 모두 잊고 처음부터 다시 시작해 보자. 먼저 정렬 문제는 다음과 같이 정의할 수 있다.

문제 3.1 정렬 문제

> 리스트에 n개의 항목들이 들어 있다. 이들을 키(key)의 순서에 따라 오름차순(non-decreasing order)으로 재배치하라.

설명을 단순화하기 위해 항목 자체가 킷값이라고 하자. 여기서는 리스트에 숫자가 들어 있고, 이 리스트를 오름차순으로 정렬한다고 가정한다.

> **잠깐만!! 레코드 자체가 하나의 킷값이라 가정함**
>
> 정렬의 대상을 레코드(record)라 부르는데, 하나의 레코드는 보통 여러 개의 필드(field)로 이루어진다. 이들 중에서 정렬의 기준이 되는 필드를 키(key) 또는 정렬키(sort key)라고 한다. 정렬 알고리즘들에서는 보통 설명의 단순화를 위해 레코드 자체가 하나의 값이라고 가정한다. 즉, 하나의 필드만으로 이루어진 레코드를 가정하는 것이다. 물론 이렇게 하더라도 알고리즘이 달라지는 것은 전혀 없다.

■ 정렬을 위한 기본 전략(억지 기법)

그렇다면 정렬 문제에 대해 어떤 방법이 가장 직접적인 해결 방법일까? 선택 정렬은 다음과 같은 정렬의 가장 단순한 전략을 사용한다.

> 입력 리스트에서 가장 작은 항목을 찾고, 이것을 꺼내 정렬된 리스트에 순서대로 저장한다.

입력 리스트를 오른쪽 리스트라고 하고 정렬된 리스트를 왼쪽 리스트라고 하자. 맨 처음에는 모든 숫자가 오른쪽 리스트에 들어 있다. 이제 오른쪽 리스트에서 가장 작은 숫자를 선택하여 왼쪽 리스트의 맨 뒤로 이동한다. 이 작업을 오른쪽 리스트가 공백 상태가 될 때까지 반복한다. 물론 항목의 개수가 n이므로 이 작업은 n번 반복될 것이다. 최종적으로 우리는 정렬된 왼쪽 리스트를 갖게 된다. 이러한 방법은 정렬의 정의를 가장 직접적으로 사용하고 있는 억지 기법 전략이다. 다음은 선택 정렬의 처리 과정의 예를 보여주고 있다.

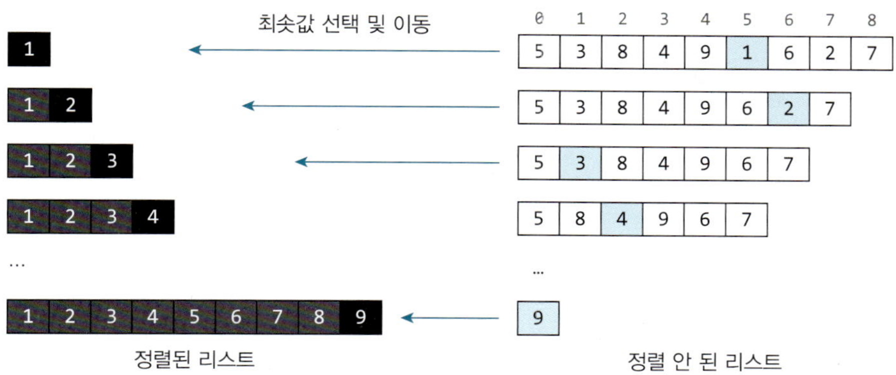

[그림 3.1] 선택 정렬의 기본 전략

제자리 정렬을 위한 알고리즘 개선

그림 3.1의 알고리즘은 정렬을 위해 입력 리스트(정렬 안 된 리스트) 외에 추가적인 리스트(정렬된 리스트)를 필요로 한다. 공간 효율성 측면에서는 이와 같은 추가적인 저장 공간이 필요하지 않도록 알고리즘을 설계하는 것이 더 좋다. 어떤 정렬 알고리즘이 입력 리스트 이외에 추가적인 메모리를 사용하지 않으면 **제자리**(in-place) **정렬**이라고 부른다. 선택 정렬을 제자리 정렬로 개선하는 방법을 생각해 보자. 기본전략은 다음과 같다.

> 정렬이 안 된 리스트에서 최솟값이 선택되면 이 값을 새로운 리스트에 저장하는 것이 아니라 첫 번째 요소와 교환한다.

예를 들어, 다음 그림에서 최솟값 1과 첫 번째 요소 5를 교환하면 전체 배열은 정렬된 부분과 되지 않은 부분으로 나뉜다. 다음에는 두 번째 요소부터 나머지들 중에서 가장 작은 값을 선택하고 선택된 값을 두 번째 요소(정렬되지 않은 리스트의 첫 번째 요소)와 교환한다. 이것을 $n-1$번 반복하면 전체 리스트가 정렬된다.

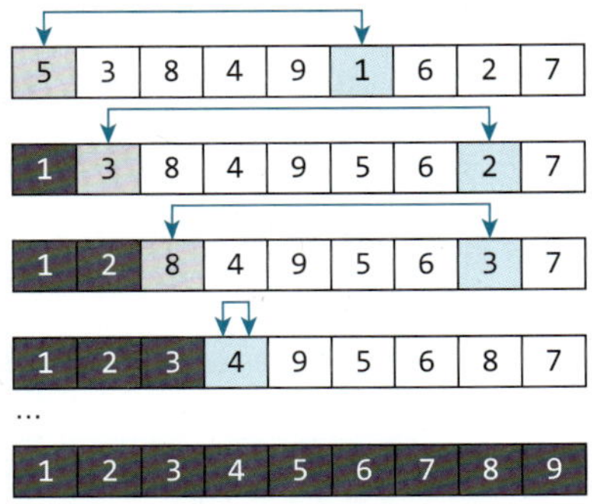

최솟값 1과 5를 교환

최솟값 2과 3를 교환

최솟값 3과 8를 교환

최솟값 4는 이미 제자리에 있음

최종 정렬 결과

[그림 3.2] 제자리 정렬로 개선된 선택 정렬

선택 정렬 알고리즘

다음은 제자리 정렬로 개선된 선택 정렬 알고리즘이다. 내부 루프의 최소 항목을 찾는 범위($i+1$~$n-1$)와 리스트의 두 항목을 서로 교환하는 파이썬 코드에 유의하라.

알고리즘 3.1 선택 정렬

```
01 def selection_sort(A) :                  # 선택 정렬
02     n = len(A)                           # n: 리스트 A의 길이
03     for i in range(n-1) :                # 0, 1, 2, ... n-2 [외부 루프]
04         least = i
05         for j in range(i+1, n) :         # i+1,...,n-1 [내부 루프]
06             if (A[j]<A[least]) :         # 비교 연산
07                 least = j                # 최소항목 갱신
08         A[i], A[least] = A[least], A[i]  # 배열 항목 교환
09         printStep(A, i + 1)              # 중간 과정 출력용 문장
```

1행: 선택 정렬 알고리즘. 정렬되지 않은 리스트 A가 입력된다.

2행: 리스트의 길이(문제의 크기)

3행: 0~n-2의 모든 i에 대해.

4~7행: i 이후의 모든 항목에서 가장 작은 항목의 인덱스 least를 계산한다.

8행: i번째 항목과 least번째 항목을 서로 교환한다.

9행: 리스트의 중간 과정을 출력하기 위한 문장을 추가하였다.

튜플을 이용한 두 변수의 교환

a와 b를 서로 교환하기 위해 기존 언어에서는 새로운 변수 t를 사용하여 t=a; a=b; b=t;와 같은 절차를 사용했다. 그러나 파이썬에서는 다음과 같은 매우 편리한 교환 방법을 제공한다.

```
a, b = b, a                # a와 b를 서로 교환한다.
```

파이썬에서 이를 위해 튜플을 이용하는데, b와 a를 순서대로 튜플로 묶은 다음 튜플을 다시 풀어 a와 b에 넣는 방식이다. 이를 이용하면 다음과 같이 여러 값의 교환도 가능하다.

```
a, b, c = c, a, b          # 여러 값의 교환도 가능하다.
```

특히, 파이썬 함수에서 여러 값을 반환할 수 있는 것도 튜플의 힘이다.

```
a, b, c = func(x)          # 어떤 함수에서 여러 개의 값을 반환할 수 있다.
```

알고리즘 진행 과정을 확인해 보기 위한 함수의 예는 다음과 같다. 리스트 arr와 단계를 출력하기 위한 val이 주어진다. 알고리즘 테스트 결과를 확인하라.

```
def printStep(arr, val) :                    # 중간 과정 출력용 함수
    print("  Step %2d = " % val, end='')     # 현재 단계를 출력
    print(arr)                               # 리스트의 내용을 출력
```

알고리즘 테스트 선택 정렬

```
data = [ 5, 3, 8, 4, 9, 1, 6, 2, 7 ]
print("Original : ", data)
selection_sort(data)
print("Selection : ", data)
```

C:\WINDOWS\system32\cmd.exe

```
Original  : [5, 3, 8, 4, 9, 1, 6, 2, 7]   정렬 안 된 리스트
  Step  1 = [1, 3, 8, 4, 9, 5, 6, 2, 7]
  Step  2 = [1, 2, 8, 4, 9, 5, 6, 3, 7]
  Step  3 = [1, 2, 3, 4, 9, 5, 6, 8, 7]
  Step  4 = [1, 2, 3, 4, 9, 5, 6, 8, 7]
  Step  5 = [1, 2, 3, 4, 5, 9, 6, 8, 7]
  Step  6 = [1, 2, 3, 4, 5, 6, 9, 8, 7]
  Step  7 = [1, 2, 3, 4, 5, 6, 7, 8, 9]
  Step  8 = [1, 2, 3, 4, 5, 6, 7, 8, 9]
Selection : [1, 2, 3, 4, 5, 6, 7, 8, 9]   정렬된 리스트
```

■ 복잡도 분석

입력의 크기는 리스트의 전체 항목의 수 n이다. 기본 연산은 6행의 비교 연산 (A[j]〈A[least])이 좋을 것이다. 이중 루프의 가장 안쪽에 있어 가장 많이 수행되기 때문이다.

입력의 구성에 따른 성능 차이는 어떨까? 알고리즘을 보면 입력에 상관없이 항상 일정한 횟수의 비교 연산이 필요한 것을 예상할 수 있다. 즉, 선택 정렬은 최선, 최악, 평균 등을 나누어 분석할 필요가 없다.

이제 복잡도 함수 $T(n)$을 구해보자. 알고리즘에서 이중 루프가 사용되는데, 외부 루프(3행)는 $n-1$번 반복하고, 내부 루프(5행)는 0에서 $n-2$까지 변하는 i에 대하여 $(n-1)-i$번 반복된다. 따라서 전체 비교횟수는 다음과 같다.

$$T(n)=\sum_{i=0}^{n-2}\sum_{j=i+1}^{n-1}1$$

이 식은 2.3절의 리스트 중복항목 검사 알고리즘의 최악의 경우의 복잡도 $C_{worst}(n)$와 정확히 같은 식이다. 따라서 같은 방법으로 풀어 정리하면 다음과 같다.

$$\begin{aligned}T(n)&=\sum_{i=0}^{n-2}\sum_{j=i+1}^{n-1}1=\sum_{i=0}^{n-2}(n-1-i)\\&=\frac{n(n-1)}{2}\in O(n^2)\end{aligned}$$

결국, 선택 정렬은 시간 복잡도가 $O(n^2)$이다. 이것은 다른 정렬 알고리즘에 비해 효율적이지도 않고, 안정성을 만족하지도 않는다. 그러나 알고리즘이 간단하고, 입력 자료의 구성과 상관없이 자료 이동 횟수가 결정된다는 장점이 있다. 또한, 입력의 크기가 크지 않은 실제 문제에 충분히 사용할 수 있으며, 무엇보다 정렬의 정의를 가장 직접적으로 사용한 알고리즘이다.

3.2 순차 탐색

컴퓨터에서 탐색은 가장 많이 사용되는 작업 중 하나이다. 탐색은 주어진 항목들 중에서 "탐색키"라 불리는 원하는 값을 가진 항목을 찾는 것이다. 탐색도 일반화하면 레코드를 저장한 테이블에서 원하는 필드값(탐색키)을 가진 레코드를 찾는 문제이지만, 단순화를 위해 정렬에서와 마찬가지로 항목 자체가 킷값이고 이들이 리스트에 저장되어 있다고 가정한다. 탐색 문제는 다음과 같이 정의할 수 있다.

문제 3.2 정렬되지 않은 리스트의 탐색 문제

> 리스트에 n개의 항목이 들어 있다. 이 리스트에서 "탐색키"를 가진 항목을 찾아라. 만약 찾는 항목이 있으면 그 항목의 인덱스를 반환하고, 없으면 −1을 반환하라. 단, 리스트의 항목들은 정렬되어 있지 않다.

■ 억지 기법 탐색 전략

이 문제에 대해 가장 직접적인 해결 방법은 무엇일까? **순차 탐색**(sequential search) 또는 **선형 탐색**(linear search)은 다음과 같은 가장 단순하고 직관적인 억지 기법 전략을 사용한다.

> 입력 리스트의 첫 항목부터 순서대로 하나씩 탐색키와 비교한다.

다음은 순차 탐색의 예를 보여주는데, 왼쪽과 같이 항목을 하나씩 검사하다가 탐색에 성공하면 해당 항목의 인덱스(3)를 반환한다. 오른쪽은 탐색 실패의 예를 보여주는데, 찾는 항목이 없으면 −1을 반환한다.

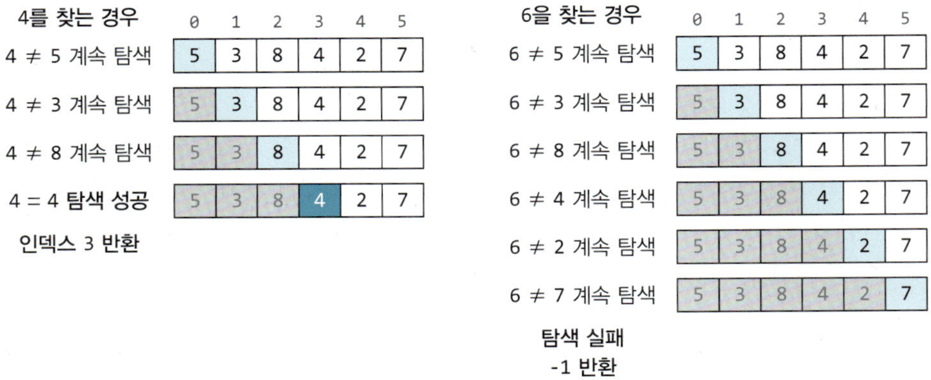

[그림 3.3] 순차 탐색의 예

순차 탐색은 특히 정렬되지 않은 리스트에서도 원하는 항목을 찾을 수 있는 방법으로, 우리는 이미 2장에서 이 알고리즘을 공부했다. 순차 탐색 알고리즘은 다음과 같다.

알고리즘 3.2 순차 탐색(다시 보기)

```
01 def sequential_search(A, key):         # A는 입력 리스트, key는 탐색 키
02     for i in range(len(A)) :           # i : 0, 1, ... len(A)–1
03         if A[i] == key :               # 탐색 성공하면 (비교 연산, 기본 연산임)
04             return i                   # 인덱스 반환
05     return -1                          # 탐색에 실패하면 –1 반환
```

■ 복잡도 분석

입력의 크기는 리스트의 A의 크기 n이고, 기본 연산으로 3행의 비교 연산(A[i] == key)이 좋을 것이다. 2.1절에서 살펴본 것과 같이 이 알고리즘은 입력의 구성에 따라 성능의 차이가 있다. 따라서 최선과 최악, 평균적인 경우의 복잡도가 각각 다르게 계산된다.

- 최선의 경우: 리스트의 첫 번째 항목이 key인 경우로 한 번의 비교만으로 탐색이 종료된다. 따라서 시간 복잡도 함수는 $T_{best}(n)=1$이고, $O(1)$이다.
- 최악의 경우: 찾고자 하는 숫자가 리스트에 없거나 맨 뒤에 있다면 리스트의 모든 항목을 검사해야 한다. 따라서 복잡도 함수는 $T_{worst}(n)=n$이고, $O(n)$이다.
- 평균적인 경우: 리스트의 모든 숫자가 골고루 한 번씩 key로 사용되는 경우를 평균적인

경우라 가정하고 비교 횟수를 구하면 $T_{avg}(n)=(n+1)/2$이고, $O(n)$이다. 2.1절을 복습하라.

심화 학습 평균적인 경우의 복잡도 계산

평균적인 경우는 계산이 복잡하고 특히 평균에 대한 가정이 필요하다. 확률을 적용해 계산해 보자. p_i를 찾는 숫자가 리스트의 i번째에 있을 확률이라고 하자$(0 \le p_i \le 1)$. 이 경우 p_0과 p_{n-1}은 탐색키가 각각 리스트의 맨 앞과 맨 뒤에 있을 확률이고, p_n은 탐색키가 리스트에 없는 경우의 확률이다. 모든 경우에 대한 확률을 더하면 1이 되어야 하므로 $p_0+p_1+\cdots+p_n=1$이다. 이제 평균적인 경우의 복잡도 함수는 다음과 같이 표시할 수 있다.

$$T_{avg}(n)=1\cdot p_0+2\cdot p_1+\cdots+n\cdot p_{n-1}+n\cdot p_n$$

이제 "평균"에 대해 가정이 필요하다. 여기서는 모든 경우에 대한 확률이 동일하다는 가정을 사용하자. 즉, $p_0=p_1=\cdots=p_n$이라고 가정한다. 이 경우 각 확률은 모두 $p_i=1/(n+1)$되고, 이를 식에 대입하면 다음과 같다.

$$T_{avg}=\frac{1}{n+1}(1+2+\cdots+n+n)=\frac{1}{n+1}\left(\frac{n(n+1)}{2}+n\right)=\frac{n}{2}+\frac{n}{n+1}$$

따라서 시간 복잡도는 $O(n)$이다. 평균적인 경우는 입력의 구성에 대한 추가적인 가정이 필요하고, 특히 최악의 상황에 대한 보장이 되지 않으므로 이 책에서는 자주 다루지 않는다.

순차 탐색은 가장 직접적인 탐색 알고리즘으로 간단하고 구현하기 쉽지만 효율적이지는 않다. 그러나 리스트가 정렬되어 있지 않다면 이 방법 외에 별다른 대안은 없다. 물론 리스트가 정렬되어 있다면 훨씬 효율적인 알고리즘이 가능하다.

3.3 문자열 매칭

문서 작업을 하거나 웹페이지를 검색할 때 원하는 키워드나 문자열을 찾고 싶은 경우가 흔히 발생한다. 이때 필요한 것이 **문자열 매칭**(string matching)인데, 탐색 작업의 하나의 특수한 경우로 볼 수 있다.

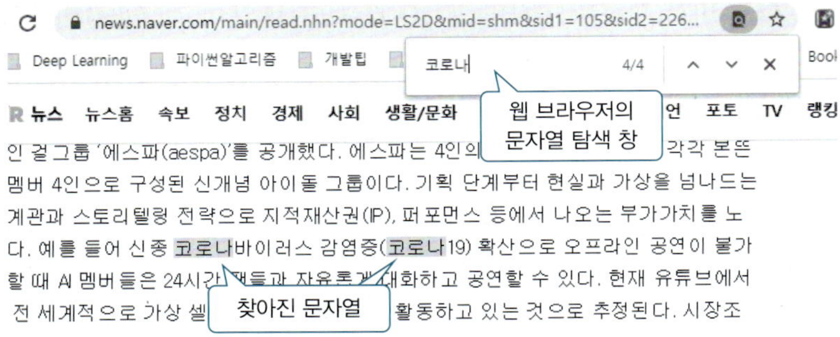

문자열 매칭 문제는 다음과 같이 정의된다.

문제 3.3 문자열 매칭 문제

> 길이가 n인 입력 문자열 T와 길이가 m인 패턴 문자열 P가 있다. T에서 가장 먼저 나타나는 P의 위치를 찾아라. 패턴이 없으면 -1을 반환하라.

예를 들어, 다음 그림의 왼쪽과 같이 "BRUTEFORCE"란 입력 문자열에는 "FOR"이란 패턴 문자열이 있으므로 위치 5를 반환하면 된다. 입력 텍스트가 "ALGORITHM"인 경우는 패턴 "FOR"가 없으므로 -1을 반환해야 한다.

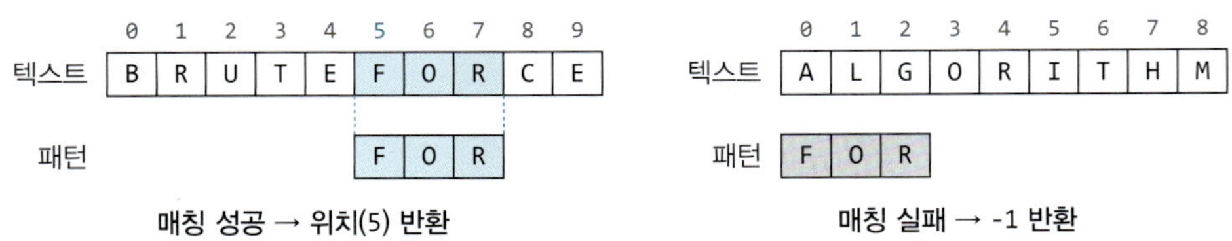

[그림 3.4] 문자열 매칭의 예

■ 억지 기법 문자열 매칭 전략

문자열 매칭을 위한 가장 직접적인 방법은 무엇일까? 누구나 다음 전략을 생각할 수 있다.

> 텍스트의 첫 번째 문자 위치에 패턴을 놓고 비교한다. 이 과정을 패턴을 오른쪽으로 한 칸씩 옮기면서 성공한 매칭이 나타날 때까지 반복한다.

다음 그림을 보자. 패턴의 첫 번째 문자는 'L'인데 텍스트의 첫 번째 문자는 'H'로 서로 다르다. 따라서 패턴의 다음 문자 'O'를 비교할 필요도 없이 입력의 다음 문자로 이동한다. 이 과정은 패턴의 첫 번째 문자가 일치할 때까지 반복된다. 세 번째 위치에서 일치하였으므로, 이제 패턴의 두 번째 문자 'O'를 텍스트와 비교한다. 텍스트의 문자 'L'과 다르므로 다시 패턴 전체를 다음 위치로 이동한다. 네 번째 위치에서 드디어 패턴의 모든 문자가 일치하였고, 따라서 이 위치를 반환하면 된다.

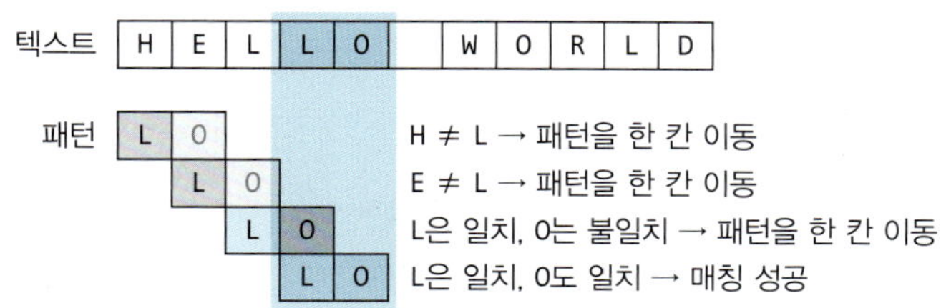

[그림 3.5] 억지 기법의 문자열 탐색 과정 예

파이썬으로 기술한 문자열 매칭 알고리즘은 다음과 같다. 4행에서 반복의 범위에 유의하라.

알고리즘 3.3 문자열 매칭(억지 기법)

```
01 def string_matching( T, P ):              # T는 입력, P는 패턴
02     n = len(T)                            # n: 입력 문자열의 길이
03     m = len(P)                            # m: 패턴 문자열의 길이
04     for i in range(n-m+1) :               # i: 0, 1, ..., n-m
05         j = 0
06         while j < m and P[j]==T[i+j] :    # 패턴 문자열을 모두 비교
07             j = j + 1
08         if j == m :                       # 모든 문자가 일치하면, 매칭 성공
09             return i                      # 현재 위치 반환
10     return -1                             # 문자열 매칭 실패
```

1행: 억지 기법 문자열 매칭 알고리즘. 입력 문자열 T와 패턴 P가 입력된다.

4행: 모든 가능한 패턴의 위치(범위에 유의하라)에 대해.

6~9행: 패턴의 문자들을 비교해 모두 일치(j==m)하면 위치를 반환한다.

10행: 모두 일치하는 경우가 없으면 매칭 실패이고, -1을 반환한다.

알고리즘 테스트 억지 기법 문자열 매칭

```
text = 'HELLO WORLD'
pattern = 'LO'
print( pattern, 'in', text, '-->', string_matching(text, pattern))
pattern = 'HI'
print( pattern, 'in', text, '-->', string_matching(text, pattern))
```

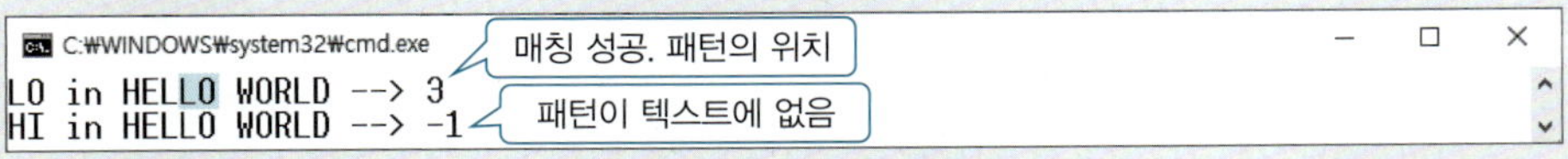

■ 복잡도 분석

이 알고리즘의 처리시간은 무엇에 영향을 받을까? 당연히 입력 텍스트와 패턴이 길수록 더 많은 시간이 걸릴 것이다. 따라서 입력의 크기는 텍스트의 길이 n과 패턴의 길이 m으로 두 가지이다. 기본 연산은 무엇으로 정할까? 문자의 비교 횟수가 가장 중요하므로 6행의 비교 연산이(P[j]==T[i+j])이 좋을 것이다. 물론 7행을 선택해도 횟수는 동일하다.

이 알고리즘도 입력의 구성에 따라 성능의 차이가 있다. "평균"적인 경우를 가정하는 것은 쉽지 않으므로 제외하고, 최선과 최악의 경우를 살펴보자.

최선의 경우

최선의 경우는 텍스트 T의 맨 앞의 문자열이 패턴 P와 일치하는 경우이다. 이 경우 패턴의 길이인 m번의 비교만으로 문자열 매칭이 종료된다. 즉, 최선의 경우에 대한 복잡도 함수는 $T_{best}(m,n)=m$ 이고, $O(m)$ 이다.

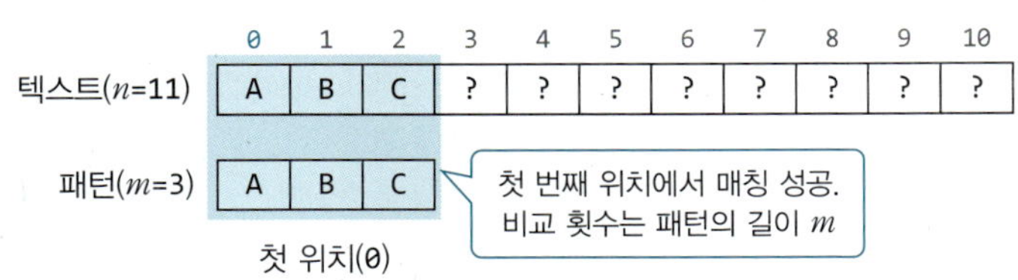

[그림 3.6] 알고리즘 3.3을 위한 최선의 입력 예

최악의 경우

어떤 경우가 최악일까? 생각보다 간단하지는 않다. 최악의 경우는 일단 패턴의 위치를

처음부터 텍스트의 끝까지 최대한 옮겨야 할 것이다. 그림 3.7을 보면 패턴을 $n-m+1$ 위치에서 각각 검사해야 하는 것을 알 수 있다. 그러나 이것이 끝이 아니다. 각 위치에서도 패턴의 모든 문자를 비교해야 하는 경우가 최악이다. 예를 들어, 텍스트 T가 "AAAAAAAA?"이고 패턴 P가 "AAB"인 경우가 최악의 예이다. 마지막 문자는 반드시 달라야 매칭이 빨리 종료되지 않는다.

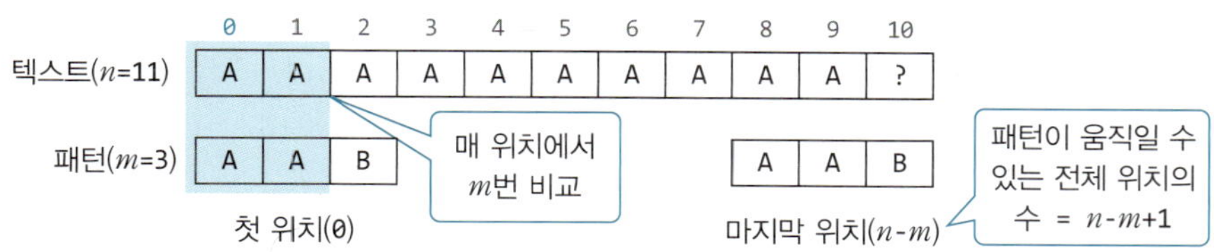

[그림 3.7] 알고리즘 3.3을 위한 최악의 입력 예

전체 비교 횟수를 계산해 보자. 4행의 외부 루프는 패턴의 위치를 나타내는데, 최악의 경우 $n-m+1$번 반복한다. 6행의 내부 루프는 최악의 경우 패턴의 모든 문자를 비교하게 되므로 m번 반복한다. 따라서 최악의 경우에 대한 복잡도 함수는 $T_{worst}(n,m)=m(n-m+1)$이다. 대부분의 경우 텍스트가 패턴보다 훨씬 길 것이기 때문에, 최악의 경우의 시간 복잡도는 $O(nm)$가 된다.

우리가 사용하는 언어에서는 패턴을 한 칸 이동하기 위해 대부분은 한두 번의 비교면 충분하다. 따라서 평균적인 경우는 최악의 경우보다 훨씬 효율적인데, 실제로도 무작위 텍스트에서 선형에 가까운 성능을 보이는 것으로 알려져 있다("HELLO WORLD"에서 "LO"를 찾는 과정을 다시 생각해 보라). 그렇지만 더 효율적인 문자열 매칭 알고리즘들이 있는데, 이것은 6장에서 공부한다.

3.4 최근접 쌍의 거리

계산 기하학(computational geometry) 분야에서 잘 알려진 문제를 다루어 보자. 최근접 쌍(closest-pair)의 거리이다. 이 장에서는 이 문제에 대한 가장 단순한 알고리즘을 찾아본다. 더 효율적인 방법은 5장에서 다룬다. 최근접 쌍의 거리 문제는 계산 기하학에서 비교적 단순한 문제 중 하나로 다음과 같이 정의된다.

문제 3.4 최근접 쌍의 거리 문제

> 2차원 평면상에 n개의 점이 있다. 가장 인접한 쌍의 거리를 구하라.

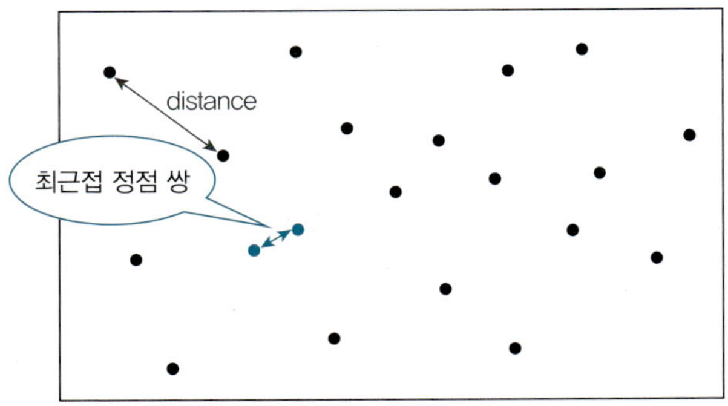

[그림 3.8] 최근접 쌍의 거리 문제

그림은 거리가 가장 가까운 두 점을 보여준다. 실제로 이 문제는 2차원뿐만 아니라 3차원 공간을 포함하여 임의의 차원으로 확장할 수 있다. 그러나 단순화를 위해 2차원 평면으로 한정하자. 평면에서 하나의 점은 (x, y)와 같이 직교 좌표계(Cartesian coordinates)로 나타낼 수 있다.

실생활에서 점들은 공항의 비행기나 도로상의 자동차들 위치, 우체국의 위치, 데이터베이스 레코드, DNA 샘플 등 다양한 객체들로 대응될 수 있다. 예를 들어, 공항 관제 업무에서는 현재 활주로 내의 여러 비행기 중에서 가장 근접해 있는 것들 사이의 거리를 실시간으로 파악하고 있어야 한다. 왜냐하면, 이들이 충돌 문제를 일으킬 가능성이 가장 크기 때문이다.

■ 억지 기법의 최근접 쌍의 거리 전략

거리의 계산

한 쌍의 점이 얼마나 인접해 있는지를 알아내기 위해서는 두 점 사이의 **거리**(distance)를 계산해야 한다. 이를 위한 여러 가지 방법이 있지만 여기서는 우리가 가장 흔히 사용하는 **유클리드 거리**(Euclidean distance)를 이용하자. 리스트의 i번째와 j번째 점 $p_i=(x_i, y_i)$와 $p_j=(x_j, y_j)$가 주어졌을 때, 이들 사이의 유클리드 거리 $d(p_i, p_j)$는 다음과 같이 계산된다.

$$d(p_i, p_j) = \sqrt{(x_i - x_j)^2 + (y_i - y_j)^2}$$

이러한 거리를 구하기 위한 코드는 다음과 같다. 다양한 수학 연산을 제공하는 math 모듈의 sqrt()와 거듭제곱 연산을 위해 ** 연산를 사용하였다.

```
import math                          # math 모듈 포함. 제곱근(sqrt) 함수 사용을 위해
def distance(p1, p2):                # Euclidean 거리 계산 함수
   return math.sqrt((p1[0]-p2[0])**2 + (p1[1]-p2[1])**2)
```

math 모듈과 거듭제곱 연산자

파이썬에서는 sin(), cos(), sqrt() 등의 다양한 수학 함수들과 파이와 같은 상수들을 math 모듈을 통해 제공한다. 이들을 사용하기 위해서는 먼저 import 문장으로 math 모듈을 포함해야 한다. 사용 예는 다음과 같다.

```
import math
math.sqrt(val)          # val의 제곱근 계산
math.pi                 # 파이(π) 값
```

파이썬에는 ** 연산자가 추가되었다. 2**5는 2^5를 나타낸다.

억지 기법 전략

이제 이 문제를 해결할 가장 단순하고 직접적인 전략은 다음과 같다. 이 방법은 어떤 경우에도 최단 거리를 찾을 것이다.

> 가능한 모든 점의 쌍 (p_i, p_j)에 대해 거리를 계산하고, 가장 짧은 것을 찾는다.

이제 알고리즘을 생각해 보자. 이중 루프를 사용하면 된다. 그런데, 한번 계산한 점들의 쌍에 대해 다시 거리를 계산할 필요가 없기 때문에 내부 루프의 반복 범위를 잘 설정해야 한다. 외부 루프와 내부 루프의 인덱스를 각각 i, j라 한다면 $i < j$를 만족하는 쌍 (p_i, p_j)들만을 계산하면 된다. 이 알고리즘을 파이썬으로 기술하면 다음과 같다.

알고리즘 3.4 최근접 쌍의 거리

```
01 def closest_pair(p):
02     n = len(p)                              # 점의 전체 개수
03     mindist = float("inf")                  # 최근접 거리 초기화(무한대)
04     for i in range(n-1):
05         for j in range(i+1, n):
06             dist = distance(p[i], p[j])     # 유클리드 거리 계산
07             if dist < mindist:
08                 mindist = dist
09     return mindist
```

1행: 점의 리스트 p가 입력된다. [(x1,y1), ..., (xn, yn)]의 형태이다.

3행: 일단 최근접 거리를 무한대라고 한다.

4~9행: $i<j$ 를 만족하는 모든 쌍 (p_i, p_j) 에 대한 거리를 계산하고, mindist와 비교하여 이보다 작으면 mindist를 갱신한다.

9행: 최종적으로 mindist에 최근접 쌍의 거리가 저장되어 있다.

알고리즘 테스트 최근접 쌍의 거리

```
p = [(2, 3), (12, 30), (40, 50), (5, 1), (12, 10), (3, 4)]
print("최근접 거리:", closest_pair(p))
```

```
C:\WINDOWS\system32\cmd.exe
최근접 거리: 1.4142135623730951
```

무한대 값의 표현

파이썬에서 무한대의 실수 값을 원한다면 다음과 같은 코드를 사용하면 된다.

```
INF = float('Inf')          # 가장 큰 가중치 (실수 무한대)
```

가장 큰 정수 값이 필요한 경우는 sys 모듈의 maxsize를 사용할 수 있다. 즉, 다음과 같이 sys 모듈을 import 문장을 이용해 포함하고, sys.maxsize를 사용하면 된다.

```
import sys
INF = sys.maxsize           # 가장 큰 가중치 (정수 무한대)
```

■ 복잡도 분석

입력의 크기는 전체 점의 수 n이고, 기본 연산은 6행의 유클리드 거리 계산 문장(distance(p[i], p[j]))이 좋을 것이다. 그리고 이 알고리즘의 효율은 입력의 구성과는 관련이 없이 최선, 평균, 최악의 경우에 대해 항상 동일하다.

복잡도 함수를 구해보자. 외부 루프와 내부 루프의 범위를 이용해 다음과 같이 구할 수 있다.

$$
\begin{aligned}
T(n) &= \sum_{i=0}^{n-2}\sum_{j=i+1}^{n-1} 1 \\
&= \sum_{i=0}^{n-2}[(n-1)-(i+1)+1] = \sum_{i=0}^{n-2}(n-i-1) \\
&= (n-1)+(n-2)+\cdots+2+1 \\
&= \frac{n(n-1)}{2} \in O(n^2)
\end{aligned}
$$

이 알고리즘은 $O(n^2)$ 이지만 더 좋은 알고리즘 설계 기법을 사용하면 시간 복잡도를 줄일 수 있다. 물론 알고리즘은 복잡해진다. 이것은 5장에서 다룬다.

3.5 완전 탐색(Exhaustive search)

중요한 문제들 중에 시간 복잡도가 지수함수나 그 이상으로 빠르게 증가하는 것들을 흔히 볼 수 있는데, 이들은 보통 **순열**(permutation)이나 **조합**(combination), 또는 주어진 집합의 **모든 부분집합**(subsets)을 찾는 과정을 포함하는 경우가 많다. 즉, 가능한 모든 순열이나 조합, 또는 부분집합들을 먼저 나열하고, 이들 중에서 길이나 비용 등을 최소화하거나 최대화하는 경우를 찾는 것이다. 이런 문제들을 **최적화 문제**라고 부르는데, 9장과 10장에서 이러한 문제들을 자세히 다룰 것이다.

잠깐만!! 순열, 조합, 부분집합 개념 복습하기

순열(permutation)은 어떤 집합의 원소들을 다양한 순서로 뒤섞는 연산을 말하고, 조합(combination)은 순서와 상관없이 원하는 개수를 뽑는 연산을 말한다. 예를 들어, 집합 {1, 2, 3}에서 순열, 조합, 부분집합의 의미를 생각해 보자.

- 순열: (1,2,3), (1,3,2), (2,1,3), (2,3,1), (3,1,2), (3,2,1)으로 총 6가지 ($n!$)
- 조합(2개를 뽑는 조합): (1,2), (1,3), (2,3)으로 총 3가지 ($_nC_k$)
- 모든 부분집합: {}, {1}, {2}, {3}, {1,2}, {1,3}, {2,3}, {1,2,3}으로 총 8가지 (2^n)

여기서는 이런 문제들에 대한 억지 기법 전략을 생각해 보자. 가장 확실한 방법은 당연히 가능한 모든 경우를 탐색하는 것인데, 이를 **완전 탐색**(Exhaustive search)이라고 한다. 완전 탐색은 절대 답이 틀릴 일이 없다. 그러나 처리시간은 매우 많이 걸릴 것이다.

■ 틱택토 게임과 상태공간트리

틱택토(Tic-Tac-Toe) 게임은 두 명이 번갈아 가며 O와 X를 3×3판에 써서 같은 글자가 가로, 세로, 혹은 대각선상에 놓이면 이기는 게임이다. 다음은 모든 칸이 비어 있는 맨 처음 상태에서 먼저 놓는 O가 이기게 되는 어떤 경우까지의 모든 **상태**(state)의 변환 과정을 보여준다.

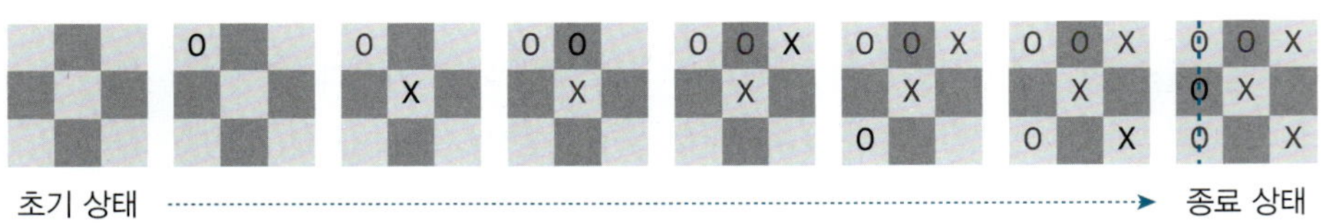

[그림 3.9] 틱택토 게임의 예

- 초기 상태는 모든 칸이 비어 있다.
- 초기 상태에서 O를 넣는 방법은 9가지이고, 이 중 하나를 선택해 채운다.
- 이제 게임판의 한 칸이 채워졌으므로 다음 순서인 X는 남은 8칸 중 하나를 선택해 채워야 한다. 이제 이제 빈칸은 7개이다.
- 다음으로 O는 7개의 칸에서 하나를 선택하고, 다시 X는 6개에서 하나를 선택하면서 계속 번갈아 가며 문자를 채운다.

- 모든 상태에서는 먼저 게임이 종료되었는지를 검사해야 한다. 게임판에서 같은 글자가 가로, 세로, 대각선상에 놓이면 게임은 종료된 것이다.

이러한 게임판의 상태는 그림으로 그려보면 이해하기 쉽다. 다음은 틱택토 문제에 대한 모든 상태를 트리 구조로 나타내고 있는데, 이러한 트리를 **상태공간트리**(state space tree)라 부른다.

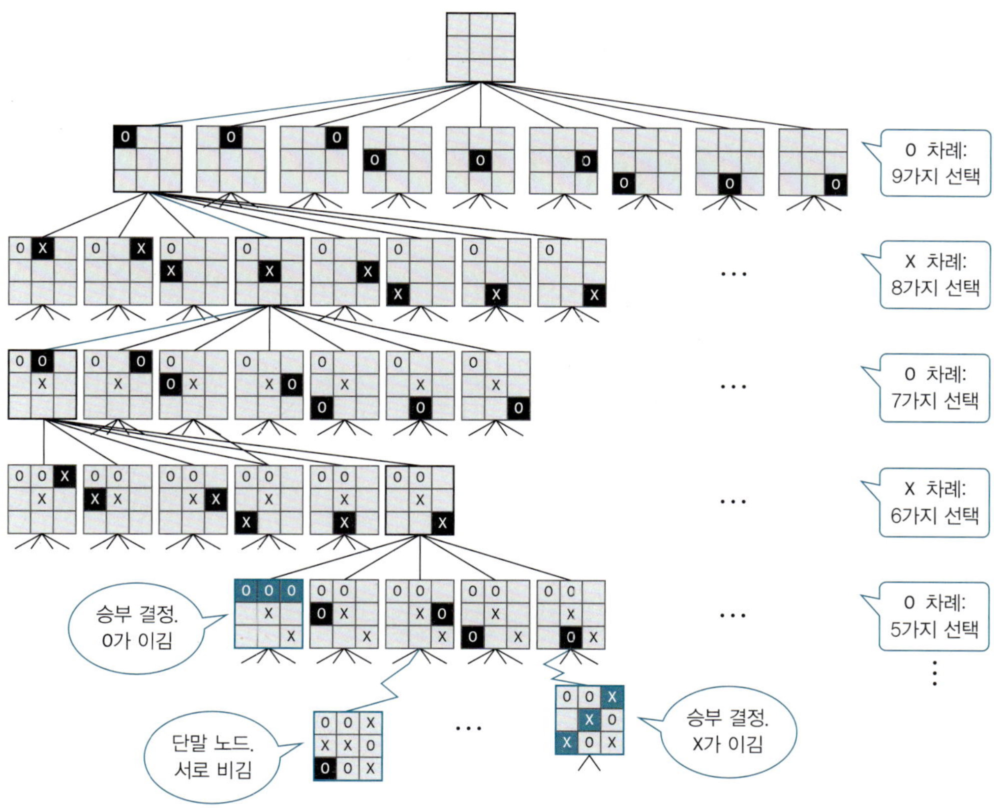

[그림 3.10] 택택토 게임의 전체 상태공간트리

- 상태공간트리는 어떤 문제에 대한 모든 과정의 상태들을 노드로 포함하고 있다.
- 단말 노드는 승부가 결정된 노드이다. O승, X승, 비김 중에서 하나를 갖는다.
- 전체 노드의 개수는 얼마나 될까? 실제로는 조건이 되면 중간에 게임이 끝날 수도 있지만, 단순화를 위해 9개의 모든 칸을 채워야 게임이 끝난다고 가정하자. 이 경우 전체 단말 노드의 개수는 9!=362,880이다. 이것은 원소가 9개인 집합의 순열의 수이다.

완전 탐색은 주어진 문제에 대한 상태공간트리의 모든 노드를 탐색하여 문제에 대한 해를 찾는다.

완전 탐색은 이러한 상태공간트리에서 해를 찾는 가장 직접적인 방법이다. 따라서 시간이 많이 걸리겠지만 절대 답이 틀릴 수는 없다. 이 절에서는 몇 가지 문제와 완전 탐색을 이용한 해결 방법을 살펴보자.

▪ 외판원 문제(Traveling Salesman Problem)

외판원 문제(Traveling Salesman Problem, TSP)는 응용 분야가 많고 다른 중요한 문제와의 재미있는 관련성 때문에 컴퓨터 분야에서 큰 관심을 받아 온 유명한 문제이다. 이것은 가중치 그래프와 관련된 문제로, 다음과 같이 정의되는 **해밀토니안 사이클**(Hamiltonian Cycle)과 관련이 있다.

정의 3.1 해밀토니안 사이클(Hamiltonian Cycle)

그래프 G=(V, E)가 주어졌을 때, G의 임의의 한 정점에서 출발하여 다른 모든 정점을 한 번씩만 방문하고 다시 시작 정점으로 돌아오는 경로를 해밀토니안 사이클(Hamiltonian Cycle)이라고 한다.

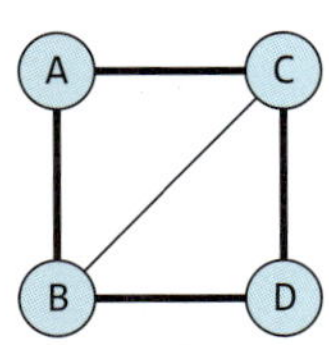

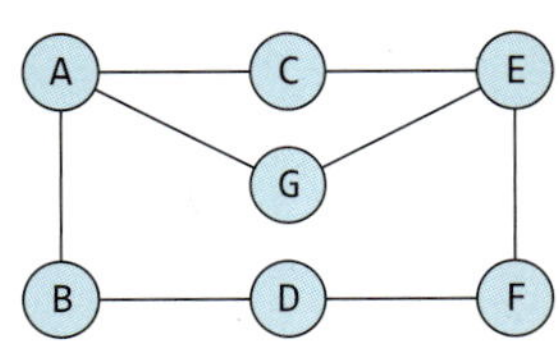

[그림 3.11] 해밀토니안 사이클이 있는 그래프와 없는 그래프의 예

그림은 해밀토니안 사이클이 있는 그래프와 없는 그래프의 예를 보여주고 있다. TSP 문제는 해밀토니안 사이클을 이용해 다음과 같이 정의된다.

문제 3.5 외판원(Traveling Salesman) 문제(TSP)

> 가중치 그래프 G=(V, E)가 주어졌다. G에서 모든 가능한 해밀토니안 사이클 중에서 경로의 합이 최소인 사이클의 경로의 합을 구하라.

예를 들어, 그림과 같은 그래프가 주어졌을 때, TSP 경로를 찾아보자. 길이가 최소인 경로는 A-B-D-C-A이고 전체 길이는 10+25+30+15=80이다.

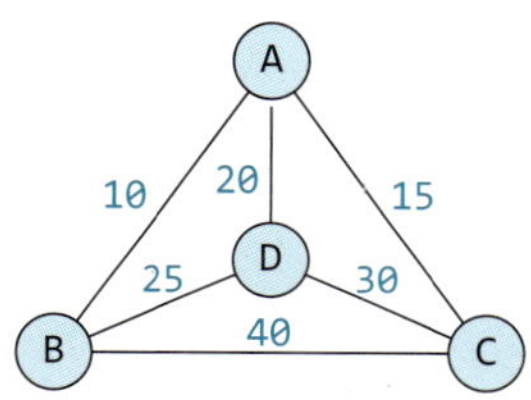

경로 A,B,C,D,A : 길이=10+40+30+20=100
경로 A,D,B,C,A : 길이=20+25+40+15=100
...
경로 A,B,D,C,A : 길이=10+25+30+15=80 (TSP 경로)

[그림 3.12] 가중치 그래프에서의 TSP 경로 문제

억지 기법 전략(완전 탐색)

이 문제는 어떻게 해결할 수 있을까? 완전 탐색을 이용하면 항상 확실한 해를 구할 수 있다. 모든 가능한 상태를 검사하기 때문이다. 즉, 임의의 한 점을 출발점으로 잡고 아직 가보지 않은 모든 이웃 정점으로 계속 이동하면서 검사하면 된다. 이때, 출발점으로 아무 정점이나 사용할 수 있는 것은 이 경로가 그래프의 모든 정점을 반드시 거쳐야 하기 때문이다.

예를 들어, 그림 3.12에서 A를 출발점으로 잡고 모든 가능한 경로 탐색 과정을 상태공간트리로 만들어 보자. A 다음으로 B, C, D의 세 정점으로 갈 수 있다. 만약 B로 움직였다면 이제 C, D의 두 정점이 남는다. 만약 그래프가 N개의 정점을 갖는 완전 그래프라면 모든 해밀토니안 사이클은 $(N-1)!$개가 된다. 그리고 이것은 상태공간트리의 단말 노드의 수와 같다. 완전 탐색은 이 상태공간트리의 모든 단말 노드를 검사하여 길이가 최소인 것을 선택하는 전략이다.

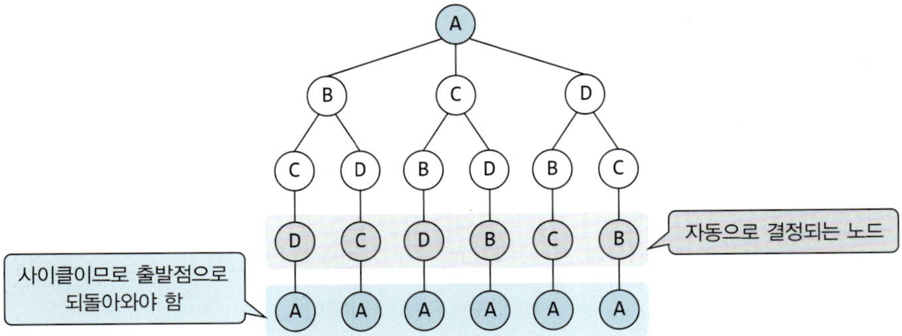

[그림 3.13] N=4인 완전 그래프에 대한 TSP의 상태공간트리: 3!개의 단말 노드

이 알고리즘을 자연어로 기술하면 다음과 같다.

알고리즘 3.5 외판원 문제

```
01  임의의 도시를 출발점으로 잡는다.
02  이 도시를 시작으로 하여 (N-1)!가지의 순열 객체를 생성한다.
03  모든 순열 객체에서 경로의 합을 구하고, 경로의 합이 최소인 순열 객체와 경로 합을 찾는다.
04  최소 경로의 합을 반환한다.
```

복잡도 분석

2행에서 순열 객체를 생성하는 것에 유의하라. 각 순열 객체는 하나의 해밀토니언 사이클이고, 이것은 그림 3.13의 상태공간트리에서 하나의 단말 노드에 해당된다. 완전 탐색 기법은 이처럼 순열(또는 조합, 부분집합) 객체들을 생성하는 과정이 필요한 경우가 많다. 따라서 복잡도가 매우 높다. 도시의 수가 n이라면 이 알고리즘의 복잡도는 2행에 의해 명확히 $O(n!)$이고, n이 조금만 커지더라도 계산량이 비현실적으로 늘어난다. 따라서 계산량을 줄이거나 보다 현실적인 알고리즘이 필요한데, 9장에서 공부할 백트래킹과 분기한정 기법을 사용하면 가지치기를 통해 상태공간트리를 보다 효율적으로 탐색할 수 있다. 10장에서는 이 문제를 근사 알고리즘으로 해결하는 방법을 다룬다.

■ 0-1 배낭 채우기 문제(Knapsack Problem)

해외여행을 가려고 짐을 싸는 문제를 생각해 보자. 배낭(여행가방) 하나에 짐을 넣어야 한다. 가져가고 싶은 물건은 n가지가 있고, 각 물건은 무게 wt_i와 가치 val_i를 갖는다고 하자. 모두 다 가져가면 좋겠지만 그렇게 할 수 없다. 항공기에 부칠 수 있는 가방의 무게(용량)에 제한이 있는 것이다. 문제는 용량을 초과하지 않으면서 배낭에 들어있는 물건들의 가치의 합이 최대가 되도록 물건들을 선택하는 것이다. 물론, 하나의 물건을 잘라서 일부만 넣을 수는 없다. 이러한 문제를 0-1 배낭 채우기 문제라고 한다.

[그림 3.14] 0-1 배낭 채우기 문제

문제 3.6 0-1 배낭 채우기 문제(0-1 knapsack problem)

> 각각 무게가 wt_i이고 가치가 val_i인 n개의 물건들이 있고, 이것을 배낭에 넣으려고 한다. 이때, 배낭에 넣을 수 있는 용량(최대 무게)은 W를 초과하지 않아야 하고, 물건들은 잘라서 일부분만 넣을 수는 없다. 물건들의 가치의 합이 최대가 되도록 배낭을 채우고, 이때 배낭의 최대가치를 구하라.

예를 들어, 배낭의 용량이 50이고, 무게와 가치가 각각 (10, 60), (20, 100), (30, 120)인 세 물건 A, B, C가 있다고 하자. 이 물건들을 배낭에 넣는 모든 경우를 표로 나타내면 다음과 같다.

넣는 물건	A	B	C	A, B	B, C	A, C	A, B, C
무게 합	10	20	30	30	50	40	60
가치 합	60	100	120	160	220	180	280

몇 가지 방법을 생각해 보자. B와 C를 넣는 경우가 최선이다.

- A~C를 모두 넣는 경우: 무게 합이 60으로 배낭의 용량 50을 초과. 불가능
- A, B를 넣는 경우: 무게 합이 30으로 가능한 해. 가치합은 160
- B, C를 넣는 경우: 무게 합이 50으로 가능한 해. 가치합 220으로 최대가치

이러한 문제에 대한 가장 직접적이고 단순한 해결 방법은 역시 완전 탐색인데, 가능한 모든 경우를 살펴보는 것이다. 즉, n개의 물건의 집합에 대한 모든 부분집합을 만들어 보고, 이 부분집합 중에서 무게 합이 배낭 용량을 넘지 않으면서 가치가 최대인 것을 찾는 방법이다.

복잡도 분석

완전 탐색의 시간 복잡도를 생각해 보자. 원소의 개수가 n인 집합의 부분집합의 수는 2^n이다. 따라서 시간 복잡도는 $O(2^n)$이다. 완전 탐색은 이 문제에서도 항상 최적의 해를 구해준다. 그러나 역시 시간 복잡도가 너무 높아 n이 조금만 커져도 현실적으로 사용하기가 어렵다는 한계가 있다. 만약 이 문제의 입력에 제한을 가한다면 좀 더 효율적인 알고리즘을 설계할 수 있다. 이것은 7장에서 다룬다.

일 배정 문제(job assignment problem)

n명의 근로자와 n가지의 일이 있다. 모든 근로자는 모든 일을 다 할 수 있지만, 각자 특성이 있으므로 일에 따라 처리하는데 비용이 다르게 소요된다. **일 배정 문제(job assignment problem)**는 비용을 최소화하는 방법으로 모든 근로자에게 하나씩의 일을 배정하는 방법을 찾는 문제이다.

문제 3.7 일 배정 문제(job assignment problem)

> n명의 근로자와 n가지의 일이 있다. 각 근로자는 모든 일을 다 처리할 수 있지만 비용은 각각 다르게 산정되어 있다. 전체 비용을 최소화하면서 모든 근로자에게 하나씩의 일을 배정하는 경우의 전체 비용을 계산하라.

예를 들어, 다음 표와 같이 4명의 근로자와 4가지의 일이 주어졌다고 하자. 각각의 셀은 근로자가 그 일을 처리하는데 필요한 비용을 의미한다. 최적의 배정을 찾아보자.

	Job1(도배)	Job2(미장)	Job3(페인트)	Job4(타일)
A(김도배)	9	2	6	8
B(이타일)	6	4	3	7
C(박타일)	5	7	1	9
D(최인트)	7	6	8	4

- A–Job1, B–Job2, C–Job3, D–Job4: 비용 = 9+4+1+4=18
- A–Job2, B–Job3, C–Job1, D–Job4: 비용 = 2+3+5+4=14
- A–Job2, B–Job1, C–Job3, D–Job4: 비용 = 2+6+1+4=13 (이 문제의 최적해)

완전 탐색을 이용한 일 배정

이 문제의 최적해도 완전 탐색을 이용해 구할 수 있다. 모든 가능한 배정을 만들어 보고 전체 비용이 최소인 것을 선택하는 방법이다. 예를 들어, 위의 표와 같이 $n=4$인 경우를 생각해 보자.

- A에게는 4가지의 일 중 하나를 마음대로 배정할 수 있다. 남은 일은 3가지이다.
- B에게는 남은 3가지의 일 중에서 하나를 선택할 수 있다. 남은 일은 2가지이다.
- C는 남은 2가지 중 하나를 선택한다.
- D는 선택의 여지가 없이 일이 결정된다.

이 과정은 다음과 같이 상태공간트리로 나타낼 수 있다.

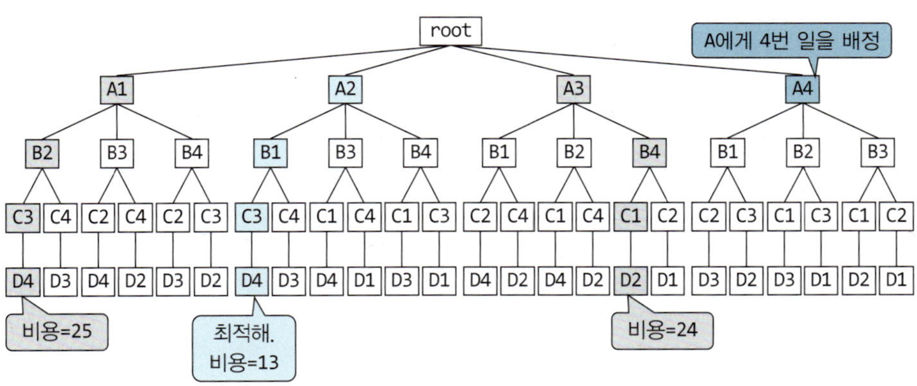

[그림 3.15] N=4인 일 배정 문제의 전체 상태공간트리와 몇 개의 단말 노드의 비용

상태공간트리에서 단말 노드는 하나의 배정 결과를 나타낸다. 예를 들어, 그림에서 루트→A3 → B4 → C1 → D2로 이어지는 경로의 단말 노드는 A에 Job3, B에 Job4, C에 Job1, D에 Job2를 배정하는 방법이고, 이 배정의 총비용은 6 + 7 + 5 + 6 = 24가 된다. 결국, 일 배정 문제는 이 트리의 단말 노드에서 비용이 가장 작은 것을 찾는 문제이다.

복잡도 분석

그렇다면 전체 단말 노드는 몇 개일까? 이 문제도 순열 문제이다. 첫 번째 근로자는 n가지, 다음은 $n-1$가지, 다음은 $n-2$가지 등으로 계속 선택할 수 있다. 따라서 단말 노드의 수는 $n!$이다. 즉, 일 배정 문제에 대한 완전 탐색의 복잡도는 $O(n!)$이고, n이 커지면 사용하기 어려운 비효율적인 알고리즘이다. 다행히 이 문제에 대해서는 **헝가리안 알고리즘**(Hungarian algorithm)이라고 불리는 더 효율적인($O(n^3)$) 방법이 있다.

계산량이 기하급수적으로 증가한다는 것이 반드시 이를 위한 효율적인 알고리즘이 없다는 것을 의미하지는 않는다. 실제로 7장에서 몇 가지 예를 제시할 것이다. 그러나 이러한 효율적인 알고리즘에는 보통 추가적인 제한이 따른다. 따라서 대부분의 경우 계산량이 기하급수적으로 증가하는 문제들에 대해서는 알려진 다항식 시간 알고리즘이 없는 경우가 많다. 또한, 증명이 되어 있지는 않지만 이러한 알고리즘이 존재하지 않을 가능성이 크다. 이러한 내용은 10장에서 다시 다룬다.

3.6 그래프 탐색

리스트나 스택 등과 같은 선형 자료구조는 항목들이 순서적(선형)으로 나열되어 있으므로 모든 항목을 한 번씩 방문, 또는 **순회**(traversal)하기가 쉽다. 그러나 트리나 그래프와 같은 비선형 자료구조에서는 모든 항목을 한 번씩 방문하는 작업이 결코 간단하지 않다. 이 문제를 다루어 보자.

그래프 탐색, 또는 순회는 하나의 정점에서 시작하여 모든 정점을 한 번씩 방문하는 작업이다. 실제로 많은 그래프 문제들이 단순히 모든 정점을 한 번씩 방문하는 것만으로 해결된다. 예를 들어, 전자회로에서 어떤 두 단자가 서로 연결되어 있는지를 판단하거나, 미로에서 출구를 찾는 일도 그래프 탐색으로 해결할 수 있다.

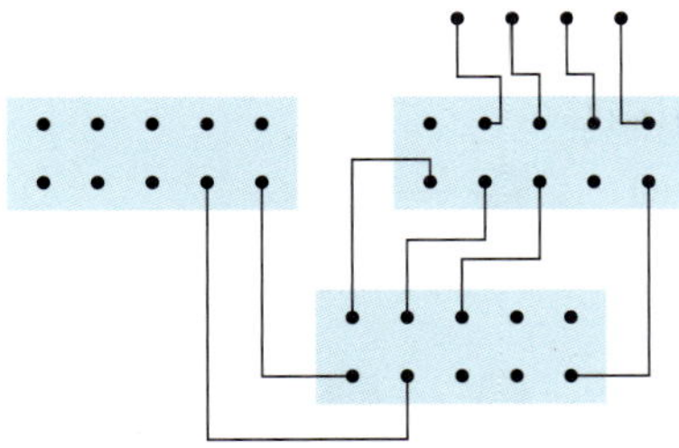

단자들 간의 연결성 검사

미로 탐색 문제

[그림 3.16] 그래프 탐색의 응용 분야

> 그래프 순회에 완전 탐색의 개념을 적용하면 모든 정점을 체계적으로 방문할 수 있는 두 가지 중요한 방법을 얻을 수 있다. 이것은 깊이 우선 탐색(depth first search, DFS)과 너비 우선 탐색(breadth first search, BFS)이다.

▪ 깊이 우선 탐색

깊이 우선 탐색(depth first search, DFS)은 스택을 이용한 미로 탐색과 유사하다. 미로를 탐색할 때 한 방향으로 갈 수 있을 때까지 계속 가다가 더 이상 갈 수 없게 되면 다시 가장 가까운 갈림길로 되돌아와서 다른 방향을 다시 탐색하는 전략으로 출구를 찾는 방법이다.

다음 그림은 깊이 우선 탐색을 이용한 순회 과정을 보여준다. 회색과 검은 정점들은 이미 방문한 정점이고, 검은 정점은 현재 정점을, 파란색 실선 화살표는 다음 탐색 정점을 가리킨다.

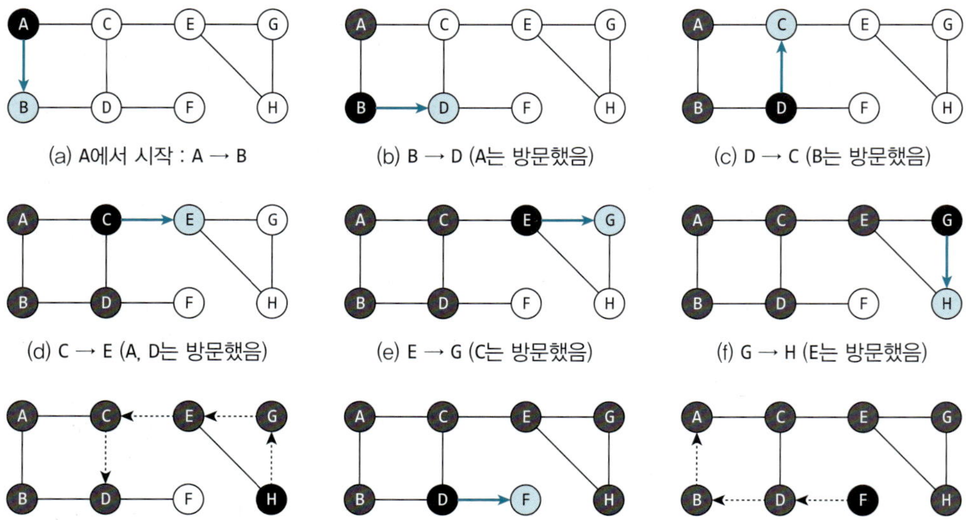

(a) A에서 시작 : A → B

(b) B → D (A는 방문했음)

(c) D → C (B는 방문했음)

(d) C → E (A, D는 방문했음)

(e) E → G (C는 방문했음)

(f) G → H (E는 방문했음)

(g) H에서는 모두 방문했음.
G, E, C, D순으로 되돌아 감.
D에서는 가지 않은 F가 있음.

(h) D → F

(i) F에서도 모두 방문했음.
D, B, A순으로 되돌아 감.
탐색 완료.
방문 순서: ABDCEGHF

[그림 3.17] 깊이 우선 탐색을 이용한 정점 방문 과정

- 탐색은 시작 정점에서 출발한다. A를 시작 정점이라 하자.
- A의 인접 정점 B와 C 중에서 임의로 하나를 선택해 탐색을 진행한다. 여기서는 B를 선택해 탐색을 진행했는데, C를 먼저 탐색해도 문제는 없다. 이 경우 방문하는 순서는 달라지지만 모든 정점을 한 번씩 방문하는 것은 마찬가지이다.
- B의 인접 정점 A와 D 중에서 A는 이미 탐색한 정점이므로 다시 방문하지 않아야 한다. 남은 정점 D로 탐색을 진행한다.
- D에서 방문하지 않은 인접 정점 C와 F 중에서 C로 탐색을 진행한다.
- C에서는 E로, E에서는 G로, G에서는 H로 탐색을 진행한다.
- H에서는 방문하지 않은 인접 정점이 없다. 미로 탐색의 막다른 길과 마찬가지이다. 따라서 이전 정점 G로 되돌아가서 방문하지 않은 인접 정점을 살핀다. G도 이런 정점이 없으므로 E로, 다시 C로, 다시 D로 되돌아간다. D에서 가지 않은 정점 F가 있으므로 탐색을 진행한다.
- F에서 더 이상 방문하지 않은 인접 정점이 없으므로 D로 되돌아오고, 마찬가지로 B와 A로 되돌아온다. 시작 정점 A에서도 더 이상 방문하지 않은 정점이 없으므로 알고리즘은 종료된다.

그래프의 표현: 인접 리스트(딕셔너리와 집합 이용)

그래프는 인접 행렬과 인접 리스트로 나타낼 수 있다. 여기서는 파이썬의 특징을 살려서 그래프의 형태를 더 직관적으로 예상할 수 있도록 **인접 리스트**를 이용해 보자. 이 방법은 각 정점이 인접 정점들을 리스트의 형태로 관리한다.

"인접 리스트"가 자료구조에서 일반적으로 사용되는 용어이지만, 사실 인접 정점들을 꼭 리스트에 저장할 필요는 없다. 어떤 정점의 인접 정점들은 "순서"의 의미가 없으므로, 사실은 리스트보다는 집합이 더 적합하다. 특히 파이썬에서는 다른 언어들과 달리 집합을 제공한다. 따라서 각 정점의 인접 정점들을 리스트가 아니라 집합에 저장한다. 또한 그래프의 더 직관적인 표현을 위해 딕셔너리를 사용하자. 이때, 딕셔너리의 엔트리는 정점 : {인접 정점들}의 형태가 된다. 이러한 딕셔너리와 집합을 이용한 표현은 인접 행렬보다 훨씬 그래프의 형태를 직관적으로 예상할 수 있도록 한다.

딕셔너리와 집합을 이용한 그래프의 표현

다음은 오른쪽 그래프에 대한 딕셔너리와 집합을 이용한 그래프의 표현이다. 파이썬을 처음 접한다면 좀 혼란스러울 수 있지만, 파이썬의 딕셔너리와 집합에 좀 익숙해지는 기회로 사용하자.

```
mygraph = { "A" : {"B","C"},
            "B" : {"A", "D"},
            "C" : {"A", "D", "E"},
            "D" : {"B", "C", "F"},
            "E" : {"C", "G", "H"},
            "F" : {"D"},
            "G" : {"E", "H"},
            "H" : {"E", "G"}
          }
```

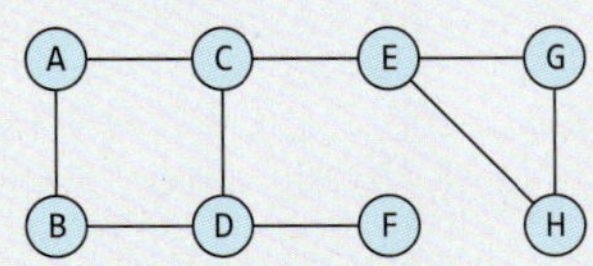

- 그래프는 전체적으로 파이썬의 딕셔너리로 나타냈다.
- 딕셔너리는 키-값의 쌍으로 이루어진 엔트리의 집합이다.
- "A" : {"B", "C"}는 하나의 엔트리(entry)를 나타낸다. 이때, 키는 정점의 이름("A")이고, 값은 인접 정점 집합({"B", "C"})이다.
- 엔트리 "A" : {"B", "C"}는 "이 그래프에 정점 "A" 가 있는데 인접 정점 "B", "C"와 간선으로 연결되어 있다"는 의미이다.
- 이 그래프는 총 8개의 정점(엔트리의 수가 8개)을 갖는다.

깊이 우선 탐색 알고리즘

탐색 과정에서 한번 방문한 정점은 다시 방문하지 않아야 무한루프에 빠지지 않음에 유의하라. 이미 방문한 정점을 관리하기 위해 리스트나 집합을 사용할 수 있다. 방문한 정점의 집합을 visited라 하고, 정점을 방문할 때마다 그 정점을 visited에 추가하면 된다.

탐색을 진행하다가 더 이상 방문하지 않은 인접 정점이 없으면 이전 정점으로 되돌아오는데, 이것은 스택을 이용하면 구현할 수 있지만, 순환구조로 구현하는 것이 더 직관적이다. 순환으로 기술한 깊이 우선 탐색 알고리즘은 다음과 같다. 매개변수로 그래프, 시작 정점, 그리고 방문한 정점 집합 visited를 사용하는데, dfs() 함수가 처음 호출될 때에는 visited가 공집합이어야 한다.

알고리즘 3.6 깊이 우선 탐색

```
01 def dfs( graph, start, visited ):          # 깊이 우선 탐색 알고리즘
02     if start not in visited :              # start가 방문하지 않은 정점이면
03         visited.add(start)                 # start를 방문한 노드 집합에 추가
04         print(start, end=' ')              # start를 방문했다고 출력함
05         nbr = graph[start] - visited       # nbr: 차집합 연산 이용
06         for v in nbr:                      # v ∈ {인접정점} - {방문정점}
07             dfs(graph, v, visited)         # v에 대해 dfs를 순환적으로 호출
```

1행: 입력 그래프 graph는 인접 리스트(딕셔너리와 집합)로 표현되어 있다. start는 현재 정점이고, visited는 이미 방문한 집합이다. 맨 처음에는 visited가 공집합으로 호출되어야 한다.

2행: 현재 정점(start)이 이미 방문한 정점(visited)에 포함되지 않으면

3행: 이제 방문했으므로 start를 visited에 추가한다.

4행: 현재 정점 start를 방문한다고 화면에 출력(또는 정점에서 필요한 처리)

5행: graph[start]는 정점 start의 인접 정점 집합이므로 이 집합과 visited의 차집합 nbr을 구함. nbr은 start의 인접 정점 중에서 아직 방문하지 않은 정점들을 포함하고 있음

6~7행: 집합 nbr의 모든 원소 v에 대해 dfs(v)를 순환적으로 호출함

알고리즘 테스트 깊이 우선 탐색 테스트

```
mygraph = { "A" : {"B","C"} ), ... }

print('DFS : ', end='')
dfs(mygraph, "A", set() )          # visited에 공집합 전달
print()
```

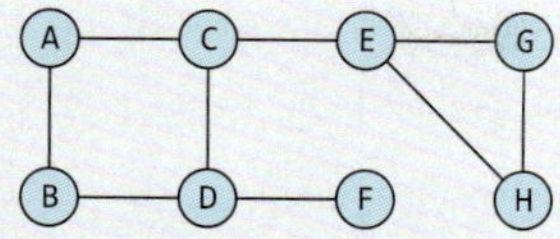


```
C:\WINDOWS\system32\cmd.exe
DFS : A B D C E G H F
```

in, not in 연산자와 집합의 연산

파이썬은 in과 not in 연산자를 제공한다. 다음은 문자열에 어떤 문자열이 있는지를 검사하기 위해 in 연산자를 사용하는 코드의 예이다.

```
'a' in 'banana'              # True
'seed' in 'banana'           # False
```

이러한 연산자는 리스트나 집합, 딕셔너리와 같은 컬렉션 자료형에 대해서도 동작하는데, 2행은 정점 start가 집합 visited에 포함되지 않은 경우를 검사한다.
파이썬은 두 집합 사이의 합집합, 교집합, 차집합 등의 연산을 "연산자 중복" 기능을 이용해 기호로 처리할 수 있다.

```
{'A', 'B', 'C'} | {'A', 'C', 'D'}       # 합집합 연산 {'A', 'B', 'C', 'D'}
{'A', 'B', 'C'} & {'A', 'C', 'D'}       # 교집합 연산 {'A', 'C'}
{'A', 'B', 'C'} - {'A', 'C', 'D'}       # 차집합 연산 {'A', 'B'}
```

5행에서 - 연산자를 이용한 차집합 연산이 사용되었다.

복잡도 분석

깊이 우선 탐색은 그래프의 모든 간선을 조사하므로 정점의 수가 n이고 간선의 수가 e인 그래프를 깊이 우선 탐색은 하는 시간은 그래프가 인접 리스트로 표현되어 있다면 $O(n+e)$이다.

만약 그래프가 인접 행렬로 표현되어 있다면 알고리즘은 좀 다르게 기술될 것이다. 집합 연산 등을 사용할 수 없을 것이고, 코드가 좀 더 C언어와 비슷해진다. 이 경우의 시간 복잡도는 $O(n^2)$인데, 어떤 정점의 인접 정점을 찾기 위해 항상 n번의 비교가 필요할 것이기

때문이다. 따라서 **희소 그래프**(정점의 수에 비해 간선의 수가 매우 적은 그래프)의 경우에는 인접 리스트를 사용하는 것이 인접 행렬보다 유리할 것을 예상할 수 있다.

■ 너비 우선 탐색

너비 우선 탐색(breadth first search: BFS)은 시작 정점으로부터 가까운 정점을 먼저 방문하고 멀리 떨어져 있는 정점을 나중에 방문하는 순회 방법이다. 너비 우선 탐색을 위해서는 가까운 거리에 있는 정점들을 차례로 저장하고, 들어간 순서대로 꺼낼 수 있는 자료 구조가 필요한데, **큐**(queue) 구조가 적합하다.

정점들을 방문할 때마다 큐에 인접 정점들을 삽입하고, 더 이상 방문할 인접 정점이 없는 경우 큐의 맨 앞에서 정점을 꺼내 인접한 정점들을 차례대로 방문한다. 초기 상태의 큐에는 시작 정점만이 저장되어 있다. 너비 우선 탐색 과정은 큐가 공백 상태가 될 때까지 계속한다. 그림 3.18을 이용해 너비 우선 탐색 과정을 살펴보자. 이미 방문한 정점을 기록하기 위해 DFS와 마찬가지로 집합 visited를 사용한다. 회색은 이미 방문한 정점을, 파란색은 큐에서 꺼낸 현재 정점을, 검은색은 현재 정점의 이웃으로 방문하는 정점을 나타낸다.

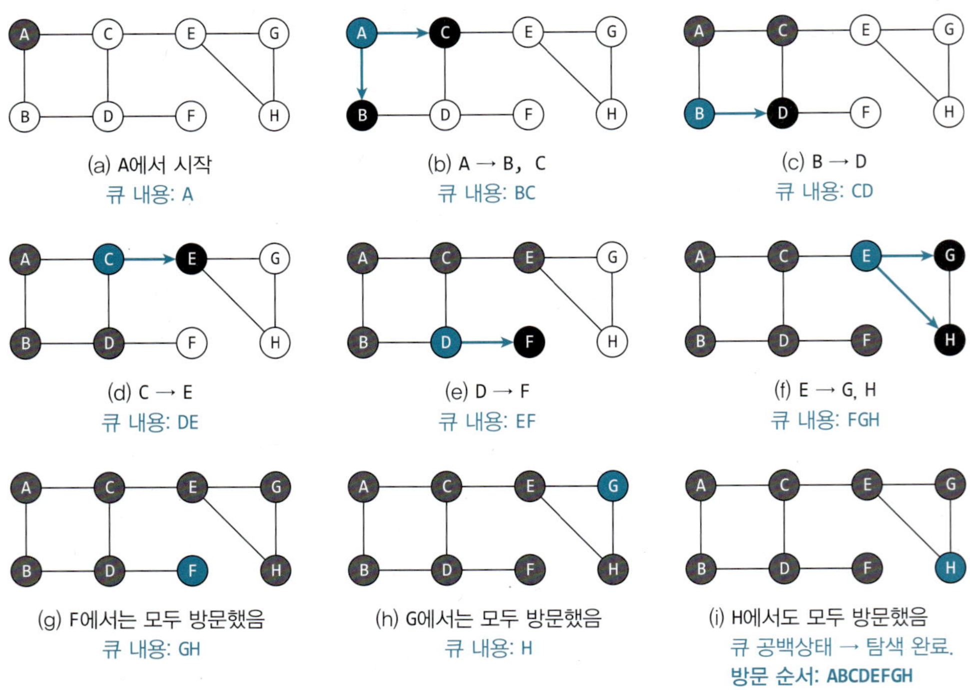

[그림 3.18] 너비 우선 탐색을 이용한 정점 방문 과정

- A를 시작 정점이라 하자. 처음에는 큐에 [**A**]만 들어 있다. visited={A}
- 큐에서 A를 꺼내고 아직 방문하지 않은 인접 정점 B와 C를 순서대로 방문하고 이들을 큐에 넣는다. 이제 큐에는 [**B**, C]가 순서대로 들어 있다. visited={A,B,C}
- 다시 큐에서 B를 꺼내고 방문하지 않은 이웃 정점 D를 방문하고 큐에 넣는다. 이제 큐에는 [**C**, D]가 들어 있다. visited={A,B,C,D}
- 큐에서 C를 꺼내고 방문하지 않은 이웃 정점 E를 방문하고 큐에 삽입한다. 이제 큐에는 [**D**, E]가 들어 있다. visited={A,B,C,D,E}
- 큐에서 D를 꺼내고 방문하지 않은 이웃 정점 F를 방문하고 큐에 삽입한다. 이제 큐에는 [**E**, F]가 들어 있다. visited={A,B,C,D,E,F}
- 큐에서 E를 꺼내고 방문하지 않은 이웃 정점 G와 H를 방문하고 큐에 삽입한다. 이제 큐에는 [**F**, G, H]가 들어 있다. visited={A,B,C,D,E,F,G,H}
- 큐에서 F를 꺼내면 방문하지 않은 이웃 정점이 없다. 이제 큐에는 [**G**, H]가 들어 있다. G와 H를 연속으로 꺼내도 마찬가지이다. 이제 큐는 다시 공백 상태가 되고 탐색은 종료된다.

너비 우선 탐색 알고리즘을 위해서는 자료구조 큐가 필요한데, 파이썬의 queue 모듈을 사용하자(1.4절 참조). 알고리즘은 다음과 같은데, 깊이 우선 탐색은 순환구조가 자연스럽지만 너비 우선 탐색은 반복구조가 되어야 한다.

알고리즘 3.7 너비 우선 탐색

```
import queue
def bfs(graph, start):
   visited = { start }                # 맨 처음에는 start만 방문한 정점임
   que = queue.Queue()                # 파이썬 큐 모듈의 큐 객체 생성
   que.put(start)
   while not que.empty():             # 큐에 항목이 있을 때 까지
      v = que.get()                   # 큐에서 하나의 정점 v를 빼냄
      print(v, end=' ')               # v는 방문했음을 출력
      nbr = graph[v] - visited        # nbr = {v의 인접정점} – {방문정점}
      for u in nbr:                   # 갈 수 있는 모든 인접 정점에 대해
         visited.add(u)               # 이제 u는 방문했음
         que.put(u)                   # u를 큐에 삽입
```

1행: 파이썬의 queue 모듈을 사용을 위해 포함(import)한다.

3행: 맨 처음에는 start만 방문하였다.

4행: 너비 우선 탐색을 위한 큐 객체(queue 모듈의 Queue 클래스)를 생성한다.

5행: 맨 처음에는 큐에 start만 들어 있다.

6행: 큐가 공백 상태가 아닌 동안

7행: 큐에서 하나의 항목을 꺼낸다. 연산의 이름이 get()임에 유의할 것

9행: start의 인접 정점 집합과 visited의 차집합 nbr을 구함. nbr은 start의 인접 정점 중에서 아직 방문하지 않은 정점들만을 포함하고 있다.

10행: 방문하지 않은 모든 인접 정점 u에 대해

11~12행: u를 방문하고, 큐에 넣는다. 연산의 이름이 put()임에 유의하라.

알고리즘 테스트 너비 우선 탐색 테스트

```
mygraph = { "A" : {"B","C"} ), ... }
print('BFS : ', end='')
bfs(mygraph, "A")
print()
```

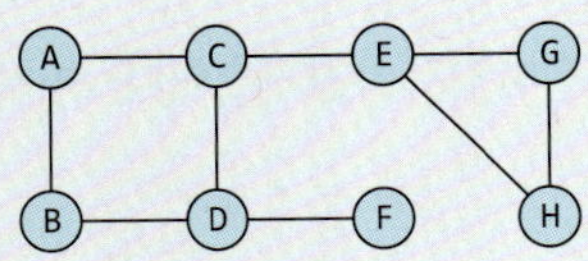


```
C:₩WINDOWS₩system32₩cmd.exe
BFS : A B C D E F G H
```

복잡도 분석

너비 우선 탐색의 특징은 시작 정점으로부터 거리가 가까운 정점의 순서로 탐색이 진행된다는 것이다. 여기서 거리란 시작 정점으로부터 어떤 정점까지의 경로 중 가장 짧은 경로의 길이를 뜻한다. 즉, 너비 우선 탐색은 거리가 d인 정점들을 모두 방문한 다음, 거리가 $d+1$인 정점들을 방문하게 된다. 거리가 0인 시작 정점으로부터 거리가 1인 모든 정점, 거리가 2인 모든 정점, 거리가 3인 모든 정점 등의 순서대로 방문하는 것이다.

인접 리스트로 표현된 그래프에 대한 너비 우선 탐색 알고리즘 3.7의 복잡도는 $O(n+e)$이다. 인접 행렬로 표현한 그래프에서도 너비 우선 탐색을 수행할 수 있는데, 이 경우 시간 복잡도는 $O(n^2)$이 된다. 너비 우선 탐색도 깊이 우선 탐색과 같이 희소 그래프라면 인접 리스트로 그래프를 표현하고 알고리즘을 적용하는 것이 더 효율적이다.

연습문제

1 리스트 A, L, G, O, R, I, T, H, M을 선택 정렬을 이용해 오름차순으로 정렬하라.

2 다음 리스트를 선택 정렬을 이용해 오름차순으로 정렬하라. 각 단계에서의 배열의 내용을 나타내어라.

7	4	9	6	3	8	7	5

3 선택 정렬이 안정성을 만족하지 않는 경우의 예를 보여라.

4* 선택 정렬의 기본 전략을 그대로 이용하면서 안정성을 만족하도록 알고리즘을 수정하는 방법을 설명하라.

5 총 n개의 검은 구슬과 흰 구슬이 무작위로 일렬로 나열되어 있다. 이 구슬들을 흰 구슬이 모두 먼저 나오고 이후에 검은 구슬이 나오도록 정렬하려고 한다. 이때, 구슬의 이동은 인접한 두 구슬을 교환하는 것만 가능하다. 이 문제를 해결하기 위한 알고리즘을 작성하라.

6 만약 리스트가 정렬되어 있다면 순차 탐색을 어떻게 개선할 수 있을까? 알고리즘 3.2를 수정해 보라.

7* 알고리즘 3.2의 순차 탐색은 매 반복에서 두 가지를 비교해야 한다. if A[i] == key는 코드에 보이는 비교 연산이고, 보이지는 않지만 반드시 필요한 비교도 있다. for 문에서 인덱스 i가 len(A)보다 작은지를 매번 검사하는 것인데, 이때 비교 연산이 사용된다. 그런데 순차 탐색의 알고리즘을 약간 바꾸면 이 비교 연산을 피할 수 있다. 리스트의 맨 마지막에 찾고자 하는 key값을 추가로 저장해 두는 것이다(이것을 "보초병(sentinel)"을 세운다고 말한다). 이렇게 되면 항상 리스트에는 찾는 값이 있으므로 리스트의 모든 항목을 검사했는지를 매 반복에서 검사할 필요가 없다. for 문 대신에 while을 사용하여 이 알고리즘을 구현해 보라.

8 100개의 0으로 구성된 이진 텍스트(binary text)에서 다음의 패턴을 찾으려고 한다. 알고리즘 3.3과 같은 억지 기법을 사용한다면 각각 몇 번의 비교 연산이 필요한가?

(1) 00001 (2) 10000 (3) 01010

9 길이가 n인 텍스트에서 길이가 m인 패턴을 알고리즘 3.3을 이용해 찾으려고 한다. 최악의 입력을 설명하라. 정확히 몇 번의 비교 연산이 필요한가?

10 문자열 매칭 알고리즘에서 만약 패턴의 왼쪽 문자부터 오른쪽이 아니라 맨 오른쪽 문자부터 왼쪽 방향으로 검사한다면 유리한 점이 있을까?

11* 입력으로 주어진 문자열에서 A로 시작하고 B로 끝나는 부분 문자열(substring)의 개수를 구하는 문제가 주어졌다. 예를 들어, 문자열 ADBAAEDBA에는 4개의 부분 문자열이 있다. ADBAAEDBA, ADBAAEDBA, ADBAAEDBA, ADBAAEDBA이다.

(1) 이 문제에 대한 억지 기법 알고리즘을 설계하고, 시간 복잡도를 계산하라.

(2) 이 문제에 대한 더 효율적인 알고리즘을 찾아보라.

12* 알고리즘 3.4를 일차원 공간의 점에 적용하고자 한다. 즉, 각 점은 x_i와 같이 x 좌표로만 표시된다. n개의 점이 주어졌을 때 물음에 답하라.

(1) distance() 함수는 어떻게 수정되어야 할까?

(2) 알고리즘 3.4보다 더 효율적인 알고리즘을 설계해 보라.

13 유클리드 거리 외에도 평면상의 두 점의 거리에 대한 다양한 정의가 있다. 이러한 거리를 찾아보고, 유클리드 거리와 비교하라.

14 알고리즘 3.4는 k차원으로 확장할 수 있다. k차원의 두 점 $X=(x_1, x_2, \cdots, x_k)$와 $Y=(y_1, y_2, \cdots, y_k)$의 유클리드 거리는 다음과 같이 정의된다.

$$d(X, Y) = \sqrt{\sum_{i=1}^{k}(x_i - y_i)^2}$$

k차원의 최근접쌍 거리 알고리즘의 시간 복잡도를 설명하라.

15* 그래프 G=(V, E)가 주어졌을 때, 하나의 해밀토니안 사이클을 찾는 알고리즘을 억지 기법으로 설계하라. 간단한 그래프에 대해 이 알고리즘을 테스트하고 결과를 출력하라.

16* 15번 문제에서 모든 해밀토니안 사이클을 구하도록 알고리즘을 수정하라. 간단한 그래프에 대해 이 알고리즘을 테스트하고 결과를 출력하라.

17* 16번 문제에서 설계한 알고리즘을 바탕으로 외판원 문제에 대한 억지 기법 알고리즘을 작성하고 간단한 그래프에 대해 테스트하라.

18* 배낭 채우기 문제에 대한 억지 기법 알고리즘을 파이썬으로 구현하고 간단한 입력에 대해 테스트하라.

19* 일 배정 문제에 대한 억지 기법 알고리즘을 파이썬으로 구현하고 간단한 입력에 대해 테스트하라.

20* 일 배정 문제에 대한 헝가리안 알고리즘(Hungarian algorithm)을 찾아보라. 알고리즘을 구현하고, 시간 복잡도를 분석하라.

21 정렬 문제에 대해 완전 탐색을 적용할 수 있는 방법을 제시해 보라. 이 방법의 시간 복잡도를 분석하라.

22* 분할(partition) 문제는 주어진 집합 S를 분할하여 두 개의 부분집합으로 나누었을 때 원소들의 합이 같은 분할이 가능한지를 판단하는 문제이다. 이 문제에 대한 억지 기법 알고리즘을 작성해 보고, 시간 복잡도를 분석하라.

23* 다음과 같은 그래프가 주어졌다. 물음에 답하라.

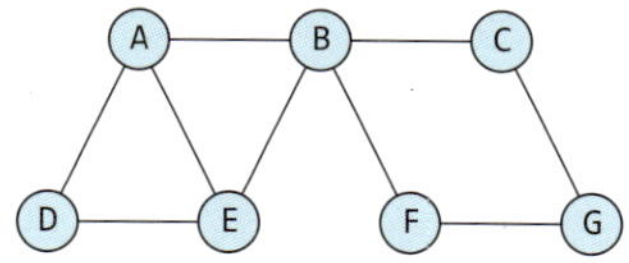

(1) 이 그래프를 인접 행렬로 표현하라.

(2) 이 그래프를 인접 리스트로 표현하라.

(3) 정점 A를 출발 정점으로 하고 깊이 우선 방식으로 탐색하였을 때 방문하는 정점을 순서대로 나열하라. 단, 인접한 정점들 중에서는 알파벳으로 먼저 나오는 정점을 먼저 탐색한다고 가정하라.

(4) 위 문제에서 더 이상 방문하지 않은 인접 정점이 없어 첫 번째로 되돌아가는 정점을 찾아라.

(5) 정점 A를 출발 정점으로 하고 너비 우선 방식으로 탐색하였을 때 방문하는 정점을 순서대로 나열하라. 단, 인접한 정점들 중에서는 알파벳으로 먼저 나오는 정점을 큐에 먼저 넣는다고 가정하라.

24 그래프가 다음과 같이 인접 행렬로 표현되어 있다. 물음에 답하라.

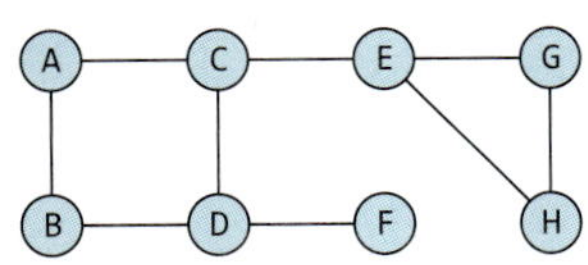


```
vertex = [ 'A', 'B', 'C', 'D', 'E', 'F', 'G', 'H' ]
adjMat = [[ 0, 1, 1, 0, 0, 0, 0, 0 ],
          [ 1, 0, 0, 1, 0, 0, 0, 0 ],
          [ 1, 0, 0, 1, 1, 0, 0, 0 ],
          [ 0, 1, 1, 0, 0, 1, 0, 0 ],
          [ 0, 0, 1, 0, 0, 0, 1, 1 ],
          [ 0, 0, 0, 1, 0, 0, 0, 0 ],
          [ 0, 0, 0, 0, 1, 0, 0, 1 ],
          [ 0, 0, 0, 0, 1, 0, 1, 0 ]]
```

(1) 이 그래프에 대한 깊이 우선 탐색 알고리즘을 구현하라.

(2) 이 그래프에 대한 너비 우선 탐색 알고리즘을 구현하라.

25 어떤 희소 그래프의 정점의 수를 n이라 하고 간선의 수를 e라 하자. 만약 $e \in O(n)$이라면 인접 행렬을 사용한 DFS 알고리즘과 인접 리스트를 사용한 DFS 알고리즘 중에서 어느 방법이 시간적으로 더 효율적인가?

26* 신장 트리(spanning tree)란 그래프 내의 모든 정점을 포함하는 트리다. 모든 정점들이 연결되어 있고 사이클이 없어야 하며, 그래프의 n개의 정점을 정확히 $(n-1)$개의 간선으로 연결해야 한다. 깊이 우선 탐색이나 너비 우선 탐색을 이용하면 신장 트리를 구할 수 있다. 인접 행렬로 표현된 그래프에 대해 신장 트리를 구하는 알고리즘을 설계하라. 단, 깊이 우선 탐색을 이용하라.

27* 이분 그래프(bipartite graph)는 정점의 집합을 두 개의 부분집합 X와 Y로 분할할 수 있고, 모든 간선의 한 끝점은 X에 다른 끝점은 Y에 속하도록 할 수 있는 그래프를 말한다. 예를 들어, 다음은 이분 그래프와 그렇지 않은 그래프의 예를 보여준다. 물음에 답하라.

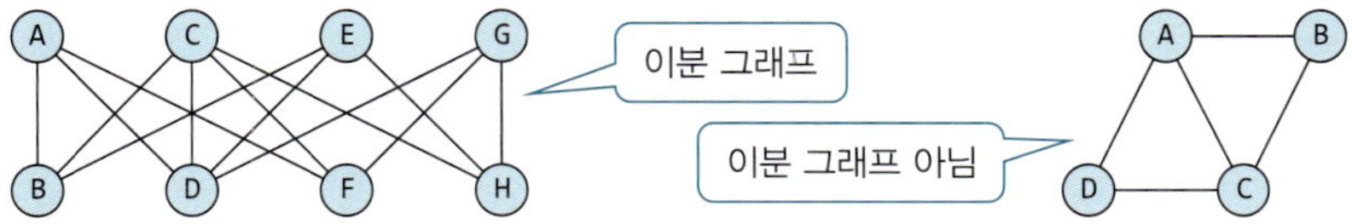

(1) 깊이 우선 탐색을 이용해 주어진 그래프가 이분 그래프인지를 판단하는 알고리즘을 설계하라.

(2) 너비 우선 탐색을 이용해 주어진 그래프가 이분 그래프인지를 판단하는 알고리즘을 설계하라.

CHAPTER 04

축소 정복 기법

학습목표

- 축소 정복과 분할 정복 기법의 차이를 이해한다.
- 축소 정복 기법의 세 가지 유형을 이해한다.
- 정렬, 탐색, 거듭제곱 문제 등에 대한 축소 정복 전략을 이해한다.
- k번째 작은 수 찾기 문제와 분할의 의미를 이해한다.
- 축소 정복 전략을 적용하는 다양한 문제들을 이해한다.

CHAPTER

4 축소 정복 기법

축소 정복(decrease-and-conquer) 기법은 주어진 문제를 해결하기 위해 이 문제와 좀 더 작은 문제간의 관계를 이용하는 전략을 말한다. 예를 들어, 자연수 n의 팩토리얼 $n!$을 구하는 문제에 축소 정복 전략을 적용해 보자. $n!$은 $(n-1)!$을 먼저 구하고 여기에 n을 곱하면 된다. 이때, $(n-1)!$은 $n!$보다 문제의 크기가 작다. $(n-1)!$을 구하기 위해서도 같은 과정을 반복할 수 있다. 그리고 이 과정은 문제가 결과를 바로 알 수 있을 만큼 충분히 작아질 때까지 되풀이된다. 즉, $1!$이 1이라는 것은 바로 알 수 있으므로 이때까지 되풀이하면 되는 것이다.

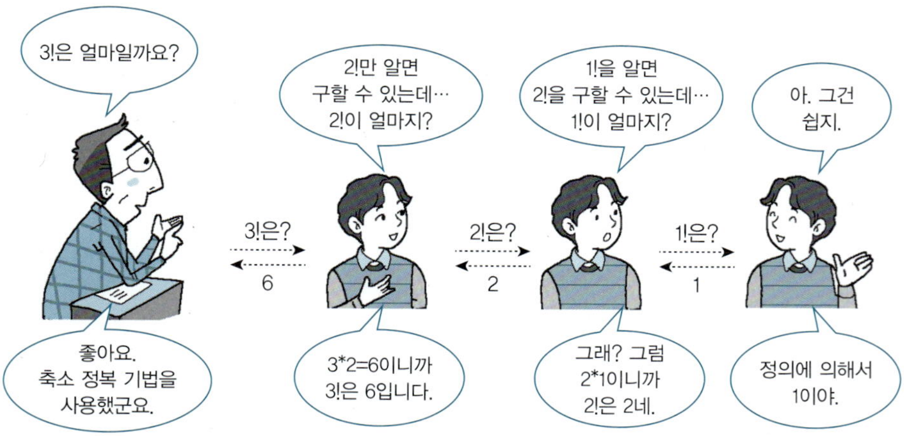

[그림 4.1] 축소 정복 기법을 이용한 팩토리얼 문제 해결 예

문제 사이의 관계가 구해졌다면 축소 정복 전략을 하향식(top-down)이나 상향식(bottom-up)으로 적용할 수 있다. 하향식은 보통 순환구조를 이용하고, 상향식은 반복구

조로 표현하는 것이 자연스러운데, 상향식을 점증적(incremental) 기법이라고도 한다. 다음은 팩토리얼 문제에 대한 두 가지 축소 정복 전략의 예를 보여준다.

알고리즘 4.1 팩토리얼(하향식 축소 정복 기법)

```
def factorial_recur(n) :                    # 축소 정복 기법: 하향식 접근
   if n == 1 :
     return 1
   else :
     return (n * factorial_recur(n - 1))    # 순환구조 이용
```

알고리즘 4.2 팩토리얼(상향식 축소 정복 기법)

```
def factorial_iter(n) :                     # 축소 정복 기법: 상향식 접근
   result = 1
   for k in range(1,n+1) :                  # 반복구조 이용
     result = result * k
   return result
```

잠깐만!! 축소 정복 기법과 분할 정복 기법

축소 정복 기법은 다음 장에서 공부할 분할 정복 기법의 하나의 중요한 유형으로도 볼 수 있다. 따라서 이 장의 내용들을 분할 정복 기법에서 다루는 알고리즘 도서들도 많다. 이 책에서는 이들을 분리하여 설명하는데, 이 장에서는 주어진 문제를 더 작은 하나의 부분 문제로 축소시킬 수 있는 문제들만을 다룬다.

이러한 축소 정복 기법은 문제의 크기가 줄어드는 방식에 따라 다시 세 가지 그룹으로 나눌 수 있다.

- **고정 크기 축소**(decrease by a constant): 순환이나 반복에 따라 문제의 크기가 일정한 수만큼 줄어드는 경우이다. 예를 들어, 팩토리얼 문제의 경우 반복마다 문제의 크기가 1씩 줄어들었다.
- **고정 비율 축소**(decrease by a constant factor): 문제의 크기가 일정한 비율로 줄어드는 경우이다. 많은 경우 이 비율은 1/2인데, 대표적인 예가 이진 탐색과 a^n 을 구하는 거듭제곱

문제이다.

- **가변 크기 축소(variable size decrease)**: 때에 따라서는 문제가 줄어드는 크기가 가변적인 경우가 있다. 예를 들어, 두 자연수 m과 n의 최대 공약수를 구하는 유클리드 알고리즘은 $\gcd(m, n) = \gcd(n, m \bmod n)$로 기술되는데, 반복에 따라 매번 줄어드는 크기가 일정하지 않다.

다음 그림은 고정 크기와 고정 비율 축소 정복 기법의 문제 해결 과정을 보여준다.

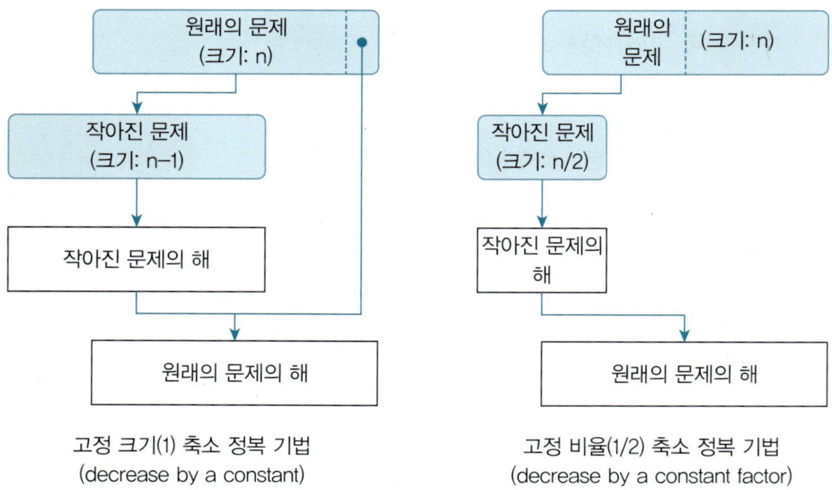

[그림 4.2] 고정 크기와 고정 비율 축소 정복 기법의 문제 해결 과정

4.1 삽입 정렬(insertion sort)

정렬 문제(문제 3.1)를 축소 정복 기법으로 해결해 보자. n개의 항목을 가진 리스트 $A[0..n-1]$을 오름차순으로 정렬하려고 한다. 축소 정복 전략을 위해서는 먼저 원래의 문제와 더 작은 문제 사이의 관계를 찾아야 한다.

■ 정렬을 위한 축소 정복 전략

우리가 해결하고자 하는 문제의 크기는 n으로 $A[0..n-1]$을 오름차순으로 정렬하려고 한다. 만약 크기가 하나 작은 $n-1$개의 항목으로 이루어진 부분 리스트 $A[0..n-2]$를 정렬하는 문제를 해결할 수 있다고 가정해 보자. 즉, $A[0..n-2]$가 이미 정렬되어 있다고 가정하는 것이다. 이제 원래의 문제를 해결하기 위해서는 남은 원소 $A[n-1]$가 들어가야 할 적절한 위치를 $A[0..n-2]$에서 찾고, 그 위치에 끼워 넣으면 된다.

그렇다면 크기가 $n-1$인 $A[0..n-2]$의 정렬은 어떻게 할까? 이것도 마찬가지이다. $A[0..n-3]$을 정렬할 수만 있으면 남은 원소 $A[n-2]$을 $A[0..n-3]$에서 적절한 위치에 끼워 넣으면 된다. 이 과정은 정렬해야 할 항목이 하나가 될 때까지 반복되는데, 항목이 하나가 되면 이미 정렬된 상태가 된다.

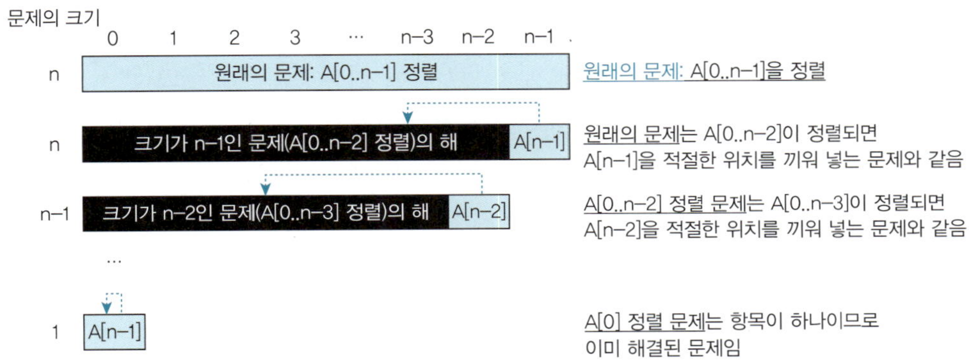

[그림 4.3] 정렬을 위한 축소 정복 전략

이것은 문제의 크기를 1씩 줄이는 전형적인 고정 크기 축소 전략으로, 알고리즘 4.1과 같이 순환 구조를 이용하면 어렵지 않게 기술할 수 있다. 그러나 실제로는 반복구조를 이용한 상향식 전략이 더 효율적인데, 다음 그림과 같이 정렬된 리스트를 하나씩 키워나가는 방법으로 정렬할 수 있다.

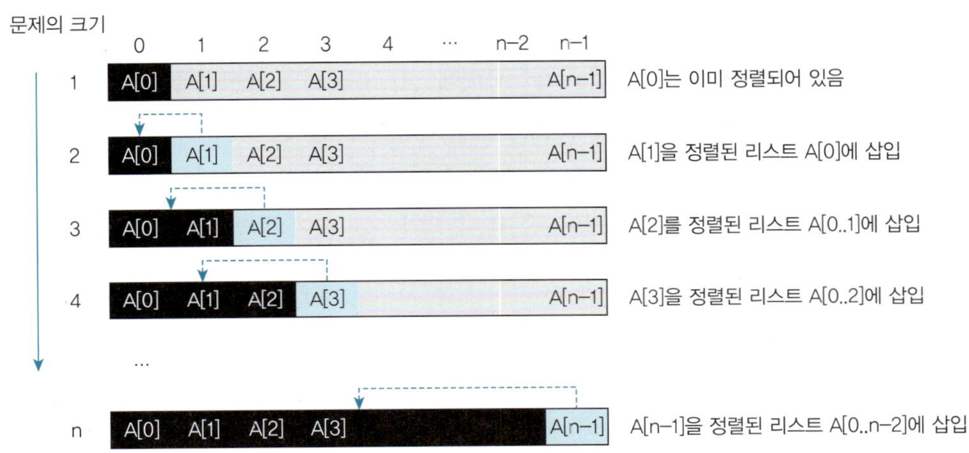

[그림 4.4] 정렬을 위한 축소 정복 전략(상향식)

이러한 정렬 기법을 **삽입 정렬**(insertion sort)이라고 한다. 이것은 카드를 정렬하는 방법과 유사한데, 손 안에 정렬된 카드가 있고, 카드를 추가로 한 장씩 더 받을 때 마다 그 카드를 순서대로 끼워 넣는 것이다. 물론 삽입 후에도 전체 카드는 정렬이 되어 있어야 한다. 이 과정을 새로 받는 모든 카드에 대해 수행하면 전체 카드가 정렬된다.

정렬된 리스트에서 항목 삽입 위치 찾기

항목을 삽입할 위치는 어떻게 찾을까? $A[i]$를 정렬된 리스트 $A[0..i-1]$에 넣는 경우를 생각해 보자. 먼저 맨 왼쪽 항목 $A[0]$부터 $A[i]$와 하나씩 비교하여 오른쪽으로 방향으로 진행하는데, 현재 항목이 $A[i]$보다 작으면 계속 진행하고 크거나 같으면 멈춘다. 마지막으로 그 위치에 $A[i]$를 끼워 넣으면 된다.

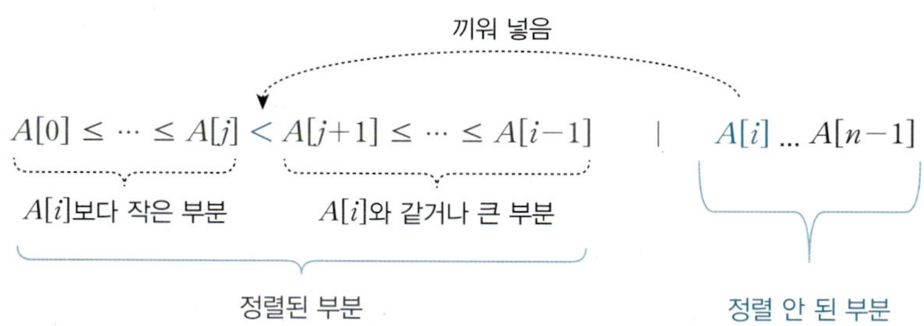

[그림 4.5] 정렬된 부분에서 $A[i]$를 삽입할 위치를 찾는 과정

그런데 카드에서는 문제가 없지만 리스트에서는 숫자를 끼워 넣는 과정에 문제가 있다. 예를 들어, 그림 4.5에서 $A[j]$와 $A[j+1]$ 사이에 $A[i]$를 끼워 넣어야 한다면 정렬된 리스트에서 $A[j+1]$ 이후의 모든 항목 $A[j+1] \sim A[i-1]$을 한 칸씩 뒤쪽으로 이동해야 하기 때문이다. 특히 이 과정은 정렬된 부분의 맨 뒤쪽 항목부터 처리해야 되는 것에 유의하라. 다음은 삽입 정렬의 과정을 보여주는데, 만약 [3, 5, 8]이 정렬된 상태에서 4를 끼워 넣기 위해서는 먼저 5와 8을 한 칸씩 뒤로 옮겨야 한다.

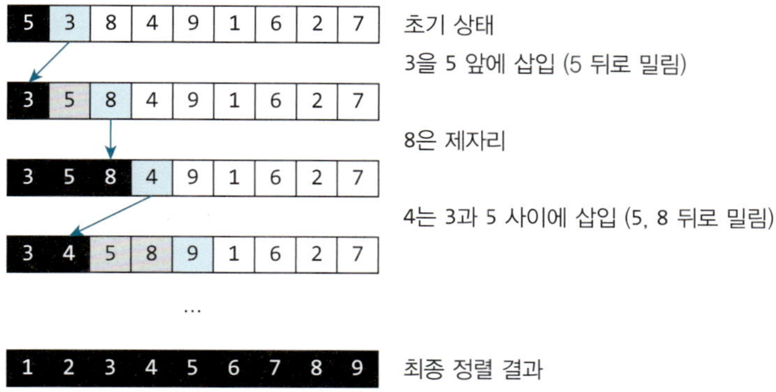

[그림 4.6] 삽입 정렬의 예

효율적인 끼워 넣기를 위한 삽입 위치 찾기 개선

그런데 그림 4.5에서 $A[i]$가 들어가야 할 위치를 찾는 과정을 반드시 $A[0]$부터 오른쪽을 진행할 필요는 없다. 반대로 맨 오른쪽 항목($A[i-1]$)에서부터 왼쪽 방향으로 찾더라도 같은 위치가 나오기 때문이다. 이런 방법을 사용하면 약간의 장점이 있다. 그것은 항목을 비교할 때마다 값이 $A[i]$보다 크거나 같으면 그 항목을 미리 한 칸 뒤로 옮겨 놓을 수 있다는 것이다.

예를 들어, [3,5,8]이 정렬된 상태에서 4의 위치를 찾는 과정을 생각해 보자. 맨 뒤의 항목인 8을 먼저 비교하고, 이 값이 4보다 크므로 8과 4를 교환한다. 다음으로 5를 비교하는데, 마찬가지로 4보다 크므로 교환한다. 다음으로 3을 비교하면 4보다 같거나 작으므로 제자리를 찾았다.

[그림 4.7] 정렬된 부분 리스트에 항목을 끼워 넣는 과정

사실 이를 위해 실제로 항목들을 교환할 필요는 없다. 앞의 항목을 뒤로 복사하기만 하면 되고, 맨 마지막에 삽입할 항목 $A[i]$를 찾은 위치에 복사하면 되기 때문이다. 이를 위해,

$A[i]$를 다른 변수에 저장해 두어야 하는 것에 유의하라.

삽입 정렬 알고리즘

삽입 정렬 알고리즘과 테스트 코드는 다음과 같다.

알고리즘 4.3 삽입 정렬

```
01 def insertion_sort(A) :
02     n = len(A)                          # 입력의 크기
03     for i in range(1, n) :              # 외부 루프: 1, 2, ... n-1
04         key = A[i]                      # A[i]를 key에 저장
05         j = i-1                         # 항목 A[i-1]부터 검사
06         while j>=0 and A[j] > key :     # 내부 루프
07             A[j + 1] = A[j]             # 항목들을 오른쪽으로 한 칸씩 이동
08             j = j - 1                   # 위치를 왼쪽으로 이동
09         A[j + 1] = key                  # 항목 A[i]를 제 위치에 삽입
10         printStep(A, i)
```

1행: 정렬할 리스트 A를 입력한다.

6행: A[i-1]부터 왼쪽으로 비교를 진행하는데, key보다 크면 계속 반복한다.

7행: 항목이 key보다 크면 오른쪽으로 한 칸 이동한다.

8행: 맨 마지막에 key(A[i])를 제 위치에 복사한다.

10행: 3.1절의 결과 출력을 위한 함수를 호출한다.

알고리즘 테스트 삽입 정렬

```
data = [ 5, 3, 8, 4, 9, 1, 6, 2, 7 ]
print("Original : ", data)
insertion_sort(data)
print("Insertion : ", data)
```

C:\WINDOWS\system32\cmd.exe

```
Original  : [5, 3, 8, 4, 9, 1, 6, 2, 7]
  Step  1 = [3, 5, 8, 4, 9, 1, 6, 2, 7]
  Step  2 = [3, 5, 8, 4, 9, 1, 6, 2, 7]
  Step  3 = [3, 4, 5, 8, 9, 1, 6, 2, 7]
  Step  4 = [3, 4, 5, 8, 9, 1, 6, 2, 7]
  Step  5 = [1, 3, 4, 5, 8, 9, 6, 2, 7]
  Step  6 = [1, 3, 4, 5, 6, 8, 9, 2, 7]
  Step  7 = [1, 2, 3, 4, 5, 6, 8, 9, 7]
  Step  8 = [1, 2, 3, 4, 5, 6, 7, 8, 9]
Insertion : [1, 2, 3, 4, 5, 6, 7, 8, 9]
```

정렬 안 된 부분

정렬된 부분

■ 복잡도 분석

기본 연산으로 6행의 비교연산(A[j] 〉 key)을 사용하자. 삽입 정렬의 복잡도는 입력 자료의 구성에 따라서 달라지는데, 이것은 6행 내부 루프의 반복 횟수가 입력의 구성에 따라 달라지기 때문이다.

최선의 경우

가장 유리한 입력은 리스트가 이미 오름차순으로 정렬되어 있는 경우이다. 리스트가 정렬되어 있으면 6행의 반복문은 항상 한 번 만에 빠져나오게 된다. 3행의 외부루프는 항상 $n-1$번 실행되는데, 각 반복에서 내부 루프의 기본 연산이 한 번만 실행된다. 따라서 복잡도는 $T_{best}(n) = (n-1) \cdot 1 = n-1$이고, $O(n)$이다.

최악의 경우

알고리즘에 가장 불리한 입력은 리스트가 역으로 정렬된 경우이다. 내부 루프가 i번 반복되므로 기본 연산이 i번 실행된다. 기본 연산의 실행 횟수는 다음과 같이 계산된다.

$$T_{worst}(n) = \sum_{i=1}^{n-1}\sum_{j=0}^{i-1} 1 = \sum_{i=1}^{n-1} i = \frac{n(n-1)}{2} = O(n^2)$$

따라서 최악의 경우는 $O(n^2)$이다. 물론 정렬된 부분의 항목들을 한 칸씩 뒤로 이동시키는 과정도 포함된다.

평균적인 경우

평균적인 경우는 계산하기 어렵지만, 난수 발생을 통해 만들어지는 리스트에 대해 다음과 같이 최악의 경우의 절반 정도의 시간 복잡도를 나타내는 것으로 알려져 있다.

$$T_{avg}(n) \approx \frac{n^2}{4} \approx \frac{1}{2} T_{worst}(n) \in O(n^2)$$

삽입 정렬은 최악의 경우 $O(n^2)$이고, 특히 많은 항목(레코드)을 이동해야 하므로 레코드의 크기가 큰 경우에 효율적이지 않다. 반면에 알고리즘이 간단하므로 레코드의 수가 작은 경우 효과적이다. 특히, 대부분의 레코드가 이미 정렬되어 있는 경우 효율적으로 사용될 수 있다는 점에 착안해 셸(Shell) 정렬과 같은 다른 정렬 알고리즘들에서 사용되기도 한다.

4.2 위상 정렬

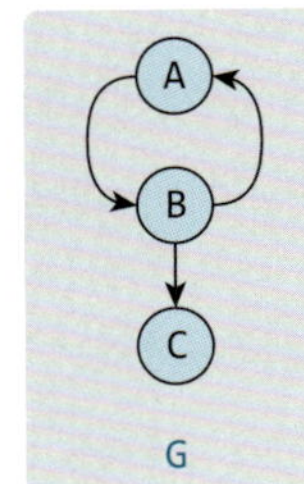

위상 정렬은 특별히 방향 그래프와 관련되어 있다. 방향 그래프는 간선에 방향성이 있는 그래프를 말하는데, 간선은 화살표로 표시하고 일방통행 도로와 같이 한쪽으로만 갈 수 있다. 〈A, B〉는 정점 A에서 정점 B로만 갈 수 있는 간선을 의미하는데, 따라서 〈A, B〉와 〈B, A〉는 서로 다른 간선이다. 그림과 같은 방향 그래프 G = (V, E)는 다음과 같이 표현된다.

V(G)= {A, B, C},   E(G)= {〈A, B〉, 〈B, A〉, 〈B, C〉}

위상 정렬 문제를 자세히 살펴보자. 다음은 컴퓨터 학부에서 전공과목들을 수강하기 위한 교과목의 연결 관계를 보여주는 표인데, 이것을 방향 그래프로 나타내면 교과목의 선후수 관계를 훨씬 쉽게 알아볼 수 있다.

과목 번호	과목명	선수과목
A	컴퓨터 개론	없음
B	이산수학	없음
C	자료구조	A
D	알고리즘	A, B, C
E	운영체제	B
F	인공지능	C, D, E

교과목의 선후수 관계표

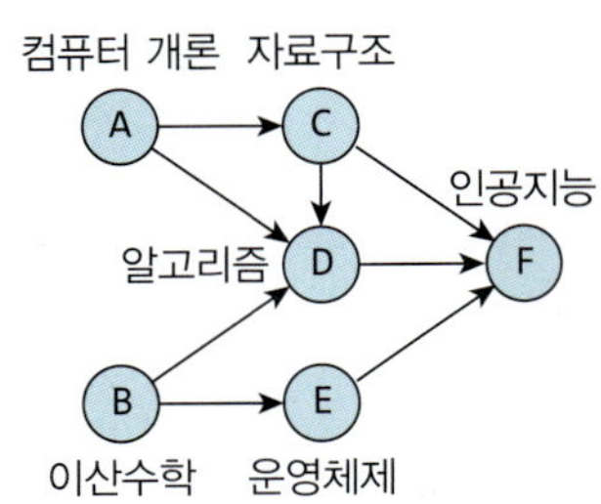

방향 그래프로 표시한 선후수 관계

[그림 4.8] 교과목의 선후수 관계 표현 방법

예를 들어, 자료구조를 수강하려면 먼저 컴퓨터 개론을 수강해야 하고, 인공지능을 수강하려면 자료구조, 알고리즘, 운영체제를 모두 먼저 수강해야 한다. 학위를 취득하려면 모든 교과목을 순서에 따라 모두 수강해야 한다. 이러한 방향 그래프에서 간선 〈u, v〉가 있다면 "정점 u는 정점 v를 선행한다"라고 말한다. **위상 정렬**(topological sort) 문제는 다음과 같이 정의된다.

문제 4.1 위상 정렬

> 방향 그래프 G = (V, E)가 주어졌다. G에 존재하는 각 정점들의 선행 순서를 위배하지 않으면서 모든 정점들을 순서대로 나열하라.

예를 들어, 그림 4.8의 그래프에 대해 가능한 위상 정렬을 생각해 보자.

- 〈A,B,C,D,E,F〉, 〈B,A,C,D,E,F〉, 〈A,C,B,E,D,F〉는 모두 가능한 위상 정렬이다. 하나의 그래프에는 여러 개의 가능한 위상 정렬이 존재할 수 있다.
- 〈C,A,B,D,E,F〉는 가능한 정렬이 아니다. 왜냐하면, 간선 〈A,C〉가 있으므로 A를 수강한 후 C를 수강해야 하는데 A보다 먼저 C를 수강했기 때문이다.

모든 방향 그래프가 위상 정렬이 가능한 것은 아님에 유의하라. 정렬이 가능하려면 사이클이 존재하지 않아야 한다. 사이클이 있으면 그 사이클 상의 모든 정점(과목)이 선행 정점(선수 과목)을 갖게 되고, 따라서 어떤 교과목도 수강할 수 없는 상태가 된다.

위상 정렬 문제는 어떻게 해결할까? 두 가지 전략으로 가능하다. 3장에서 공부한 억지기법과 축소 정복 기법을 각각 적용해 보자.

DFS 기반 알고리즘(억지 기법)

위상정렬 문제 해결을 위해 3.6절에서 공부한 깊이 우선 탐색(DFS) 방법을 사용할 수 있다. DFS는 억지 기법으로 그래프의 모든 정점을 한 번씩 방문하는 체계적인 방법이다. 아이디어는 다음과 같다.

- 먼저 그래프에서 진입차수가 0인 임의의 정점을 시작 정점으로 선택한다. 만약 이런 정점이 없으면 위상정렬이 불가능한 그래프이다.
- 시작 정점을 방문하고 인접 정점들의 진입차수를 감소시킨다. 다음으로 깊이 우선 탐색으로 진입차수가 0인 인접 정점을 선택해 방문하고, 그 정점의 인접 정점의 진입차수를 감소시킨다.
- 만약 더 이상 갈 수 있는 정점이 없으면 아직 선택하지 않은 진입차수가 0인 정점을 다시 선택한다. 이 정점을 시작으로 DFS를 다시 진행한다. 이때, 이미 방문한 정점은 더 이상 방문하지 않아야 함에 유의하라.

- 이 과정을 모든 진입차수가 0인 정점에서 처리한다.

이때, 정점을 방문하는 순서가 **위상 순서**(topological order)이다. 다음은 DFS 기반 위상 정렬의 예이다.

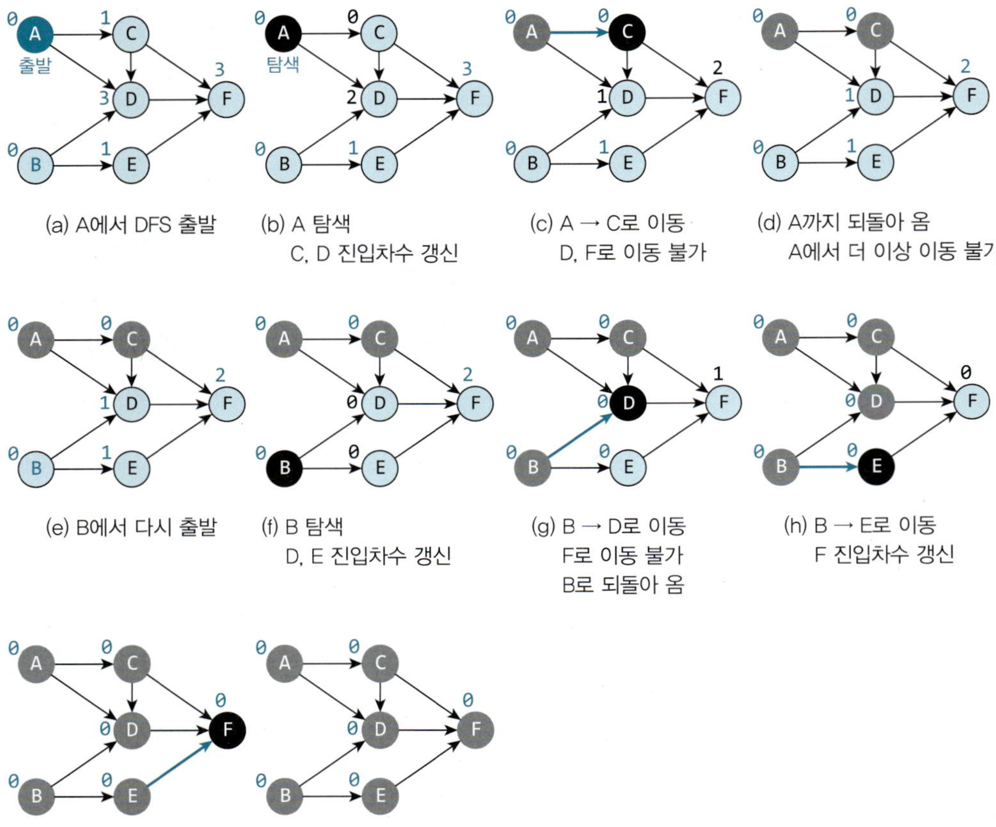

(a) A에서 DFS 출발

(b) A 탐색
C, D 진입차수 갱신

(c) A → C로 이동
D, F로 이동 불가

(d) A까지 되돌아 옴
A에서 더 이상 이동 불가

(e) B에서 다시 출발

(f) B 탐색
D, E 진입차수 갱신

(g) B → D로 이동
F로 이동 불가
B로 되돌아 옴

(h) B → E로 이동
F 진입차수 갱신

(i) E → F로 이동

(j) E, B로 되돌아 옴
B에서 더 이상 이동 불가

(k) 더 이상 탐색하지 않은 정점 없음 → 탐색 종료
위상 정렬: A → C → B → D → E → F

[그림 4.9] DFS 기반 위상 정렬 과정의 예: A-C-B-D-E-F

A와 B의 진입차수가 0이므로 먼저 A에 대해 DFS를 시도하고 이 과정이 끝나면 B에 대해 DFS를 시도하였다. 물론 B를 먼저 탐색하면 다른 위상 정렬 결과를 얻겠지만 문제는 없다. 하나의 그래프에서 여러 개의 위상 정렬이 가능하기 때문이다.

이 알고리즘은 그래프의 모든 정점을 체계적으로 방문하는 깊이 우선 탐색 전략을 이용하므로 억지 기법으로 볼 수 있다. 3.6절을 참고하여 알고리즘을 구성해 보라.

■ 축소 정복 기법의 알고리즘

위상 정렬 문제에 축소 정복 전략을 적용해 보자. 반복할 때마다 문제의 크기가 줄어야 하는데, 아이디어는 다음과 같다.

- 방향 그래프에서 진입차수가 0인 정점(선수과목이 없어 바로 수강할 수 있는 과목) 중에서 하나를 임의로 선택한다.
- 선택된 정점을 삭제한다. 정점이 삭제되므로 이 정점에서 진출하는 모든 간선들도 삭제한다(이미 수강했으므로). 이때, 간선이 삭제되므로 삭제되는 간선과 연결된 이웃 정점들의 진입차수는 갱신되어야 한다.
- 이 과정을 모든 정점이 삭제될 때까지 반복한다. 정점이 삭제되는 순서가 위상 순서이다.

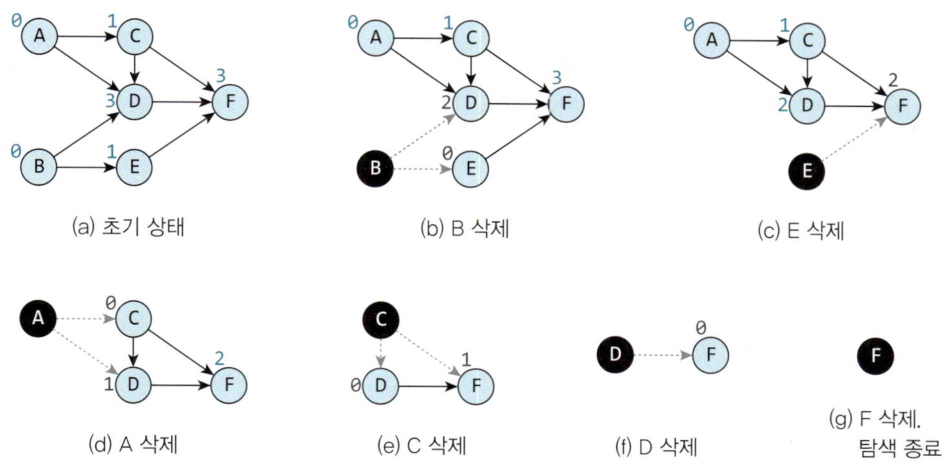

[그림 4.10] 위상 정렬 과정의 예: B-E-A-C-D-F

만약 진입차수 0인 정점이 여러 개 있다면 어느 정점을 선택해도 된다. 또한, 그래프에 남아있는 정점 중에 진입차수가 0인 정점이 없다면 위상 정렬은 불가능하다. 이것은 그래프에 사이클이 존재하는 것을 말한다.

그림 4.10은 축소 정복 전략의 위상 정렬 과정의 예를 보여준다. 진입차수가 0인 정점 B를 시작으로 정점 B와 간선을 제거하면, 다음 단계에서 정점 E의 진입차수가 0이 되고, 후보 정점은 A, E가 된다. 만약 정점 E를 선택하면 다음 단계에서는 오직 정점 A만이 후보가 된다. 다음에 정점 A가 선택되고 정점 C가 진입차수가 0이 되어 선택 가능하게 된다. 다음에 정점 C, 정점 D, 정점 F를 순서대로 선택하면 위상 정렬 결과는 〈B,E,A,C,D,F〉가 된다.

위상 정렬 알고리즘

방향 그래프도 3.6절에서와 같이 인접 리스트(딕셔너리와 집합 이용)를 이용해 표현할 수 있다. 다음은 그림의 그래프에 대한 인접 리스트 표현이다.

```
mygraph = { "A" : {"C", "D"},
            "B" : {"D", "E"},
            "C" : {"D", "F"},
            "D" : {"F"},
            "E" : {"F"},
            "F" : {}
          }
```

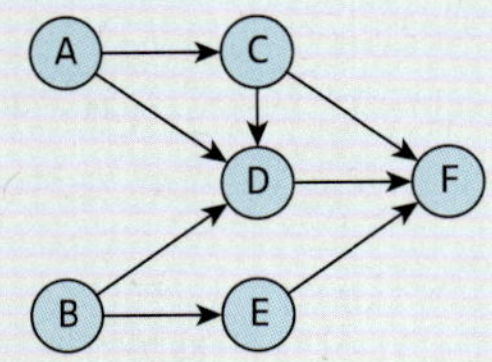

먼저 모든 정점의 진입차수를 구하고, 진입차수가 0인 정점들을 리스트에 저장해야 한다. 다음으로 리스트가 공백이 아닐 때까지 진입차수가 0인 정점을 하나 꺼내고, 연결된 정점들의 진입차수를 감소시킨다. 파이썬으로 기술한 위상 정렬 알고리즘과 실행결과는 다음과 같다.

알고리즘 4.4 위상 정렬(축소 정복 기법)

```
def topological_sort(graph) :
    inDeg = {}                      # { 정점:진입차수 } 저장을 위한 공백 딕셔너리
    for v in graph :                # 그래프의 모든 정점에 대해
        inDeg[v] = 0                # 0으로 초기화. inDeg = { "A":0, "B":0, ... }
    for v in graph :                # 모든 정점 v 에 대해
        for u in graph[v]:          # v에 인접한 모든 정점 u에 대해
            inDeg[u] += 1           # 진입차수를 1 증가시킴

    vlist = []                      # 진입차수가 0인 정점 리스트를 만듦
    for v in graph :
        if inDeg[v]==0 :            # 진입차수가 0이면 vlist에 추가
            vlist.append(v)

    while vlist :                   # 리스트가 공백이 아닐 때 까지
        v = vlist.pop()             # 진입차수가 0인 정점을 하나 꺼냄
```

```
16          print(v, end=' ')                   # 화면 출력
17
18          for u in graph[v] :                 # 연결된 정점의 진입차수 감소
19              inDeg[u] -= 1                   # 진입차수 감소
20              if inDeg[u]==0 :                # 진입차수가 0이면 vlist에 추가
21                  vlist.append(u)
```

2~7행: 정점의 진입차수를 계산함. 먼저 모든 정점의 진입차수를 0으로 초기화하고, 그래프의 모든 간선을 이용해 정점의 진입차수를 계산한다. 이를 위해 파이썬의 딕셔너리를 사용하였는데, 그림 4.8의 그래프의 경우 최종적으로 inDeg에는 { "A": 0, "B": 0, "C": 1, "D": 3, "E": 1, "F": 3 }이 저장된다.

9~12행: inDeg에서 진입차수가 0인 모든 정점을 찾아 vlist를 만든다. 그림 4.8의 그래프의 경우 vlist=["A", "B"]가 구해진다.

14~16행: vlist가 공백이 아니면 정점 v를 꺼내고, 화면에 출력한다.

18~21행: v의 모든 인접 정점 u에 대해 진입차수를 감소시키고, u의 진입차수가 0으로 줄어들면 vlist에 u를 추가한다.

알고리즘 테스트 위상 정렬

```
mygraph = { "A" : {"C", "D"}, ... }        # 그림 4.8의 그래프
print('topological_sort: ')
topological_sort(mygraph)
print()
```

C:\WINDOWS\system32\cmd.exe

```
topological_sort:
B E A C D F
```

■ 복잡도 분석

입력 그래프의 정점의 수를 n, 간선의 개수를 e라 하자. 알고리즘 4.4는 두 가지의 초기화 단계와 주 코드를 가진 세 단계 알고리즘으로 볼 수 있다. 각 단계에 대한 처리시간을 살펴보자.

- 초기화 1단계(2~7행): 모든 정점의 진입차수를 계산하는 단계이다. 3~4행은 n번 반복되므로 $O(n)$이다. 5~7행의 이중 루프는 모든 간선에 대해 처리하는데, 결국 7행은 간선의 개수만큼 반복된다. 따라서 복잡도는 $O(e)$이다. 결국 이 단계의 전체 복잡도는 $O(n+e)$이다.
- 초기화 2단계(9~12행): 진입차수가 0인 정점 리스트를 만드는 단계이다. 10행의 반복

문은 명확히 정점의 수만큼 반복되고, 따라서 $O(n)$이다.

- 주 알고리즘(14~21행): 이중 루프로 구성되어 있지만, 최악의 경우에도 이중루프 내부의 문장(19~21행)은 전체 간선의 수만큼만 수행된다. 따라서 복잡도는 $O(e)$이다.

전체 복잡도는 $O(n+e)$와 $O(n)$ 및 $O(e)$의 합이고, 정리 2.1에 의해 $O(n+e)$이다. 이러한 위상정렬 알고리즘은 반복할 때 마다 크기가 1씩 줄어드는 고정크기 축소전략의 예이다.

컴퓨터 과학에서 위상 정렬은 다양하게 사용된다. 프로그램 코드의 컴파일에서의 명령어 스케줄링과, 스프레드시트에서 공식들을 적용하기 위한 셀들의 계산 순서, 링커에서 심벌들의 연관성을 해결하는 응용들에서 활용된다.

4.3 이진 탐색

만약 탐색 작업이 정렬되지 않은 리스트에 대한 것이라면 3.2절에서 공부한 순차 탐색 외에는 답이 없다. 그러나 리스트가 정렬되어 있다면 상황은 달라진다. 다음 문제를 해결해 보자.

문제 4.2 정렬된 리스트에서의 탐색 문제

> 리스트에 n개의 항목이 들어있다. 이 리스트에서 "탐색키"를 가진 항목을 찾아라. 단, 리스트의 항목들은 정렬되어 있다.

이 문제는 **이진 탐색**(binary search)이라는 매우 효율적인 알고리즘을 적용할 수 있다. 이진 탐색은 축소 정복 기법으로 분류되는데, 특히 반복에 따라 문제의 크기가 절반으로 줄어드는 고정비율(1/2) 축소의 대표적인 예이다.

■ 축소 정복 탐색 전략

리스트의 왼쪽 항목부터 순서대로 탐색하는 순차 탐색과 달리 정렬된 리스트에 대한 이진 탐색은 다음의 전략을 이용한다.

리스트의 중앙에 있는 항목을 먼저 조사한다. 만약 이 항목이 탐색키보다 크다면 찾는 항목은 왼쪽에 있고, 오른쪽은 더 이상 검사할 필요가 없다. 반대로 그 항목이 탐색키보다 작다면 답은 오른쪽에 있고, 왼쪽은 검사할 필요가 없다. 따라서 각 단계마다 검사할 범위, 즉 문제의 크기가 반으로 줄어든다.

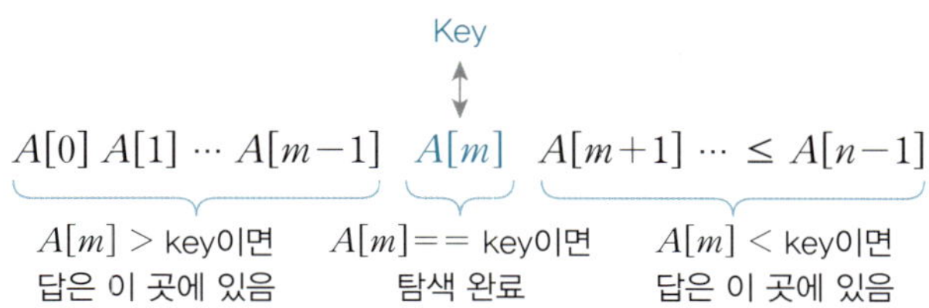

[그림 4.11] 이진 탐색의 문제 축소 과정

이진 탐색은 우리가 이미 일상생활에서 많이 사용하고 있다. 예를 들어, 사전에서 단어를 찾는 과정을 생각해 보자. 사전을 펼쳐 찾고자 하는 단어가 현재 페이지보다 앞에 있는지 뒤에 있는지를 확인하고 단어가 있는 부분만을 다시 검색한다. 이것이 이진 탐색이다. 다음은 정렬된 리스트 A에서 숫자 33을 찾는 과정을 보여준다.

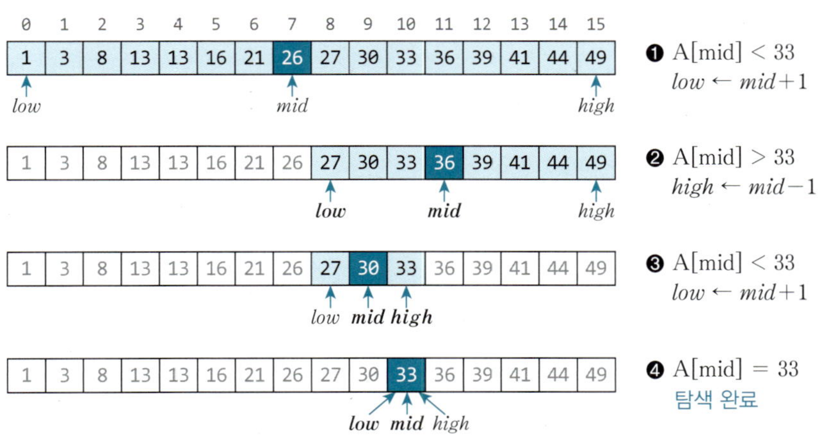

[그림 4.12] 정렬된 리스트 A에서 33을 이진 탐색으로 찾는 과정

❶ 최초의 탐색 범위는 $low=0$, $high=15$이다. 중앙 위치 mid을 계산하고, 이 위치의 값(26)이 key=33보다 작으므로 low~$middle$ 사이에는 34가 없다. 이제 low는

mid+1=8이 된다. 탐색 범위가 반으로 줄었다.

❷ 새로 계산한 *mid* 위치의 값(36)이 key보다 크다. 따라서 *middle*~*high* 사이에는 찾는 값이 없다. 이제 *high*가 *mid*−1이 되고, 탐색 범위는 다시 줄어든다.

❸ *mid* 위치의 값(30)이 key보다 작다. 따라서 다시 *low*가 *mid*+1이 된다.

❹ *mid* 위치의 값(33)이 key와 같다. 탐색은 성공적으로 끝나고, 인덱스 10을 반환한다.

만약 찾는 값이 33이 아니라 32이었다면 어떻게 될까? 4단계에서 다시 *high*가 *mid*−1이 된다. 그런데 문제가 발생한다. *low*와 *high*가 역전되는 것이다. 이것은 찾는 값이 없다는 것을 의미한다. 이 경우 −1을 반환한다.

■ 이진 탐색 알고리즘

이진 탐색 알고리즘은 반복구조나 순환구조로 모두 기술할 수 있다. 탐색 전략이 순환적이므로 먼저 순환구조로 기술해 보자. 알고리즘의 입력으로 정렬된 리스트 A와 key값, 그리고 A의 탐색 범위인 low와 high가 제공되어야 한다. 탐색에 성공하면 항목의 인덱스를, 실패하면 −1을 반환한다.

알고리즘 4.5 이진 탐색(순환구조)

```
01  def binary_search(A, key, low, high) :
02      if (low <= high) :                          # 항목들이 남아 있으면(종료 조건)
03          mid = (low + high) // 2                 # 정수 나눗셈 // : 몫을 반환
04          if key == A[mid] :                      # 탐색 성공
05              return mid                          # 인덱스 반환
06          elif key < A[mid] :                     # 왼쪽 부분 리스트 탐색
07              return binary_search(A, key, low, mid-1)
08          else :                                  # 오른쪽 부분 리스트 탐색
09              return binary_search(A, key, mid+1, high)
10      return -1                                   # 탐색 실패: −1 반환
```

1행: 정렬된 리스트 A와 킷값 key, 그리고 리스트 내의 탐색 범위인 low와 high가 입력된다.

2행: low와 high가 역전되지 않으면, 아직 탐색할 영역이 남은 경우이다.

3~5행: mid를 계산해 그 항목(A[mid])이 key와 같으면 탐색 성공이다.

6~9행: A[mid]가 key보다 큰 경우와 작은 경우에 대해 각각 왼쪽과 오른쪽 부분 리스트를 순환적으로 탐색한다. 순

환호출의 인덱스에 유의하라.

10행: 모든 탐색이 실패하면 −1을 반환한다.

이 알고리즘은 다음과 같이 반복구조로도 표현할 수 있다. 물론 실행 효율성을 위해서는 반복구조가 더 유리하다.

알고리즘 4.6 이진 탐색(반복구조)

```
01 def binary_search_iter(A, key, low, high) :
02     while (low <= high) :               # 항목들이 남아 있으면(종료 조건)
03         mid = (low + high) // 2
04         if key == A[mid]:               # 탐색 성공
05             return mid                  # 인덱스 반환
06         elif key > A[mid]):             # key가 mid의 값보다 크면
07             low = mid + 1               # mid+1 ~ high 사이 검색
08         else:                           # key가 mid의 값보다 작으면
09             high = mid - 1              # low ~ mid−1 사이 검색
10     return -1                           # 탐색 실패
```

2~9행: low와 high가 역전되지 않는 동안 같은 동작을 반복한다. 7행과 9행에서 low와 high만 잘 갱신해 주면 된다.

알고리즘 테스트 순환과 반복 구조의 이진탐색 알고리즘

```
listA = [1, 3, 8, 13, 13, 16, 21, 26, 27, 30, 33, 36, 39, 41, 44, 49]
print("입력 리스트 =", listA)    # 리스트는 반드시 정렬되어 있어야 한다.
print("33 탐색(순환) -->", binary_search(listA, 33, 0, len(listA)-1) )
print("33 탐색(반복) -->", binary_search_iter(listA, 33, 0, len(listA)-1) )
print("32 탐색(순환) -->", binary_search(listA, 32, 0, len(listA)-1) )
print("32 탐색(반복) -->", binary_search_iter(listA, 32, 0, len(listA)-1) )
```

```
C:₩WINDOWS₩system32₩cmd.exe
입력 리스트 = [1, 3, 8, 13, 13, 16, 21, 26, 27, 30, 33, 36, 39, 41, 44, 49]
33 탐색(순환) --> 10
33 탐색(반복) --> 10
32 탐색(순환) --> -1
32 탐색(반복) --> -1
```

탐색 성공(항목의 인덱스)

탐색 실패(−1)

■ 복잡도 분석

입력의 크기는 정렬된 리스트의 전체 항목의 수 n이다. 기본 연산은 4행의 비교 연산(key == A[mid])을 사용하자.

순차 탐색에서와 같이 이진 탐색에서도 입력의 구성에 따라 효율이 다르다. 최선의 경우는 테이블의 중앙에 찾는 값이 있는 경우로 한 번의 비교만으로 알고리즘이 종료된다. 따라서 시간 복잡도는 $O(1)$ 이다.

최악의 경우

알고리즘에 가장 불리한 입력을 생각해 보자. 리스트에 찾는 값이 없는 경우나 맨 마지막 검사 위치에 있는 경우가 최악의 입력이다. 복잡도 함수 $T_{worst}(n)$을 구해보자. 한 번의 비교 연산을 통해 문제의 크기가 절반으로 줄어들기 때문에 $T_{worst}(n)$는 다음과 같이 순환식으로 나타낼 수 있다.

$$T_{worst}(n) = T_{worst}(\lfloor n/2 \rfloor) + 1$$

이러한 복잡도 함수는 2.4절의 알고리즘 2.10에 대한 복잡도 함수와 정확히 동일하다. 초기 조건을 찾아보자. 리스트의 항목 수가 1개이면 한 번의 비교연산이 필요하다. 따라서 $T_{worst}(1) = 1$ 이다.

이제 이 순환식을 풀 수 있다. 2.4절의 풀이와 같이 n을 2의 거듭제곱 2^k 라고 가정하고 연속 대치법을 적용하면 이 식은 다음과 같이 정리된다. 2.4절을 복습하라.

$$\begin{aligned} T_{worst}(n) &= T_{worst}(\lfloor n/2 \rfloor) + 1 \\ &= T_{worst}(1) + k \\ &= 1 + k \end{aligned}$$

결국, 이진 탐색의 시간 복잡도는 $O(k)$ 이다. 이때, $n = 2^k$ 이므로 양변에 log 함수를 취하면 $\log_2 n = k$ 가 되고 시간 복잡도는 $O(\log_2 n)$ 으로 매우 효율적인 알고리즘이다. 만약 10억 명이 정렬된 배열에서 순차 탐색으로 특정한 이름을 찾는다면 평균 5억 번의 비교가 있어야 되지만, 이진 탐색을 이용하면 단지 30여 번의 비교만으로 탐색이 완료된다! 이것은 엄청난 차이이다.

이진 탐색은 매우 효율적인 탐색 방법이지만 탐색하기 전에 반드시 리스트가 정렬되어 있어야 한다는 전제조건이 있다. 또한 데이터의 삽입이나 삭제가 빈번한 응용에는 적합하지 않다.

4.4 거듭제곱 문제

거듭제곱을 구하는 간단한 문제를 수학 라이브러리를 사용하지 않고 해결해 보자. 문제는 다음과 같이 정의된다.

문제 4.3 거듭제곱 문제

> x의 n−거듭제곱인 x^n을 계산하라.

예를 들어, x가 5이고 n이 2라면 $x^n = 5^2 = 25$이므로 25가 출력되어야 한다. 파이썬에서는 ** 연산자를 제공하므로 5**2가 5^2이지만, 여기서는 이를 사용하지 않고 곱셈을 이용해 직접 계산하는 알고리즘을 생각해 본다.

거듭제곱 문제는 정의에 의해 반복구조를 이용하여 x를 n번 곱하는 방법으로 간단히 해결할 수 있는데, 이것은 억지기법 전략이다. 반복구조로 기술한 x의 n−거듭제곱 알고리즘은 다음과 같다.

알고리즘 4.7 거듭제곱(억지 기법)

```
01  def slow_power(x, n) :              # 반복으로 을 구하는 함수
02      result = 1.0
03      for i in range(n):              # 루프: n번 반복
04          result = result * x
05      return result
```

이 알고리즘은 3행의 반복문에 의해 n에 비례하는 시간이 걸리고, 따라서 시간 복잡도가 $O(n)$이다. 이보다 더 효율적인 방법이 있을까? 축소 정복 기법을 사용하면 더 효율적인 알고리즘의 설계가 가능하다.

■ 축소 정복을 이용한 거듭제곱

x^{10}을 구하는 방법을 생각해 보자. 간단하게 x를 10번 곱하면 되지만, 약간의 수학적 지식을 사용하면 다음과 같이 계산할 수도 있다는 것을 알 수 있다.

$$\begin{aligned} x^{10} &= x \cdot x \cdot x \cdot x \cdot x \cdot x \cdot x \cdot x \cdot x \cdot x \\ &= (x \cdot x) \cdot (x \cdot x) \cdot (x \cdot x) \cdot (x \cdot x) \cdot (x \cdot x) \\ &= (x \cdot x)^5 = (x^2)^5 = y^5 \end{aligned}$$

이때, $y = x^2$이다. x^{10}을 단순히 곱하면 9번의 곱셈이 필요하지만, $(x^2)^5$ 식을 이용하면 x^2을 구하기 위해 한번, $(y)^5$을 구하기 위해 네 번의 곱셈이 필요하므로 총 5번의 곱셈이 필요한 것을 알 수 있다. 즉, x^2을 먼저 구하는 방법으로 네 번의 곱셈 연산을 줄일 수 있는 것이다!

그렇다면 y^5은 어떻게 구할까? 지수가 홀수이므로 앞에서와 동일한 방법을 사용할 수는 없다. y^5가 아니라 y^4를 먼저 구하고 이 결과에 y를 한번 곱하면 된다.

$$y^5 = y \cdot y \cdot y \cdot y \cdot y = y \cdot (y \cdot y \cdot y \cdot y) = y \cdot y^4$$

결국 x^{10}은 다음과 같이 복잡하게 계산할 수 있다. 복잡해 보이지만 총 네 번의 곱셈으로 억지기법에 비해 5번의 곱셈 연산을 줄일 수 있다.

$$x^{10} = (x^2)^5 = x^2 \cdot (x^2)^4 = x^2 \cdot ((x^2)^2)^2$$

이제 일반적인 경우를 정리해 보자. 일단, 모든 수의 0승은 1이다. n이 짝수이면 $x^n = (x^2)^{n/2}$의 공식을 이용해 x^2을 먼저 계산한 후에 이 값을 $n/2$승 한다. n이 홀수이면 x^2을 $(n-1)/2$승 하고 여기에 x를 곱해주면 마찬가지가 된다. 거듭제곱의 순환적인 정의는 다음과 같다.

$$x^n = \begin{cases} 1 & n = 0 \\ (x^2)^{n/2} & n\text{이 짝수} \\ x \cdot (x^2)^{(n-1)/2} & n\text{이 홀수} \end{cases}$$

이 식은 순환적으로 정의되었으므로 순환을 이용해 알고리즘을 기술하는 것이 자연스럽다. 이 순환식을 파이썬으로 기술하면 다음과 같다.

알고리즘 4.8 거듭제곱(축소 정복 기법)

```
01 def power(x, n) :
02     if n == 0 :                           # 종료 조건
03         return 1                          # 모든 수의 0승은 1
04     elif (n % 2) == 0 :                   # n이 짝수
05         return power(x*x, n//2)           # 정수의 나눗셈
06     else :                                # n이 홀수
07         return x * power(x*x, (n-1)//2)
```

5~7행: 정수 나눗셈을 위해 파이썬의 // 연산자를 사용해야 하는 것에 유의하라.

비록 알고리즘 4.8이 순환을 사용하지만 반복구조의 억지 기법 알고리즘 4.7보다 실제로도 훨씬 빠르다는 것을 다음과 같은 테스트를 통해 알 수 있다.

알고리즘 테스트 억지 기법과 축소 정복 기법의 거듭제곱 알고리즘 속도 비교

억지 기법(알고리즘 4.7)과 축소 정복 기법(알고리즘 4.8)의 실제 실행시간을 비교해 보자. 한 번의 함수 호출은 너무 빨리 끝나므로 같은 연산을 10만 번 실행한 시간을 출력하는 코드와 결과는 다음과 같다.

```
import time                                           # time 모듈 포함
print("    억지기법(2**500) =", power(2.0, 500))
print("축소정복기법(2**500) =", slow_power(2.0, 500))

t1 = time.time()
for i in range(100000) : power(2.0, 500)             # 축소 정복 10만회
t2 = time.time()
for i in range(100000) : slow_power(2.0, 500)        # 억지 기법 10만회
t3 = time.time()

print("    억지기법 시간... ", t3-t2)
print("축소정복기법 시간... ", t2-t1)
```

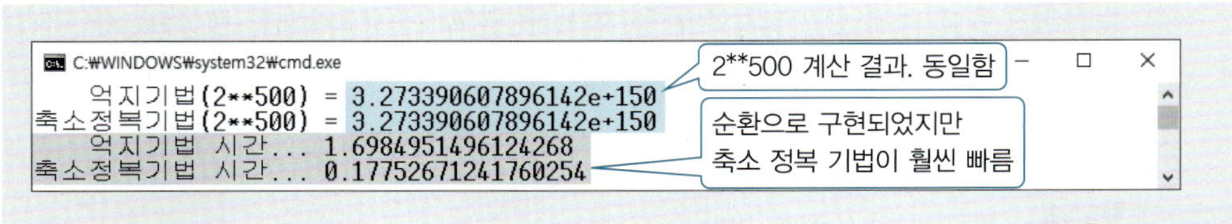

복잡도 분석

이 알고리즘은 순환적으로 더 작은 부분 문제를 만들고, 이 문제가 바로 해결할 수 있을 만큼 작아질 때($n=0$)까지 순환적으로 호출한다. 그렇다면 순환적으로 호출될 때마다 문제의 크기는 어떤 비율로 줄어들까? 처음에는 n승이었다가 다음에 $n/2$승이 되고 또 $n/4$승이 되는 식으로 문제의 크기가 줄어든다. 즉, 이진 탐색에서와 같이 1/2의 고정 비율로 문제가 축소된다.

n을 2의 거듭제곱 값의 하나인 2^k라고 가정해 보자. 그러면 순환호출을 한번 할 때마다 n의 크기가 절반씩 줄어들게 되므로 다음과 같이 줄어든다.

$$2^k \rightarrow 2^{k-1} \rightarrow 2^{k-2} \rightarrow \cdots \rightarrow 2^1 \rightarrow 2^0$$

몇 번의 순환 호출이 일어나게 되는가? 약 k번의 순환 호출이 일어나게 됨을 알 수 있다. $n=2^k$이므로 양변에 log 함수를 취하면 $\log_2 n = k$가 된다. n이 2의 거듭제곱이 아닌 경우는 어떻게 될까? 한 번의 순환 호출이 일어날 때마다 1번의 곱셈과 1번의 나눗셈이 일어나므로 전체 연산의 개수는 $k=\log_2 n$에 비례하게 될 것이고 따라서 시간 복잡도는 $O(\log_2 n)$이다. 억지 기법으로 구현한 알고리즘 4.7의 $O(n)$에 비해 훨씬 빠른 알고리즘이다.

▪ 정방형 행렬의 거듭제곱

만약 x가 숫자 하나가 아니라 행렬이라면 어떻게 될까? 물론 거듭제곱이 가능한 행렬이 되기 위해서는 행과 열의 개수가 같은, 즉 $m \times m$과 같은 정방형 행렬이어야 한다.

문제 4.4 행렬의 거듭제곱 문제

> $m \times m$의 정방형 행렬 M의 n-거듭제곱 M^n을 구하라.

만약 행과 열의 크기인 m도 크고 n도 크다면 알고리즘 4.7과 같은 억지 기법으로 처리하기는 부담스러울 것이고, 계산량을 줄이기 위한 방법이 필요할 것이다. 이러한 문제에도 앞에서와 정확히 동일한 축소 정복 전략을 사용할 수 있다.

행렬 M의 거듭제곱을 구현해 보자. 앞에서 구현한 함수 power()와 한 가지 차이는 0승이 아니라 1승에서 결과를 반환하도록 하는 것이다. 행렬 M의 1승은 M 그 자체이기 때문이다. 두 행렬을 곱하는 multMul(M1,M2) 함수가 이미 있다고 가정하고, 구현한 행렬 거듭제곱 코드는 다음과 같다.

알고리즘 4.9 행렬의 거듭제곱(축소 정복 기법)

```
def powerMat(x, n) :
    if n == 1 :                                                   # 종료조건
        return x
    elif (n % 2) == 0 :                                           # n이 짝수
        return powerMat(multMat(x,x), n // 2)
    else :                                                        # n이 홀수
        return multMat(x, powerMat(multMat(x,x), (n - 1) // 2))
```

행렬의 거듭제곱도 같은 알고리즘 4.8과 같은 전략을 사용하므로 시간 복잡도는 $O(\log_2 n)$이다. 따라서 만약 행렬의 크기가 크다면 억지기법의 $O(n)$에 비해 엄청난 속도 향상을 기대할 수 있을 것이다. 이러한 행렬의 거듭제곱은 피보나치수열의 효율적인 계산에 사용될 수 있는데, 이것은 5장에서 다룬다.

4.5 선택 문제: k번째 작은 수 찾기

숫자가 들어있는 리스트에서 k번째로 작은 숫자를 찾는 문제를 생각해 보자.

문제 4.5 선택 문제(selection problem)

리스트에서 k번째로 작은 항목을 찾아라. 단, 리스트는 정렬되어 있지 않다.

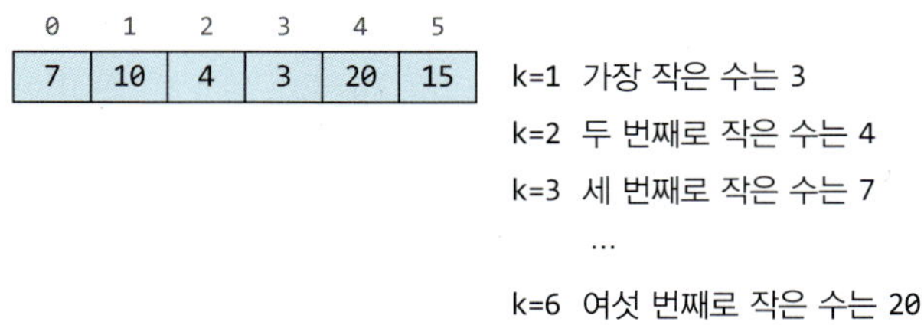

[그림 4.13] 리스트에서 k번째로 작은 수를 찾는 선택 문제의 예

예를 들어, [7, 10, 4, 3, 20, 15]에서 3번째로 작은 수(k=3)를 찾는다면 7이 찾아져야 한다. 만약 k=4라면 10이 찾아져야 한다. 배열의 항목들은 정수나 실수를 포함해서 크기를 비교할 수만 있다면 어떤 것이든 가능해야 한다. 이러한 문제를 **선택 문제(selection problem)**라고 한다.

만약 k가 1이거나 n인 경우는 각각 리스트에서 최솟값과 최댓값을 찾는 문제가 된다. 이 경우 리스트를 한번 스캔하여 가장 작거나 큰 항목을 찾으면 되고 따라서 $O(n)$에 해결된다. 만약 $k=\lceil n/2 \rceil$라면 이것은 리스트의 항목 중에 중앙값(median)을 찾는 문제가 된다. 임의의 k 값이 주어진다면 이 문제를 어떻게 해결할 수 있을까?

■ 정렬을 이용한 k번째 작은 수 찾기

주어진 문제를 약간 변형하면 의외로 쉽게 답을 구할 수 있다. 선택 문제를 정렬 문제로 변형(transform)하는 것이다. 만약 리스트가 오름차순으로 정렬되어 있다면 k번째로 작은 항목은 단순히 리스트의 k번째 항목(인덱스는 $k-1$)이다.

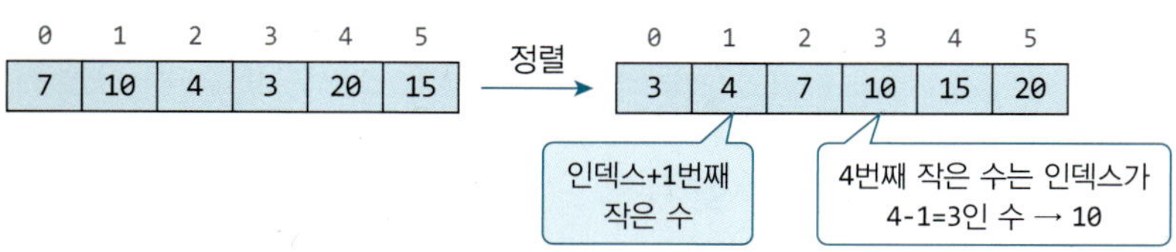

[그림 4.14] 정렬을 이용한 k번째로 작은 수를 찾는 해법

예를 들어, [7, 10, 4, 3, 20, 15]는 먼저 [3, 4, 7, 10, 15, 20]과 같이 오름차순으로 정렬한 다음, k=4라면 네 번째 항목(인덱스는 $k-1$=3)인 10을 단순히 반환하면 된다. 다음은 선택 문제를 정렬을 이용해 해결하는 알고리즘을 보여준다.

알고리즘 4.10 정렬을 이용한 k번째 작은 수 찾기

```
def kth_smallest_sort(A, k):
    A.sort()                # 배열을 정렬
    return A[k-1]           # 인덱스가 k-1인 항목 반환
```

이 방법의 시간 복잡도는 당연히 정렬의 시간 복잡도와 같다. 왜냐 하면 리스트에서 인덱스가 $k-1$인 항목을 꺼내는 연산은 $O(1)$으로 어떤 정렬 알고리즘의 복잡도보다 낮기 때문이다. 만약 선택정렬이나 삽입정렬을 사용한다면 복잡도는 $O(n^2)$이다. 퀵 정렬이나 병합 정렬 등의 보다 효율적인 방법을 사용한다면 전체 알고리즘의 복잡도는 $O(n\log_2 n)$으로 개선된다. 만약 숫자가 그렇게 크지 않은 정수라면 6장에서 공부할 기수 정렬(radix sort)이나 카운팅 정렬(count sort) 등을 이용할 수 있고, 거의 선형($O(n)$)에 가까운 알고리즘도 가능하다. 알고리즘 4.10은 파이썬에서 제공하는 정렬 함수를 사용하였다.

정렬을 위한 sort() 메소드와 sorted() 함수

파이썬에서 리스트를 정렬하고 싶을 때에는 정렬 알고리즘을 직접 구현해 사용할 수도 있지만, 보통은 다음과 같이 sort() 메소드를 사용한다.

```
A = [ 7, 10, 4, 3, 20, 15 ]
A.sort()                      # 오름차순 정렬: A = [3, 4, 7, 10, 15, 20]
A.sort(reverse=True)          # 내림차순 정렬: A = [20, 15, 10, 7, 4, 3]
```

이때, 키워드 인수 reverse를 이용해 오름차순과 내림차순을 정할 수도 있다. 키워드 인수 key와 람다 함수를 이용하면 레코드의 특정 필드를 기준으로 정렬할 수도 있는데, 이것은 5.5절과 8.3절에서 다시 설명한다.

파이썬에서는 내장함수 sorted()를 이용해 정렬할 수도 있는데, 사용 방법은 sort() 메소드와 비슷하지만, 매개변수로 정렬할 리스트를 넣고 정렬된 리스트를 반환한다.

```
B = sorted(A, reverse=True)       # 정렬된 리스트를 반환. A는 변경되지 않음
```

만약 문제를 뒤집어서, k번째로 큰 숫자를 찾으려면 어떻게 할까? 배열을 내림차순으로 정렬하거나, 오름차순으로 정렬한 후 인덱스가 $n-k$인 항목을 반환하면 된다.

■ 축소 정복을 이용한 k번째 작은 수 찾기

단지 하나의 항목을 선택하면 되는데 리스트의 모든 항목을 정렬하는 것은 좀 지나치다고 생각될 것이다. 정렬하지 않고 k번째 숫자를 찾는 방법을 생각해 보자. 이 문제에도 축소 정복 기법을 적용할 수 있다.

k번째 작은 수 찾기 문제의 축소 정복 아이디어

먼저 **피벗**(pivot)이라 불리는 하나의 항목을 이용해 리스트를 두 부분으로 나누는 방법을 생각해 보자. 분할 후 피벗의 위치에 따라 두 부분 리스트 중에서 하나는 더 이상 고려할 필요가 없도록 하려는 것이다. 이것은 원래의 문제를 하나의 더 작은 문제로 축소하는 전형적인 축소 정복 전략이다. 분할과정은 다음과 같다.

- 리스트의 한 항목을 **피벗**(pivot)으로 선택한다. 보통 리스트의 맨 왼쪽 항목을 선택한다.
- 리스트의 나머지 항목들을 모두 검사하여 피벗보다 작으면 피벗의 왼쪽으로 옮기고 피벗보다 크면 피벗의 오른쪽으로 옮긴다. 결과적으로 피벗을 중심으로 왼쪽은 피벗보다 작은 요소들로 구성되고, 오른쪽은 피벗보다 큰 요소들로 구성된다.

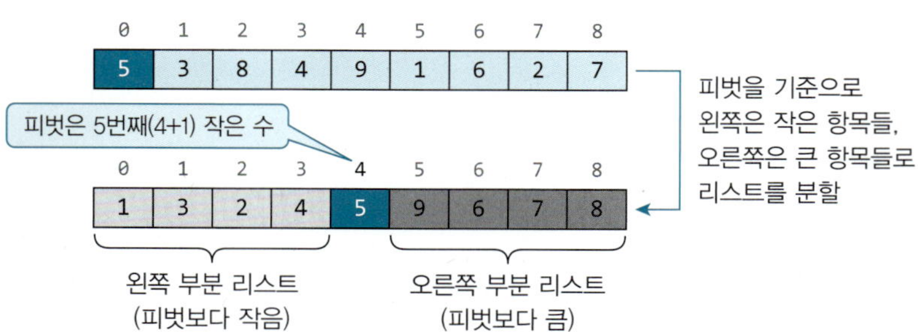

[그림 4.15] 첫 번째 원소로 피벗을 선택하고 피벗을 중심으로 리스트를 분할하는 예

그림은 리스트의 첫 번째 항목을 피벗으로 선택하고 이를 중심으로 리스트를 분할하는 과정의 예를 보여준다. 리스트를 A라 하면, 먼저 첫 번째 항목 5(A[0])를 피벗으로 선택한다.

이를 중심으로 리스트를 분할하면 결국 다섯 번째(A[4])에 피벗이 위치하게 된다. 그리고 원래의 리스트 A는 피벗 A[4]를 기준으로 왼쪽의 작은 부분 리스트 A[0..3]와 오른쪽의 큰 부분 리스트 A[5..8]로 나누어진다. 피벗의 인덱스를 *pos*라 하자. 현재 *pos*=4이다. 그리고 잘 살펴보면 이 피벗은 *pos*+1번째로 작은 수를 의미한다. 즉, 피벗으로 선택된 수는 *pos*+1=5번째로 작은 수이다.

이와 같이, 피벗을 중심으로 리스트 A를 분할하고, 피벗의 인덱스 *pos*를 구하면 다음과 같이 세 가지 상황 중 하나가 된다.

- Case 1) *k*== *pos*+1: 답이 구해졌다. 피벗이 *k*번째 작은 수이므로 답은 피벗이다. 예를 들어, 그림에서 *k*=5이면, *pos*+1 == *k*이므로 답은 A[4]인 5이다.
- Case 2) *k* < *pos*+1: 답은 왼쪽 부분 리스트에 있다. 이 부분 리스트에서 다시 *k*번째 작은 원소를 찾아야 한다. 중요한 것은 오른쪽 부분리스트는 더 이상 고려할 필요가 없다는 것이다. 왜냐하면, 모두 피벗보다 큰 수이고, 따라서 답이 없는 것이 확실하기 때문이다. 예를 들어, 그림에서 찾고자 하는 *k*=2라고 생각해 보자. 피벗이 이미 5번째 큰 값이므로 오른쪽 리스트는 모두 6번째 이상의 큰 값이다. 답은 반드시 왼쪽 부분배열 [1, 3, 2, 4] 안에 있을 수밖에 없다. 원래의 문제는 왼쪽 부분 리스트 [1, 3, 2, 4]에서 *k*=2인 항목을 찾는 문제로 축소되었다.

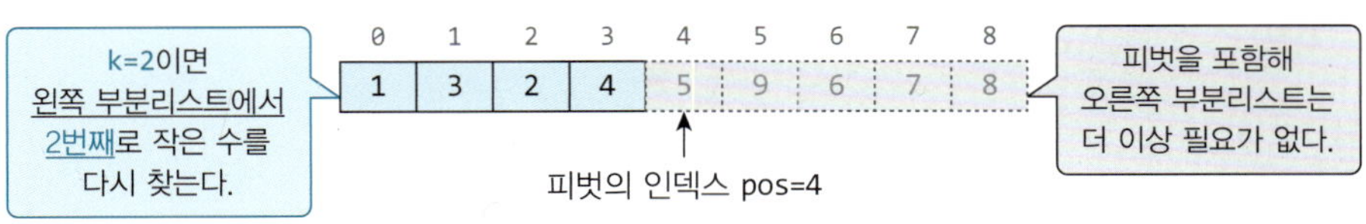

[그림 4.16] *k*=2인 경우. 왼쪽 부분리스트에서 2번째 작은 수를 다시 찾음

- Case3: *k* > *pos*+1: 해답은 오른쪽 부분배열에 있다. 예를 들어, 그림에서 *k*=8을 찾는다면 피벗이 5번째 큰 수이므로 왼쪽 부분 리스트에는 답이 없다. 답은 오른쪽 부분 리스트 [9, 6, 8, 7]에 있다. 이 리스트에서 몇 번째 항목을 찾으면 될까? 피벗이 이미 5번째이므로 이제 *k*−(*pos*+1)=8−5=3번째 작은 항목을 찾아야 한다. 즉, 원래의 문제는 [9, 6, 8, 7]에서 *k*=3인 항목을 찾는 문제로 축소되었다.

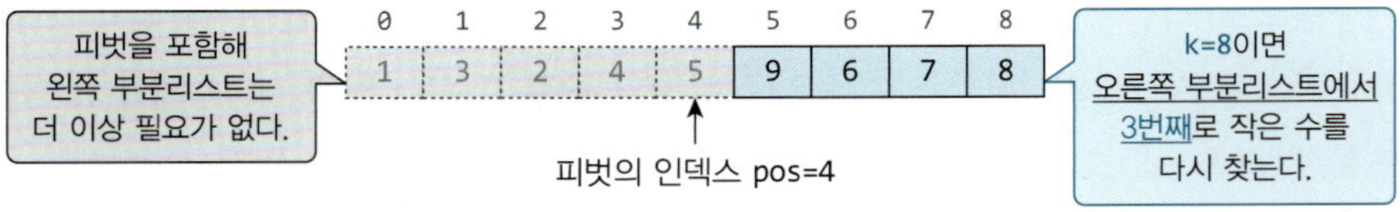

[그림 4.17] k=8인 경우. 피벗이 5번째로 작은 수로 확정되었으므로 피벗의 오른쪽 부분 리스트에서 3번째 작은 수를 찾으면 됨. 이것이 전체에서 8번째로 작은 수가 됨

전체 알고리즘: quick_select()

아직 피벗으로 리스트를 분할하는 일이 남았지만, 일단 전체 알고리즘을 먼저 기술해 보자. 이 알고리즘도 역시 순환구조가 자연스러운데, 다음은 리스트 A의 *left*에서 *right* 사이의 항목 중에 *k*번째로 작은 항목을 찾아 반환하는 알고리즘이다. 순환함수로 기술하기 위해 *left*와 *right*가 입력되어야 하는 것에 유의하라. 만약 항목의 수가 *n*인 리스트 A에서 *k*번째 항목을 찾으려면 quick_select(A, 0, n−1, k)와 같이 호출해야 한다. 알고리즘은 먼저 주어진 리스트를 분할하고, 앞에서 설명한 세 경우에 대해 순환적으로 처리하는 간단한 구조로 구성된다.

알고리즘 4.11 축소 정복 기법을 이용한 *k*번째 작은 수 찾기

```
01 def quick_select(A, left, right, k):
02     pos = partition(A, left, right)       # A에서 피벗의 인덱스
03
04     if (pos+1 == left+k):                 # case 1: 찾음. 완료
05         return A[pos]
06     elif (pos+1 > left+k):                # case 2: 답은 왼쪽 부분리스트에
07         return quick_select(A, left, pos-1, k)
08     else :                                # case 3: 답은 오른쪽 부분리스트에
09         return quick_select(A, pos+1, right, k-(pos+1-left))
```

2행: 리스트 A의 left에서 right 사이의 항목을 분할한다. 이때 분할의 기준이 되는 항목의 인덱스가 반환된다.

4행: 피벗의 인덱스 pos+1이 left+k와 같으면 전체 리스트 A에서 left+k번째 작은 항목을 찾은 것이다. 이때, 순환호출에 의해 매개변수 k가 점점 줄어드는 것에 유의하라. 원래 찾고자 한 수는 이제 k번째가 아니라 부분 리스트의 시작 인덱스 + k번째, 즉 left+k번째 항목이다.

6행: 만약 pos+1이 left+k보다 크면 답은 왼쪽 부분 리스트에 있다.

8행: 그렇지 않으면 답은 오른쪽 부분 리스트에 있다. 이제 오른쪽 부분 리스트에서 k번째 수를 찾는 것이 아니라 k−(pos+1−left)번째를 찾아야 한다.

분할 알고리즘: partition()

아직 끝난 것이 아니다. 분할 알고리즘, 즉 partition()을 해결하지 못했다. 사실 실제로 더 복잡한 것은 partition()이다. partition(A, left, right)는 리스트 A의 *left*부터 *right*까지의 항목들을 피벗을 기준으로 그림 4.15와 같이 2개의 부분 리스트로 나눈다. 특히 이 알고리즘이 변경된 리스트에서 피벗의 위치를 반드시 반환해야 하는 것에 유의하라. 이 위치를 quick_select()에서 사용해야 한다.

이러한 분할 알고리즘에는 **호어(Hoare) 분할**과 **로무토(Lomuto) 분할**이 있다. 다음 호어의 분할 알고리즘의 진행과정을 보여준다.

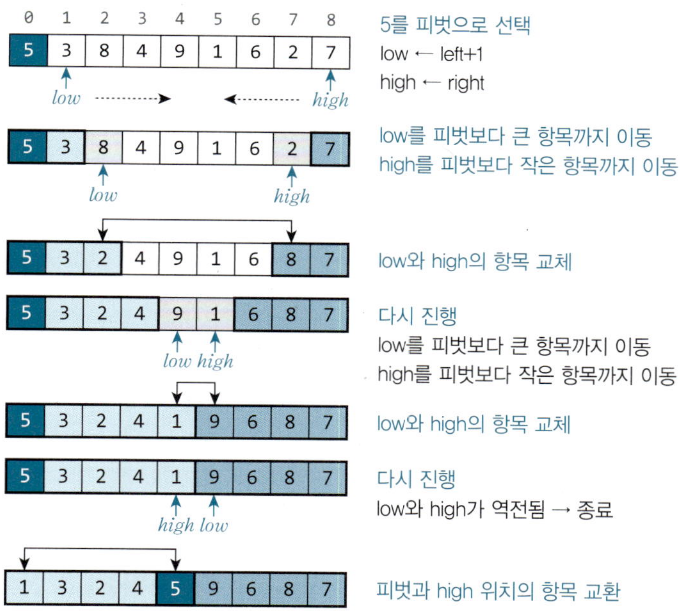

[그림 4.18] 피벗을 중심으로 두 개의 리스트로 나누는 호어 분할 과정

- 먼저 피벗으로 첫 번째(*left*) 항목인 5로 선택한다. 변수 *low*와 *high*는 각각 왼쪽과 오른쪽 리스트를 만드는 데 사용되는데, *low*는 *left*+1로, *high*는 *right*로 초기화한다.
- *low*는 오른쪽으로 탐색하면서 피벗보다 큰 항목을 찾으면 멈추고, 반대로 *high*는 왼쪽으로 탐색해가다가 피벗보다 작은 항목(2)을 찾으면 멈춘다. *low*와 *high*가 각각 8과 2에서 멈추었다.
- 현재 멈춘 위치의 항목들을 서로 교환한다. 8과 2가 교환된다. *low*와 *high*는 다시 각

각 한 칸씩 이동한다.

- 다시 **탐색-교환** 과정을 계속 반복한다. *low*와 *high*가 각각 항목 9와 항목 1에서 멈추고, 이들을 서로 교환한다.
- 이러한 탐색-교환 과정을 계속 반복하면 그림과 같이 언젠가는 *low*와 *high*가 역전되고, 반복은 종료된다. *high*와 피벗 항목을 서로 교환하면(*A*[*high*]↔*A*[*0*]) 결국 피벗 *A*[*high*]를 중심으로 왼쪽에는 작은 항목만 남고 오른쪽에는 큰 항목만 남는다.
- 마지막으로 피벗의 인덱스(*high*)를 반환한다.

전체적인 분할 과정을 파이썬으로 기술하면 다음과 같은데, 이러한 분할 알고리즘은 선택 문제뿐만 아니라 퀵 정렬 등에서도 자주 사용되는 중요한 알고리즘이다.

알고리즘 4.12 리스트 분할(Hoare Partition)

```
01 def partition(A, left, right) :
02     low = left + 1                            # 왼쪽 부분 리스트의 인덱스 (증가방향)
03     high = right                              # 오른쪽 부분 리스트의 인덱스 (감소방향)
04     pivot = A[left]                           # 피벗 설정
05     while (low <= high) :                     # low와 high가 역전되지 않는 한 반복
06         while low <= right and A[low] <= pivot : low += 1
07         while high >= left and A[high]> pivot : high-= 1
08 
09         if low < high :                       # 선택된 두 레코드 교환
10             A[low], A[high] = A[high], A[low]
11 
12     A[left], A[high] = A[high], A[left]  # 마지막으로 high와 피벗 항목 교환
13     return high                               # 피벗의 위치 반환
```

2~4행: low, high와 피벗의 위치 pivot을 설정한다. 피벗은 첫 번째 항목으로 선택하였다.

5~7행: low와 high가 역전되지 않는 동안 항목의 크기가 피벗을 기준으로 반대인 위치까지 이동한다. low는 증가, high는 감소 방향으로 탐색한다.

9~10행: 선택된 두 레코드를 교환한다.

12~13행: 최종적으로 high와 피벗의 항목을 교환하고, high(피벗의 인덱스)를 반환한다.

알고리즘 테스트 *k*번째 작은 수 알고리즘 테스트(정렬 사용과 quick_select())

```
array = [12, 3, 5, 7, 4, 19, 26, 23, 15]
print("입력 리스트 =", array)
print("[정렬기법] 3번째 작은 수: ", kth_smallest_sort(array, 3))
print("[정렬기법] 6번째 작은 수: ", kth_smallest_sort(array, 6))
n = len(array)
print("[축소정복] 3번째 작은 수: ", quick_select(array, 0, n-1, 3))
print("[축소정복] 6번째 작은 수: ", quick_select(array, 0, n-1, 6))
```

```
C:\WINDOWS\system32\cmd.exe
입력 리스트 = [12, 3, 5, 7, 4, 19, 26, 23, 15]
[정렬기법] 3번째 작은 수:  5
[정렬기법] 6번째 작은 수:  15
[축소정복] 3번째 작은 수:  5
[축소정복] 6번째 작은 수:  15
```

quick_select()를 분석하기 전에 먼저 분할 알고리즘 4.12의 복잡도를 계산해 보자. 이중 루프의 가장 안쪽인 6행과 7행은 *low*와 *high*가 이동하는 연산인데, 가장 많이 처리되는 부분이다. 그런데 이중 루프의 형태이기는 하지만 *low*와 *high*가 이동하는 횟수의 합이 리스트의 크기에 비례하는 것을 알 수 있다. 즉, 그림 4.18에서와 같이 양쪽 끝에서 검사를 시작하여 점점 가까워지다가 이들이 역전되는 순간 이동을 멈추게 된다. 따라서 partition() 알고리즘의 복잡도는 리스트의 크기 n에 비례하고, $O(n)$이다.

■ 복잡도 분석

선택이나 탐색 문제들은 대부분 복잡도가 입력의 구성에 따라 달라지는데, 이 문제도 마찬가지이다. 입력의 종류에 따른 복잡도를 살펴보자.

- 최선의 경우는 한 번의 분할만으로 선택이 완료되는 경우이다. 전체 리스트에 대한 한 번의 분할은 명확히 n에 비례하는, 즉 $O(n)$의 시간이 걸린다.
- 최악의 경우는 어떤 상황일까? 분할할 때마다 부분 리스트의 한쪽은 항목이 없고 다른 한쪽에만 모든 항목이 들어가는 상황이다. 예를 들어, 이미 정렬된 리스트에서 가장 큰 항목을 찾는 것($k=n$)이 가장 최악의 상황이다. n에 비례하는 분할이 필요하므로 시간 복잡도가 $O(n^2)$이 된다.
- 평균적인 경우는 역시 "평균"에 대한 어떤 가정이 필요하고 계산하기 어렵다. 복잡한 과정을 거치면 결국, quick_select()의 평균적인 시간 복잡도가 $O(n)$이라고 알려져 있

다. 이것은 정렬을 이용하는 방법보다 훨씬 우월하다.

심화 학습 quick_select()의 평균적인 경우의 복잡도 계산

알고리즘 4.11에 대해 평균적인 경우의 복잡도를 계산해 보자. 이를 위해 분할되는 상황을 먼저 좋은 분할과 나쁜 분할의 두 경우로 구분한다.

- **나쁜 분할**: 작은 부분 리스트의 크기가 전체의 1/4을 넘지 않는 경우이다. 큰 부분은 당연히 3/4을 넘는다.
- **좋은 분할**: 작은 부분 리스트의 크기가 전체의 1/4을 넘는 경우이다. 큰 부분 리스트의 크기는 반드시 전체의 3/4 이하가 된다.

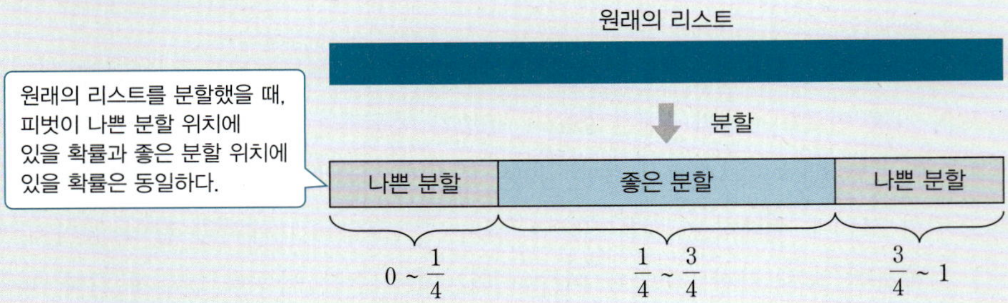

확률에 대해 가정을 하자. 평균적인 경우 리스트의 모든 위치에 동일한 확률로 피벗이 나타난다고 가정한다. 이것은 partition()이 각각 *left*, *left*+1, ..., *right*를 반환할 확률이 모두 같다고 가정하는 것이다.

그렇다면 평균적으로 좋은 분할이 이루어질 확률과 나쁜 분할이 이루어질 확률은 어떻게 될까? 각각이 50%로 동일하다. 이것은 그림과 같이 리스트의 모든 원소를 정렬했을 때, 피벗이 나쁜 분할 영역(0~1/4이나 3/4~1)에 나타날 확률이나 좋은 분할 영역(1/4~3/4)에 나타날 확률이 같기 때문이다. 따라서 평균적으로는 두 번 분할을 한다면 한번은 좋은 분할이 일어난다고 생각할 수 있다. 이것은 동전을 두 번 던지면 한번은 앞면이 나온다고 기대할 수 있는 것과 같다.

이제 좋은 분할만 생각하여 시간 복잡도를 구해보자. 두 번 중의 한번은 좋은 분할이 일어나기 때문이다. 좋은 분할에서도 가장 나쁜 경우는 분할이 최대한 비대칭적으로 일어나면서 큰 쪽을 계속 검사해야 하는 경우이다. 즉, 한쪽이 1/4, 나머지가 3/4로 줄어드는 경우가 최악이고, 특히 이 중에서 3/4 부분을 더 검사해야 하는 상황이 최악이다. 만약 입력의 크기가 1이면 더 이상 나눌 수 없다.

결국, 우리가 가정한 평균적인 경우에 대해, 가장 불리한 경우는 맨 처음에는 n개에 대한 분할이 필요하고, 다음으로 $(3/4)n$ 개, 그 다음은 $(3/4)^2 n$ 개, $(3/4)^3 n$ 개, 등에 대한 분할이 이루어지는 상황이다. 이제 분할을 위한 리스트의 크기를 이용해 복잡도 함수 $T_{avg}(n)$을 만들 수 있다.

$$\begin{aligned} T_{avg}(n) &= 2\left(n + \frac{3}{4}n + \left(\frac{3}{4}\right)^2 n + \left(\frac{3}{4}\right)^3 n + \cdots + \left(\frac{3}{4}\right)^p n\right) \\ &= 2\left(1 + \frac{3}{4} + \left(\frac{3}{4}\right)^2 + \left(\frac{3}{4}\right)^3 + \cdots + \left(\frac{3}{4}\right)^p\right) n \le 2cn \\ &= 2\left(\frac{1-(3/4)^p}{1-(3/4)}\right) n \le 2cn \end{aligned}$$

p는 분할의 횟수를 말한다. 식에서 등비수열의 합이 나오는데(2.4절의 등비수열의 합 공식 참조), 만약 p가 무한대가 되면 $(3/4)^\infty = 0$이 되어 이 등비수열의 합이 어떤 상수 c가 된다. 그리고, 앞에 2가 곱해진 것은 평균적으로 두 번 만에 한 번의 좋은 분할이 이루어지는 것을 반영한 것이다.

결국 $T_{avg}(n) \le 2cn \in O(n)$이다. 이것은 quick_select()는 평균적으로 n에 비례하는 크기의 리스트를 분할해야 하는 것을 말한다. 분할은 리스트의 크기에 비례하는 시간이 걸리므로, 결국 이 알고리즘의 평균적인 경우의 시간 복잡도는 최선의 경우와 같은 $O(n)$인 것이다.

quick_select() 알고리즘에서 문제의 크기가 줄어드는 속도를 생각해 보자. 팩토리얼과 같이 일정한 크기도 아니고 이진 탐색과 같이 일정한 비율로 줄어드는 것도 아니다. 대부분의 입력에 대해 순환 호출을 할 때마다 **가변적인 크기**(variable size decrease)로 문제의 크기가 줄어드는 전형적인 축소 정복 알고리즘이다.

4.6 축소 정복 기법의 추가적인 예

■ 위조 동전 찾기: 고정 비율 축소

동전 중에서 위조 동전을 찾는 문제를 생각해 보자. 이것은 고정 비율의 축소 정복 기법의 특징을 잘 나타내는 문제이다.

문제 4.6 위조 동전 문제(fake coin problem)

> 동일하게 생긴 n개의 동전과 양팔 저울이 주어졌다. 동전들 중에서 하나는 가짜 동전이고 진짜 동전보다 약간 가볍다. 당연히 양팔 저울은 동전의 무게를 직접 측정할 수 없다. 양쪽의 무게가 같은지 또는 어느 쪽이 더 무거운지 만을 알 수 있을 뿐이다. 이 저울을 최소한의 횟수만 사용하여 어느 동전이 가짜 동전인지를 찾아라.

고정 비율 축소(1/2)

자연스럽게 n개의 동전을 두 그룹으로 나누어 저울로 비교하는 방법을 생각할 수 있다. 반드시 어느 한쪽에 가벼울 것이고, 그 그룹에 위조 동전이 들어있다. 만약 n이 홀수이면 어떻게 할까? 하나를 빼고 나머지를 두 그룹으로 나누어 비교하면 된다. 이 경우, 만약 양쪽이 무게가 같다면 빼놓은 동전이 위조 동전이다. 따라서 만약 n개의 동전이 주어졌다면 $\lfloor n/2 \rfloor$개의 동전들을 양쪽에 놓고 비교한다. n개의 동전이 주어졌을 때 필요한 저울 사용 횟수를 $T(n)$이라 하면 다음과 같이 순환 관계식으로 정의된다.

$$T(n) = T(\lfloor n/2 \rfloor) + 1 \qquad \text{for } n > 1$$

초기 조건은 의심되는 하나의 동전만 남은 경우로 그 동전 자체가 위조 동전이 될 것이고, 따라서 $T(1) = 0$이다. 이것은 이진 탐색의 최악의 경우와 같은 형태이고, 같은 방법으로 계산하면 $T(n) = \lfloor \log_2 n \rfloor \in O(\log_2 n)$이다. 이것은 문제의 크기가 고정 비율 1/2로 줄어드는 예이다.

고정 비율 축소(1/3)

사실 이 문제에 대한 약간 다른 해결 방법도 있다. n개의 동전을 세 그룹으로 나누는 것이다. 먼저 양팔 저울을 이들 중에서 두 그룹에 적용하는데, 만약 무게가 적게 나가는 그룹이 있다면 위조 동전은 그 안에 있고, 만약 무게가 같다면 위조 동전은 남은 그룹에 있다. 그 다음 단계에서는 위조 동전이 있는 그룹에만 같은 방법을 적용하면 된다. 그런데, 이 방법에서는 단계가 거듭됨에 따라 문제의 크기가 1/3로 줄어든다! 순환 관계식을 만들면 다음과 같다.

$$T(n) = T(\lfloor n/3 \rfloor) + 1 \qquad \text{for } n > 1$$

만약 n이 3의 거듭제곱 $n = 3^k$ 이라면 이 방법은 k번 만에 답을 찾는다. 따라서 이 알고리즘의 복잡도는 $O(k) = O(\log_3 n)$ 이고, $O(\log_2 n)$ 에 비해 더 빠르다.

■ 보간 탐색: 가변 크기 축소

보간 탐색은 이진 탐색의 일종으로 우리가 사전에서 단어를 찾을 때와 같이 탐색키가 존재할 위치를 예측하여 탐색하는 방법이다. 예를 들어, 'ㅎ'으로 시작하는 단어는 사전의 뒷부분에서 찾고 'ㄱ'으로 시작하는 단어는 앞부분에서 찾는 것과 같은 원리이다.

이진 탐색에서 탐색 위치 *middle*은 (*low*+*high*)/2로 항상 리스트를 중간 위치에서 다음 탐색을 진행한다. 그러나 보간 탐색에서는 *low*와 *high* 위치의 항목 값 *A*[*low*]와 *A*[*high*]를 추가로 사용하여 예상 탐색 위치를 계산한다. 이때, 다음 그림과 같이 탐색 값과 위치는 비례한다는 가정을 사용하는데, key가 *A*[*low*]에 가까운 만큼 인덱스도 *low*에 가깝도록 하고, *A*[*high*]에 가까운 만큼 인덱스도 *high*에 가까운 위치에서 탐색하도록 가중치를 주는 방법이다.

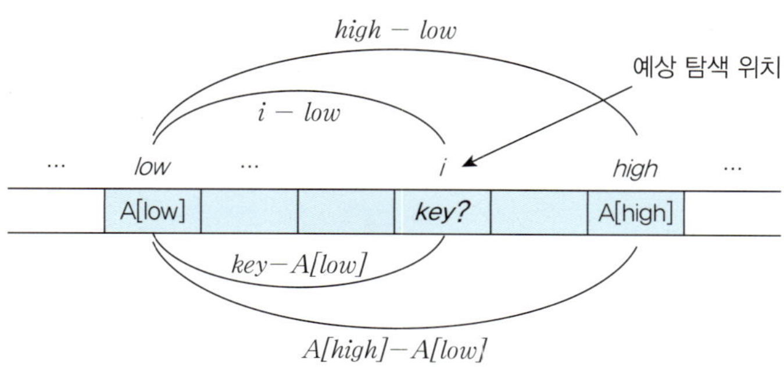

[그림 4.19] 보간 탐색은 찾는 값과 위치가 비례한다고 가정한다.

$$(A[high]-A[low]):(key-A[low]) = (high-low):(\text{예상탐색위치}-low)$$

따라서 탐색을 위한 위치는 다음과 같이 결정된다.

$$\text{탐색위치} = low+(high-low)\cdot\frac{key-A[low]}{A[high]-A[low]}$$

보간 탐색은 알고리즘 4.5나 4.6의 이진 탐색 알고리즘을 그대로 사용하면서 다음 탐색 위치인 mid 계산 문장만 다음과 같이 수정하면 된다.

```
mid = int(low + (high-low) * (key-A[low].key) / (A[high].key-A[low].key))
```

이때, 위치의 비율을 계산하기 위해 실수 계산이 사용되지만, 마지막에 인덱스로 변경할 때에는 반드시 정수로 변환해야 하는 것에 유의하라. 보간 탐색은 이진 탐색과 같은 축소 기반전략을 사용하지만, 단계가 진행될 때마다 문제의 크기가 항상 절반으로 줄어드는 것이 아니라 가변적으로 줄어드는 가변크기 축소의 대표적인 예이다. 따라서 기본적인 시간 복잡도는 이진 탐색과 같이 $O(\log_2 n)$이지만, 많은 데이터가 비교적 균등하게 분포되어있는 자료에서는 훨씬 효율적으로 사용될 수 있다.

연습문제

1 알고리즘 4.3의 삽입 정렬을 순환 구조(하향식)로 기술해 보라.

2 리스트 A, L, G, O, R, I, T, H, M을 삽입 정렬을 이용해 오름차순으로 정렬하라.

3 다음 리스트를 삽입 정렬을 이용해 오름차순으로 정렬하라. 각 단계에서의 리스트의 내용을 적어라.

7	4	9	6	3	8	7	5

4 삽입 정렬이 안정성을 만족하는지를 설명하라.

5 다음은 삽입 정렬의 변형된 알고리즘이다.

```
insertion_sort2(A, n)
  for i←1 to n-1 do
    j ← i-1;
    while j>=0 and A[j]>A[j+1] do
      A[j] ↔ A[j+1]);         // 항목 교환
      j ← j - 1
```

(1) 이 알고리즘을 파이썬으로 구현하라.
(2) 이 알고리즘의 효율은 어떨까? 알고리즘 4.3과 비교하여 설명하라.

6* 셸 정렬(shell sort)은 삽입 정렬이 어느 정도 정렬된 배열에 대해서는 대단히 빠른 것에 착안한 정렬 방법이다. 이 정렬 방법을 찾아보고 삽입 정렬과의 차이를 설명해 보라.

7 다음의 방향 그래프에 대해 DFS 기반 위상 정렬을 수행하라.

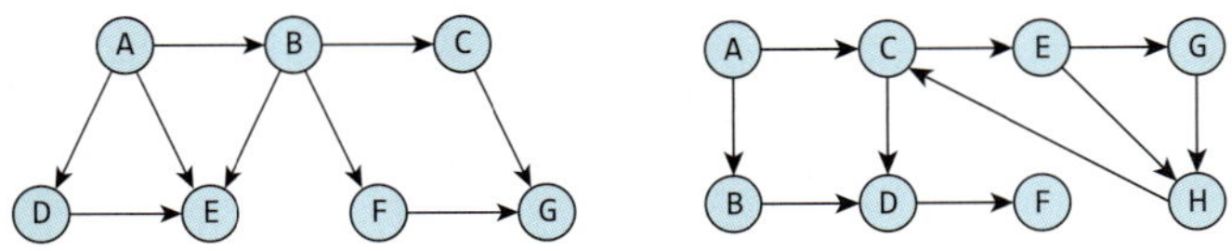

8 위 문제의 방향 그래프에 대해 축소 정복 전략의 위상 정렬 알고리즘 4.4를 수행하라.

9 DFS 기반 위상 정렬 알고리즘을 구체적으로 구현하고, 시간 복잡도를 설명하라.

10 다음과 같은 정렬된 리스트가 주어졌다. 물음에 답하라.

8	11	12	15	16	19	20	23	25	28	29	31	33	35	38	40

(1) 킷값이 28인 경우의 순차 탐색 과정을 설명하고, 필요한 비교 연산 횟수를 구하여라.
(2) 킷값이 27인 경우의 순차 탐색 과정을 설명하고, 필요한 비교 연산 횟수를 구하여라.
(3) 이 리스트를 이진 탐색할 때 가장 많은 탐색 연산이 필요한 경우를 설명하고 이때의 비교연산 횟수를 구하라.
(4) 리스트의 항목들을 탐색키로 사용한다고 하자. 이 리스트를 이진 탐색으로 탐색할 때 가장 많은 비교 연산이 필요한 항목을 나열하라.
(5) 리스트의 항목들을 모두 같은 확률로 탐색키로 사용한다고 가정하고, 이 리스트를 이진 탐색으로 탐색할 때 평균적인 비교 횟수를 계산하라.

11 항목의 개수가 100만 개인 리스트를 탐색하려고 한다. 최악의 입력을 고려하여 순차 탐색에 비해 이진 탐색이 얼마나 더 빠를지를 설명하라.

12* 순차탐색은 배열 구조로 구현한 경우와 연결된 구조로 구현한 경우의 시간 복잡도 차이가 없다. 이진 탐색의 경우는 어떨까? 복잡도를 설명하라.

13 1부터 n까지 오름차순으로 이루어진 숫자 $n-1$개로 이루어진 리스트 $A[0..n-2]$가 있다. 즉, 이 리스트에는 1부터 n 사이의 하나의 숫자가 빠져 있다. 빠진 숫자를 찾는 효율적인 알고리즘을 작성하고 시간 복잡도를 설명하라.

14 이진 탐색 알고리즘의 특징이 아닌 것은?

① 탐색 효율이 좋고 탐색 시간이 적게 소요된다.

② 검색할 데이터가 정렬되어 있어야 한다.

③ 피보나치수열에 따라 다음에 비교할 대상을 선정하여 검색한다.

④ 비교를 할 때마다 검색 대상이 되는 데이터의 수가 절반으로 줄어든다.

15* 삼진 탐색(ternary search) 알고리즘을 살펴보자. 정렬된 리스트 $A[0..n-1]$이 주어졌고 탐색 키 key를 찾으려고 한다. 만약 $n=1$이면 단순히 항목을 key와 비교하면 된다. 만약 $n>1$이면 먼저 $A[\lfloor n/3 \rfloor]$을 key와 비교하고, 만약 key보다 작으면 탐색은 $A[0..\lfloor n/3 \rfloor-1]$에 대해 진행한다. 만약 크다면 $A[\lfloor 2n/3 \rfloor]$을 key와 비교하고, key보다 작다면 다음 탐색을 $A[\lfloor n/3 \rfloor+1..\lfloor 2n/3 \rfloor-1]$에 대해 진행하고, 그렇지 않으면 $A[\lfloor 2n/3 \rfloor+1..n-1]$에서 탐색을 진행한다. 물론 key와 같으면 탐색은 종료된다.

(1) 이 알고리즘은 어떤 설계 전략을 사용하는가?

(2) 최악의 경우에 대해 비교 연산의 횟수에 대한 순환 관계식을 구하라. 단, $n=3^k$라고 가정한다.

(3) $n=3^k$인 경우에 대해 이 순환 관계식을 풀어라.

(4) 이 알고리즘의 시간 복잡도를 이진탐색과 비교하여 설명하라.

(5) 이 알고리즘을 구현하고 동작을 테스트하라.

16 두 행렬을 곱하는 multMul(M1,M2) 함수를 구현하고, 알고리즘 4.9의 행렬 거듭제곱 알고리즘이 잘 동작한다는 것을 몇 가지 예를 통해 보여라.

17* 피보나치수열을 행렬의 거듭제곱으로 구하는 방법이 있다. 이것을 인터넷에서 조사해 보라. 이 방법에 알고리즘 4.9를 적용하면 피보나치수열의 시간 복잡도가 어떻게 줄 수 있는지를 설명하라.

18 알고리즘 4.11의 quick_select()를 이용해 리스트 A=[12, 5, 7, 9, 18, 3, 8]에서 중앙값(median)을 찾는 과정을 보여라.

19 알고리즘 4.11의 quick_select() 알고리즘을 반복구조로 기술하라.

20 알고리즘 4.11에 대한 최악의 입력 상황을 구체적으로 만들어 보고, 왜 최악의 입력인지를 설명하라.

21* 피벗을 이용해 리스트를 나누는 다른 알고리즘들도 있다. 알고리즘 4.12는 호어(Hoare) 분할인데, 로무토(Lomuto) 분할이라는 방법도 있다. 이 방법을 조사하고 두 방법의 장단점을 비교하라. Lomuto 분할을 구현하고, 이를 이용해 알고리즘 4.11을 테스트해 보라.

22* 동일하게 생긴 12개의 동전과 양팔 저울이 있다. 동전 중에서 하나가 위조 동전이고, 정상 동전과 무게가 약간 다른데, 무거운지 가벼운지는 알 수 없다. 양팔 저울을 세 번만 사용하여 어떤 동전이 위조 동전이고, 정상보다 무거운지 가벼운지를 판단하는 방법을 설계하라. (힌트: 동전은 세 그룹으로 나누어 비교해야 한다. 이것은 정말 어려운 문제이다.)

23 보간 탐색을 위한 최악의 입력에 대한 예를 제시하라. 이러한 입력에 대해 보간 탐색의 시간 복잡도가 $O(n)$이 되는 것을 설명하라.

CHAPTER 05

분할 정복 기법

학습목표

- 분할 정복 기법을 이해한다.
- 마스터 정리를 이해하고 활용할 수 있다.
- 정렬과 이진트리 문제에 대한 분할 정복 전략을 이해한다.
- 최근접 쌍의 거리 문제를 분할 정복 전략으로 해결할 수 있다.
- 쉬트라쎈의 전략과 시간 복잡도를 이해한다.
- 분할 정복 기법의 문제점을 이해한다.

CHAPTER

5 분할 정복 기법

분할 정복(divide and conquer)은 알고리즘 설계에서 가장 중요한 기법의 하나로, 여러 유명한 효율적인 알고리즘들에서 사용되고 있다. 이것은 하나의 문제를 둘 또는 여러 개의 작은 부분문제로 나누고, 이 부분문제들을 각각 해결한 다음 결과를 모아서 원래의 문제를 해결하는 전략이다. 만약 분할된 부분문제가 아직도 충분하게 작지 않아 해결하기 어렵다면, 분할 정복을 연속으로 다시 적용하면 되는데, 이때 보통 순환 호출을 사용한다. 다음은 분할 정복 기법의 기본 아이디어를 보여준다.

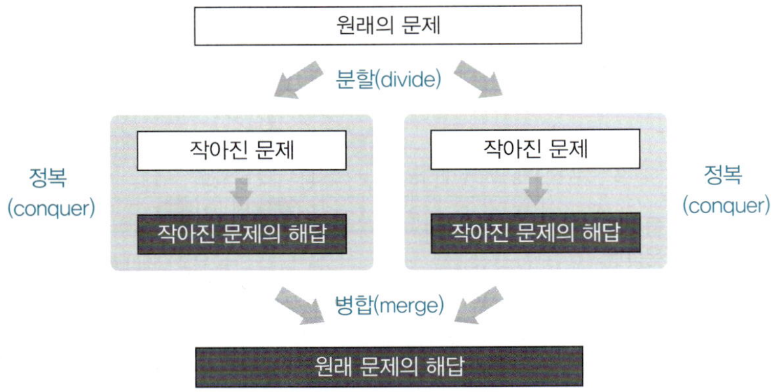

[그림 5.1] 분할 정복 기법의 기본 아이디어

사실 4장에서 공부한 축소 정복 기법도 분할 정복 전략의 하나의 유형이라고 볼 수 있다. 그러나 축소 정복은 원래의 문제를 분할한 후에 해결해야 할 부분문제가 하나만 남는 특별한 경우이다. 예를 들어, 이진 탐색은 분할된 두 부분 리스트에서 한쪽은 더 이상 고려할 필요가 없고, 따라서 원래의 문제가 절반 크기의 하나의 부분문제로 축소되는 것이다. 이에 비해, 이 장에서 다루는 분할 정복 기법들은 분할 후 부분문제가 둘 이상인 경우로 한정한다. 분할 정복 기법은 다음과 같은 세 단계를 통해 문제를 해결한다.

- **분할**(divide): 주어진 문제를 같은 유형의 부분문제들로 분할한다.
- **정복**(conquer): 부분문제들을 해결하여 부분 해를 만든다.
- **병합**(combine): 부분적인 결과들을 묶어 최종 해를 만든다.

리스트의 합 구하기

n개의 숫자가 들어 있는 리스트의 모든 항목 a_0, a_1, $\cdots$, a_{n-1}의 합을 구하는 문제를 생각해 보자. 가장 단순한(brute-force) 해결법은 $sum = 0$과 같이 합을 저장할 변수를 0으로 초기화한 다음, 첫 번째 숫자부터 하나씩 모든 숫자를 sum에 더하는 것이다.

이 문제에도 분할 정복 전략을 적용할 수 있다. n개의 숫자가 입력되면 이를 두 그룹으로 나누고(divide), 각 그룹에 대한 합을 독립적으로 구하며(conquer), 마지막으로 두 그룹의 합을 더하는(combine) 방법이다.

$$a_0 + \cdots + a_{n-1} = (a_0 + \cdots a_{\lfloor n/2 \rfloor - 1}) + (a_{\lfloor n/2 \rfloor} + \cdots a_{n-1})$$

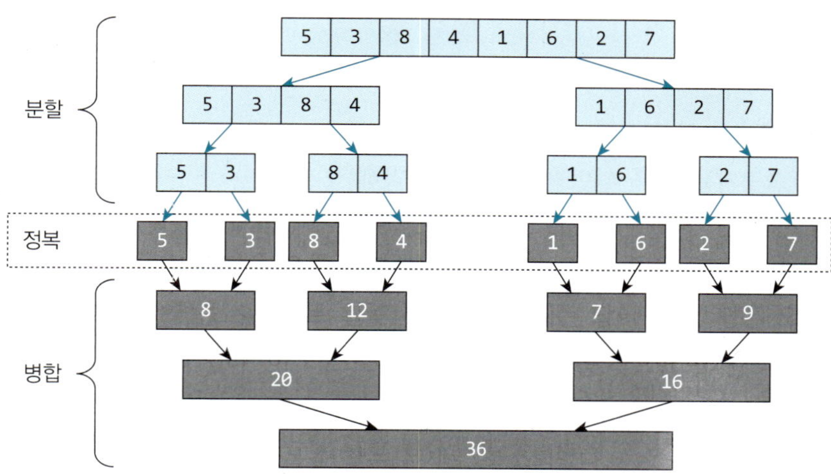

[그림 5.2] 8개의 수를 더하는 문제에 대한 분할 정복 전략

부분문제를 구하는데도 동일한 방법이 반복적으로 적용된다. 분할 과정은 문제의 크기가 충분히 작아질 때까지 반복되는데, 이 문제에서는 $n=1$이면 그 값 자체가 해이므로 단순히 반환하면 되고(정복), 따라서 더이상의 분할이 필요 없다. 이제부터 부분문제의 해는 반복적으로 더해지고(병합), 최종적으로 주어진 문제의 해를 구하게 된다.

그렇다면 n개의 숫자를 더하기 위해 분할 정복 기법을 사용하는 것이 억지 기법보다 더 효율적일까? 예를 들어, 억지 기법으로 8개의 숫자를 더하기 위해서는 7번의 덧셈이 필요하다. 그림 5.2의 분할 정복에서는 7번의 병합 과정이 필요하고, 한 번의 병합에서 한 번의 덧셈이 필요하므로 총 7번의 덧셈이 필요하다. 따라서 두 방법이 동일하다. 이처럼, 분할 정복 알고리즘이 억지 기법보다 모든 문제에서 더 효율적인 것은 아니다. 그렇지만 정렬이나 탐색과 같은 많은 중요한 문제에서 상당한 효과를 발휘한다. 또한, 이 책에서는 순차적인 알고리즘들만 다루지만, 분할 정복의 부분문제들은 병렬 처리 구조에도 적합하다.

이 장에서는 분할 정복 기법의 대표적인 알고리즘들을 공부하는데, 이들을 다루기 전에 먼저 하나의 정리를 소개한다. 이것은 보통 순환 관계식으로 표현되는 분할 정복 알고리즘들의 점근적 시간 복잡도를 편리하게 구할 수 있는 방법을 제공한다.

5.1 순환 관계식과 마스터 정리

■ 순환 관계식

많은 알고리즘에서 분할 정복 기법은 크기가 n인 문제를 $n/2$ 크기의 두 개의 문제로 나누지만, 항상 그렇지는 않다. 일반적인 상황을 생각해 보자.

분할 정복 기법은 크기가 n인 문제를 b개의 같은 크기의 부분문제로 나눌 수 있다. 이때 문제의 크기는 n/b가 된다. b개의 부분문제 중에는 해결할 필요가 없는 것도 있을 수 있으므로 이들 중에서 a개의 부분문제만 다시 해결해야 한다고 생각할 수 있다. 당연히 $b>1$이고, $1 \le a \le b$가 될 것이다. 단순화를 위해 n이 b의 거듭제곱$(n=b^k)$이라고 가정하면 복잡도 함수 $T(n)$는 다음과 같이 순환 관계식으로 나타낼 수 있다.

$$T(n) = aT(n/b) + f(n)$$

이때, $aT(n/b)$은 크기가 n/b으로 줄어든 문제 a개를 푸는데 필요한 연산들이고, $f(n)$은 크기가 n인 원래의 문제를 부분문제들로 나누는 과정과 부분문제들의 해를 병합하여 최종 해를 만드는데 사용되는 연산들의 합이다.

예: 리스트의 합 구하기

그림 5.2와 같이 리스트의 합을 구하는 분할 정복 알고리즘에서의 시간 복잡도 함수를 순환 관계식으로 나타내 보자.

- 주어진 문제의 숫자들을 두 그룹으로 나누므로 b는 2이다.
- 두 그룹으로 나누어진 문제들은 모두 해결되어야 한다. 따라서 a도 2이다.
- 두 그룹의 해가 구해지면 병합 과정에서 이들을 한번 더해야 하므로 $f(n)=1$이다.

결국, 이 알고리즘의 복잡도 함수는 다음과 같이 나타낼 수 있다.

$$T(n) = 2T(n/2) + 1$$

초기 조건을 찾아보자. 숫자가 하나인 경우는 덧셈이 필요 없이 그 자체가 답이다. 따라서 초기 조건은 $T(1) = 0$ 이다.

많은 분할 정복 알고리즘들의 시간 복잡도가 이런 형태의 순환 관계식으로 나타난다. 또한, 4장에서 공부한 고정비율 축소정복 알고리즘들도 이런 형태로 나타나는데, 이 경우 a는 항상 1이다.

이제 이 식을 풀어야 한다. 결론적으로 이러한 형태의 순환식들을 풀어 보면 $T(n)$의 증가 속도가 a, b와 $f(n)$에 달려 있다는 것을 알 수 있다.

순환 관계식의 계산: 연속 대치법

순환 관계식을 계산하는 하나의 방법은 2.4절에서 사용했던 **연속 대치법**을 사용하는 것이다. 즉, 순환 항을 순환식에 연속적으로 대치하여 순환이 없는 식을 만드는 방법이다. 이것을 이용해 덧셈 문제의 순환 관계식 $T(n) = 2T(n/2) + 1$을 풀어 시간 복잡도를 계산해보자.

먼저, $T(n/2)$을 구해야 되는데, 이것은 식에 n 대신에 $n/2$를 대입하면 된다. 즉,

$T(n/2)=2T(n/2^2)+1$과 같이 구할 수 있고, 이 결과를 원래의 식에 대입한다.

$$\begin{aligned} T(n) &= 2T(n/2)+1 \\ &= 2[2T(n/2^2)+1]+1 \\ &= 2^2 T(n/2^2)+2+1 \end{aligned}$$

이 과정을 i번 반복하고 정리하면 다음과 같다.

$$\begin{aligned} T(n) &= 2[2T(n/2^3)+1]+2+1 \\ &= 2^3 T(n/2^3)+2^2+2+1 \\ &\cdots \\ &= 2^i T(n/2^i)+2^{i-1}+2^{i-2}+\cdots+2+1 \end{aligned}$$

만약 $n=2^k$이라고 가정하고 연속 대치를 k번 반복하면 다음과 같다.

$$\begin{aligned} T(n) &= 2^k T(n/2^k)+2^{k-1}+2^{k-2}+\cdots+2+1 \\ &= 2^k T(1)+\sum_{i=0}^{k-1} 2^i \end{aligned}$$

마지막으로 초기 조건은 $T(1)=0$을 적용하고, 수열의 합 공식을 적용하면 이 식은 다음과 같이 정리된다.

$$T(n)=2^k \cdot 0+\frac{1-2^k}{1-2}=0+\frac{1-n}{-1}=n-1$$

식을 정리하는 과정이 번거롭고 좀 복잡해보이지만 연속 대치법으로 순환 관계식인 복잡도 함수를 풀었고, $T(n)=n-1$라는 결과를 얻었다. 이를 통해 알고리즘의 시간 복잡도가 점근적으로 $O(n)$임을 알 수 있다.

마스터 정리

좋은 소식이 있다. 앞에서와 같은 형태의 순환 관계식을 쉽게 풀 수 있는 유용한 정리가 있는 것이다. 이것은 연속 대치법으로 유도하는 과정을 일반적인 경우로 확장한 것으로, 시간 복잡도의 점근적 표기를 손쉽게 구할 수 있다.

정리 5.1 마스터 정리

다음과 같은 순환식이 주어졌다고 하자.

$$T(n)=\begin{cases} c & n=1 \\ aT(n/b)+f(n) & \text{otherwise} \end{cases}$$

이때, $a \geq 1, b > 1$이고, $f(n) \in O(n^d)$이라면, 다음과 같이 점근적 수행 시간을 계산할 수 있다.

$$T(n)=\begin{cases} O(n^d) & \text{if } a < b^d \\ O(n^d \log n) & \text{if } a = b^d \\ O(n^{\log_b a}) & \text{if } a > b^d \end{cases}$$

이것은 Ω-표기와 Θ-표기에서도 동일하게 적용된다.

- 리스트의 합 문제의 $T(n)=2T(n/2)+1$에 대해 적용해 보자. $a=b=2$이고, $f(n)=1 \in O(1)=O(n^0)$이므로 $d=0$이다. 따라서 세 번째 경우 $a > b^d (2 > 2^0 = 1)$에 해당하고, 점근적 복잡도는 $O(n^{\log_2 2})=O(n)$에 속한다.
- 만약 $T(n)=2T(n/2)+n$이라면 어떻게 될까? $a=2$, $b=2$이고, $f(n)=n \in O(n)=O(n^1)$으로 $d=1$이다. 따라서 두 번째 경우인 $a=b^d$에 해당하고, 점근적 복잡도는 $O(n^1 \log n)=O(n \log n)$이 된다.
- 만약 $T(n)=3T(n/2)+n^2$이라면 어떻게 될까? $a=3$, $b=2$이고, $f(n)=n^2 \in O(n^2)=O(n^2)$으로 $d=2$이다. 따라서 첫 번째 경우인 $a < b^d$에 해당하고, 점근적 복잡도는 $O(n^2)$이 된다.

이 정리는 일반적인 순환 관계식에 연속 대치법을 적용하여 유도할 수 있는데, 증명은 생략하고 결과만을 이용한다. 마스터 정리는 많은 순환 관계식의 점근적 복잡도를 계산하는데 매우 유용하게 사용할 수 있다. 그렇지만 모든 순환식에 적용할 수 있는 것은 아님에 유의하라.

5.2 병합 정렬

정렬 문제에 분할 정복 전략을 적용하면 매우 효율적인 알고리즘을 만들 수 있다. **병합 정렬**(merge sort)은 이러한 분할 정복의 효과를 잘 보여주는 가장 대표적인 정렬 알고리즘의 하나이다. 병합 정렬은 하나의 리스트를 같은 크기의 두 개의 부분 리스트로 분할하고, 분할된 부분 리스트를 정렬한 다음, 정렬된 리스트를 병합하는 전략을 사용한다. 병합 정렬의 처리과정은 다음과 같다.

① **분할**(Divide): 입력 리스트를 같은 크기의 2개의 부분 리스트로 분할한다.
② **정복**(Conquer): 부분 리스트를 정렬한다. 이때, 부분 리스트의 크기가 충분히 작지 않으면 순환 호출을 이용하여 다시 분할 정복 기법을 적용한다. 리스트의 크기가 1이면 이미 정복(정렬)된 것이다.
③ **병합**(Combine, merge): 정렬된 부분 리스트들을 하나의 배열에 통합한다.

다음 그림은 크기가 8인 리스트에 대한 병합 정렬의 전체 처리 과정을 보여주고 있다. 처음에는 리스트의 분할만 계속되다가, 항목의 개수가 하나가 되면 정복된 것이고, 다음부터 병합을 계속하여 정렬된 전체 리스트를 완성한다.

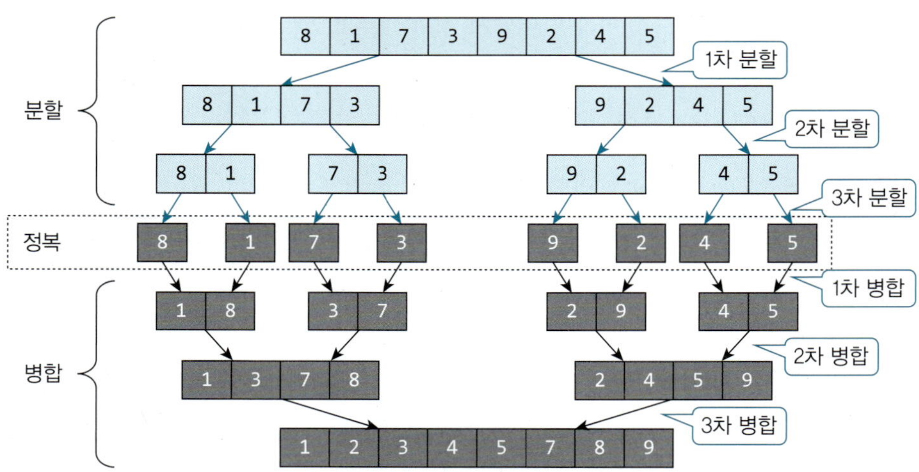

[그림 5.3] 병합 정렬의 예

■ 병합 정렬 알고리즘

대부분의 분할 정복 알고리즘은 순환구조를 이용하면 매우 간략하게 나타낼 수 있는데,

병합 정렬에서도 마찬가지이다. 먼저 전체 알고리즘을 파이썬으로 기술해 보자. 다음은 순환구조로 기술한 병합 정렬 알고리즘이다.

알고리즘 5.1 병합 정렬

```
01 def merge_sort(A, left, right) :            # A[left..right]를 오름차순으로 정렬
02     if left<right :                         # 항목이 2개 이상인 경우
03         mid = (left + right) // 2           # 리스트의 균등 분할
04         merge_sort(A, left, mid)            # 부분 리스트 정렬
05         merge_sort(A, mid + 1, right)       # 부분 리스트 정렬
06         merge(A, left, mid, right)          # 병합
07     # else: 항목이 1개 인 경우. 자동으로 정복되었음(하나이므로)
```

1행: A는 입력 리스트이고, left와 right는 각각 리스트 내에서 정렬하고자 하는 시작 항목과 끝 항목의 인덱스이다. 항목의 수가 n개인 리스트 전체를 정렬하고자 한다면 merge_sort(A, 0, n–1)과 같이 호출하면 된다.

2행: 정렬할 항목이 2개 이상인 경우에 대해서만 분할-정복을 진행한다. 항목이 1개(left==right)이면 이미 정복된 것이다.

3행: 리스트를 균등하게 분할할 인덱스를 계산한다.

4~5행: 왼쪽 부분 리스트 A[left..mid]와 오른쪽 부분 리스트 A[mid+1..right]를 각각 독립적으로 병합 정렬한다.

6행: 정렬된 두 리스트를 병합한다. 전체 리스트 A[left..right]에서 왼쪽 부분 A[left..mid]와 오른쪽 부분 A[mid+1..right]가 독립적으로 정렬되어 있다. 이제 이 둘을 병합해 하나의 정렬된 리스트 A[left..right]를 만든다.

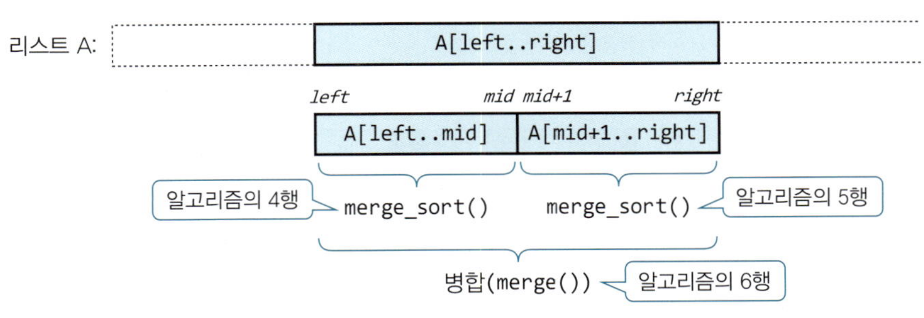

[그림 5.4] 알고리즘 5.1의 구조

■ 정렬된 두 리스트의 병합

알고리즘에서 실제로 정렬이 이루어지는 시점은 2개의 리스트를 병합하는 단계인 merge()에서이다. 병합 방법을 생각해 보자.

다음 그림은 두 개의 정렬된 부분 리스트를 병합하는 예를 보여준다. 효율적인 병합을 위해서는 반드시 임시 리스트가 필요하다는 것에 유의하라. 병합은 각 부분 리스트의 첫 번째 항목들부터(i=left, j=mid+1) 오른쪽으로 시작한다. 두 부분 리스트의 항목 A[i]와 A[j]를 비교하여 더 작은 요소를 먼저 새로운 리스트 sorted로 복사한다. 예를 들어, 그림 5.5와 같은 상황에서는 A[i]〉A[j]이므로 A[j]를 sorted[k]로 복사하고, 인덱스 j와 임시 리스트의 인덱스 k를 증가시켜야 한다. 만약 A[i]≤A[j]라면 A[i]를 sorted[k]로 복사하고 i와 k를 증가시킨다. 이 과정은 리스트 하나의 모든 항목이 복사될 때까지 반복된다. 마지막으로 다른 리스트의 남은 항목들을 모두 C로 복사하면 병합이 종료된다.

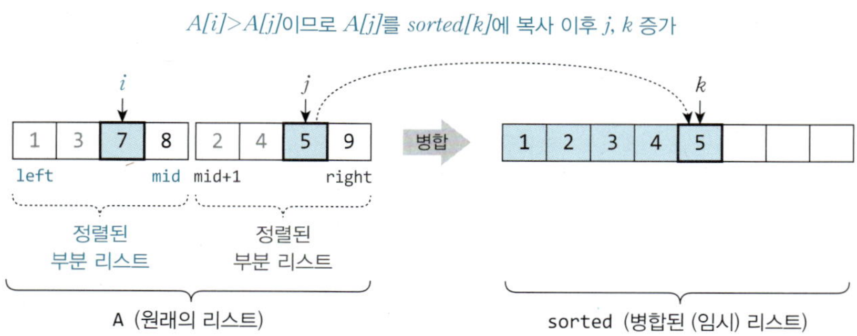

[그림 5.5] 정렬된 부분 리스트의 병합 환경

다음 그림은 각각 정렬된 왼쪽과 오른쪽 리스트를 임시 리스트로 병합하는 전체 과정을 보여준다.

[그림 5.6] 정렬된 두 부분 리스트 A와 B를 병합하는 과정

다음은 이러한 병합 알고리즘 merge()이다. 병합된 리스트를 저장하기 위해 전역변수로 선언된 임시 리스트 sorted를 사용하였다.

알고리즘 5.2 병합 알고리즘(정렬된 두 리스트의 병합)

```
01 def merge(A, left, mid, right) :
02     k = left                                  # 병합을 위한 임시 리스트의 인덱스
03     i = left                                  # 왼쪽 리스트의 인덱스
04     j = mid + 1                               # 오른쪽 리스트의 인덱스
05     while i<=mid and j<=right :
06         if A[i] <= A[j] :                     # 기본 연산
07             sorted[k] = A[i]
08             i, k = i+1, k+1
09         else:
10             sorted[k] = A[j]
11             j, k = j+1, k+1
12
13     if i > mid :                              # 한쪽에 남아 있는 레코드의 일괄 복사
14         sorted[k:k+right-j+1] = A[j:right+1]  # 리스트의 슬라이싱 이용
15     else :
16         sorted[k:k+mid-i+1] = A[i:mid+1]      # 리스트의 슬라이싱 이용
17
18     A[left:right+1] = sorted[left:right+1]    # sorted를 A에 다시 복사
```

1행: 각각 정렬된 왼쪽 부분 리스트 A[left..mid]와 오른쪽 부분 리스트 A[mid+1..right]를 하나의 리스트 A[left..right]로 병합하는 함수이다.

2~4행: 인덱스들을 초기화한다.

5행: 한 쪽의 부분 리스트가 모두 처리될 때까지 반복한다.

13~16행: 한쪽의 부분 리스트에 남아 있는 모든 레코드를 임시 리스트 sorted로 일괄 복사한다. 파이썬 리스트의 슬라이스 기능 사용하였다.

18행: 병합이 끝나면 병합 결과를 저장한 임시 리스트 sorted를 반드시 원래의 리스트 A에 복사해야 한다. 파이썬 리스트의 슬라이스 기능을 이용해 sorted를 A로 다시 복사하는 코드에 유의하라.

파이썬 슬라이스 기능

파이썬의 슬라이스 기능은 리스트(또는 튜플)의 원소 일부를 연속해서 또는 일정한 간격으로 꺼내 새로운 리스트를 만드는 것을 말한다. 리스트를 A라 하면, A[from:to] 또는 A[from:to:step]으로 사용할 수 있는데, from은 시작 인덱스, to는 마지막 인덱스 바로 다음, 그리고 step은 간격을 말한다. 사용 예는 다음과 같다.

```
A = [ 7, 10, 4, 3, 20, 15, 30 ]
A[2:6]                      # from=2, to=5, step=1 : [ 4, 3, 20, 15]
A[2:6:2]                    # from=2, to=6, step=2 : [ 4, 20 ]
```

알고리즘 테스트 병합 정렬 테스트

```
data = [ 5, 3, 8, 4, 9, 1, 6, 2, 7]      # 입력 리스트
sorted = [0] * len(data)                # 길이가 len(data)인 임시 리스트를
print("Original  : ", data)             # 만들고 모든 항목을 0으로 초기화
merge_sort(data, 0, len(data)-1)        # 병합 정렬
print("MergeSort : ", data)
```

```
C:\WINDOWS\system32\cmd.exe
Original  :  [5, 3, 8, 4, 9, 1, 6, 2, 7]
MergeSort :  [1, 2, 3, 4, 5, 6, 7, 8, 9]
```

■ 복잡도 분석

병합 정렬은 입력 데이터의 구성에 상관없이 동일한 시간에 정렬이 완료된다. 따라서 최악, 평균, 최선의 경우를 나누어 생각할 필요가 없다.

병합 정렬은 순환 호출 구조로 되어 있다. 따라서 레코드의 개수 n이 2의 거듭제곱이라고 가정하고 순환 호출의 깊이가 얼마나 되는지를 분석해 보자. $n=2^3$ 인 경우에는 부분배열의 크기가 $2^3 \rightarrow 2^2 \rightarrow 2^1 \rightarrow 2^0$ 순으로 줄어들어 순환 호출의 깊이가 3임을 알 수 있다. 따라서 일반적으로 $n=2^k$ 라고 하면 부분배열의 크기는 $2^k \rightarrow 2^{k-1} \rightarrow \cdots \rightarrow 2^0$ 이 되어 순환 호출의 깊이는 k가 된다. 이때, $k=\log_2 n$ 이다.

복잡도 함수의 순환 관계식

단순화를 위해 n이 2의 거듭제곱이라고 가정하고, 알고리즘의 효율성을 계산해보자. 병합

정렬의 복잡도 함수는 다음과 같이 순환 관계로 나타낼 수 있다.

$$T(n) = 2T(n/2) + T_{merge}(n) \quad \text{for} \ \ n > 1$$
$$T(1) = 0$$

- 초기조건 $T(1)$은 항목이 하나인 경우로 그 자체로 정렬되어 있고, 따라서 $T(1) = 0$이다.
- $T_{merge}(n)$을 병합 과정(알고리즘 5.2)의 전체 비교 연산(6행) 수라 하자. 비교 연산이 가장 많이 수행되어야 하는 경우는 어느 한쪽이 부분 리스트가 먼저 끝나지 않고 양쪽이 거의 비슷하게 끝나는 경우이다. 어느 한쪽이 끝나면 바로 레코드의 일괄 복사 문장으로 넘어가기 때문에 비교 연산을 더 이상 수행하지 않아도 되기 때문이다. 따라서 아무리 불리한 경우라도 $T_{merge}(n) = n-1$을 넘지 않는다.

결국 전체 순환 관계식은 다음과 같다.

$$T(n) = 2T(n/2) + n - 1, \quad T(1) = 0$$

이제 순환식을 계산하면 된다.

마스터 정리를 이용한 순환 관계식 계산

순환 관계식 계산을 위해 먼저 앞에서 공부한 마스터 정리를 사용해 보자.

- $a=b=2$이다.
- $f(n) = n-1 \in O(n) = O(n^1)$이므로 $d=1$이다. 따라서 두 번째 경우인 $a = b^d$에 해당한다.
- 결국 점근적 복잡도는 $O(n^1 \log_2 n) = O(n \log_2 n)$이 된다.

연속 대치법을 이용한 순환 관계식 계산

연속 대치법을 이용해 계산하더라도 점근적 복잡도는 동일하다. 먼저 k번 연속적으로 대치한 후 정리하면 다음과 같다.

$$
\begin{aligned}
T(n) &= 2T(n/2)+n-1 \\
&= 2[2T(n/2^2)+n/2-1]+n-1 = 2^2T(n/2^2)+2n-3 \\
&= 2^2[2T(n/2^3)+n/2-1]+2n-2-1 = 2^3T(n/2^3)+3n-7 \\
&\vdots \\
&= 2^kT(n/2^k)+kn-(2^k-1)
\end{aligned}
$$

입력의 크기가 $n=2^k$ 라면 식은 다음과 같이 정리된다.

$$
\begin{aligned}
T(n) &= nT(1)+n\log_2 n-(n-1) \\
&= n\log_2 n-n+1 \\
&\in O(n\log_2 n)
\end{aligned}
$$

결국, 점근적 복잡도는 동일하게 계산된다.

병합 정렬의 특징

병합 정렬에서 이동 연산은 얼마나 수행될까? 하나의 병합 단계에서 보면 임시 배열에 복사했다가 다시 가져와야 하므로 이동 연산은 총 부분배열에 들어있는 요소의 개수가 n인 경우, 레코드의 이동이 $2n$번 발생하므로 하나의 병합 단계에서 $2n$개가 필요하다. 따라서 $\log_2 n$개의 병합 단계가 필요하므로 총 $2n\log_2 n$개의 이동 연산이 필요하다. 결국, 병합 정렬의 특징은 다음과 같다.

- $O(n\log_2 n)$의 복잡도로 매우 효율적인 정렬 방법의 하나이다.
- 입력 데이터가 어떻게 이루어져 있는지에 상관없이 동일한 시간에 정렬된다.
- 안정성(stability)을 만족한다.
- 단점은 입력 리스트의 크기와 같은 임시 리스트가 필요한 것이다.

병합 정렬에서 부분 리스트를 두 개 이상으로 나누고 결과를 병합할 수도 있다. 이러한 방법을 다중(multiway) 병합 정렬이라고 하는데, 주 메모리보다 속도가 느린 보조 메모리에 있는 파일을 정렬하는 등의 응용에서 특히 유용하게 사용될 수 있다.

5.3 퀵 정렬

퀵 정렬(quick sort)은 평균적으로 매우 빠른 수행 속도를 자랑하는 알고리즘으로 역시 분할 정복 전략을 사용한다. 그러나 병합 정렬이 항목들을 위치에 따라 분할하는 것과는 달리 퀵 정렬은 항목의 값에 따라 분할한다. 따라서 병합 정렬과 달리 리스트가 균등하게 분할되지는 않는다. 퀵 정렬의 전략은 다음과 같다.

① **분할**(Divide): 먼저 **피벗**(pivot)을 선택한다. 이것은 리스트의 임의의 항목을 선택하면 되는데, 편의상 리스트의 첫 번째 항목을 사용하자. 피벗보다 작은 항목들은 모두 피벗의 왼쪽으로 옮기고 큰 항목들은 피벗의 오른쪽으로 옮긴다. 즉, 피벗을 중심으로 피벗보다 작은 왼쪽 부분 리스트와 큰 오른쪽 부분 리스트로 분할한다. 이것은 4.5절의 선택문제에서 공부한 분할과 같다(알고리즘 4.12).

② **정복**(Conquer): 분할이 끝나면 피벗은 최종 위치에 있지만 왼쪽과 오른쪽 부분 리스트는 정렬되어 있지 않다. 이들을 정렬하기 위해 분할 정복 전략을 다시 사용한다. 만약 리스트의 크기가 1이면 이미 정복된 것이다.

③ **결합**(Combine, merge): 병합 단계는 필요 없다. 분할을 할 때마다 피벗을 중심으로 작고(왼쪽) 큰(오른쪽) 부분 리스트로 나누어지기 때문에 분할과 정복이 모두 끝나면 그 자체가 이미 정렬이 완료된 상태가 된다.

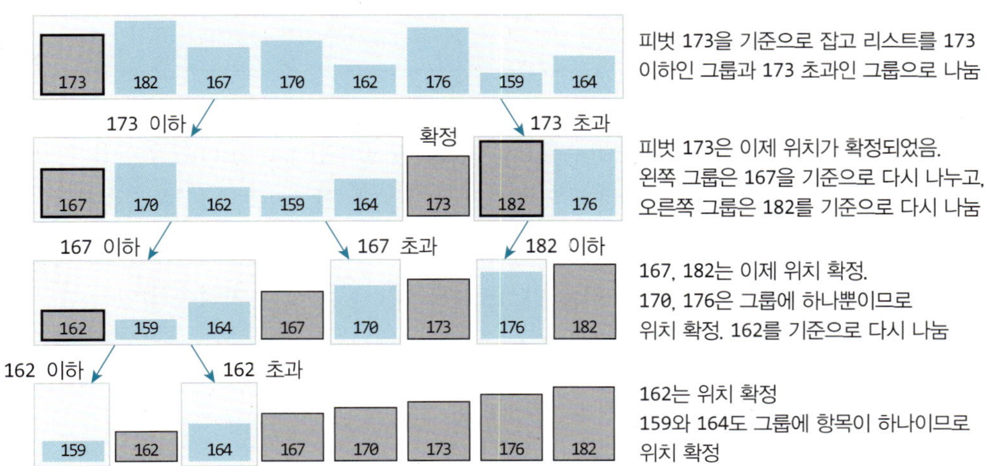

[그림 5.7] 퀵 정렬의 기본 아이디어

그림 5.7은 퀵 정렬 아이디어를 보여주는데, 리스트에서 피벗을 선택하고 이를 기준으로 리스트를 2개의 부분 리스트로 나누며, 각 부분 리스트에 다시 같은 분할 과정을 적용한다. 이러한 분할과정은 부분 리스트를 더 이상이 나눌 수 없을 때 까지 반복된다. 부분 리스트의 크기가 1이면 더 이상 나눌 수 없이 이미 정렬이 된 상태이므로 분할이 종료된다.

■ 퀵 정렬 알고리즘

순환구조를 이용하면 퀵 정렬 알고리즘을 다음과 같이 간략히 기술할 수 있다. 입력 리스트인 A와 정렬 범위를 나타내는 left와 right가 매개변수로 전달된다.

알고리즘 5.3 퀵 정렬

```
01 def quick_sort(A, left, right) :              # A[left..right]를 오름차순으로 정렬
02     if left<right :                           # 정렬 범위가 2개 이상인 경우
03         mid = partition(A, left, right)       # 좌우로 분할
04         quick_sort(A, left, mid-1)            # 왼쪽 부분리스트를 퀵 정렬
05         quick_sort(A, mid+1, right)           # 오른쪽 부분리스트를 퀵 정렬
```

2행: 정렬할 항목이 2개 이상인 경우에 대해서만 처리한다. 항목이 1개이면 이미 정렬된 것이다.

3행: 분할 알고리즘(4장의 알고리즘 4.12)을 이용해 리스트를 좌우로 분할한다. 이때 리스트가 균등하게 분할된다는 보장은 없다. 분할이 완료되면 피벗의 인덱스가 반환되어 mid에 복사된다.

4~5행: 왼쪽 부분 리스트 A[left..mid−1]와 오른쪽 부분 리스트 A[mid+1..right]를 각각 정렬한다.

정렬할 항목의 개수가 2개 이상인 경우 4.5절에서 이미 공부한 partition() 연산을 이용해 리스트를 분할한다. 이 함수는 피벗의 위치를 반환하는데, 알고리즘 4.12를 복습하라. 이후 피벗을 중심으로 양쪽 부분 리스트를 다시 정렬한다. 이때, 순환호출에서 피벗(mid)을 제외하고 정렬하는 것에 유의하라. 전체 리스트에서 피벗은 이미 제 자리를 찾았기 때문이다. 다음은 퀵 정렬을 이용해 전체 리스트가 완전히 정렬되는 과정을 보여준다.

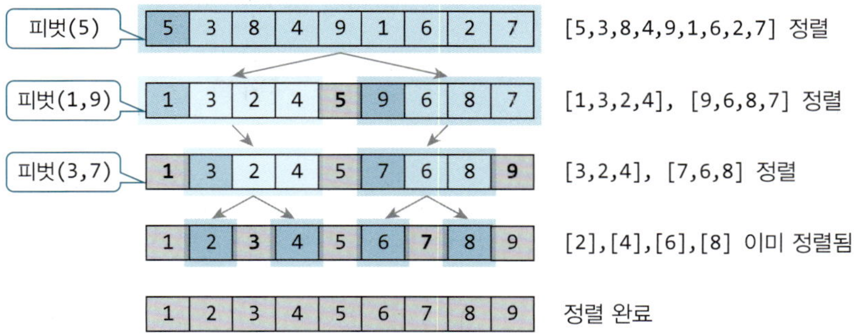

[그림 5.8] 퀵 정렬의 예

알고리즘 테스트 퀵 정렬 테스트

```
data = [ 5, 3, 8, 4, 9, 1, 6, 2, 7 ]          # 입력 리스트
print("Original  : ", data)
quick_sort(data, 0, len(data)-1)               # 병합 정렬
print("QuickSort : ", data)
```

```
C:\WINDOWS\system32\cmd.exe
Original  :  [5, 3, 8, 4, 9, 1, 6, 2, 7]
QuickSort :  [1, 2, 3, 4, 5, 6, 7, 8, 9]
```

■ 복잡도 분석

퀵 정렬의 복잡도를 분석하기 위해 먼저 4.5절의 partition() 알고리즘의 복잡도를 계산해 보자. 기본 연산은 피벗과 항목의 비교 연산(6행과 7행)을 사용하면 된다. 알고리즘에서는 피벗으로 사용된 원소를 제외한 모든 원소를 비교하므로 복잡도 함수 $T_{partition}(n)=n-1$ 이다. 이제 퀵 정렬의 복잡도를 분석해 보자.

최선의 경우

퀵 정렬에서 최선의 경우는 언제일까? 리스트 분할이 항상 리스트의 가운데에서 이루어지는 상황이다. 항목의 수 n이 2의 거듭제곱이라고 가정하면, 리스트는 $n/2$, $n/4$, $n/8$, ..., $n/2^k$의 크기로 나누어지게 된다. 이것을 순환 관계로 나타내 보자.

$$
\begin{aligned}
T_{best}(n) &= 2T_{best}(n/2)+T_{partition}(n) \quad \text{for } n>1 \\
&= 2T_{best}(n/2)+n-1 \\
T_{best}(1) &= 0
\end{aligned}
$$

이 순환식은 병합 정렬의 경우와 정확히 같다. 따라서 마스터 정리를 사용하거나 연속 대치법을 동일하게 적용하면 점근적 복잡도 $O(n\log_2 n)$을 구할 수 있다. 다음 그림의 왼쪽은 최선의 경우에 대한 분할 예를 보여준다.

[그림 5.9] 퀵 정렬의 최선의 분할과 최악의 분할 예

최악의 경우

퀵 정렬에서 최악의 경우는 그림의 오른쪽과 같이 리스트가 계속 불균형하게 나누어지는 경우이다. 예를 들어, 이미 정렬된 리스트는 퀵 정렬에서 최악의 입력이다. 만약 리스트의 첫 번째 항목을 피벗으로 선택하면 왼편 리스트는 항상 텅 비는 불균형 분할이 연속적으로 발생한다. 이 경우의 복잡도를 순환 관계로 나타내면 다음과 같다.

$$T_{worst}(n) = T(0) + T_{worst}(n-1) + n - 1 \quad \text{for} \;\; n > 0$$

그런데, 항목이 없으면 정렬할 필요가 없으므로 당연히 $T(0)=0$이고, $T_{worst}(n) = T_{worst}(n-1)+n-1$이 된다. 이 식을 풀면 다음과 같다.

$$T_{worst}(n) = \frac{n(n-1)}{2} \in O(n^2)$$

최악의 입력에 대해서는 그림 5.9의 오른쪽 트리와 같이 높이(순환 호출이 깊이)가 n이다. 그림에서 트리의 한 레벨에서의 분할 과정에 n에 비례하는 비교가 필요하고 트리의 높이가 n이므로, 결국 n^2에 비례하는 비교 연산이 필요하다. 따라서 퀵 정렬은 최악의 경우 $O(n^2)$의 시간 복잡도를 갖는다.

평균적인 경우

퀵 정렬의 평균적인 시간 복잡도를 계산하기 위해서는 가정이 필요하다. 보통 피벗의 위치를 반환하는 partition() 연산이 0~n–1을 동일한 확률로 반환한다는 가정이 많이 이용되는데, 만약 피벗의 위치를 s라고 한다면 평균적인 경우는 다음과 같은 순환 관계로 표현할 수 있다.

$$T_{avg}(n) = \frac{1}{n}\sum_{s=0}^{n-1}[T_{avg}(s) + T_{avg}(n-1-s) + T_{partition}(n)] \quad \text{for } n > 1$$
$$T_{avg}(0) = T_{avg}(1) = 0$$

이것은 계산하기 복잡하지만 결과는 다음과 같다고 알려져 있다.

$$T_{avg}(n) \approx 1.39n\log_2 n$$

이것은 평균적으로는 최선의 경우에 비해 추가적인 비교가 39% 정도만 늘어난다는 것을 의미한다. 결국, 퀵 정렬은 평균적인 복잡도가 $O(n\log_2 n)$이고, 특히 병합 정렬이나 힙 정렬과 같은 다른 $O(n\log_2 n)$ 알고리즘과 비교해도 매우 빠른 것으로 알려져 있다. 이러한 특성 때문에 최악의 경우의 나쁜 효율을 갖는데도 불구하고 **빠른(quick) 정렬**이란 이름을 갖게 되었고, 20세기 과학기술에 가장 큰 영향을 준 10대 알고리즘에 선정되기도 하였다.

퀵 정렬이 빠른 이유는 불필요한 데이터의 이동을 줄이고 먼 거리의 데이터를 교환하며, 한번 결정된 피벗들이 추후 연산에서 제외되는 등의 특징 때문으로 보인다. 이러한 퀵 정렬의 성능을 더 개선하려는 방법들이 연구되고 있다.

- 불균형 분할을 완화하기 위해 피벗을 리스트의 중앙값에 가깝도록 선택하는 방법들도 있다. 예를 들어, 리스트 내의 몇 개의 값 중에서 **중간값**(median)을 피벗으로 선택하는 것인데, 보통 리스트의 왼쪽, 오른쪽, 중간의 3개 항목 중에서 중간값을 선택하는 방법(median of three)이 많이 사용된다.
- 퀵 정렬은 정렬된 리스트에서 최악의 성능을 보이는데, 반대로 거의 정렬된 리스트에 효율적인 알고리즘들이 있다. 따라서 부분 리스트의 크기가 작아지면(보통 5~15) 삽입 정렬과 같은 다른 알고리즘을 함께 사용하는 **하이브리드(hybrid) 정렬** 기법들도 연구되고 있다.

- 분할을 두 그룹이 아니라 세 그룹으로 하는 방법도 있다. 이를 위해서는 두 개의 피벗을 사용해야 하는데, 이 알고리즘을 **이중 피벗 퀵 정렬**(dual pivot quick sort)이라고 한다.

5.4 이진트리 관련 문제

이진트리에도 분할 정복 기법이 적용된다. **이진트리**(binary tree)는 모든 노드가 2개의 서브 트리를 갖는 트리이다. 이때 서브 트리는 공집합일 수도 있다. 이진트리는 다음과 같이 순환적으로 정의된다.

정의 5.1 이진트리

(1) 공집합이거나
(2) 루트와 왼쪽 서브 트리, 오른쪽 서브 트리로 구성된 노드들의 집합. 이진트리의 서브 트리들은 모두 이진트리이어야 한다.

이진트리는 모든 노드의 차수가 2 이하로, 최대 2개까지의 자식 노드를 가질 수 있는데, 자식들 사이에도 순서가 존재하므로 왼쪽 자식과 오른쪽 자식은 반드시 구별되어야 한다.

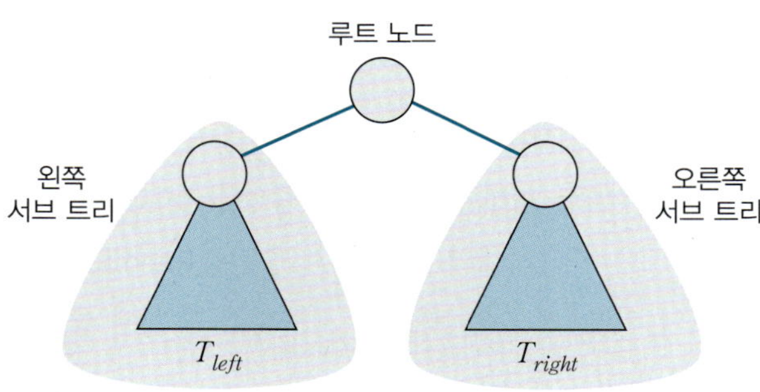

[그림 5.10] 이진트리의 구조

다음은 이진트리의 예와 다양한 문제들을 보여준다. 문제 1~3은 답이 하나이지만 문제 4는 여러 개의 답이 있을 수 있다는 것에 유의하라.

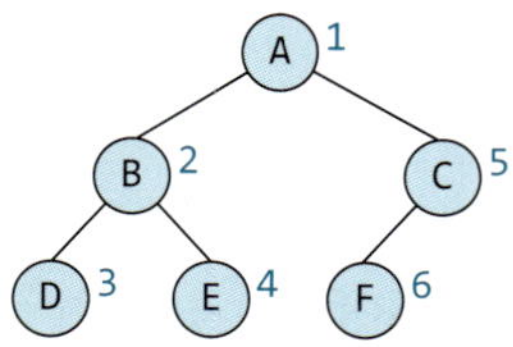

문제 1: 이진트리의 전체 노드의 수는? 답) 6
문제 2: 이진트리의 높이는? 답) 3
문제 3: 이진트리의 단말노드의 수는? 답) 3
문제 4: 모든 노드를 한번씩 방문하는 방법은?
…

[그림 5.11] 이진트리의 예와 몇 가지 문제들

이진트리와 관련된 문제들을 해결하는데 분할 정복 기법이 흔히 사용된다. 이것은 이진트리의 정의 자체가 같은 구조의 두 서브 트리로 나누는 방식이므로 분할 정복 전략을 바로 적용할 수 있기 때문이다.

이 절에서는 문제 2와 문제 4에 대한 해결 방법을 살펴볼 것이다. 이들 알고리즘을 공부하기 위해서는 먼저 이진트리를 어떻게 표현하는지를 이해해야 한다.

■ 이진트리의 표현

다른 자료구조들과 마찬가지로 이진트리도 배열 구조와 연결된 구조로 표현할 수 있다. 다음은 그림 5.11의 트리에 대한 두 방법의 표현 예를 보여준다.

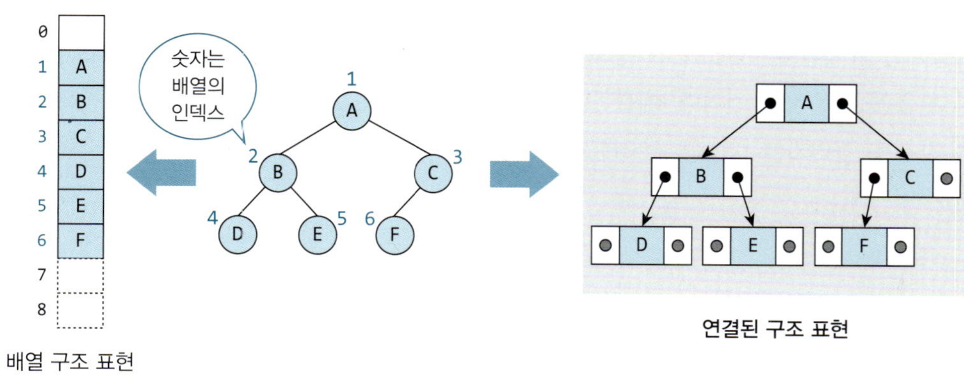

[그림 5.12] 이진트리의 배열 구조 표현과 연결된 구조 표현

배열 구조 표현법, 또는 **배열 표현법**은 노드의 정보를 배열에 저장하는 방법이다. 이때 배열 항목의 인덱스를 이진트리의 노드 위치로 대응시키기 위한 방법이 필요하다. 이것은 자료구조 관련 도서나 인터넷을 참고하기 바란다. 여기서는 **링크 표현법**이라 불리는 연결된 구조 표현을 이용해 이진트리 알고리즘을 설명한다.

링크 표현법

트리의 노드간의 연결 관계는 **링크(link)**를 이용해 표현할 수 있다. 이것은 C언어의 포인터와 같은 개념으로 다른 노드를 가리키기 위해 사용된다. 링크 표현법에서는 노드를 나타내기 위한 특별한 자료구조가 필요한데, 하나의 노드가 자신의 데이터와 함께 왼쪽과 오른쪽 자식을 가리키는 링크를 가져야 하기 때문이다. 다음은 이진트리의 노드 구조를 보여주고 있다.

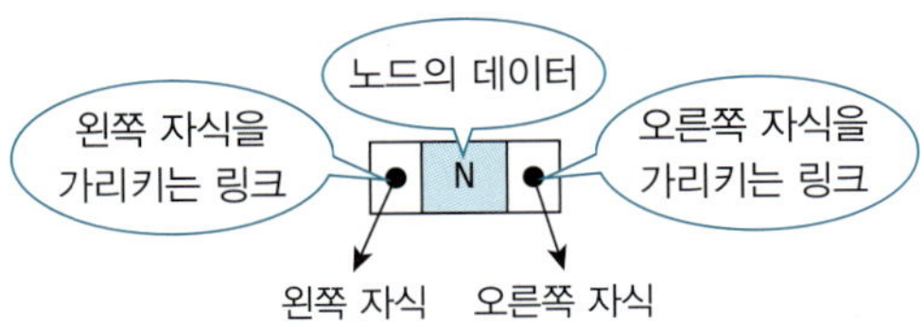

[그림 5.13] 이진트리의 노드 구조

그림 5.12의 오른쪽은 이러한 노드를 이용해 이진트리를 표현한 예를 보여주고 있다. 트리 표현에서 부모와 자식의 관계를 나타내기 위해서는 간선(링크)을 화살표로 나타내는 것이 더 정확하다. 그러나 화살표가 없이 연결된 경우 위쪽을 부모 노드, 아래쪽을 자식노드로 생각하면 된다.

그렇다면 파이썬에서 노드는 어떻게 표현할 수 있을까? 하나의 방법은 크기가 3인 리스트나 튜플을 사용하는 것이다. 예를 들어, A[0]는 데이터를, A[1]와 A[2]가 각각 왼쪽과 오른쪽 자식을 가리키는 링크를 갖도록 하는 것이다. 그러나 가장 좋은 방법은 클래스를 이용하는 것이다.

노드에 대한 파이썬 클래스와, 이를 이용해 링크 표현법으로 이진트리를 표현하는 방법을 살펴보자. 노드 클래스 TNode는 다음과 같이 표현할 수 있다. 생성자에서 트리 노드를 위한 데이터와 왼쪽 자식 및 오른쪽 자식에 대한 링크를 생성하고 초기화한다.

```
class TNode:                                  # 이진트리를 위한 노드 클래스
    def __init__ (self, data, left, right):   # 생성자
        self.data = data                      # 노드의 데이터
        self.left = left                      # 왼쪽 자식을 위한 링크
        self.right = right                    # 오른쪽 자식을 위한 링크
```

파이썬 클래스

파이썬도 객체지향 프로그래밍을 지원하므로 사용자가 자신의 클래스를 만들어 사용할 수 있다. 그러나 기본적으로 리스트나 튜플, 집합과 같은 컬렉션 자료형을 제공하기 때문에 사용자가 클래스를 직접 만들지 않더라도 다른 방법으로 처리할 수 있는 경우가 많다. 이 책에서는 대부분의 경우 파이썬의 컬렉션 자료형을 사용하고, 클래스에 대해서는 자세히 다루지 않는다. 파이썬 클래스에 대한 자세한 내용은 인터넷이나 관련 자료를 참고하기 바란다. 이 절에서 사용되는 TNode는 생성자만을 사용하는데, 그림 5.14와 같이 객체를 생성하고, 알고리즘 5.4와 같이 데이터 멤버 접근 방법만 이해하면 된다.

이진트리를 링크 표현법으로 기술하는 코드의 예는 다음과 같다. 단말 노드들부터 시작하여 각각의 노드를 직접 생성하고 연결해야 하는 것에 유의하라. 최종적으로 root가 트리의 루트 노드를 가리키고 전체 트리를 대표한다.

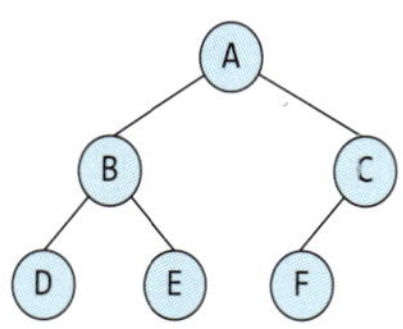


```
d = TNode('D', None, None)
e = TNode('E', None, None)
b = TNode('B', d, e)
f = TNode('F', None, None)
c = TNode('C', f, None)
root = TNode('A', b, c)        # 루트 노드
```

[그림 5.14] 링크 표현법을 이용한 이진트리 표현 코드의 예

▪ 이진트리의 높이 문제

그림 5.14와 같은 이진트리가 주어졌을 때, 이 트리의 높이를 구하는 방법을 생각해 보자. 분할 정복 전략을 사용하는데, 다음 그림을 보면 아이디어를 쉽게 떠올릴 수 있다.

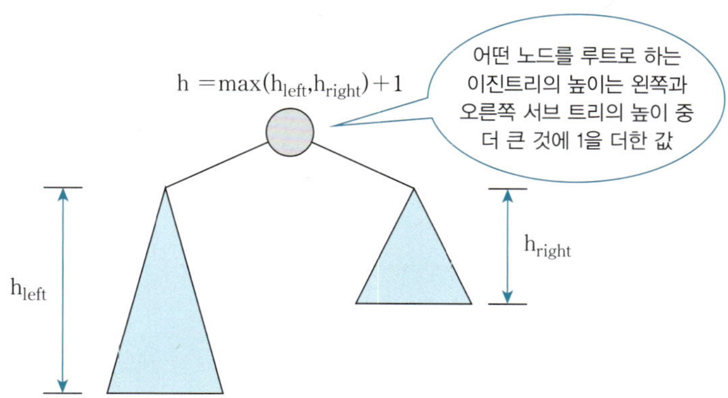

[그림 5.15] 이진트리의 높이를 구하는 방법

① **분할**(Divide): 트리를 루트의 왼쪽 서브 트리와 오른쪽 서브 트리로 나눈다. 물론 이미 나누어져 있다.

② **정복**(Conquer): 왼쪽 서브 트리와 오른쪽 서브 트리에서 각각 높이를 구한다. 만약 어떤 서브 트리의 루트가 공백이면 높이가 0이고, 단말 노드이면 높이가 1이다. 만약 그렇지 않다면 문제의 크기가 충분히 작아지지 않은 것이고, 따라서 순환 호출을 이용하여 다시 분할 정복 기법을 적용한다.

③ **결합**(Merge): 좌우 서브 트리의 높이가 구해지면 전체 트리의 높이는 이들 중 큰 값에 1을 더한 것과 같다.

이진트리의 높이 알고리즘

이제 이 아이디어를 알고리즘으로 기술해 보자. 알고리즘의 입력은 노드 root로 어떤 트리의 루트를 나타낸다. 만약 루트가 None이면 공백 트리를 의미하므로 높이 0을 바로 반환한다. 공백 트리가 아니면 두 서브 트리의 높이를 계산하는데, 물론 순환 호출이 사용된다. 마지막으로 결과를 비교해 더 큰 값에 1을 더한 값을 반환한다. 다음은 파이썬으로 기술한 알고리즘이다. 순환 호출의 반환 값을 단순하게 서로 더하는 것이 아님에 유의하라.

알고리즘 5.4 이진트리의 높이

```
def calc_height(root) :                  # 루트노드 root
    if root is None :                    # 공백 트리이면 → 0을 반환
        return 0                         #  높이가 0 → 0을 반환
    hLeft = calc_height(root.left)       # 왼쪽 트리의 높이 → hLeft
    hRight = calc_height(root.right)     # 오른쪽 트리의 높이 → hRight
    return max(hLeft,hRight) + 1         # 더 높은 높이에 1을 더해 반환
```

알고리즘 테스트 이진트리의 높이 테스트

```
...                                      # 그림 5.14의 코드 추가
print(" 트리의 높이 =", calc_height(root))
```

```
C:\WINDOWS\system32\cmd.exe
트리의 높이 = 3
```

복잡도 분석

입력의 크기는 전체 트리의 노드 개수 n이다. 알고리즘 5.4의 복잡도 함수 $T(n)$을 구해

보자. 전체 노드의 개수가 n인 이진트리의 좌우 서브 트리의 노드 수를 각각 n_{left}와 n_{right}라 한다면 $T(n)$은 다음과 같이 순환적으로 표현할 수 있다.

$$T(n) = T(n_{lert}) + T(n_{right}) + 1 \quad \text{for} \quad n > 0$$
$$T(0) = 0$$

이 식을 직접 풀기 위해서는 n_{left}와 n_{right}를 n에 대한 식으로 나타낼 수 있어야 하는데 이것은 쉽지 않다. 따라서 좀 다른 방법으로 복잡도를 분석하자.

- 일단 6행의 덧셈 연산(+)을 기본 연산으로 해 보자. 모든 노드에서 왼쪽과 오른쪽 서브 트리의 높이를 구한 후 최댓값에 1을 더해야 한다. 따라서 이진트리의 모든 노드에서 한 번의 덧셈 연산이 필요하고, 결국 시간 복잡도 $T(n) = n \in O(n)$이다.
- 2행의 공백검사(n is None)를 기본 연산으로 하면 어떻게 될까? 그림에 나타난 모든 노드에서 공백검사를 하는 것은 당연하다. 그런데 추가적인 검사도 필요하다. 노드의 자식이 None인 경우 그 자식에서도 공백검사는 해야 한다. 따라서 $T(n)$은 덧셈을 기본연산으로 한 경우 보다 약간 크게 나온다. 그러나 결과적인 점근적 시간 복잡도는 $O(n)$으로 동일하다.

심화 학습 공백검사를 기본 연산으로 한 경우의 복잡도 분석

공백검사를 기본 연산으로 하는 경우의 복잡도 함수를 구하기 위해 원래의 트리에 포함된 모든 노드의 공백 서브 트리들을 특별한 노드로 채워서 확장시켜 보자. 예를 들어, 다음 그림에서 원은 원래의 이진트리의 노드이고, 정사각형은 트리의 확장을 통해 추가된 노드들이다. 원래의 노드를 **내부 노드**(internal node)라 하고, 추가된 노드를 **외부 노드**(external node)라 하자.

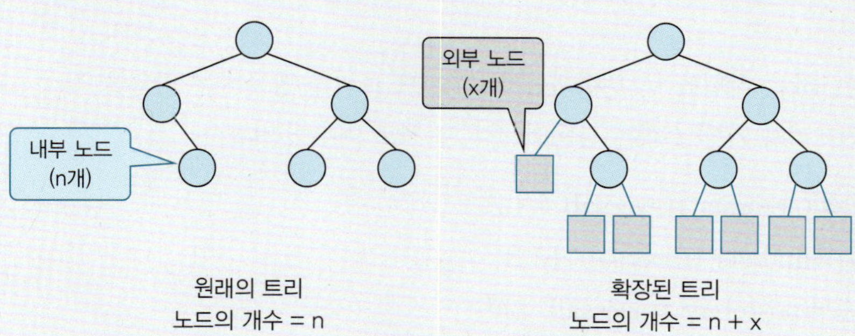

[그림 5.16] 이진트리의 확장

모든 내부노드와 외부노드에서 공백검사를 해야 하므로 시간 복잡도 함수 $T(n)=n+x$가 된다. 즉 n개의 내부노드가 있는 트리를 확장한 이진트리가 가질 수 있는 모든 노드(내부와 외부)의 수이다.
확장된 트리에서 전체 노드의 수는 몇 개 일까? 그림을 보면 단서가 있다. 확장된 트리에서는 모든 노드가 자식이 없거나 두 개다. 즉, 외부 노드는 자식이 없고, 모든 내부 노드는 두 개의 자식을 갖는다. 그리고 루트노드는 누구의 자식도 아니다. 따라서 확장된 트리에서 모든 노드의 수는 $2n+1$이다. 결국, $T(n)=n+x=2n+1\in O(n)$이다.

■ 이진트리의 표준 순회 문제

이진트리에서 가장 중요한 연산의 하나가 순회이다. 순회는 트리의 모든 노드를 한 번씩 방문하는 작업을 말하는데, 이진트리의 기본 순회에는 전위, 중위, 후위의 3가지 방법이 있다. 이들은 루트와 왼쪽 서브 트리, 오른쪽 서브 트리를 각각 어떤 순서로 방문하느냐에 따라 구분된다.

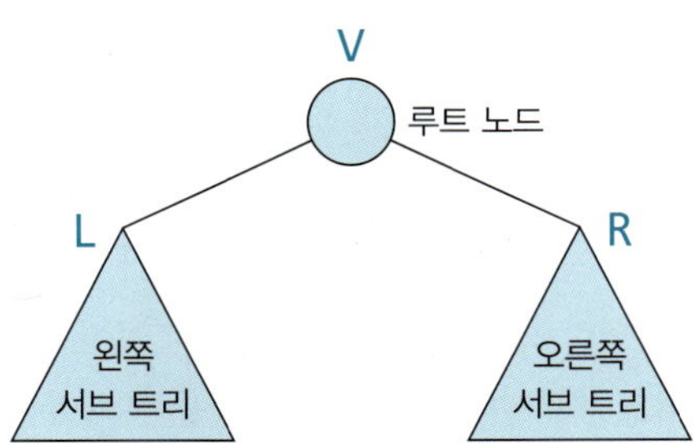

[그림 5.17] 이진트리의 순회 환경

루트를 방문하는 작업을 V, 왼쪽과 오른쪽 서브 트리를 방문하는 작업을 각각 L과 R이라 하자. 이진트리의 기본 순회는 다음과 같은 순서로 이루어진다.

- **전위 순회**(preorder traversal): VLR
- **중위 순회**(inorder traversal): LVR
- **후위 순회**(postorder traversal): LRV

이진트리에서 모든 서브 트리는 역시 이진트리이다. 따라서 각 서브 트리의 방문에도 동일한 순회 방법이 적용된다. 예를 들어, 전위 순회의 경우 서브 트리에 들어있는 모든 노드도 VLR의 순서대로 순회해야 한다. 다음은 동일한 트리의 노드들을 전위, 중위, 후위순회 방식으로 방문한 순서를 숫자로 표시하고 있다.

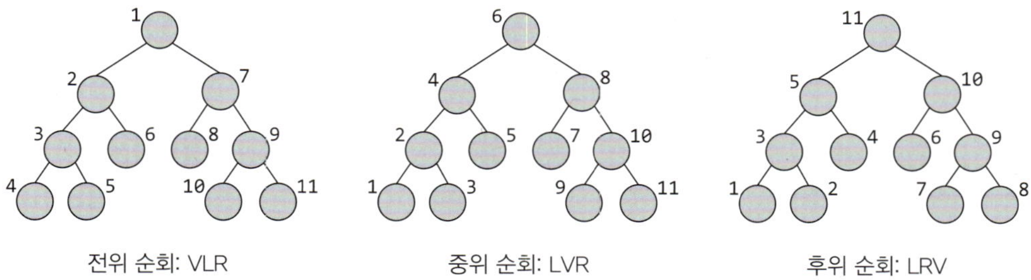

[그림 5.18] 이진트리의 세 가지 표준 순회 결과

표준 순회 알고리즘

이진트리의 순회 알고리즘들은 다음과 같이 순환구조를 사용하면 간단하게 기술할 수 있다. 코드에서 print(n.data, end=' ')는 이진트리의 루트노드를 처리하는 문장인데, 여기서는 단순하게 노드의 data를 화면에 출력하였다.

알고리즘 5.5 이진트리의 전위 순회

```
def preorder(n) :                  # 전위 순회 함수
    if n is not None :
        print(n.data, end=' ')     # 먼저 루트노드 처리(화면 출력)
        preorder(n.left)           # 왼쪽 서브 트리 처리
        preorder(n.right)          # 오른쪽 서브 트리 처리
```

알고리즘 5.6 이진트리의 중위 순회

```
def inorder(n) :                   # 중위 순회 함수
    if n is not None :
        inorder(n.left)            # 왼쪽 서브 트리 처리
        print(n.data, end=' ')     # 루트노드 처리(화면 출력)
        inorder(n.right)           # 오른쪽 서브 트리 처리
```

알고리즘 5.7 이진트리의 후위 순회

```
01 def postorder(n) :
02     if n is not None :
03         postorder(n.left)
04         postorder(n.right)
05         print(n.data, end=' ')
```

알고리즘 테스트 이진트리의 표준 순회

```
...                                    # 그림 5.14의 코드 추가
print('  In-Order : ', end='')
inorder(root)
print()
print(' Pre-Order : ', end='')
preorder(root)
print()
print(' Post-Order : ', end='')
postorder(root)
print()
```

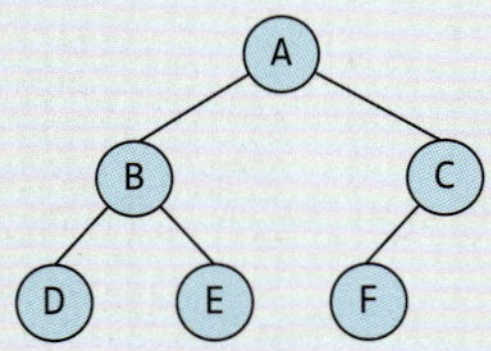


```
C:\WINDOWS\system32\cmd.exe
  In-Order : D B E A F C
 Pre-Order : A B D E C F
Post-Order : D E B F C A
```

복잡도 분석

시간 복잡도는 높이 계산에서와 동일한 방법으로 구할 수 있다.

- 각 알고리즘에서 출력문(print(n.data, end=' '))을 기본 연산으로 하면 복잡도 함수는 명확히 $T(n)=n$ 이고, $O(n)$ 에 속한다.
- 만약 모든 알고리즘에서 2행의 공백트리 검사를 기본연산으로 한다면 그림 5.16과 같이 확장된 트리의 모든 노드에서 검사가 이루어져야 한다. 따라서 $T(n)=n+x$ 이고, 역시 $O(n)$ 에 속한다.

트리와 관련된 문제 중에는 순회 알고리즘만 이용해도 해결되는 것들이 많이 있다. 또한, 주어진 문제에 따라 어떤 순회 방법을 사용할지를 잘 결정해야 한다. 이러한 내용은 자료구조 관련 도서를 참고하라.

5.5 최근접 쌍의 거리 문제(심화)

3.3절에서 최근접 쌍의 거리 문제(문제 3.4)에 대한 억지 기법 알고리즘을 공부했다. 이것은 평면에서 가장 가까운 두 점의 거리를 $O(n^2)$ 시간에 계산한다. 이 문제에 분할 정복 전략을 사용하면 훨씬 개선된 알고리즘을 만들 수 있다.

입력으로 n개의 점의 좌표로 이루어진 리스트 P가 주어진다. 분할 정복 전략을 적용하려면 먼저 모든 점들이 x좌표를 기준으로 오름차순으로 정렬되어 있어야 한다. 이제 최근접 쌍의 거리 문제에 대한 분할 정복 전략을 살펴보자.

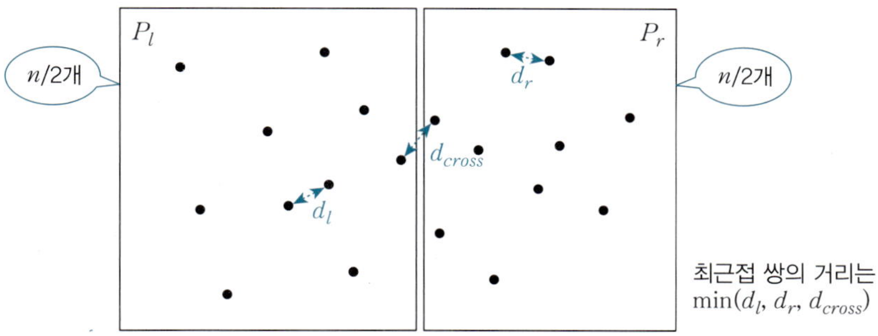

[그림 5.19] 최근접 쌍의 거리 문제에 대한 분할 정복 아이디어

① **분할**(Divide): 리스트 P를 두 개의 부분 리스트 P_l과 P_r로 분할한다. P가 x좌표로 정렬되어 있으므로 단순히 리스트의 왼쪽 절반을 P_l, 오른쪽을 P_r로 나눌 수 있다. 예를 들어, 그림 5.19에서는 20개의 점이 주어졌는데, 좌우를 각각 10개로 나누었다.

② **정복**(Conquer): 만약 분할된 리스트의 크기(점들의 개수)가 3 이하인 경우는 바로 결과를 계산(정복)한다. 이때, 알고리즘 3.4의 억지 기법을 이용하면 된다. 만약 점들이 4개 이상이라면 분할 정복 기법을 다시 적용한다.

③ **결합**(Combine, merge): 분할된 두 그룹 P_l과 P_r에서 최근접 쌍의 거리가 각각 d_l과 d_r로 계산되었다고 하자. 그렇다면 최종 결과는 d_l과 d_r, 그리고 양쪽 그룹에 걸쳐 있는 최근접 점의 쌍에 의한 거리(d_{cross}) 중에서 가장 작은 값이 되어야 한다. 이 값을 구해 반환하면 된다.

d_l과 d_r은 P_l과 P_r에 순환 호출을 적용하면 구할 수 있다. 그러나 P_l과 P_r에 걸쳐 있는 최근접 쌍의 거리 d_{cross}는 어떻게 구할 수 있을까? 지금부터의 내용은 좀 더 복잡하다.

▪ d_{cross} 의 계산

d_l과 d_r을 구했다고 하고, P_l과 P_r에 걸쳐 있는 최근접 쌍 (p_l, p_r)의 거리 d_{cross}를 구하기 위해 어떤 점들을 고려해야 하는지 생각해 보자. p_l은 P_l에 속한 점이고, p_r은 P_r에 속한 점이다.

먼저, $d = \min(d_l, d_r)$이라 한다면, P_l과 P_r의 점 중에서 분할 중심($x=m$)으로부터 x축으로 d 이상 떨어진 점들은 더 이상 고려할 필요가 없다. 왜냐하면, 이들을 이용하면 거리가 무조건 d 이상이 될 수밖에 없기 때문이다. 예를 들어, p_l의 x좌표가 그림의 $m-d$보다 작다면 어떤 p_r을 선택하더라도 (p_l, p_r)의 거리는 d 이상이다. 따라서 d_{cross}를 구하기 위해서는 그림에서 폭이 $2d$인 띠(strip, 음영 영역) 부분의 점들만을 고려하면 된다는 것을 알 수 있다.

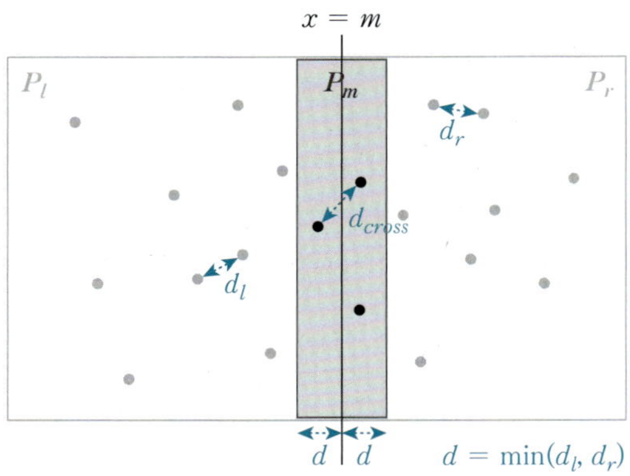

[그림 5.20] d_{cross}를 구하기 위한 점의 범위

P_l과 P_r이 모두 x축으로 정렬되어 있으므로, 이러한 띠 영역의 점들을 뽑아 리스트 P_m을 만드는 것은 간단하다. 이제 P_m에서 최근접 쌍을 찾고 그 거리 d_{cross}를 d와 비교하기만 하면 된다. 띠 영역의 점들 P_m에서 최근접 쌍을 찾기 위해 억지 기법($O(n^2)$)을 사용할 수도 있다. 그러나 더 효율적인 방법이 있다.

- 먼저 P_m의 모든 점을 y좌표를 기준으로 오름차순으로 정렬한다.
- 일단 d_{cross}는 d로 초기화한다. d보다 큰 값이 나오는 것은 의미가 없기 때문이다.
- 다음으로 y 값을 기준으로 가장 작은 점 p_i를 시작점으로 잡는다. p_i를 그 다음 점 p_j의 거리 $dist(p_i, p_j)$을 계산하고, 이것이 d_{cross}보다 작으면 d_{cross}를 갱신하는데, 이 과정을 j를 증가시키며 반복한다. 이때, 그림 5.21과 같이 p_j의 y좌표가 p_i보다 d_{cross}

이상이면 검사할 필요가 없다. y좌표만의 차이가 이미 d_{cross} 보다 크기 때문이다. 결국 모든 p_i에 대해 y 좌표가 d_{cross} 이내인 점들과 거리를 계산하고 필요시 d_{cross} 를 계속 갱신한다.

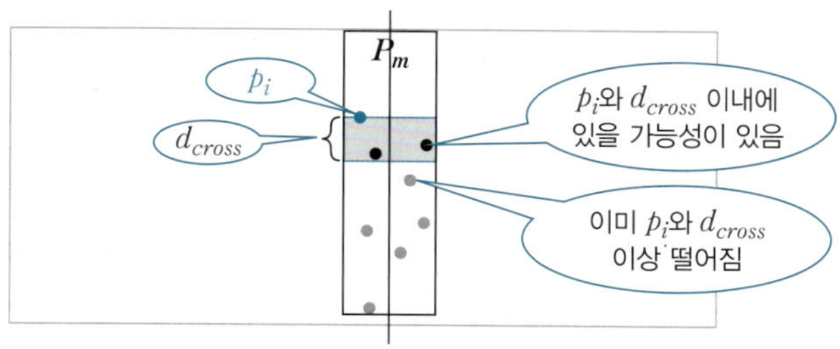

[그림 5.21] 띠 영역에서의 최근접 쌍의 거리 구하기

이 과정을 알고리즘으로 기술하면 다음과 같다.

알고리즘 5.8 띠(strip) 영역 내에서 d보다 작은 최근접 쌍의 거리 찾기

```
01 def strip_closest(P, d):
02     n = len(P)                                # 리스트내의 점의 수
03     d_min = d
04     P.sort(key = lambda point: point[1])      # y축을 따라 정렬
05
06     for i in range(n):                        # y가 최소인 점부터 순서대로
07         j = i + 1
08         # P[i].y와 P[j].y의 차이가 d_min 이내일 때까지만 처리
09         while j < n and (P[j][1] - P[i][1]) < d_min:
10             dij = distance(P[i], P[j])
11             if dij < d_min :
12                 d_min = dij
13             j += 1
14     return d_min                              # d_min 반환
```

1행: P는 띠 영역의 점들의 리스트, d는 $\min(d_l, d_r)$

3행: 일단 d_min는 d로 초기화한다.

4행: P의 모든 점을 y축을 따라 오름차순으로 정렬한다.

6~9행: y가 최소인 점부터 순서대로 그 다음 점들을 검사하는데, y값의 차이가 d_min 이내인 점들까지만 테스트한다.

10~12행: P[i]와 P[j]의 거리가 현재의 d_min보다 작으면 d_min을 갱신한다.

14행: 최종적으로 d_min을 반환한다.

람다 함수를 이용한 정렬

4행에서 sort() 메소드를 이용해 정렬해야 하는 대상은 정수나 실수와 같은 단순한 값이 아니라 리스트나 튜플 형태이다. 즉, 다음과 같이 리스트 항목이 어떤 수가 아니라 새로운 튜플인 경우인데, 튜플의 두 번째 항목(p[i][1])을 기준으로 오름차순으로 정렬하려고 한다.

```
p = [(2, 3), (12, 30), (40, 50), (5, 1), (12, 10), (3, 4)]
(정렬 후) --> p = [(5, 1), (2, 3), (3, 4), (12, 10), (12, 30), (40, 50)]
```

리스트의 항목이 (x, y) 형태의 튜플인데, 우리는 y를 기준으로 정렬하려고 한다. 어떻게 정렬의 기준을 지정할 수 있을까?
이를 위해, 파이썬 리스트의 sort() 메소드는 키워드 인수 key를 제공한다. 여기에 정렬을 위한 키를 지정할 수 있는데, 이를 위해 람다 함수를 사용한다. 람다 함수는 이름이 없는 한 줄짜리 함수로 간단한 함수를 만들어 함수 호출에서 인수로 넘겨줄 때 매우 유용하다. 형식은 다음과 같다.

```
lambda 인자(argument) : 식(expression)
```

람다 함수는 보통 함수로 저장하지 않고 바로 사용한다. 다음은 튜플 (x,y) 형태의 point에서 y값(두 번째 항목)을 추출하는 람다 함수이다.

```
lambda point: point[1]                # 리스트나 튜플에서 두 번째 항목 반환
```

결국, 리스트 P를 정렬하는 다음 코드(4행)는 리스트 P의 각 항목의 두 번째 요소를 기준으로 오름차순으로 정렬하는 코드이다.

```
P.sort(key = lambda point: point[1])
```

심화 학습 알고리즘 5.8의 복잡도

이 알고리즘을 얼핏 보면 10행이 이중 루프(for~while) 내부에 있기 때문에 $O(n^2)$의 시간이 걸릴 것으로 보인다. 그러나 다음 그림을 잘 살펴보면 10행은 기껏 해야 7번 이내로만 반복될 수 있다는 것을 알 수 있다. 만약 그림보다 더 많은 점이 존재한다면 왼쪽이나 오른쪽 리스트에 거리가 d보다 작은 쌍이 존재할 수밖에 없기 때문이다.

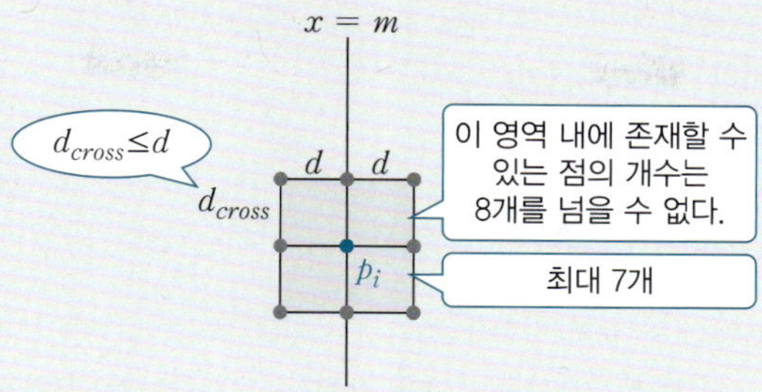

결국, 위의 알고리즘에서 이중 루프에서 9행의 내부 루프는 실제로는 7번 이하로만 반복하고, 따라서 전체 이중 루프의 복잡도는 점근적으로 $O(n)$이다. 오히려 4행에서 점들을 y축을 따라 정렬하는데 더 많은 시간이 걸린다. 보통 효율적인 알고리즘을 사용하면 정렬의 복잡도가 $O(n\log_2 n)$이 되기 때문이다. 그러나 이 과정도 병합 정렬에서 공부한 병합(merge) 알고리즘을 사용하면 $O(n)$으로 줄일 수 있다.

■ 최근접 쌍의 거리 알고리즘

전체 알고리즘은 다음과 같다. 먼저 P는 이미 x의 오름차순으로 정렬되어 있다고 가정한다. 만약 점이 3개 이하이면 억지 기법으로 바로 계산하는데, 알고리즘 3.4의 closest_pair(p)를 이용하면 된다.

알고리즘 5.9 최근접 쌍의 거리

```
def closest_pair_dist(P, n):
    if n <= 3:                          # 점이 3개 이하이면, brute force로 바로 계산
        return closest_pair(P)          # 억지 기법 알고리즘(알고리즘 3.4)

    mid = n // 2                        # 중앙점을 찾음. P는 현재 x로 정렬되어 있음
    mid_x = P[mid][0]                   # 중앙점의 x좌표

    dl = closest_pair_dist(P[:mid], mid)        # Pl에서 dl 계산
    dr = closest_pair_dist(P[mid:], n-mid)      # Pr에서 dr 계산
    d = min(dl, dr)                             # d는 둘 중에서 더 짧은 거리

    Pm = []                     # 중앙에서 x좌표가 d이내인 점들의 집합 Pm을 만듦
```

```
13      for i in range(n):              # Pm도 x에 대해 정렬되어 있음
14          if abs(P[i][0] - mid_x) < d:
15              Pm.append(P[i])
16
17      ds = strip_closest(Pm, d)  # Pm내에서 d보다 작은 최근접쌍 거리 찾기
18      return ds
```

1행: P는 점의 리스트이고 n은 점의 개수. 이때 P는 x축을 기준으로 오름차순으로 정렬되어 있어야 한다.

2~3행: 점이 3개 이하이면 억지 기법으로 바로 계산한다.

5~9행: P에서 x축을 기준으로 중앙점을 찾아 왼쪽 리스트와 오른쪽 리스트로 나눈 후 각각에서 순환 호출을 이용해 최근접 쌍의 거리를 구한다. 8~9행에서 파이썬의 슬라이스 기능을 사용하였다.

10행: dl와 dr중에 더 짧은 거리가 현재까지의 최근접 쌍의 거리이다.

12~15행: 띠 영역의 점들을 리스트로 만드는 과정

17행: 띠 영역에서 최근점 쌍의 거리를 구한다.

알고리즘 테스트 최근접 쌍의 거리

```
p = [(2, 3), (12, 30), (40, 50), (5, 1), (12, 10), (3, 4)]
p.sort(key = lambda point: point[0])       # 전처리: 점들을 x순으로 정렬
print("가장 가까운 두 점의 거리", closest_pair_dist(p, len(p)))
```

```
C:\WINDOWS\system32\cmd.exe
가장 가까운 두 점의 거리 1.4142135623730951
```

■ 복잡도 분석

시간 복잡도를 계산해보자. 이 알고리즘은 리스트를 정확히 반으로 분할한다. n이 2의 거듭제곱 $n = 2^k$라 가정하자. 그림은 알고리즘 closest_pair_dist()의 전체 처리 과정을 보여준다. 입력 리스트 P는 단계가 진행됨에 따라 두 개의 부분 리스트 P_l과 P_r로 반복적으로 분할된다. 이 단계는 부분 리스트의 크기가 3 이하가 될 때까지 진행되고, 부분 리스트의 크기가 3 이하가 되면 억지 기법으로 d_l과 d_r을 계산한다.

다음부터 strip_closest()를 호출해 띠 영역의 최근접 쌍의 거리 d_{cross}를 구한다. 이때, 만약 알고리즘 5.8과 같이 y좌표를 기준으로 정렬을 사용한다면 각 단계에서의 전체 처리 시간이 $O(n\log_2 n)$이 된다. 따라서 전체 단계의 수가 k에 비례하므로 알고리즘의 시간 복잡도는 $O(n\log_2 n \cdot k) = O(n(\log_2 n)^2)$가 된다.

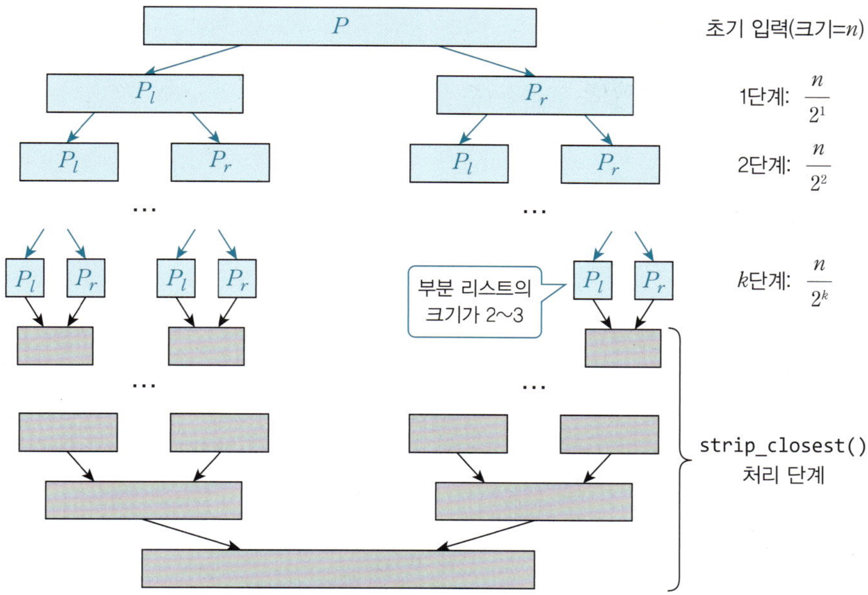

[그림 5.22] 최근접 쌍의 거리 알고리즘 전체 처리 과정

만약 strip_closest()를 $O(n)$에 처리한다면, 전체 알고리즘의 시간 복잡도는 $O(n\log_2 n)$이 된다. 즉, 전처리 과정을 포함하더라도 전체 알고리즘의 복잡도가 $O(n\log_2 n)$이 되는 것이다. 이 문제에 대한 하한이 $\Omega(n\log_2 n)$인 것으로 증명되어 있으므로, 이 알고리즘은 이 문제에 대한 최적의(optimal) 알고리즘 중의 하나이다.

최근접 쌍의 거리를 사용하는 분야는 그래픽스나 컴퓨터 비전, 항공 트래픽 제어, 지리 정보 시스템 등 매우 다양하고, 프랜차이즈에서 가맹점 간의 중복을 줄일 수 있는 신규 가맹점의 위치를 선정하는 경우 등에도 사용될 수 있다.

심화 학습 알고리즘 5.9를 $O(n\log_2 n)$으로 개선하기

알고리즘 5.9를 $O(n\log_2 n)$으로 개선하기 위해서는 strip_closest()를 $O(n)$에 처리해야 한다. 이를 위해서는 strip_closest()에서 정렬을 사용하지 않아야 하는데, strip_closest()에서 정렬하는 것이 아니라 이 함수를 호출하기 전에 미리 정렬해서 이 함수를 호출하는 것이 가능하다. 이를 위해서는 closest_pair_dist()의 12-15행에서 정렬된 부분 리스트들을 병합하는 병합(merge) 알고리즘(알고리즘 5.2)을 이용해야 한다. 그리고 실질적인 y 방향 정렬의 시작은 부분 리스트가 3 이하인 상황, 즉 억지 기법으로 최근접 쌍의 거리를 구하는 부분에서 시작되어야 한다. 약간은 복잡하지만 충분히 할 수 있다. 이 알고리즘에 도전해 보기 바란다.

5.6 행렬 곱셈(심화)

다음과 같이 정의되는 두 행렬을 곱하는 문제를 살펴보자.

문제 5.1 행렬 곱셈 문제

> 두 개의 $n \times n$ 행렬 A와 B가 주어졌다. 행렬의 곱 $A \times B$를 구하라.

가장 단순한 해결책은 행렬 곱셈의 정의에 따라 항목들을 곱하는 것으로, 알고리즘은 다음과 같다.

알고리즘 5.10 행렬 곱셈(억지 기법)

```
def multiply(A, B, C) :
    n = len(A)
    for i in range(n):                       # 외부 루프
        for j in range(n):                   # 중간 루프
            C[i][j] = 0
            for k in range(n):               # 내부 루프
                C[i][j] += A[i][k]*B[k][j]   # 가장 안쪽 문장
```

행렬 곱셈에는 곱셈과 덧셈 연산들이 사용되는데, 어떤 연산을 기본 연산으로 하던지 이 알고리즘의 복잡도가 $T(n) \in O(n^3)$이라는 것은 쉽게 알 수 있다. 그런데 쉬트라쎈(Strassen)은 이 문제에 분할 정복 기법을 적용하면 더 효율적인 알고리즘을 만들 수 있다는 것을 제시하였다.

■ 행렬 곱셈의 분해

기본적으로 이 방법은 행렬을 4개의 부분 행렬로 분할한다. 단순화를 위해 n은 2의 거듭제곱으로 제한하자. 다음과 같이 $n \times n$ 행렬 A는 네 개의 $n/2 \times n/2$ 행렬 $A_{11}, A_{12}, A_{21}, A_{22}$로 나눌 수 있다.

$$A=\begin{bmatrix} a_{11} & a_{12} & \cdots & a_{1n} \\ a_{21} & a_{22} & \cdots & a_{2n} \\ & & & \vdots \\ a_{n1} & a_{n2} & \cdots & a_{nn} \end{bmatrix}=\begin{bmatrix} A_{11} & A_{12} \\ A_{21} & A_{22} \end{bmatrix},\ A_{11}=\begin{bmatrix} a_{11} & \cdots & a_{1\frac{n}{2}} \\ & & \vdots \\ a_{\frac{n}{2}1} & \cdots & a_{\frac{n}{2}\frac{n}{2}} \end{bmatrix},\ A_{12},\ A_{21},\ A_{22}$$

이제, $n\times n$ 행렬 곱셈 $C=A\times B$는 다음과 같이 분할된 행렬을 이용해 계산할 수 있다.

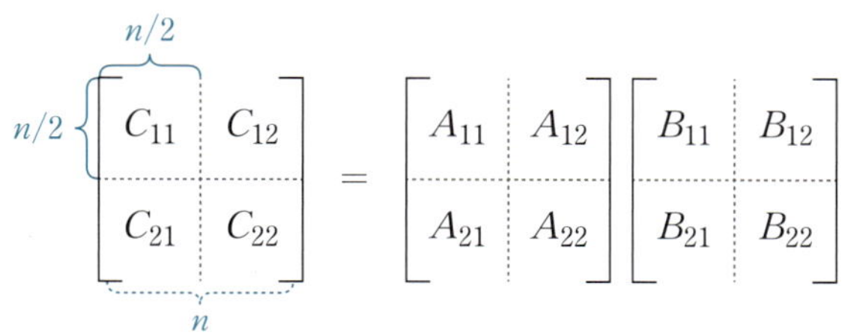

[그림 5.23] 쉬트라쎈 알고리즘을 위한 행렬 분할 방법

행렬 곱의 정의를 이용해(억지 기법) 이것을 풀면 결과는 다음과 같다.

$$\begin{bmatrix} C_{11} & C_{12} \\ C_{21} & C_{22} \end{bmatrix}=\begin{bmatrix} A_{11}B_{11}+A_{12}B_{21} & A_{11}B_{12}+A_{12}B_{22} \\ A_{21}B_{11}+A_{22}B_{21} & A_{21}B_{12}+A_{22}B_{22} \end{bmatrix}$$

이 방법에서는 8번의 곱셈과 4번의 덧셈이 사용되었다.

■ 쉬트라쎈의 분할 정복 전략

그런데 쉬트라쎈은 이 문제를 두 단계로 나누어 해결하였다. 먼저 다음과 같이 7개의 행렬을 구한다.

$$M_1=(A_{11}+A_{22})\times(B_{11}+B_{22})$$
$$M_2=(A_{21}+A_{22})\times B_{11}$$
$$M_3=A_{11}\times(B_{12}-B_{22})$$
$$M_4=A_{22}\times(B_{21}-B_{11})$$
$$M_5=(A_{11}+A_{12})\times B_{22}$$
$$M_6=(A_{21}-A_{11})\times(B_{11}+B_{12})$$
$$M_7=(A_{12}-A_{22})\times(B_{21}+B_{22})$$

이들이 구해지면, 원래의 행렬 곱셈은 다음과 같이 구할 수 있다는 것이다.

$$\begin{bmatrix} C_{11} & C_{12} \\ C_{21} & C_{22} \end{bmatrix} = \begin{bmatrix} M_1 + M_4 - M_5 + M_7 & M_3 + M_5 \\ M_2 + M_4 & M_1 + M_3 - M_2 + M_6 \end{bmatrix}$$

결과가 맞는지는 2×2 행렬의 예를 이용해 직접 증명해 보라. 쉬트라쎈의 방법에서는 7번의 곱셈과 18번의 덧셈/뺄셈이 사용되었다. 과연 이 방법이 $O(n^3)$인 억지 기법보다 더 효율적일까?

쉬트라쎈 알고리즘은 다음과 같이 기술할 수 있다. 행렬의 편리한 연산을 위해 **numpy 모듈**을 사용하였다.

알고리즘 5.11 행렬 곱셈(쉬트라쎈 알고리즘)

```
import numpy as np          # numpy모듈을 np란 이름으로 사용함
def strassen(A, B):         # A, B : numpy모듈의 array 객체
    n = len(A)
    if n == 1:              # 1x1 행렬
        return A * B        # 실수의 곱셈

    n2 = n//2
    A11, A12, A21, A22 = A[:n2, :n2], A[:n2, n2:], A[n2:, :n2], A[n2:, n2:]
    B11, B12, B21, B22 = B[:n2, :n2], B[:n2, n2:], B[n2:, :n2], B[n2:, n2:]

    M1 = strassen(A11+A22, B11+B22)
    M2 = strassen(A21+A22, B11)
    M3 = strassen(A11, B12-B22)
    M4 = strassen(A22, B21-B11)
    M5 = strassen(A11+A12, B22)
    M6 = strassen(A21-A11, B11+B12)
    M7 = strassen(A12-A22, B21+B22)    # M1~M7을 위해 각각 곱셈 → 총 7번

    C11 = M1 + M4 - M5 + M7
    C12 = M3 + M5
    C21 = M2 + M4
    C22 = M1 + M3 - M2 + M6            # 덧셈/뺄셈 연산(+,-)은 총 18번

    C = np.vstack((np.hstack((C11, C12)), np.hstack((C21, C22))))

    return C
```

1행: 파이썬의 numpy 모듈을 np란 이름으로 사용한다.

2행: 알고리즘의 입력 행렬 A와 B는 모두 numpy 모듈의 array 객체이다.

8~9행: numpy array의 슬라이스 기능을 이용해 그림 5.23과 같이 $n \times n$ 행렬인 A을 네 개의 $n/2 \times n/2$ 행렬 $A_{11}, A_{12}, A_{21}, A_{22}$ 로 나눈다. 이때, 행렬의 크기 n은 2의 거듭제곱이다. B도 동일한 방법으로 분할한다. 슬라이싱에서 :n2는 0부터 n2-1 번째 요소까지를 말하고, n2:는 n2부터 마지막(n-1) 요소까지를 의미한다.

11~17행: 쉬트라센의 전략에 따라 M1~M7을 계산한다. 이때 곱셈 연산은 순환호출을 다시 적용하여 계산한다.

24행: numpy array의 슬라이스 기능을 이용해 네 개의 $n/2 \times n/2$ 행렬 C11, C12, C21, C22를 하나의 $n \times n$ 행렬로 묶는다.

numpy 모듈

파이썬의 numpy 모듈은 배열을 이용하여 수치해석이나 행렬연산, 통계분석 등에 다양하게 사용되는 수학 라이브러리로, 최근의 인공지능 모듈들에서 흔히 사용된다.

2차원 행렬은 파이썬의 리스트로 [[0,1], [2,3]]와 같이 표현할 수도 있지만 numpy 모듈에서 제공하는 array를 사용하면 쉬트라센 알고리즘에서 필요한 행렬을 분할(8~9행)하거나 병합(24행)하는 것과 같은 귀찮은 연산들을 매우 손쉽게 처리할 수 있다. 자세한 내용은 인터넷을 검색해 보라.

알고리즘 테스트 쉬트라센 알고리즘

```
A = np.array([[0,1], [2,3]])      # 파이썬 리스트를 numpy 배열로 변환
B = np.array([[4,5], [0,2]])      # ..
C = strassen(A,B)                 # 쉬트라센 알고리즘 호출
print( A )                        # numpy배열의 출력
print( B )                        # ..
print( C )                        # ..
```

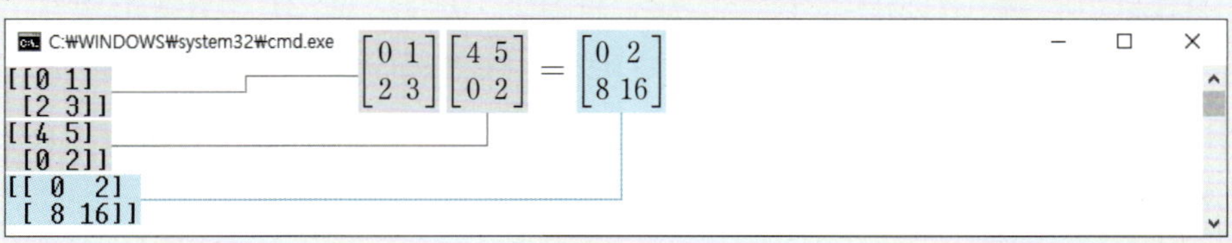

■ 복잡도 분석(심화)

복잡도를 분석하기 위해서는 알고리즘 5.10에서 행렬의 곱셈 연산과 덧셈/뺄셈 연산이 이루어지는 부분을 찾고 횟수를 잘 세어보아야 한다. 알고리즘에 표시한 바와 같이 행렬의 곱셈은 7번, 덧셈/뺄셈은 18번 사용된다. 기본 연산을 곱셈 연산으로 하는 경우와 덧셈/뺄셈으로 하는 경우의 복잡도를 분석해 보자.

곱셈 연산을 기본 연산으로 한 경우

먼저, 곱셈 연산을 기본 연산으로 한 경우의 시간 복잡도를 분석해 보자. 즉, 5행의 곱셈을 기본 연산으로 사용하는 것이다. 이제, 시간 복잡도 함수 $T(n)$은 $n \times n$ 행렬을 곱하기 위해 5행의 곱셈이 몇 번 처리되는지를 계산한다.

$n \times n$ 행렬의 곱셈을 위해 $(n/2) \times (n/2)$ 행렬 곱셈이 7번(11~17행) 필요하다. 이것은 크기가 $(n/2)$인 행렬 곱셈 문제를 7번 풀어야 하는 것을 말한다. $T(n)$의 순환 관계식은 다음과 같다.

$$T(n) = 7T\left(\frac{n}{2}\right)$$

초기 조건은 어떻게 될까? 만약 $n=1$이면, 1×1 행렬의 곱이므로, 드디어 5행의 곱셈이 한 번의 사용된다. 따라서 초기조건은 $T(1) = 1$이다.

마스터 정리를 이용해 이 식을 풀어보자. $a=7$, $b=2$이고, $f(n) = 0 \in O(n^0)$이므로 $d=0$이다. 따라서 세 번째 경우 $a > b^d$에 해당한다. 따라서 $T(n)$의 점근적 복잡도는 다음과 같이 계산된다.

$$T(n) = n^{\log_2 7} \approx n^{2.81} \in O(n^{2.81})$$

덧셈/뺄셈 연산을 기본 연산으로 한 경우

만약 덧셈/뺄셈 연산을 기본 연산으로 하면 어떻게 될까? 11~22행에서 많은 덧셈/뺄셈 연산이 사용되었다. $n \times n$ 행렬의 곱셈을 위해 더 작은 $(n/2) \times (n/2)$ 행렬의 곱셈이 7번(11~17행)이 필요하다는 것은 동일하다. 추가적으로 $(n/2) \times (n/2)$ 행렬의 덧셈/뺄셈이 18번 필요하다(11~22행). 이러한 연산은 모두 $(n/2) \times (n/2)$ 행렬에 대한 것이므로 $(n/2)^2$번의 실수 연산(덧셈/뺄셈)이 필요할 것이다. 따라서 순환 관계식은 다음과 같다.

$$T(n) = 7T\left(\frac{n}{2}\right) + 18\left(\frac{n}{2}\right)^2$$

초기 조건을 생각해 보자. 만약 $n=1$이면, 1×1 행렬의 곱으로 한 번의 실수 곱셈이 필요하고 추가적인 덧셈이나 뺄셈이 필요 없다. 따라서 $T(1) = 0$이다.

마스터 정리를 이용해 이 식을 풀어보자. a와 b는 위와 동일하고, $f(n)=18\left(\frac{n}{2}\right)^2 \in O(n^2)$이므로 $d=2$이다. 따라서 세 번째 경우 $a>b^d$에 해당하고, 점근적 복잡도는 $O(n^{\log_2 7})=O(n^{2.81})$이다. 이것은 곱셈을 기본연산으로 한 경우와 차이가 없다.

■ 쉬트라쎈 알고리즘 분석

쉬트라쎈 알고리즘은 억지 기법의 $O(n^3)$에 비해 약간 개선된 $O(n^{2.81})$의 시간 복잡도를 갖는다. 그렇지만 n이 2의 거듭제곱이 아니라면 추가적인 약간의 수정이 필요하다. 행렬들을 모두 2의 거듭제곱이 되도록 행과 열을 추가하는 작업이다.

그런데, 실제로는 쉬트라쎈 알고리즘이 그렇게 많이 사용되지는 않는다고 한다. 이유는 다음과 같다.

- 이 알고리즘에서의 상수가 비교적 크므로(18, 7 등) n이 그렇게 크지 않은 경우는 억지 기법이 더 효율적일 수 있다.
- 행렬의 크기가 크고 0인 항들이 많은 **희소 행렬**(sparse matrix)의 경우, 희소행렬의 곱을 위해 고안된 더 효율적인 알고리즘이 있어 이를 사용한다.
- 순환 과정에서 생성되는 부분 행렬을 위한 추가적인 메모리가 필요하다.
- 컴퓨터에서 실수(real number)들은 정확히 표현할 수 없어 약간의 에러가 발생하는데, 이 방법이 억지 기법에 비해 이러한 에러가 더 많이 누적될 수 있다.

5.7 피보나치수열과 분할 정복의 주의점

■ 피보나치수열

이탈리아 수학자 피보나치(Fibonacci)가 발견한 **피보나치수열**은 토끼 번식 이야기에서 출발한다. 피보나치수열 문제는 다음과 같다.

문제 5.2 피보나치수열

첫 번째 달에 한 쌍의 새끼 토끼를 가져왔다. 토끼는 한 달이 지나면 어른으로 성장하고, 어른 토끼는 매달 새끼 토끼를 한 쌍씩 낳는다. n번째 달에는 몇 쌍의 토끼가 있을까? 단, 태어난 토끼는 죽지 않는다고 가정한다.

예를 들어, 피보나치수열은 다음 그림과 같이 증가한다.

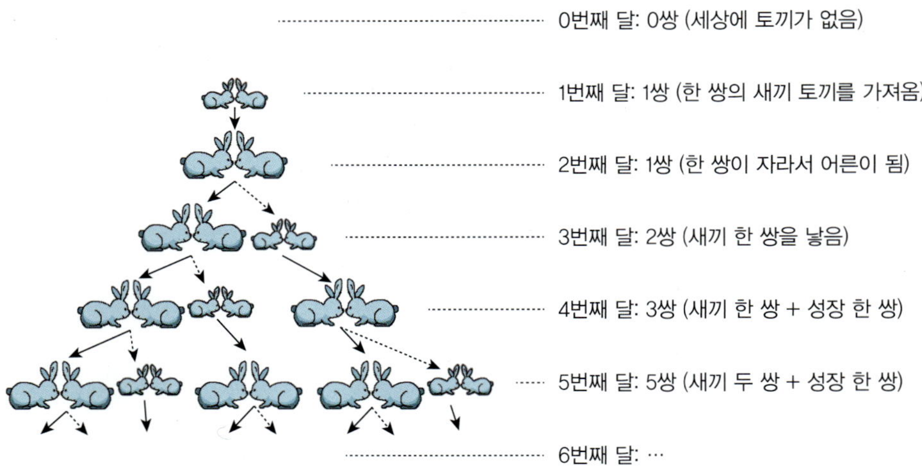

[그림 5.24] 피보나치수열: 0, 1, 1, 2, 3, 5, 8, 13, 21, ...

$fib(n)$을 n번째 달의 토끼의 수라고 하자. $fib(n)$)은 어떻게 계산할 수 있을까? 일단, 1달 전의 토끼 $fib(n-1)$은 모두 죽지 않고 계속 살아 있을 것이다. 2달 전에 있었던 토끼들 ($fib(n-2)$)은 1달 전에는 모두 어른 토끼이다. 따라서 이번 달에 새끼를 낳을 것이고 그 수가 $fib(n-2)$이다. 결국, 이번 달의 토끼 수는 1달 전의 토끼 수에 2달 전의 토끼 수를 더하면 된다. 따라서 피보나치수열은 다음과 같이 순환 관계로 정의된다.

$$fib(n) = \begin{cases} 0 & n = 0 \\ 1 & n = 1 \\ fib(n-2) + fib(n-1) & \text{otherwise} \end{cases}$$

즉, 일반적으로는 앞의 두 개의 숫자를 더해서 뒤의 숫자를 만들면 된다. 정의에 따라 수열을 만들어 보면 0, 1, 1, 2, 3, 5, 8, 13, 21, 34, 55, 89, ...와 같다.

분할 정복을 이용한 피보나치수열

피보나치수열은 정의 자체가 순환적이므로 순환 호출을 이용한 분할 정복 기법을 이용해 기술하는 것이 자연스럽다. 다음은 파이썬으로 기술한 순환구조의 피보나치수열 알고리즘이다.

알고리즘 5.12 피보나치수열(분할 정복)

```
def fib(n) :
    if n == 0 :
        return 0                              # 정복: 0번째 달
    elif n == 1 :
        return 1                              # 정복: 1번째 달
    else :
        return fib(n - 1) + fib(n - 2)        # 분할(순환호출), 병합(결과 더하기)
```

이와 같이, 보통 분할 정복 기법을 사용하면 코드가 단순화되고 가독성이 높아진다. 그러나 이것 때문에 같은 계산을 몇 번씩 반복해야 한다면 문제가 있을 것이다. 피보나치수열이 이러한 대표적인 예이다.

순환 구조의 피보나치 알고리즘은 원래의 문제를 두 개의 같은 유형의 부분문제로 분할한다. n이 0이거나 1이면 정복된 것이다. 이것은 단순하고 이해하기 쉽지만 매우 비효율적이다. 왜 그럴까? 다음 그림을 보자.

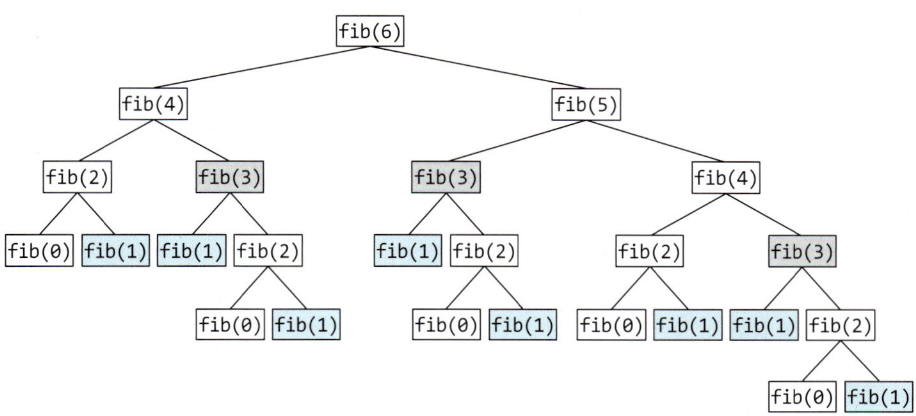

[그림 5.25] 분할 정복 피보나치 알고리즘의 중복 계산 문제

fib(6)을 호출하면 *fib*(4)가 두 번 반복하여 호출된다. *fib*(3)은 3번 호출되고 이런 현상은 순환 호출이 깊어질수록 점점 심해진다. 따라서 상당히 비효율적이다. *fib*(6)을 구하기 위하여 *fib*(1) 함수만 총 8번 호출되었고, 전체 *fib*() 함수가 25번이나 순환 호출된 것에 유의하라.

분할 정복 기법에 따라 $fib(n)$을 구하기 위해 $fib(n-1)$과 $fib(n-2)$를 구해야 한다. 그런데 문제의 크기를 살펴보자. 원래의 문제의 크기 n이었지만, 두 개의 부분문제들의 크기를 합하면 $(n-1)+(n-2) = 2n-3$이 된다. 즉, 한번 문제를 나눌 때마다 문제의 크기가 거의 두 배로 커진다. 따라서 n이 작을 때는 중복계산이 비교적 적지만 n이 커지게 되면 엄청난 양의 중복적인 순환 호출이 필요하게 되는 것이다. 결과적으로 이 알고리즘의 시간 복잡도는 $O(2^n)$로 매우 비효율적이다.

$O(n)$ 피보나치 알고리즘들

피보나치수열은 반복구조로 다음과 같이 기술할 수 있다.

알고리즘 5.13 피보나치수열(반복 구조)

```
def fib_iter(n) :
        if (n < 2): return n
        last = 0
        current = 1
        for i in range(2, n+1) :
                tmp = current
                current += last
                last = tmp
        return current
```

이 알고리즘은 n번 루프를 반복한다. 따라서 시간 복잡도는 $O(n)$이고 분할 정복을 이용한 방법에 비해 훨씬 효율적이다.

다른 방법도 있다. 7장에서 공부할 동적 계획법을 사용하는 것이다. $fib(n)$에서 계산량이 폭발적으로 증가하는 근본적인 이유는 중간에 계산되었던 값을 기억하지 않고 다시 계산하기 때문이다. 동적 계획법은 이를 반영한 방법으로 반복과 같이 $O(n)$의 시간 복잡도를 나타내는데, 7장에서 자세히 살펴본다.

다른 방법들: 행렬 거듭제곱을 이용

피보나치수열을 계산하는 더 좋은 알고리즘이 있다. 행렬을 사용하는 것이다. 피보나치수열의 성질을 이용해 다음과 같은 2×2 행렬 F를 만들 수 있다.

$$F = \begin{bmatrix} fib(2) & fib(1) \\ fib(1) & fib(0) \end{bmatrix} = \begin{bmatrix} 1 & 1 \\ 1 & 0 \end{bmatrix}$$

이 행렬에는 $fib(0)$, $fib(1)$, $fib(2)$가 들어있다. 흥미롭게도 이 행렬의 제곱인 F^2에는 $fib(1)$, $fib(2)$, $fib(3)$이 들어있다!

$$F^2 = \begin{bmatrix} fib(2) & fib(1) \\ fib(1) & fib(0) \end{bmatrix} \begin{bmatrix} 1 & 1 \\ 1 & 0 \end{bmatrix} = \begin{bmatrix} fib(2)+fib(1) & fib(2) \\ fib(2) & fib(1) \end{bmatrix} = \begin{bmatrix} fib(3) & fib(2) \\ fib(2) & fib(1) \end{bmatrix}$$

이것을 일반화시켜서 이 행렬의 n승을 구하면 결과는 다음과 같다.

$$F^n = \begin{bmatrix} fib(2) & fib(1) \\ fib(1) & fib(0) \end{bmatrix}^n = \begin{bmatrix} fib(n+1) & fib(n) \\ fib(n) & fib(n-1) \end{bmatrix}$$

즉, F^n에는 $fib(n-1)$, $fib(n)$, $fib(n+1)$이 행렬 요소로 들어있음을 알 수 있다. 따라서 이 행렬을 이용하면 n번째 피보나치수열을 쉽게 구할 수 있다. F를 단순히 n번 곱하면 되므로 기본적으로 $O(n)$ 안에는 결과를 구할 수 있다.

만약 앞에서 살펴본 행렬의 거듭제곱을 사용해 F^n을 계산하면 어떨까? 다음은 행렬의 거듭제곱을 이용해 피보나치수열을 구하는 함수이다.

알고리즘 5.14 피보나치수열(축소 정복 기법의 행렬 거듭제곱 이용)

```
def fib_mat(n) :
    if n < 2 :
        return n
    mat = [[1,1],[1,0]]              # 초기 피보나치 행렬
    result = powerMat(mat, n)        # 축소정복 방식: 알고리즘 4.9 사용
    return result[0][1]              # fib(n) 부분을 반환
```

이 코드에서는 행렬을 이용해 피보나치수열을 구한다. 이때 행렬의 거듭제곱은 4장에서 공부한 축소정복 기반 알고리즘(알고리즘 4.9)을 사용할 수 있다. 결국 이 알고리즘의 시간 복잡도는 행렬 거듭제곱의 복잡도와 같이 $O(\log_2 n)$이다. 이것이 가장 빠른 피보나치수열

알고리즘이다.

분할 정복 기법 적용에 대한 고찰

분할 정복 기법은 같은 부분문제가 여러 번 반복되어 나타나지 않을 때 사용해야 한다. 만약 같은 부분문제가 여러 번 반복되어 나타난다면 동적 계획법을 사용하는 것이 좋다.

예를 들어 병합 정렬이나 최근접 쌍의 거리 등에서는 같은 부분문제를 절대 다시 계산하지 않는다. 따라서 분할 정복이 답이다. 그러나 피보나치수열을 순환으로 정의된 식으로부터 직접 구현한다면 같은 부분문제가 불필요하게 여러 번 반복되어 계산된다. 결국, 지수시간 알고리즘이 된다.

때로는 지수시간으로 문제를 풀어도 되는 경우가 있다. 대표적인 예가 하노이의 탑(문제 2.4)이다. 이 문제에 대한 순환 알고리즘(알고리즘 2.5)도 분할 정복 기법을 적용한 것이다. 그렇지만 피보나치수열과 달리 이 문제에서는 해답(원판을 옮기는 총 횟수) 자체가 n의 지수에 비례한다. 따라서 분할 정복을 이용한 지수 알고리즘이 최선의 방법 중 하나이다.

연습문제

1 n개의 항목으로 이루어진 리스트에서 가장 작은 항목을 찾는 문제를 해결하려고 한다. 물음에 답하라.

(1) 이 문제에 대한 분할 정복 알고리즘을 작성하라.

(2) 이 알고리즘의 복잡도를 순환 관계식으로 나타내라. 단, 킷값의 비교 연산을 기본 연산으로 사용하라.

(3) 이 식을 연속 대치법과 마스터 정리를 이용해 각각 풀어라.

(4) 이 알고리즘과 억지 기법 알고리즘을 비교하라.

2* 정리 5.1을 증명해 보라.

3 마스터 정리를 이용해 다음 복잡도 함수의 점근적 표기를 구하라.

(1) $T(n)=4T(n/2)+n,\ T(1)=1$

(2) $T(n)=8T(n/4)+n^2,\ T(1)=1$

(3) $T(n)=T(n/2)+n^3,\ T(1)=1$

4 4.3절의 이진 탐색에 대한 복잡도 함수를 순환 관계식으로 구하고, 마스터 정리를 이용해 풀어보라.

5 리스트 A, L, G, O, R, I, T, H, M을 병합 정렬을 이용해 오름차순으로 정렬하라.

6 다음 리스트를 병합 정렬을 이용해 오름차순으로 정렬하라. 각 단계에서의 배열의 내용을 나타내어라.

7	4	9	6	3	8	7	5

7 병합 정렬이 안정성을 만족한다는 것을 구체적으로 설명해 보라.

8 반복구조를 이용해 상향식(bottom-up) 병합 정렬 알고리즘을 설계하라.

9* 정렬되지 않은 리스트 A[0..n-1]이 주어졌다. 만약 이 리스트의 두 항목을 A[i], A[j]라고 할 때, 만약 i<j이고 A[i]>A[j]이면 이들은 역전(inversion)되어 있다고 정의한다. 다음 물음에 답하라.

(1) 리스트 A에서 역전된 항목의 수를 구하는 억지 기법 알고리즘을 설계하라. 또한 이 알고리즘의 시간 복잡도를 분석하라.

(2) 같은 문제에 대한 분할 정복 기법의 알고리즘을 설계하라. 이 알고리즘의 복잡도는 $O(n\log_2 n)$이 될 것이다. 병합 정렬의 알고리즘과 밀접한 관련이 있다.

10 리스트 A, L, G, O, R, I, T, H, M을 퀵 정렬을 이용해 오름차순으로 정렬하라.

11 다음의 정수 배열을 퀵 정렬을 사용하여 오름차순으로 정렬하려고 한다. 각 단계에서의 배열의 내용을 나타내어라. 단, 배열의 첫 번째 요소를 피벗으로 선택한다.

71	49	92	55	38	82	72	53

12 퀵 정렬에서 불균형 분할을 완화하기 위해 리스트의 왼쪽, 오른쪽, 중간의 3개의 항목 중에서 중간값을 피벗으로 선택하는 방법(median of three)을 구현하라. 이를 위해 알고리즘 4.12의 partition()을 수정하라.

13 다음의 정수 배열을 퀵 정렬을 이용해 오름차순으로 정렬하려고 한다. median of three를 피벗으로 사용하는 경우 각 단계에서의 배열의 내용을 적어라.

1	2	3	4	5	6	7	8

14 퀵 정렬이 안정성을 갖는가? 사례를 이용해 설명하라.

15 퀵 정렬 알고리즘 5.3에 대한 다음 물음에 답하라.

(1) 모든 항목이 동일한 리스트는 퀵 정렬의 최선의 입력이나 최악의 입력이 되는가?

(2) 엄격한 내림차순(strictly decreasing order)의 리스트는 퀵 정렬의 최선의 입력이나 최악의 입력이 되는가?

16 주어진 이진트리에서 모든 노드의 수를 계산하는 알고리즘을 분할 정복 기법으로 설계하라.

17 주어진 이진트리에서 단말 노드의 수를 계산하는 알고리즘을 분할 정복 기법으로 설계하라.

18 다음의 이진트리에 대하여 질문에 답하라.

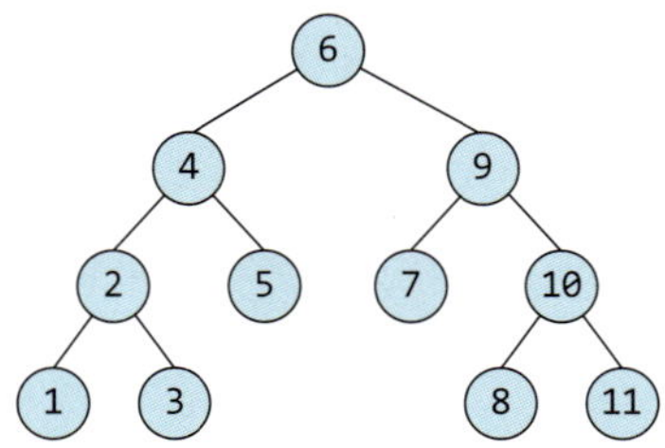

(1) 이 트리를 전위 순회한 결과를 적어라.
(2) 이 트리를 중위 순회한 결과를 적어라.
(3) 이 트리를 후위 순회한 결과를 적어라.

19 다음의 이진트리를 후위 순회한 결과를 적어라.

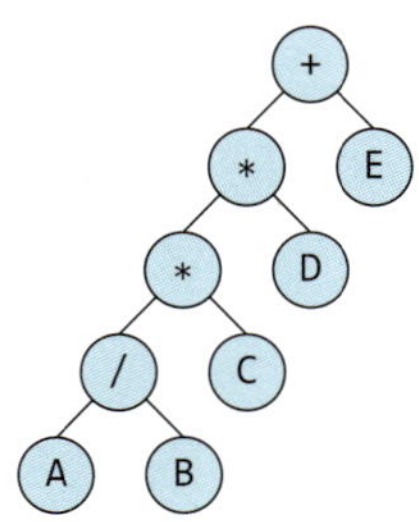

20* 어떤 이진트리가 완전 이진트리인지를 검사하는 알고리즘을 분할 정복 기법으로 설계하라.

21* 이진트리에서 어떤 노드의 레벨을 구하는 알고리즘을 분할 정복 기법으로 설계하라.

22* closest_pair_dist() 알고리즘을 $O(n \log_2 n)$으로 개선하라. 이를 위해, strip_closest()에서 정렬 문장을 제거해야 하고, closest_pair_dist()에서 병합 정렬의 병합 기법(알고리즘 5.2)을 사용해야 할 것이다.

23 위에서 수정한 알고리즘의 시간 복잡도를 계산하라.

24* 무작위로 n개의 2차원 좌표를 발생시키고 closest_pair_dist() 알고리즘을 수행하여 결과를 확인해 보라. 점의 개수를 증가시킴에 따라 실제 처리시간이 어떻게 늘어나는지 측정하고 이를 선 그래프로 그려보라.

25* 쉬트라센의 식이 맞는지 2×2 행렬을 이용해 증명하라.

26 다음 행렬의 곱셈을 쉬트라센 알고리즘으로 계산해 보라. 이때, 2×2 행렬의 곱셈은 억지 기법 알고리즘을 사용하라.

$$\begin{bmatrix} 1 & 2 & 0 & 1 \\ 0 & 1 & 2 & 4 \\ 5 & 1 & 1 & 0 \\ 1 & 0 & 3 & 1 \end{bmatrix} \cdot \begin{bmatrix} 0 & 2 & 0 & 1 \\ 1 & 2 & 0 & 2 \\ 0 & 4 & 3 & 1 \\ 1 & 1 & 2 & 5 \end{bmatrix}$$

27 분할 정복 기법의 피보나치 알고리즘(알고리즘 5.12)의 시간 복잡도를 구하기 위해 마스터 정리를 적용할 수 있을까? 연속 대치법을 이용해 이 알고리즘의 시간 복잡도를 구하라.

28 순환구조(알고리즘 5.12)와 반복구조(알고리즘 5.13) 및 행렬 거듭제곱(알고리즘 5.14)을 이용한 피보나치 알고리즘을 테스트하라. n을 증가시키면서 각 알고리즘의 처리시간을 측정하고, 그래프로 그려보라.

29 인터넷에서 피보나치수열의 응용을 찾아보아라.

30 C언어에서는 4바이트로 int를 표현하는데, 최대 $2^{31}-1$까지 표현할 수 있다. 이 경우의 최대 피보나치 수를 구하라.

31 첫 번째부터 n번째 피보나치 수까지에는 몇 개의 짝수가 있을까? 식을 구해보라.

32 분할 정복 전략의 피보나치수열 알고리즘의 문제점을 제시하고 해결 방법을 설명하라.

CHAPTER 06

공간으로 시간벌기

학습목표

- 공간 효율성을 희생하여 시간 효율성을 높이는 전략을 이해한다.
- 기수 정렬과 카운팅 정렬 알고리즘을 이해한다.
- 문자열 매칭을 위한 호스풀과 보이어-무어 알고리즘을 이해한다.
- 해싱의 개념과 오버플로 처리 방법을 이해한다.

CHAPTER

6 공간으로 시간벌기

가장 좋은 알고리즘은 계산 속도가 빠르면서 메모리 공간을 적게 사용하는 것이겠지만 이렇게 일석이조(一石二鳥)의 알고리즘을 찾기는 쉽지 않다. 왜냐하면, 무언가를 얻기 위해서는 다른 무언가를 내주어야 하기 때문이다. 컴퓨터에서도 시간과 공간의 효율성은 항상 상충하는 요인들이다. 대부분의 경우 시간 효율성이 더 중요하게 인식되고 있고, 따라서 많은 메모리를 사용하여 처리시간을 줄이려는 다양한 노력, 즉 공간 효율성을 희생하여 시간 효율성을 높이기 위한 전략들이 개발되고 있다.

[그림 6.1] 공간을 이용해 시간을 벌 수 있는 예

앞에서 공부한 피보나치수열을 생각해 보자. 만약 n이 두 자릿수(0~99) 이내인 피보나치수열 값이 매우 빈번하게 사용되는 어떤 응용 있다고 하자. 필요할 때마다 $fib(n)$을 다시 계산하려면 그때마다 시간도 걸리고 좀 번거롭다. 이때, 뭔가 편법이 떠오른다. 피보나치수열 값들을 미리 한번 계산해서 저장해 놓고, 필요할 때마다 답을 꺼내 사용하는 것이다.

예를 들어, 크기가 100인 리스트 *Fib*를 만들어 *Fib*[0]부터 *Fib*[99]까지를 미리 계산해 두면, *k*번째 피보나치수열 값이 필요할 때마다 리스트에서 *Fib*[*k*]를 반환만 하면 될 것이다. 이 방법의 시간 복잡도는 당연히 $O(1)$이고, 이것은 피보나치수열을 가장 빨리 계산할 수 있는 알고리즘 5.13의 $O(\log_2 n)$ 보다도 빠른, 세상에서 가장 빠른 알고리즘인 것이다.

공간 복잡도는 어떻게 될까? 기존의 방법들은 모두 일정한 양의 메모리 공간만 있으면 n이 아무리 크더라도 계산할 수 있었다. 따라서 $O(1)$이다. 그러나 n–번째 피보나치수열까지 메모리에 저장하려면 당연히 $O(n)$의 메모리 공간이 필요하고, 만약 n이 커지면 더 많은 메모리가 사용되어야 할 것이다. 확실한 것은 많은 메모리를 희생하면 답을 더 빨리 구할 수 있다는 사실이다.

피보나치수열 문제	알고리즘 종류		시간 복잡도	공간 복잡도
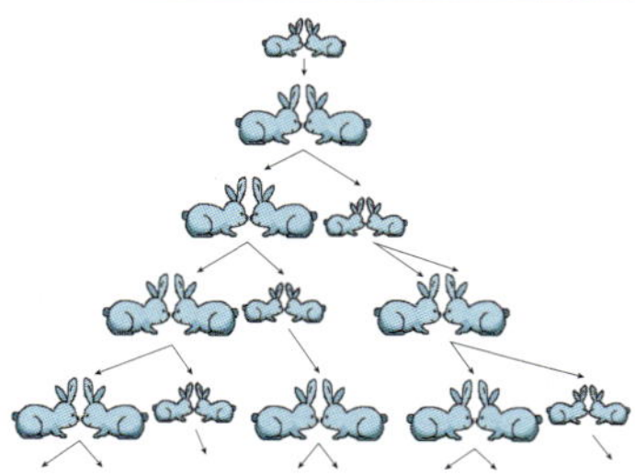	1	분할 정복 기법: 알고리즘 5.11	$O(2^n)$	$O(1)$
	2	반복 구조: 알고리즘 5.12	$O(n)$	$O(1)$
	3	축소 정복 기법의 행렬 거듭제곱 이용: 알고리즘 5.13	$O(\log_2 n)$	$O(1)$
	4	미리 답이 계산된 테이블 이용	$O(1)$	$O(n)$

[그림 6.2] n번째 피보나치 수를 구하는 다양한 알고리즘과 복잡도 비교

사실 이러한 전략은 어떤 문제에도 적용할 수 있다. 가능한 모든 입력에 대한 답을 미리 다 구해서 저장해 놓는다면 문제를 줬을 때 다시 계산할 필요 없이 답이 있는 위치를 찾아 단순히 꺼내주기만 하면 되기 때문이다. 그러나 대부분의 문제에서는 가능한 모든 입력이 거의 무한하게 많아 미리 답을 계산할 수 없을 뿐 아니라, 답을 저장할 공간도 부족하므로 현실적이지 않다. 예를 들어, 그림 6.1의 $\sin(x)$를 구하는 경우도 각도 x가 실수로 표현될 수 있으므로 모든 각도에 대한 답을 미리 구해놓을 수는 없다.

이 장에서는 어느 정도 현실적인 수준에서 공간(메모리)을 희생해서 시간 효율성을 높이는 방법을 살펴보는데, 특히 정렬, 문자열 매칭, 그리고 해싱으로 알려진 탐색 기법 등을 공부한다. 사실 다음 장의 동적 계획법도 공간을 좀 더 사용해 시간을 줄이는 설계 기법에 포함되지만, 다음 장에서 분리하여 자세히 공부한다.

6.1 기수 정렬

지금까지의 정렬 방법들은 모두 배열 요소들을 서로 **비교**하여 정렬하였다(예: A[i] 〈 A[j]). 3장에서 공부한 선택 정렬과, 4장의 삽입 정렬 및 5장의 병합, 퀵 정렬 등이 모두 이러한 **비교기반 정렬 방법**들이다. 그런데 이러한 비교 연산을 사용하지 않고도 데이터를 정렬할 수 있는 독특한 정렬 기법들이 있다. 그리고 이들은 $O(n\log_2 n)$이라는 비교기반 정렬의 이론적인 하한선을 깰 수 있다. 물론 약점도 있다. 입력의 종류에 대한 제한이 있고(비교기반 정렬 방법들은 비교가 가능한 어떤 입력이라도 정렬할 수 있다), 추가적인 메모리도 필요하다. 즉, 공간을 희생하여 시간 효율을 높이고자 하는 방법이다.

항목들을 비교하지 않고 어떻게 정렬할 수 있을까? 기본적인 아이디어는 항목들을 킷값에 따라 분배하는 것이다. 분배를 한다는 것은 항목들을 메모리에 나누어 저장하는 것을 말한다. 이러한 전략을 이용하는 정렬 방식에는 기수 정렬과 카운팅 정렬이 있다. 이 절에서는 기수 정렬을 다룬다.

■ 배분을 이용한 정렬 아이디어

기수(radix)란 숫자의 자릿수이다. 예를 들면 숫자 42는 4와 2의 두개의 자릿수를 가지고 이것이 기수가 된다. **기수 정렬**(radix sort)은 이러한 자릿수의 값에 따라서 정렬하기 때문에 기수 정렬이라는 이름을 얻었다. 기수 정렬은 다단계 정렬인데, 단계의 수는 데이터의 전체 자릿수와 일치한다.

한 자릿수의 정렬

기수 정렬의 아이디어를 살펴보자. 일단 한자리로만 이루어진 숫자의 리스트 [8, 2, 7, 3,

5]를 정렬하려고 한다. 어떻게 서로 비교를 하지 않고 정렬을 할 수 있을까? 공간을 잘 사용하면 해결할 수 있다. 예를 들어, 십진수는 각 자릿수가 0에서 9까지의 값만 가진다. 따라서 0부터 9까지의 항목을 저장할 10개의 메모리 공간, 즉 **버킷(bucket)**을 준비하는 것이다. 버킷이 준비되면 숫자들을 버킷에 나누어 담았다가 꺼내면 된다.

① 항목들을 저장할 버킷들을 준비한다.
② 입력 항목들을 순서대로 킷값에 따라 해당 버킷에 넣는다.
③ 위쪽 버킷부터 순차적으로 버킷 안에 들어 있는 숫자를 출력한다.

다음은 한 자릿수의 리스트 [8, 2, 7, 3, 5]의 정렬 과정의 예를 보여준다.

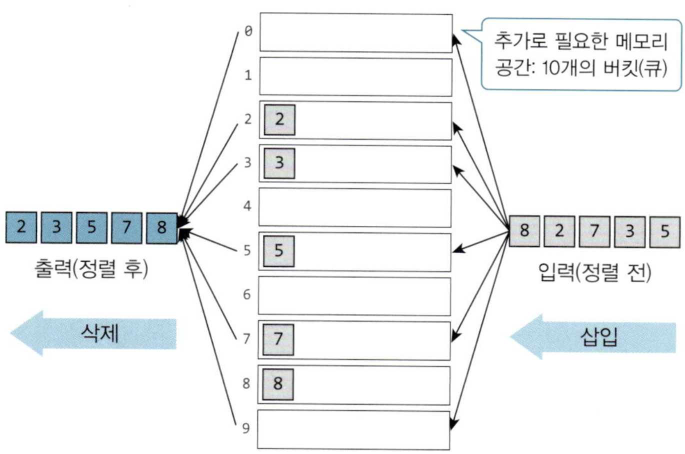

[그림 6.3] 기수 정렬의 기본 아이디어: 한 자릿수의 경우

그림을 보면 간단하게 정렬된 리스트 [2, 3, 5, 7, 8]을 구할 수 있는 것을 알 수 있다. 이 과정에서 <u>비교 연산이 전혀 사용되지 않았음</u>에 유의하라! 단지 레코드의 값에 따라 버킷에 넣고 빼는 동작만 되풀이했을 뿐이다. 물론 정렬을 위해 추가적인 공간, 즉 10개의 버킷이 사용되었다.

여러 자리 숫자의 정렬

그렇다면 여러 자리로 이루어진 수는 어떻게 정렬할까? 리스트 [28, 93, 39, 81, 62, 72,

38, 26]을 예로 들어보자. 가장 간단한 방법은(우리가 메모리 부자라면) 0에서 99번까지 번호가 매겨진 100개의 버킷을 사용하는 것이다. 물론 알고리즘은 동일하다. 한 번 넣고 순서대로 빼내면 된다. 그런데 우리는 돈이 많아 공간을 마음대로 쓸 수 있는 만수르 형님이 아니므로 어느 정도는 메모리를 아껴야 한다. 물론 시간은 좀 더 걸릴 수 있다. 어떻게 할까?

1의 자리와 10의 자리를 분리하여 분류하는 방법이 있다. 예를 들어, 버킷은 앞에서와 같이 10개만을 사용하고 배분 과정을 자릿수에 따라 두 번 적용하는 것이다. 그렇다면 어떤 자릿수를 먼저 정렬해야 할까?

> 여러 자리 숫자의 기수 정렬에서는 먼저 낮은 자릿수로 정렬한 다음 차츰 높은 자릿수로 정렬해야 한다.

예를 들어, [28, 93, 39, 81, 62, 72, 38, 26]를 정렬해 보자. 만약 10의 자릿수를 먼저 한 후 1의 자릿수를 나중에 사용하면 [28, 26, 39, 38, 61, 72, 81, 93] → [61, 81, 72, 93, 26, 28, 38, 39]이 되어 잘못된 결과가 나온다. 반대로 1의 자릿수를 먼저 분배하면 [81, 62, 72, 93, 26, 28, 38, 39] → [26, 28, 38, 39, 62, 72, 81, 93]이 되어 데이터가 정확히 정렬된다.

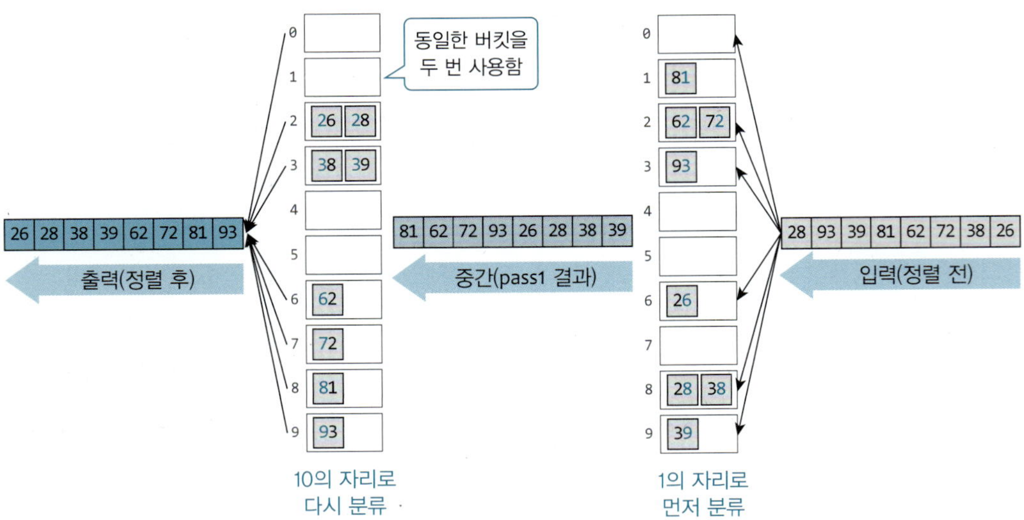

[그림 6.4] 기수 정렬을 이용한 2자릿수의 정렬 구조

두 자릿수를 정렬하는데도 10개의 버킷만을 사용하였다. 따라서 자릿수가 더 많더라도 10개의 버킷만으로 정렬할 수 있을 것이다! 우리는 만수르보다 똑똑하다.

여러 자리의 숫자를 정렬하는 방법을 구체적으로 생각해 보자. 만약 숫자를 십진법으로 나타낸다면 버킷은 10개를 사용하면 된다. 만약 같은 숫자를 2진법으로 표현하고 정렬한다면 버킷은 단 2개가 필요하다. 그렇지만 이 경우 필요한 단계(패스)의 수는 훨씬 많아질 것이다. 만약 키가 영어 알파벳 문자(a~z)로 되어 있다면 26개의 버킷을 사용하면 된다. 패스의 수는 정렬할 영어 단어의 최대 길이가 될 것이다. 그렇다면 하나의 버킷에 여러 개의 숫자가 들어갔을 때 어느 것이 먼저 나와야 할까?

버킷에 여러 개의 숫자가 들어 있다면 먼저 들어간 숫자가 먼저 나와야 한다. 그래야 이미 정렬한 자릿수에 의한 숫자들의 상대적인 순서가 계속 유지되기 때문이다. 따라서 버킷은 큐(Queue)로 구현되어야 한다. 버킷에 숫자를 넣는 것은 큐의 삽입 연산이고 버킷에서 숫자를 꺼내는 것은 삭제 연산이다.

■ 기수 정렬 알고리즘

기수 정렬에서는 버킷을 위해 큐를 사용해야 한다. 물론 파이썬에서는 queue 모듈의 Queue 클래스를 사용할 수 있다. 정렬을 위해서는 먼저 사용할 버킷(큐)의 수 BUCKETS와 전체 패스의 수 DIGITS를 결정해야 한다. 예를 들어, 10진법으로 정렬하고, 자릿수가 최대 4인 숫자만 입력된다면 BUCKETS=10, DIGITS=4와 같이 설정하면 된다.

알고리즘은 먼저 BUCKETS개의 공백 큐를 만드는 것으로 시작한다. 그리고 가장 낮은 자릿수부터 순서대로 DIGITS번의 패스를 통해 항목들을 큐에 넣고 빼는 동작을 반복한다. 파이썬으로 기술한 알고리즘은 다음과 같다.

알고리즘 6.1 기수 정렬

```
from queue import Queue                   # 파이썬 queue 모듈의 Queue 사용
def radix_sort(A) :
    queues = []                           # 큐의 리스트
    for i in range(BUCKETS) :
        queues.append(Queue())            # BUCKETS개의 큐 사용

```

```
07     n = len(A)
08     factor = 1                                  # 1의 자리부터 시작
09     for d in range(DIGITS) :                    # 모든 자리에 대해
10         for i in range(n) :                     # 자릿수에 따라 큐에 삽입
11             queues[(A[i]//factor) % BUCKETS].put(A[i]) # 숫자를 삽입
12         j = 0
13         for b in range(BUCKETS) :               # 버킷에서 꺼내어 원래의 리스트로
14             while not queues[b].empty() :       # b번째 큐가 공백이 아닌 동안
15                 A[j] = queues[b].get()          # 원소를 꺼내 리스트에 저장
16                 j += 1
17         factor *= BUCKETS                       # 그 다음 자릿수로 간다.
18         print("step", d+1, A)                   # 중간 과정 출력용 문장
```

1행: from ~ import 문장을 이용하여 queue 모듈의 클래스 Queue를 queue.Queue가 아니라 5행에서처럼 Queue로 바로 사용할 수 있도록 하였다.

3~5행: 필요한 큐의 리스트를 준비한다. BUCKETS개의 공백 큐를 만들었다.

8행: 1의 자리부터 큰 자리로 올라가면서 정렬해야 한다.

11행: 버킷의 위치를 계산((A[i]//factor) % BUCKETS)하고 그 버킷에 숫자를 넣는다.

13~16행: 모든 버킷에서 숫자를 순서대로 꺼내 원래의 리스트에 저장한다.

17행: 이제 다음 자릿수를 처리한다.

18행: 현재 리스트의 내용(중간 처리과정)을 보여주기 위한 임시 코드이다.

1에서 9999 사이의 숫자 10개를 무작위로 생성하고 기수 정렬로 정렬해 보자. 난수 발생 함수 randInt()를 사용하기 위해 random 모듈을 포함한다.

알고리즘 테스트 기수 정렬 테스트

```
import random          # 테스트를 위한 난수 발생을 위해 random 모듈 포함
BUCKETS = 10           # 10진법으로 정렬
DIGITS  = 4            # 최대 4 자릿수
data = []
for i in range(10) :
    data.append(random.randint(1,9999))         # 1~9999 사이의 숫자 10개 생성
radix_sort(data)                                # 기수 정렬
print("Radix: ", data)                          # 결과 출력
```

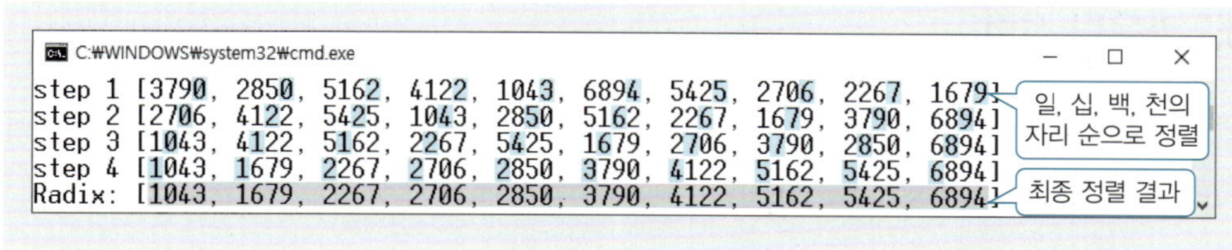

▪ 복잡도 분석

알고리즘의 외부 루프(9행)는 항상 DIGITS번 반복된다. 만약 모든 숫자가 최대 d개의 자릿수를 가진다면 외부 루프는 d번 이상은 반복되어야 한다. 숫자를 삽입하는 내부 루프(10행)는 정확히 n번 반복된다. 그렇다면 이중 루프로 기술된(13~14행) 항목을 꺼내는 과정은 몇 번 수행될까? 당연히 전체 버킷에 들어있는 항목의 수만큼 반복될 것이고, 이것은 입력의 개수 n과 같다. 따라서 $T(n)=d(n+n)$이고, 기수 정렬은 $O(d \cdot n)$의 시간 복잡도를 갖는다.

시간 복잡도가 d에 비례하기 때문에 기수 정렬의 수행 시간은 정수의 크기와 관련이 있다. 그러나 일반적으로 컴퓨터 안에서의 정수의 크기를 제한되는데, 정수를 32비트로 표현하는 컴퓨터에서는 십진법으로 대개 10개 정도의 자릿수만을 가지게 된다. 결국, 일반적으로 d는 n에 비하여 아주 작은 수가 되므로 기수 정렬은 $O(n)$이라고 하여도 무리가 없다. 따라서 비교기반 정렬 방법들보다 훨씬 빨리 정렬할 수 있어 상당히 인기 있는 정렬 기법의 하나이다.

공간 복잡도는 어떨까? 물론 추가적인 공간이 필요하다. 정렬을 위해 다수의 큐가 사용되어야 한다. 그러나 전체 큐에 저장되는 항목의 수는 입력의 개수와 동일하다. 따라서 추가적인 공간 복잡도는 $O(n)$이다. 그렇다면 기수 정렬의 단점을 살펴보자.

- 정렬에 사용되는 킷값이 자연수로 표현되어야만 적용할 수 있다. 음수를 포함한 정수인 경우는 양수와 음수를 분리하는 방법으로 정렬할 수 있다.
- 실수나 한글, 한자 등으로 이루어진 킷값에 대해서는 정렬할 수 없다. 사실 가능은 하지만 비현실적으로 많은 버킷이 필요하게 되므로 적용이 불가능하다. 이에 비해 비교기반 정렬 방법들은 모든 종류의 키 형태에 적용될 수 있다.

6.2 카운팅 정렬

입력의 종류에 따라서는 리스트의 각 항목들을 단순히 세는 방법으로 정렬할 수 있다. 이러한 정렬 기법을 **카운팅 정렬**(Counting sort)이라 한다.

■ 카운팅을 이용한 정렬 아이디어

카운팅 정렬의 아이디어는 다음과 같다.

> 리스트를 한번 스캔하면서 각 항목이 리스트에 몇 번 나타났는지 빈도수를 계산한다. 빈도수가 구해지면 가장 작은 항목부터 순서대로 빈도수만큼 나열한다.

예를 들어, 입력 리스트가 {11, 12, 13, 14}의 네 종류의 숫자만을 항목으로 가질 수 있다고 가정하고, 리스트 [14, 11, 12, 12, 14, 12]를 정렬하는 방법을 생각해 보자. 먼저 리스트를 한번 스캔하면서 각 항목의 빈도수를 구하면 다음 그림과 같다. 빈도수가 구해지면 이제 가장 작은 항목부터 항목들을 순서대로 나열한다. 그러면 정렬이 끝난다. 예를 들어, 11은 한 번, 12는 세 번, 13은 없고, 14는 두 번 나타났으므로 그 횟수만큼 출력 리스트에 추가한다. 결국, 출력 리스트는 [11, 12, 12, 12, 14, 14]가 되고 정렬은 완료된다.

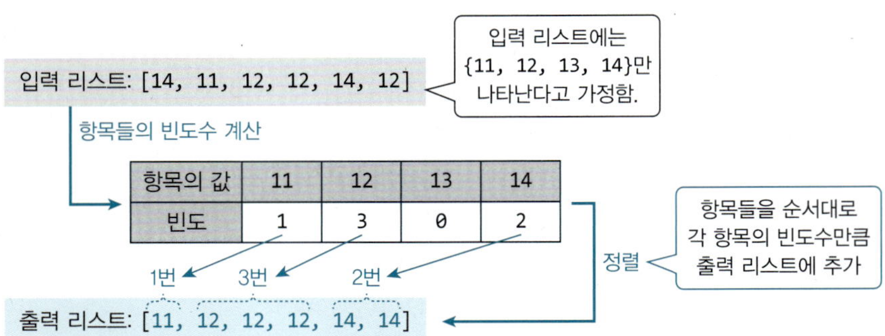

[그림 6.5] 카운팅 정렬의 아이디어

입력의 제한과 추가 공간의 크기

기수 정렬과 같이 이 방법에서 정렬을 위해 항목의 킷값들을 서로 비교하지 않은 것에 유의하라. 각 항목의 빈도수를 세었을 뿐이다.

대신에 각 항목의 빈도수를 저장할 메모리를 추가로 사용하였다. 이러한 추가 공간의 크기는 입력의 구성에 따라 달라진다.

- 만약 0에서 99까지의 정수들로만 구성된 리스트를 정렬한다면 빈도 저장을 위해 크기가 100인 정수 리스트가 필요하다.
- 만약 32비트로 표현되는 정수 중에 어떤 것이라도 나타날 수 있는 리스트를 정렬한다면 어떨까? −2147483648~2147483647 범위의 숫자들이 나타날 수 있고, 따라서 이들의 빈도 저장을 위해 엄청나게 큰 공간이 필요하다. 현실적이지 않다.
- 실수를 정렬할 수 있을까? 정수와 달리 실수는 어떤 유한한 범위 내에 들어갈 수 있는 숫자의 개수가 무한하다. 따라서 거의 무한대의 공간이 필요하고, 적용이 불가능하다.

따라서 카운팅 정렬을 적용하기에 가장 좋은 입력은 나타날 수 있는 킷값이 일정한 개수로 제한되는 경우이다. 예를 들어, "ALGORITHM"을 "AGHILMORT"으로 정렬하는 것과 같이 아스키 문자열의 모든 문자들을 순서대로 정렬하는 것도 좋은 응용이다. 아스키 문자들은 모두 0~255 이내의 값을 갖기 때문이다.

카운팅 정렬 알고리즘

알고리즘의 설계를 위해 간단한 예를 살펴보자. 킷값은 0부터 9까지라고 가정하고, 입력 리스트 [1, 4, 1, 2, 7, 5, 2]을 정렬하자. 정렬이 완료되면 출력 리스트는 [1, 1, 2, 2, 4, 5, 7]이 되어야 할 것이다.

먼저 각 킷값의 빈도수를 저장하기 위한 리스트 count를 만든다. 킷값이 0부터 9까지이므로 이 리스트의 크기는 10이 될 것이고, count[0..9]는 모두 0으로 초기화되어야 한다. 이제 입력 리스트의 모든 항목을 스캔하면서 킷값에 해당하는 빈도를 증가시킨다. [1, 4, 1, 2, 7, 5, 2]에 대한 빈도는 다음과 같이 구해진다.

킷값	0	1	2	3	4	5	6	7	8	9
count	0	2	2	0	1	1	0	1	0	0

킷값이 0인 항목은 없고, 1인 항목이 두 개 있다. 따라서 결과 배열의 맨 앞 두 위치는 1이 저장되어야 할 것이다. 2는 어떨까? 2번 나타났으므로 1이 저장된 위치 다음부터 2개의 자리에 저장되어야 한다. 이제 count를 저장해야 할 위치로 바꾸자. 이를 위해 그림과 같이

직전 인덱스의 빈도수를 계속 더한다.

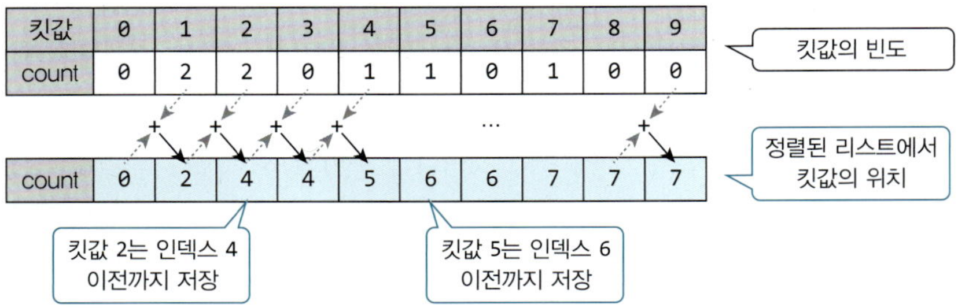

[그림 6.6] 빈도 테이블을 위치 테이블로 변환

이제 마지막으로 최종 배열을 만들면 된다. 0은 없고, 1은 인덱스 2 이전까지(0, 1) 채운다. 2는 그다음부터 인덱스 4 이전까지(2, 3) 채운다. 3은 4 이전까지 채워야 하는데, 인덱스 3까지 이미 채워져 있으니까 입력 배열에 없다는 것이다. 4는 인덱스 5 이전까지 채워야 하므로 인덱스 4에 저장한다. 이러한 방법을 마지막 인덱스까지 처리하면 정렬이 끝난다.

알고리즘

이제 킷값이 0부터 MAX_VAL-1까지인 정수 리스트의 정렬을 위한 알고리즘을 설계해 보자. count의 크기는 MAX_VAL이 되어야 하고, 모두 0으로 초기화되어야 한다. 정렬된 결과의 임시 저장을 위한 리스트 output의 크기는 입력 리스트와 같다. 파이썬으로 기술한 알고리즘은 다음과 같다.

알고리즘 6.2 카운팅 정렬

```
def counting_sort(A):
    output = [0] * len(A)                  # 정렬 결과저장용 임시 리스트
    count  = [0] * MAX_VAL                 # 각 숫자의 빈도를 저장

    for i in A:                            # 각 숫자별 빈도를 계산
        count[i] += 1

    for i in range(1, MAX_VAL):            # count[i]가 출력 배열에서
        count[i] += count[i-1]             # 해당 숫자의 위치가 되도록 수정
```

```
10
11      for i in range(len(A)):             # 모든 입력항목 A[i]에 대해
12          output[count[A[i]]-1] = A[i]    # 해당 위치(count[A[i]]-1)에 저장
13          count[A[i]] -= 1                # 킷값 A[i]의 위치를 하나 줄임
14
15      for i in range(len(A)):             # 정렬 결과를 원래 배열에 복사
16          A[i] = output[i]
```

리스트의 항목을 직접 나열한 for 문

파이썬의 for 문은 리스트의 모든 항목을 스캔하기 위해 보통 인덱스를 사용하지만, 리스트를 직접 나열하는 방법(5~6행)을 사용할 수도 있다.

```
for i in A:                     # 리스트의 항목을 직접 나열한 반복
    count[i] += 1
```

이 코드는 다음과 같이 인덱스를 사용한 코드와 정확히 동일하다.

```
for i in range(len(A)):         # 인덱스를 사용한 반복
    count(A[i]) += 1
```

반복문 안에서 인덱스를 사용할 필요가 필요 없다면 이렇게 항목을 직접 나열하는 방법이 직관적이고 코드도 간단해 보이므로 더 편리할 것이다.

알고리즘 테스트 카운팅 정렬 테스트

```
MAX_VAL = 10
data = [ 1, 4, 1, 2, 7, 5, 2 ]
print("Original  : ", data)
counting_sort(data)             # 카운팅 정렬
print("Counting  : ", data)
```

```
C:\WINDOWS\system32\cmd.exe
Original  :  [1, 4, 1, 2, 7, 5, 2]
Counting  :  [1, 1, 2, 2, 4, 5, 7]
```

만약 크지 않은 범위의 음수를 포함한 정수 리스트를 정렬하려면 어떻게 할까? 먼저 리스트에서 최소와 최대 킷값을 찾아야 한다. 최댓값과 최솟값이 구해지면 count 리스트의 크기는 (최댓값−최솟값+1)이 될 것이다. 물론 최솟값을 인덱스 0으로 대응시켜서 알고리즘

6.2를 적용하는 수정이 필요하다.

■ 복잡도 분석

시간 복잡도를 분석해 보자. 카운팅 정렬은 입력 데이터가 크지 않은 일정한 범위의 값을 가진 정수라면 매우 효율적이다. 알고리즘의 모든 루프가 단일 루프이다. 만약 입력의 크기가 n이고, 숫자의 범위가 k가지(0 ~ k-1)라면 전체 알고리즘은 $O(k+n)$의 시간 복잡도를 갖는다. 따라서 아스키 문자의 정렬에서와 같이 k가 작은 수로 제한된다면 시간 복잡도는 $O(n)$이라고 해도 무리가 없다.

문제는 공간 복잡도이다. 이 알고리즘은 입력 리스트에 추가적으로 $O(k+n)$의 메모리 공간을 필요로 한다. 만약 k가 매우 크다면 매우 많은 공간이 추가로 필요하게 된다. 또한, 킷값이 실수라면 적용할 수 없다. k가 무한히 커지기 때문이다.

6.3 문자열 매칭

문자열 매칭(문제 3.3)은 길이가 n인 텍스트 문자열에서 길이가 m인 패턴 문자열을 찾는 문제이다. 우리는 3.3절에서 이 문제에 대한 억지 기법 해결방법(알고리즘 3.3)을 공부했다. 이것은 단순히 패턴을 텍스트의 첫 위치에서부터 오른쪽으로 한 칸씩 이동하면서 패턴의 모든 문자가 텍스트와 일치하는 위치를 찾는 방법이다.

억지 기법은 최악의 경우 텍스트의 $n-m+1$개 위치에서 각각 m번의 비교를 해야 하므로 시간 복잡도는 $O(nm)$이지만, 평균적으로는 이보다 훨씬 좋은($O(n+m)$) 성능을 보이는 것으로 알려져 있다. 이 문제에 대한 더 좋은 알고리즘을 살펴보자.

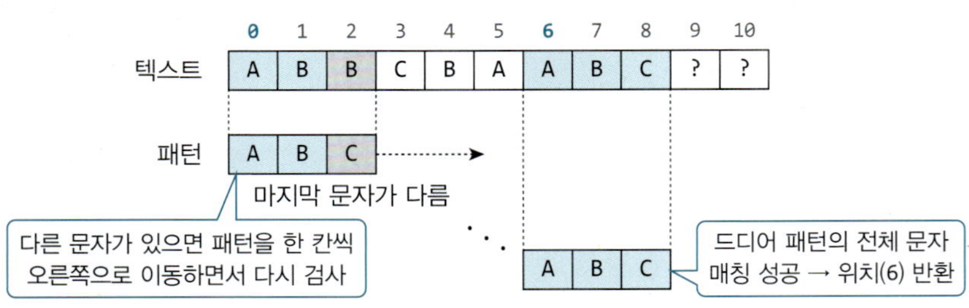

[그림 6.7] 억지 기법에 의한 문자열 매칭 예

효율적인 문자열 매칭을 위한 몇 가지 알고리즘이 제안되었는데, 이들의 기본적인 전략은 다음과 같다.

> 전처리 과정을 통해 패턴에 대한 정보를 얻고 이것을 테이블에 저장한 다음 텍스트에서 패턴을 매칭하는 동안 이 정보를 활용한다.

문자열 매칭의 대표적인 알고리즘으로는 KMP(Knuth-Morris-Pratt)와 **보이어 무어(Boyer-Moore)**가 있는데, 보이어 무어 알고리즘이 더 유리한 것으로 알려져 있다. 이 절에서는 보이어 무어 알고리즘의 단순한 형태인 **호스풀(Horspool) 알고리즘**을 먼저 살펴보고, 보이어 무어를 알아보자.

■ 호스풀(Horspool) 알고리즘

억지 기법과는 달리 이 알고리즘은 경험적인 전략(휴리스틱)들을 이용한다.

- 하나의 **위치(shift)**에서 패턴은 뒤에서부터 앞으로 검사한다. 예를 들어, 그림에서 BANANA의 순으로 APPLEM과 비교하는 것이 아니라 반대로, 즉 ANANAB의 순으로 MELPPA와 비교하는 것이다. 이것은 가능한 한 많은 위치를 검사하지 않고 뛰어넘기 위한 전략이다.

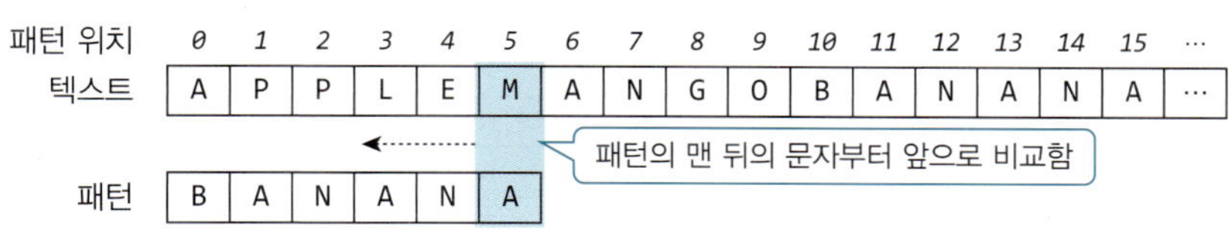

[그림 6.8] 패턴(BANANA)의 맨 뒤 문자부터 앞으로 비교함

- 만약 첫 번째 비교에서 불일치가 발생했다고 하자. 그림 6.8이 A≠M이므로 바로 이 상황이다. 만약 불일치가 발생한 텍스트 문자가 패턴에 없는 문자라면 어떻게 될까? 예를 들어, 그림에서 <u>M이 패턴(BANANA)에 없으므로 패턴의 위치를 1~5로 옮겨서 비교하더라도 절대 일치할 수가 없다</u>. 따라서 패턴의 위치를 패턴의 길이(6)만큼 바로 넘겨 매칭을 진행하면 된다.

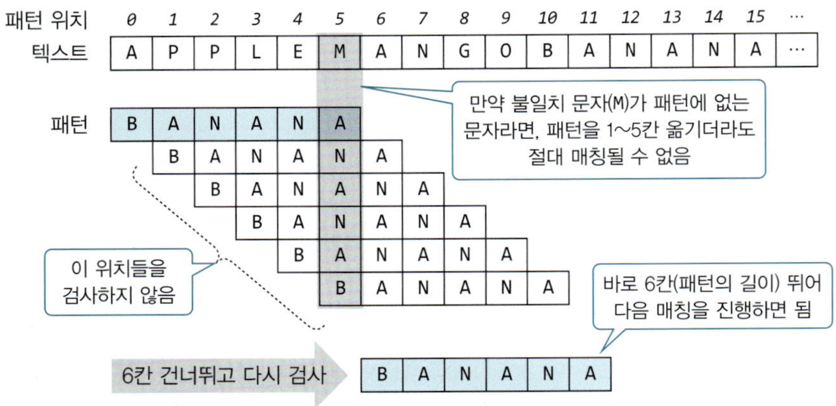

[그림 6.9] M은 패턴에 없는 문자임. 따라서 M 다음 위치로 바로 이동(shift=6)

- 만약 불일치 문자가 패턴에 있는 문자이면 어떻게 될까? 예를 들어, 다음의 경우를 보자. 맨 뒤의 A는 일치하고 다음의 패턴 N은 텍스트 B와 일치하지 않는다. 그런데 B는 패턴에 있는 문자이다. 이 경우는 어떻게 할까? 당연히 패턴의 B 위치가 텍스트의 B 위치와 일치하도록 건너뛰면 된다. 1~3칸을 움직여 비교해봐야 B와 일치하지 않는다. 4칸을 건너뛰어 다시 검사를 진행하면 된다.

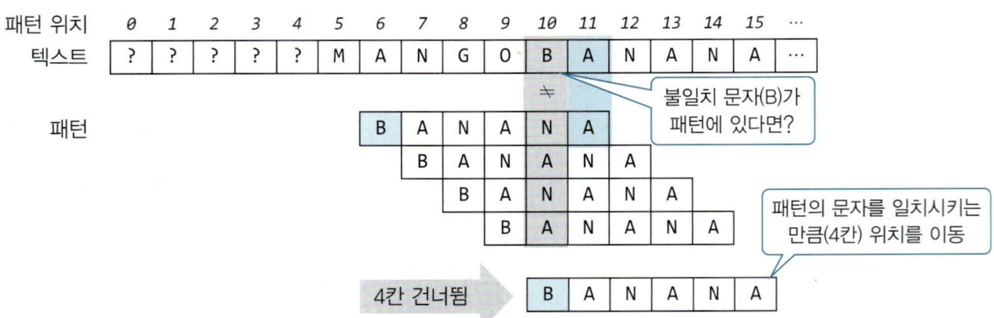

[그림 6.10] B는 패턴에 있는 문자. 이 문자를 일치시키도록 패턴 이동

이러한 휴리스틱을 사용할 수 있으려면 패턴에 대한 **전처리**(preprocessing) 과정이 필요하다. 즉, 모든 가능한 알파벳에 대해 패턴에서의 위치를 저장한 표를 미리 만들어 두는 것이다. 전처리를 통해 패턴의 정보를 구해 저장해 놓고 검색에 사용하는 것으로, 추가적인 공간을 이용해 시간을 줄이려는 전형적인 전략이다.

그렇다면 표의 크기는 얼마나 될까? 만약 모든 아스키코드를 검색하려고 한다면 아스키 테이블의 크기가 될 것이다. 만약 한글이나 한자 등을 검색하기 위해서는 훨씬 더 큰 테이블이 필요하다.

시프트 테이블(shift table) 생성

이 표를 **시프트 테이블**(shift table)이라 부르고 tbl[]이라 표시하자. 어떻게 만들까? 모든 알파벳 c에 대해 패턴에 있는 경우와 없는 경우로 나눌 수 있다.

- c가 패턴에 없다면 tbl[c] = m: 그림 6.9와 같이 최대 크기(패턴의 크기 m)만큼 움직일 수 있다. 따라서 표의 해당 항목의 값은 m이다. 예를 들어, 패턴이 BANANA인 경우 O나 M과 같은 알파벳은 패턴 BANANA에 없으므로 tbl[M]=tbl[O]=6이다.
- c가 패턴에 있으면 tbl[c] = m−1−pos[c]: 패턴의 마지막 문자를 제외한 m−1개의 문자들 중에서 가장 오른쪽에 있는 c의 위치(pos[c])와 패턴의 마지막 문자(위치는 m−1) 사이의 거리만큼 움직일 수 있다. 예를 들어, 그림 6.10에서 알파벳 B를 생각해 보자. c='B'이고, 패턴에서 B의 위치는 0(pos[B]=0)이며, m=6이다. 따라서 tbl[B] = 6−1−0 = 5이다.

다음은 패턴이 BANANA인 경우의 시프트 테이블을 보여준다. M과 같이 패턴에 없는 문자들은 모두 6(패턴의 길이 m)이고, A는 세 번 나왔지만, 마지막 문자를 제외하고 가장 오른쪽 문자와 마지막 문자의 거리인 2가 저장된다. B는 마지막 문자와의 거리 5가 저장되었다.

인덱스	0	…	…	…	…	64	65	66	…	78	79	…	…	…	…	…	127
알파벳	NUL	…	…	…	…	@	A	B	…	N	M	…	…	…	…	…	DEL
이동 거리	6	6	…	…	…	6	2	5	…	1	6	…	…	…	…	6	6

[그림 6.11] 텍스트가 아스키 문자인 경우의 시프트 테이블 예(패턴은 BANANA)

이러한 테이블을 만드는 알고리즘은 다음과 같다. 이때, 텍스트와 패턴은 모두 아스키 문자표의 문자들로만 이루어져 있다고 가정한다.

알고리즘 6.3 호스풀 알고리즘의 시프트 테이블 만들기

```
01  NO_OF_CHARS = 128
02  def shift_table(pat):
03      m = len(pat)                        # 패턴의 길이
04      tbl = [m]*NO_OF_CHARS               # 시프트 테이블
05
06      for i in range(m-1):                # 패턴의 모든 문자에 대해
07          tbl[ord(pat[i])] = m-1-i        # 그 알파벳이 패턴의 몇번째 문자인지
08
09      return tbl
```

4행: 크기가 NO_OF_CHARS인 리스트를 만들고, 모든 항목을 m으로 채운다. 이것은 일단 모든 문자는 패턴에 없다고 생각하는 것이다.

6~7행: 패턴의 모든 문자에 대해 테이블의 해당 위치의 이동 거리를 계산해 넣는다. 만약 패턴에 중복된 문자가 있다면 맨 오른쪽 문자에 의한 거리가 최종적으로 들어간다(반복문이 0부터 증가하는 방향으로 진행되므로).

문자와 코드의 변환

파이썬 내장함수 ord()는 하나의 문자를 받아서 그 문자의 유니코드 값을 반환한다. 예를 들어, ord('a')는 정수 97을 반환한다. 내장함수 chr()은 반대로 정수를 문자로 바꾸는데, chr(97)은 문자 'a'를 반환한다.

호스풀 알고리즘

호스풀 알고리즘을 정리해 보자. 텍스트 T와 패턴 P가 주어지고, T에서 P가 나타나는 위치를 찾아 반환하는 전체 알고리즘은 다음과 같다.

알고리즘 6.4 호스풀 알고리즘

```
def search_horspool(T, P):
    m = len(P)                          # 패턴의 길이
    n = len(T)                          # 텍스트(입력)의 길이
    t = shift_table(P)                  # shift 테이블 생성
    i = m-1                             # 패턴의 우측끝 문자 위치
    while(i <= n-1):                    # 가능한 모든 위치에 대해
        k = 0                           # 매칭된 개수
```

```
08        while k <= m-1 and P[m-1-k]==T[i-k]:     # 뒤에서 앞으로
09            k += 1                               # 맞으면 계속 앞으로 진행
10        if k == m :                              # 매칭성공: 매칭위치(왼쪽) 반환
11            return i-m+1
12        else :                                   # 매칭실패
13            tc = t[ord(T[i-k])]                  # T[i]의 테이블 참조 → 건너뜀
14            i += max(1, tc-k)
15    return -1                                    # 매칭실패 -1 반환
```

2~4행: 패턴과 텍스트의 길이를 구하고, 시프트 테이블을 계산한다.

5행: 패턴의 위치는 우측 끝 문자를 기준으로 한다.

8행: 패턴을 뒤에서 앞으로 맞지 않을 때까지 검사

10~11행: 패턴의 모든 문자가 일치함. 위치 반환

12~13행: 패턴의 어느 문자가 일치하지 않음. 테이블을 찾아 그 만큼 건너뜀

알고리즘 테스트 호스풀 알고리즘 테스트

```
print("패턴의 위치 :", search_horspool("APPLEMANGOBANANAGRAPE", "BANANA"))
```

```
C:\WINDOWS\system32\cmd.exe
패턴의 위치 : 10
```

복잡도 분석

이 알고리즘의 복잡도를 계산하자. 최악의 경우 6행의 외부 루프는 $n-m$번 반복한다. 또한, 최악의 경우 하나의 위치에서 패턴을 비교하는데 패턴의 길이(m) 만큼의 비교가 필요하다. 따라서 최악의 경우 시간 복잡도는 $O(mn)$이다.

그러나 평균적인 경우의 이 알고리즘의 성능은 훨씬 좋은 것으로 알려져 있다. 무작위의 텍스트(random text)에 대해 $O(n)$의 성능을 나타내고, 이것은 억지 기법보다 훨씬 효율적이다. 특히 이 알고리즘은 훨씬 복잡한 방법을 사용하는 보이어-무어 알고리즘에 비해서도 별로 느리지 않은 것으로 알려져 있다.

■ 보이어 무어(Boyer-Moore) 알고리즘(심화)

보이어-무어 알고리즘은 호스풀 알고리즘에 추가적인 휴리스틱을 더해 효율을 높이고자 한 방법이다. 패턴 P를 텍스트 T에 매칭할 때, 만약 패턴의 맨 오른쪽 문자를 비교해 실패

하면(예를 들어, 앞의 그림 6.9와 같은 상황) 호스풀 알고리즘과 동일하게 동작한다. 그러나 만약 하나라도 매칭되는 문자가 있으면 검사 방법이 좀 복잡해진다.

호스풀 알고리즘이 하나의 휴리스틱을 사용한 것과 달리 보이어-무어 알고리즘은 두 가지 휴리스틱을 사용해 패턴의 이동량을 계산한다. **나쁜 심벌 휴리스틱**(bad symbol heuristic)과 **좋은 접미어 휴리스틱**(good suffix heuristic)을 사용하는데, 전자는 호스풀 알고리즘에서와 동일하다. 알고리즘에서는 각 휴리스틱을 이용하여 표를 만들고 이를 이용해 **나쁜 심벌 이동량** d_1과 **좋은 접미어 이동량** d_2를 각각 계산하고, 이 중에서 더 큰 양만큼 이동하는 것이다. 실제로 표를 만들고 이동량을 계산하는 것은 좀 까다롭기 때문에 생략하고, 여기서는 개념만을 살펴보자.

나쁜 심벌 휴리스틱

나쁜 심벌 휴리스틱은 호스풀 알고리즘에서와 동일하다. k개의 문자가 일치한 다음 처음으로 불일치가 발생한 문자를 c라 하자. 만약 c가 패턴에 없다면 패턴의 시작이 이 문자 다음에 위치하도록 바로 옮기면 된다.

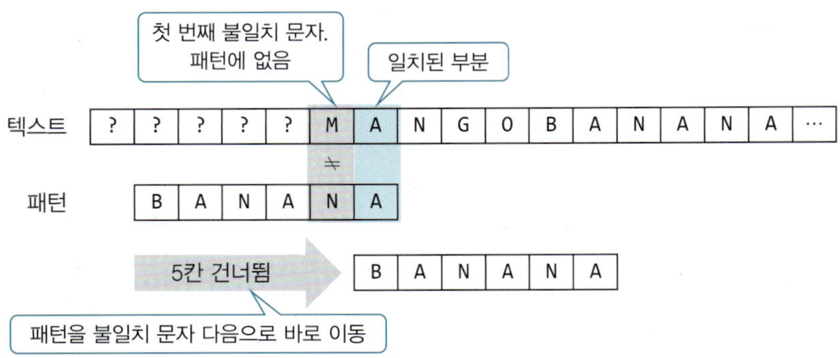

[그림 6.12] 나쁜 심벌 휴리스틱 사용 예: 불일치 문자가 패턴에 없는 경우

만약 c가 패턴에 있는 문자라면 패턴의 그 문자를 불일치 문자와 일치시키는 만큼 패턴을 이동하면 된다. 이때 사용하는 이동량 테이블은 알고리즘 6.3을 이용해 만든 시프트 테이블이다. BANANA에 대한 테이블 값은 그림 6.11을 참조하라.

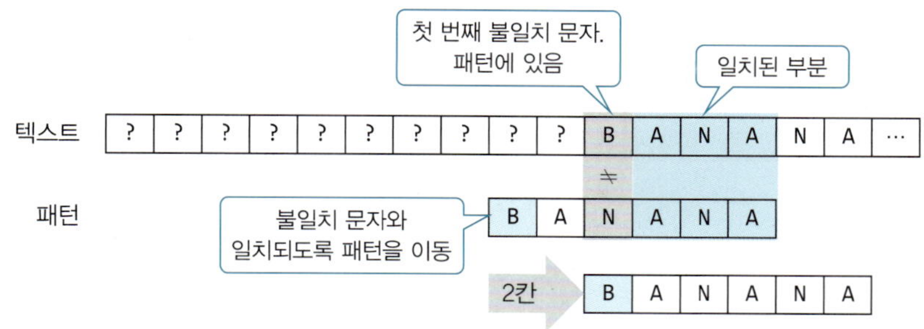

[그림 6.13] 나쁜 심벌 휴리스틱 사용 예: 불일치 문자가 패턴에 있는 경우

결과적으로 보이어-무어 알고리즘에서 나쁜 심벌 이동량 d_1 은 다음과 같이 계산된다.

$$d_1 = \max(1,\ t_1(c) - k)$$

이때, $t_1(c)$는 시프트 테이블에서 문자 c의 이동량이며, k는 앞서 일치한 문자 수이다.

좋은 접미어 휴리스틱

문제는 좋은 접미어 휴리스틱이다. 개념만 살펴보자. 그림에서 마지막 세 개의 문자(ANA)가 일치된 다음 불일치(B)가 발생한 상황이다.

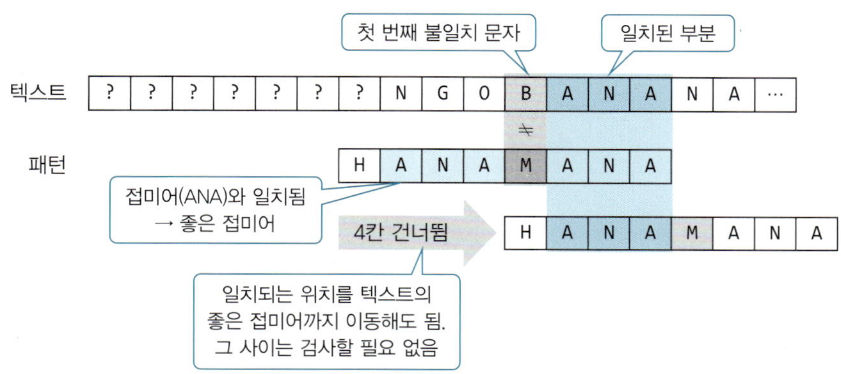

[그림 6.14] 좋은 접미어 휴리스틱 사용 예

그런데 잘 살펴보면 일치된 부분의 전체 또는 일부가 패턴의 다른 부분에도 나타나는 것을 알 수 있다. 이러한 문자들을 **좋은 접미어**(good suffix)라고 한다. 즉, ANA는 좋은 접미

어이다.

패턴에서 좋은 접미어 부분이 발견되면 이것을 텍스트의 접미어 부분과 일치되도록 패턴을 바로 옮길 수 있고, 즉, 한꺼번에 여러 칸을 뛰어넘을 수 있는 좋은 정보를 제공한다. 이러한 이동량을 좋은 접미어 이동량 d_2 라 한다.

좋은 접미어 이동량을 계산하기 위해서는 패턴을 분석하여 이동량 표를 작성해야 하는데, 이 과정은 좀 복잡하고, 예외 상황도 처리해야 하므로 여기서는 생략한다. 다음은 패턴 NAMANA에 대한 좋은 접미어 이동량 표를 구한 결과를 보인다.

좋은 접미어의 길이	패턴	이동량(d_2)
1	N A M A N A	2
2	N A M A N A	4
3	N A M A N A	4
4	N A M A N A	4
5	N A M A N A	4

[그림 6.15] 패턴 NAMANA에 대한 좋은 접미어 이동량 표

파란색 셀은 접미어가 일치하는 경우이고, 회색 셀은 좋은 접미어의 일부가 접두어로 나타난 경우이다. 그림 6.11과 같이 나쁜 심벌 이동표는 사용된 모든 문자에 대해 작성되어야 하지만, 좋은 접미어 이동표는 패턴만을 이용해 작성되는 것에 유의하라.

▪ 전체 알고리즘

보이어-무어 알고리즘을 자연어로 정리하면 다음과 같다.

알고리즘 6.5 보이어-무어 알고리즘(자연어로 표현)

1. 주어진 패턴과 텍스트에서 사용된 알파벳을 이용해 나쁜-심벌 이동표를 만든다. 알고리즘 6.3을 이용한다.
2. 패턴을 이용해서 좋은-접미어 이동표를 만든다.
3. 패턴을 텍스트의 맨 앞에 일치시킨다.
4. 일치한 패턴을 찾거나 모든 텍스트의 검사가 끝날 때까지 다음을 반복한다.

4.1: 패턴의 한 위치에서 패턴과 텍스트를 맨 뒤에서 앞으로 비교한다.
4.2: 만약 m개의 모든 문자가 같으면 탐색은 성공이다. 위치를 반환하고 종료한다.
4.3 그렇지 않으면, 불일치가 발생하는 경우이다. 이제, 처음 불일치가 발생하는 위치 k를 찾는다 ($k \geq 0$). 나쁜-심벌 이동표를 이용해 d_1 을 계산한다.
4.4 만약 $k > 0$ 이면 좋은-접미어 이동표에서 d_2 를 찾는다.
4.5 최종 이동 거리 d는 다음과 같이 결정된다. 패턴을 오른쪽으로 d만큼 이동한 후 4.1을 반복한다.

$$d = \begin{cases} d_1 & \text{if } \ k = 0 \\ \max(d_1, d_2) & \text{if } \ k > 0 \end{cases}$$

두 종류의 휴리스틱을 사용하고, 표를 만들기가 까다롭지만 이 알고리즘은 최악의 입력에 대해서도 선형의 시간이 걸리는 것으로 알려져 있다. 이 알고리즘이 이론적으로는 더 빠르지만, 자연어와 같은 문자열에 대해서 단순한 버전인 호스풀 알고리즘이 더 자주 사용된다고 한다.

6.4 해싱(Hashing)

탐색은 우리가 일상생활에서 컴퓨터를 이용해 가장 많이 하는 작업 중의 하나이다. 우리는 매일 인터넷에서 원하는 정보나 상품을 검색하고, 특정 단어나 문장이 들어있는 웹 사이트를 찾는다. 이러한 모든 작업들이 모두 탐색이다. 따라서 탐색 알고리즘의 효율성은 우리에게 큰 영향을 미친다.

앞에서 몇 가지 탐색 기법을 공부했는데, 3장에서 공부한 순차탐색은 리스트를 정렬하지 않고도 사용할 수 있지만 $O(n)$ 의 시간이 필요하고, 4장에서 공부한 이진탐색은 $O(\log_2 n)$ 으로 훨씬 효율적인 방법이지만 리스트가 킷값을 기준으로 정렬되어 있어야만 사용할 수 있다는 것을 알았다. 이제 새로운 정렬 방법을 공부해 보자. 해싱(hashing)이라는 이 기법은 이상적인 경우 $O(1)$ 라는 환상적인 시간에 탐색이 가능하다. 그러나 물론 단점이 있다. 많은 공간을 사용하는 것이다. 해싱이 공간을 이용해 시간 효율성을 높이려는 전략의 가장 대표적인 예이다.

■ 해싱이란?

생각하기는 싫지만 아파트 단지에서 모든 택배나 우편물을 단 하나의 우편물 함에 모아둔다면 어떻게 될까? 자신의 집으로 배달된 것을 찾기 위해 수많은 우편물들을 뒤져야 할 것이다. 다행히 대부분의 아파트에는 각 호실별로 우편함이 있어 우편물이 분리되어 저장되고, 우리는 세대별 우편물을 고생하지 않고 금방 찾아갈 수 있다. 물론 이를 위해서는 세대별로 우편함을 만들어야 하므로 공간과 비용이 필요하다. 해싱은 이러한 세대별 우편함과 비슷하다.

[그림 6.16] 아파트에 우편함이 하나인 경우와 세대별 우편함을 제공하는 경우

지금까지의 탐색 방법들은 탐색키와 각 레코드의 킷값을 비교하여 원하는 항목을 찾았는데, 해싱은 완전히 다른 전략을 사용한다.

> 탐색키를 테이블에 있는 레코드와 하나씩 비교하는 것이 아니라 킷값에 산술적인 연산을 적용하여 레코드가 저장되어야 할 위치를 직접 계산한다. 즉, 탐색키로부터 레코드가 있어야 할 위치를 바로 계산하고, 그 위치에 레코드가 있는지만 확인하면 된다.

이것은 우리 집 우편함에 온 편지가 있는지를 확인하는 것과 동일하다. 해싱에서 킷값으로부터 레코드가 저장될 위치를 계산하는 함수를 **해시 함수**(hash function)라 한다. 또한, 해시 함수에 의해 계산된 위치에 레코드를 저장한 테이블을 **해시 테이블**(hash table)이라 한다.

예를 들어, 탐색키가 모두 1~1000 사이의 정수라고 가정하자. 가장 빠르게 탐색할 수 있는 방법은 1000개의 항목을 가지는 배열(우편함)을 만드는 것이다. 자료의 삽입과 탐색은 탐색키를 인덱스로 생각하고 그 위치에 저장하거나 읽어오면 된다. 이 경우의 해시 함수는 $h(key) = key$가 된다. 이들 연산은 명백하게 $O(1)$이다. 이것이 해싱의 기본 아이디어이다. 빠르게 탐색할 수는 있지만 이를 위해 1000개의 우편함이 필요함에 유의하라.

만약 탐색키가 문자열이거나 실수, 또는 굉장히 큰 정수라면 현실적인 문제가 발생한다. 이것은 아파트에 세대수가 너무 많아 세대별 우편함을 만들 공간이 부족한 상황이다. 메모리가 부족하면 보다 작은 배열을 사용해야 하고, 탐색키를 더 이상 직접 배열의 인덱스로 사용할 수 없다. 대신에 탐색키를 작은 정수로 대응시키는 **해시 함수**가 필요하다. 해시 함수는 탐색키를 입력받아 **해시 주소**(hash address)를 계산하는데, 삽입이나 삭제, 탐색 연산은 모두 이 주소에서 이루어진다.

해싱과 오버플로

해시 테이블은 M개의 **버킷**(bucket)으로 이루어지는 테이블이고, 하나의 버킷은 여러 개의 **슬롯**(slot)을 가지는데, 하나의 슬롯에는 하나의 레코드가 저장된다. 단순화를 위해 슬롯이 하나라고 가정하자.

킷값 *key*가 입력되면 해시 함수로 연산한 결과 $h(key)$가 **해시 주소**가 되고, 이를 인덱스로 사용하여 항목에 접근한다. 그런데 버킷이 충분하지 않으면 서로 다른 키가 해시함수에 의해 같은 주소로 계산되는 상황이 자주 발생한다. 이것을 **충돌**(collision)이라고 하는데, 충돌을 일으키는 키들을 **동의어**(synonym)라 한다. 예를 들어, 네 가지 탐색키에 대한 해시 함수의 계산 결과가 다음과 같다고 가정하자.

h(홍길동) ⇒ 3, h(이순신) ⇒ 2, h(장영실) ⇒ 5, h(임꺽정) ⇒ 3

각 탐색키에 대한 해시 주소에 레코드를 저장하면 된다. 그런데 '홍길동'과 '임꺽정'이 같은 주소로 계산되어 충돌이 발생하였다. 즉, '홍길동'과 '임꺽정'은 동의어이다. 충돌이 발생하면 어떻게 할까? 만약 버킷에 여러 개의 슬롯이 있다면 서로 다른 슬롯에 저장하면 된다. 그러나 이 경우에도 충돌이 슬롯 수보다 더 많이 발생할 수도 있다.

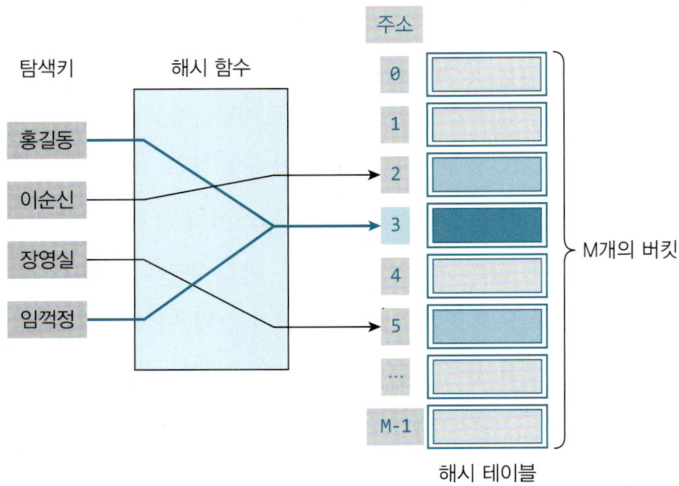

[그림 6.17] 해싱의 구조

> 어떤 버킷에 슬롯 수보다 많은 충돌이 발생하면 그 버킷에 더 이상 항목들을 저장할 수 없게 되는 상황이 발생하는데, 이를 **오버플로**(overflow)라고 한다. 해싱에서는 오버플로 문제를 반드시 해결해야 한다.

이상적인 해싱은 충돌이 절대 일어나지 않는 경우인데, 해시 테이블의 크기를 충분히 늘리면 가능하겠지만 메모리가 지나치게 많이 필요하게 된다. 따라서 실제의 해싱에서는 테이블의 크기를 적절히 줄이고, 해시 함수를 이용해 탐색키의 주소가 한쪽에 몰리지 않고 가능한 한 전체 테이블에 골고루 배분될 수 있도록 해야 한다. 이러한 **실제의 해싱**에서는 충돌과 오버플로가 빈번하게 발생하므로 시간 복잡도는 이상적인 경우의 $O(1)$ 보다는 떨어질 수밖에 없고, 오버플로도 반드시 처리해야 한다.

■ 선형 조사에 의한 오버플로 처리

선형 조사법(linear probing)은 다음과 같은 오버플로 처리 전략을 사용한다.

> 해시 함수로 계산된 버킷에 빈 슬롯이 없으면 그 다음 버킷들을 순서적으로 조사하여 빈 슬롯이 있는지를 찾는다. 이때 비어 있는 공간을 찾는 것을 **조사**(probing)라고 한다.

선형 조사법은 해시 테이블의 k번째 위치인 ht[k]에서 충돌이 발생했다면 다음 위치인 ht[k+1]부터 순서대로 비어 있는지를 살피고(조사), 빈 공간이 있으면 저장한다. 이 과정은 비어있는 공간이 나올 때까지 계속된다. 만약 테이블의 끝에 도달하면 다시 테이블의 처음으로 돌아간다. 만약 조사 과정에서 처음 충돌이 발생한 곳으로 다시 돌아왔다면 테이블이 가득 찬 상태이다.

삽입 연산

선형 조사법으로 해시 테이블에 킷값이 각각 45, 27, 88, 9, 71, 60, 46, 38, 24인 레코드를 저장해 보자. 테이블의 크기 M=13이고, 해시 함수는 킷값을 테이블의 크기로 나눈 나머지 연산 $h(k) = k\%M$ 을 이용한다고 하자. 각 키에 대한 해시 주소는 다음과 같이 계산된다.

key	45	27	88	9	71	60	46	38	24
h(*key*)	6	1	10	9	6	8	7	12	11

이제 레코드들을 선형 조사법으로 저장해 보자.

① 45, 27, 88, 9까지의 삽입은 문제없다. 해당 주소가 비어있기 때문이다.

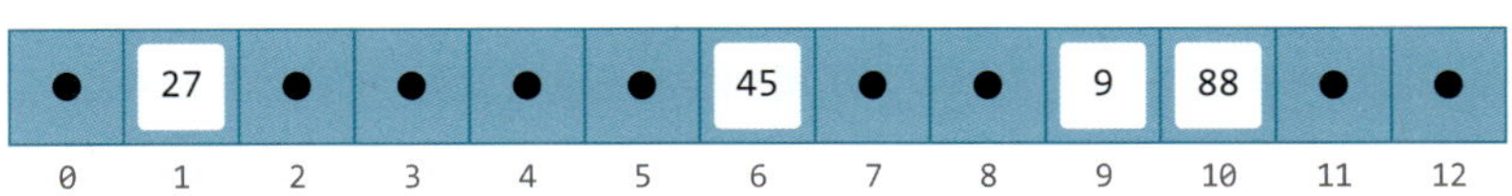

② 71의 삽입에서 충돌이 발생한다. 선형 조사법에서는 다음의 비어있는 공간을 찾는다. 따라서 7 위치에 71을 저장한다.

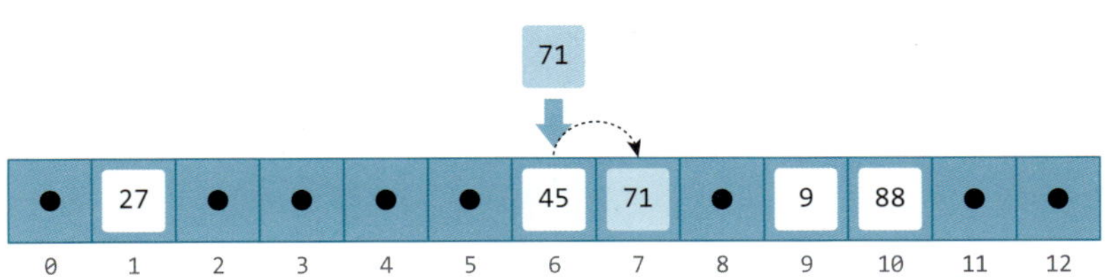

③ 60의 삽입은 문제없다. 8 위치에 저장하면 된다.

④ 46의 삽입에서 다시 충돌이 발생한다. 비어있는 공간을 찾아 여러 번 움직여야 빈 11 위치를 찾을 수 있고, 여기에 46을 저장할 수 있다.

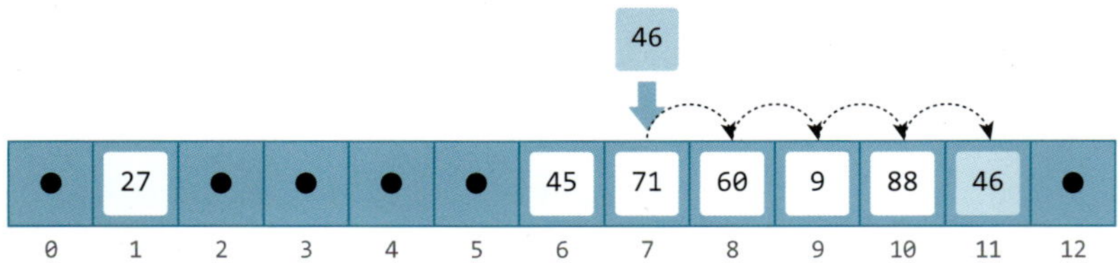

⑤ 38은 충돌 없이 12위치에 저장된다. 마지막으로 24는 충돌이 발생한다. 그런데 뒤쪽으로 남은 버킷이 없다. 이 경우 다시 처음으로 돌아가 검사한다.

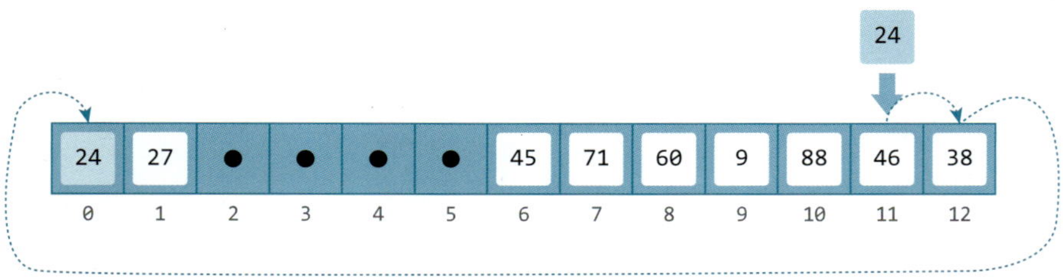

선형 조사법은 그림과 같이 한번 충돌이 발생한 위치에서 연속적인 충돌이 집중되는 현상을 볼 수 있는데, 이것을 **군집화**(clustering) 현상이라고 한다. 선형 조사법은 간단하지만 오버플로가 자주 발생하면 군집화 현상에 따라 탐색의 효율이 크게 저하될 수 있다. 다음은 선형 조사법의 삽입 알고리즘이다.

알고리즘 6.6 선형 조사법의 삽입 알고리즘

```
M = 13                                # 테이블의 크기
table = [None]*M                      # 테이블 만들기: None으로 초기화
def hashFn(key) :                     # 해시 함수
    return key % M

def lp_insert(key) :
    id = hashFn(key)
    count = M
    while count>0 and (table[id] != None) :
```

```
10         id = (id + 1 + M) % M           # 다음 위치로 이동
11         count -= 1                      # 검사할 남은 위치의 수
12      if count > 0 :
13         table[id] = key                 # 해당 슬롯에 항목 저장
14      return
```

1~2행: 크기 M인 테이블을 만들고 None(항목 없음)으로 초기화한다.

3~4행: 해시 함수로 킷값을 M으로 나눈 나머지 연산을 사용한다.

7행: 킷값을 해시 함수에 적용해 해시 주소 id를 구한다.

9행: id번째 테이블이 비어있지 않으면 계속 다음 위치를 검사한다.

12행: 비어있는 버킷을 찾으면 키를 저장한다.

탐색 연산

탐색은 삽입과 비슷한 과정을 거친다. 탐색키가 입력되면 해시주소를 계산하고, 해당 주소에 같은 키의 레코드가 있으면 탐색은 성공이다. 만약에 없으면 어떻게 할까? 삽입과 같은 방법으로 계속 다음 버킷을 검사해야 한다. 이 과정은 해당 키의 레코드를 찾거나, 레코드가 없는 버킷을 만나거나 모든 버킷을 다 검사할 때 까지 진행된다. 예를 들어, 다음과 같이 46은 결국 탐색에 성공하지만 39의 경우 다음 버킷은 27이고 그 다음의 버킷이 비었으므로 탐색은 실패로 끝난다.

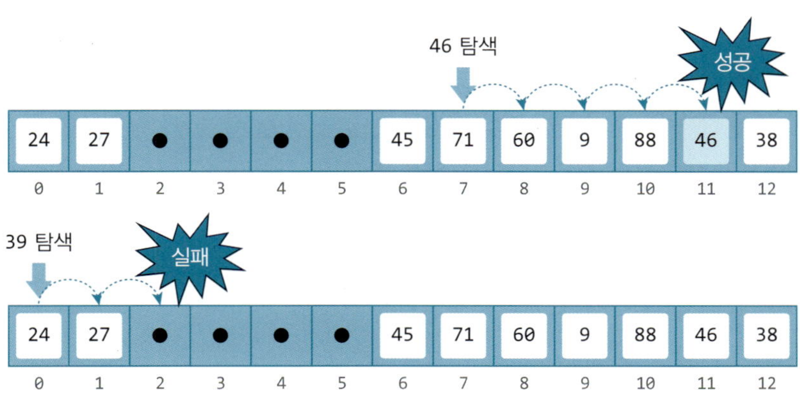

[그림 6.18] 선형 조사법으로 구현된 해싱에서의 탐색 과정 예(46과 39 탐색)

다음은 선형 조사법의 탐색 알고리즘이다.

알고리즘 6.7 선형 조사법의 탐색 알고리즘

```
01 def lp_search(key) :
02     id = hashFn(key)
03     count = M
04     while count>0 :
05         if table[id] == None :  # 찾는 항목이 테이블에 없음
06             return None
07         if table[id] == key :
08             return table[id]    # 찾는 항목이 테이블에 있음
09         id = (id + 1 + M) % M   # 없으면 다음 위치 검사
10         count -= 1
11     return None
```

5~6행: 해당 버킷이 비었으면 찾는 항목이 없는 것이다.

9행: 해당 버킷이 비어있지 않은데 찾는 키도 아니면 다른 키에 의해 사용되고 있는 경우이다. 이 경우 연속적으로 다음 버킷을 검사한다.

삭제 연산

선형 조사법에서 항목이 삭제되면 탐색이 불가능해질 수가 있다. 앞의 예에서 60을 먼저 삭제했다고 하자. 이 상태에서 46을 탐색하려고 한다. 문제는 60이 있던 위치가 이제는 비어있기 때문에 46의 위치로 갈 수가 없다. 이 문제를 어떻게 해결할 수 있을까? 빈 버킷을 두 가지로 분류해야 한다. 즉, 한 번도 사용하지 않은 것과 사용되었다가 삭제되어 현재 비어있는 버킷으로 나누어야 한다. 탐색 과정은 한 번도 사용이 안 된 버킷을 만나야만 중단되도록 한다.

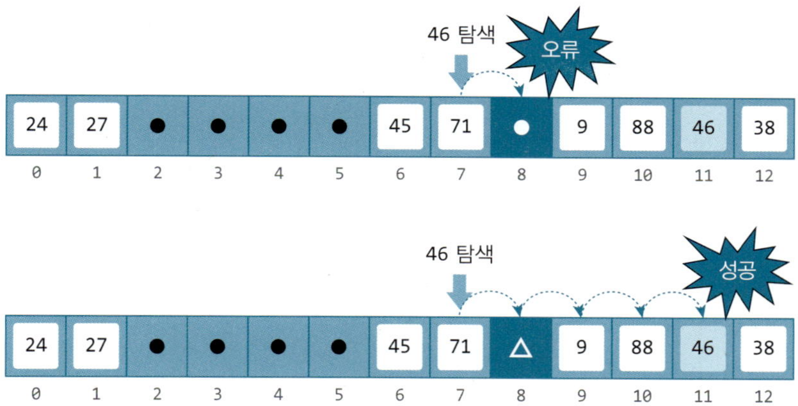

[그림 6.19] 선형 조사로 구현된 해싱에서의 삭제 문제(빈 버킷을 두 가지로 분류해야 함)

다음은 선형 조사법의 삭제 알고리즘이다.

알고리즘 6.8 선형 조사법의 삭제 알고리즘

```
01 def lp_delete(key) :
02     id = hashFn(key)
03     count = M
04     while count>0 :
05         if table[id] == None : return
06         if table[id] != -1 and table[id] == key :
07             table[id] = -1
08             return
09         id = (id + 1 + M) % M
10         count -= 1
```

6행: 해당 버킷에 찾는 키가 있으면 이제 그 항목을 삭제한다. 이때, None으로 처리하지 않고 -1로 처리하였다. 이것은 사용되었다가 삭제된 버킷을 의미하는 것이다.

이 방법을 사용하면 앞의 삽입 연산과 탐색 연산이 수정되어야 한다. 알고리즘 6.6의 9행과 알고리즘 6.7의 7행을 다음과 같이 수정한다.

```
[6.6의 9행]  while count>0 and (table[id] != None and table[id] != -1) :
[6.7의 7행]          if table[id] != -1 and table[id] == key :
```

알고리즘 테스트 선형 조사법

```
print("   최초:", table )
lp_insert(45);  print( "45 삽입:", table )
lp_insert(27);  print( "27 삽입:", table )
lp_insert(88);  print( "88 삽입:", table )
lp_insert(9);   print( " 9 삽입:", table )
lp_insert(71);  print("71 삽입:", table )
lp_insert(60);  print("60 삽입:", table )
lp_insert(46);  print("46 삽입:", table )
lp_insert(38);  print("38 삽입:", table )
lp_insert(24);  print("24 삽입:", table )
lp_delete(60);  print("60 삭제:", table )
print("46 탐색:", lp_search(46) )
```

```
C:\WINDOWS\system32\cmd.exe
   최초: [None, None, None, None, None, None, None, None, None, None, None, None, None]
45 삽입: [None, None, None, None, None, None, 45, None, None, None, None, None, None]
27 삽입: [None, 27, None, None, None, None, 45, None, None, None, None, None, None]
88 삽입: [None, 27, None, None, None, None, 45, None, None, None, 88, None, None]
 9 삽입: [None, 27, None, None, None, None, 45, None, None, 9, 88, None, None]
71 삽입: [None, 27, None, None, None, None, 45, 71, None, 9, 88, None, None]
60 삽입: [None, 27, None, None, None, None, 45, 71, 60, 9, 88, None, None]
46 삽입: [None, 27, None, None, None, None, 45, 71, 60, 9, 88, 46, None]
38 삽입: [None, 27, None, None, None, None, 45, 71, 60, 9, 88, 46, 38]
24 삽입: [24, 27, None, None, None, None, 45, 71, 60, 9, 88, 46, 38]
60 삭제: [24, 27, None, None, None, None, 45, 71, -1, 9, 88, 46, 38]
46 탐색: 46
```

탐색 성공

파이썬과 세미콜론(;)

C언어를 비롯해 많은 언어들이 하나의 문장이 끝날 때 세미콜론(;)을 적는다. 그러나 파이썬은 구문이 끝나고 다음 줄로 내려갈 때 세미콜론이 필요 없다. 물론 있어도 상관은 없다. 만약 한 줄에 여러 구문을 이어서 쓰고자 할 때에는 앞의 "알고리즘 테스트"에서와 같이 세미콜론을 사용할 수 있는데, 주로 코드의 라인 수를 줄이기 위해 사용한다.

```
lp_insert(45);  print( "45 삽입:", table )
```

이차 조사법(quadratic probing)

선형 조사법의 군집화 문제를 완화시키는 방법을 생각해 보자. 충돌이 발생하면 다음에 조사할 위치를 다음 식에 의해 결정할 수 있다.

$$(h(k)+i*i)\ \%\ M \quad \text{for} \quad i=0,1,\cdots,M-1$$

이 경우 조사되는 위치는 $h(k)$, $h(k)+1$, $h(k)+4$, $h(k)+9$와 같이 움직인다. 물론 계산된 주소에 나머지 연산(%M)을 적용해야 한다. 이 방법은 주소를 1씩 증가하는 선형 조사법에 비해 군집화 현상을 완화시킬 수 있다. 물론 2차 집중 문제를 일으킬 수는 있지만 보통 1차 집중처럼 심각하지는 않다. 2차 집중은 동일한 위치로 사상되는 여러 탐색키들이 같은 순서에 의하여 빈 버킷을 조사하는 경우 발생하는데, 이것은 이중 해싱법으로 해결할 수 있다.

이중 해싱법(double hashing)

재해싱(rehashing)이라고도 불리는 이 방법은 충돌이 발생해 저장할 다음 위치를 결정할 때, 원래 해시 함수와 다른 별개의 해시 함수를 이용하는 방법이다. 선형 조사법과 이차 조사법은 충돌이 발생하면 해시 함수 값에 각각 1 또는 j^2를 더해서 다음 위치를 얻는다. 따라서 해시 함수 값이 같으면 다음 위치도 같게 된다. 이중 해싱법은 해시 함수 값이 같더라도 탐색키가 다르면 서로 다른 조사 순서를 갖도록 하여 2차 집중을 완화할 수 있다.

■ 체이닝(chaining)에 의한 오버플로 처리

체이닝은 오버플로 문제를 좀 더 적극적인 방법으로 처리한다.

> 선형 조사법과 달리 하나의 버킷에 여러 개의 레코드를 저장할 수 있도록 하는데, 이때 버킷은 크기를 변경할 수 있는 리스트 구조로 구현한다. 따라서 하나의 버킷에서 아무리 많은 충돌이 발생하더라도 문제없이 처리할 수 있다.

체이닝을 이용해 크기가 7인 해시 테이블에 $h(k) = k\%7$의 해시 함수를 이용하여 8, 1, 9, 6, 13 을 삽입하는 과정을 살펴보자. 리스트는 연결된 구조, 즉 연결 리스트로 구현한다고 가정한다.

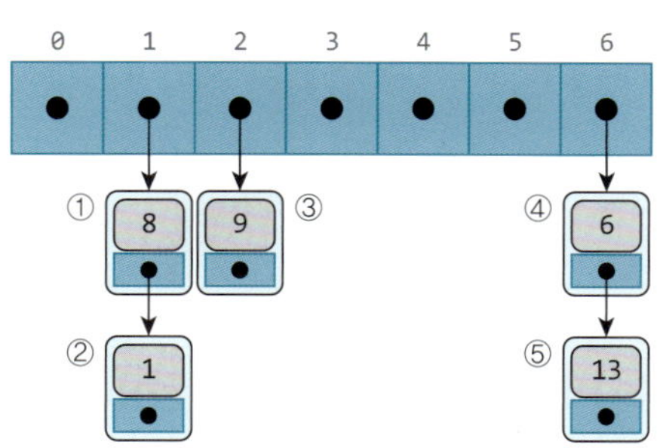

[그림 6.20] 체이닝으로 구현된 해싱의 구조

① 8 저장: $h(8)$ = 8 % 7 = 1 ⇒ 저장
② 1 저장: $h(1)$ = 1 % 7 = 1 ⇒ 충돌 ⇒ 새로운 노드 생성 및 저장
③ 9 저장: $h(9)$ = 9 % 7 = 2 ⇒ 저장
④ 6 저장: $h(6)$ = 6 % 7 = 6 ⇒ 저장
⑤ 13저장: $h(13)$ = 13 % 7 = 6 ⇒ 충돌 ⇒ 새로운 노드 생성 및 저장

체이닝에서 항목을 탐색하거나 삽입하고자 하면 킷값의 버킷에 해당하는 연결 리스트에서 독립적으로 탐색이나 삽입이 이루어진다. 체이닝은 해시 테이블을 연결 리스트로 구성하므로 필요한 만큼의 메모리만 사용하게 되어 공간적 사용 효율이 매우 우수하다. 또한 오버플로가 발생할 경우에도 해당 버킷에 할당된 연결 리스트만 처리하게 되므로 수행 시간 면에서도 효율적이다.

■ 해시 함수

좋은 해시 함수는 충돌이 적어야 하고, 주소가 해시 테이블에서 고르게 분포되어야 하며, 계산이 빨라야 한다.

예를 들어, 영어 단어의 첫 문자만을 취하여 해시 주소를 만드는 것은 좋지 않다. 왜냐하면 'x'나 'z'로 시작하는 단어는 별로 없으므로 해시 테이블을 고르게 사용하지 못한다. 먼저 탐색키가 정수라고 가정하고 몇 가지 해시 함수들을 살펴보자.

제산 함수

가장 일반적인 방법이 앞에서 사용한 것과 같이 나머지 연산 %(modular)을 이용하는 것이다. 테이블의 크기가 M일 때 탐색키 k에 대하여 해시함수는 다음과 같다.

$$h(k) = k \bmod M$$

이때, 가능하면 해시 테이블의 크기 M은 **소수**(prime number)를 선택한다. 즉, 1과 자기 자신만을 약수로 가지는 수라면 k % M이 0에서 $M-1$을 골고루 사용하는 값을 만들어낼

수 있기 때문이다.

폴딩 함수

탐색키가 해시 테이블의 크기보다 더 큰 정수일 경우에 사용된다. 예를 들어 탐색키가 32비트이고 해시 테이블의 인덱스가 16비트라고 생각해 보자. 만약 탐색키의 일부만을(예를 들어 뒤쪽 16비트) 사용한다면 많은 충돌이 발생할 수 있다. 보다 좋은 방법은 탐색키를 몇 개의 부분으로 나누어 이를 더하거나 비트별 XOR와 같은 부울 연산을 이용하는 것인데, 이를 **폴딩**(folding)이라고 한다.

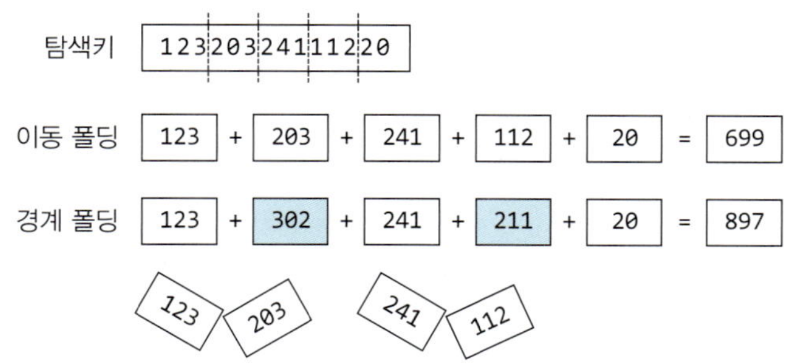

[그림 6.21] 탐색키에 대한 다양한 폴딩의 예: 이동 폴딩과 경계 폴딩

폴딩 함수에서 탐색키를 나누고 더하는 방법에는 **이동 폴딩**(shift folding)과 **경계 폴딩**(boundary folding)이 대표적이다. 이동 폴딩은 탐색키를 여러 부분으로 나눈 값들을 더하고, 경계 폴딩은 이웃한 부분을 거꾸로 더해 해시 주소를 얻는다.

중간 제곱 함수

탐색키를 제곱한 다음, 중간의 몇 비트를 취해서 해시 주소를 생성하는 방법이다. 제곱한 값의 중간 비트들은 대개 탐색키의 모든 자리의 숫자들과 관련이 있다. 따라서 두 킷값에서 몇 개의 자리가 같더라도 서로 다른 해싱 주소를 갖게 된다. 탐색키를 제곱한 값의 중간 비트들은 보통 비교적 고르게 분산된다.

비트 추출 방법

해시 테이블의 크기가 $M=2^k$일 때 탐색키를 이진수로 간주하여 임의의 위치의 k개의 비트를 해시 주소로 사용하는 것이다. 이 방법은 간단하지만 탐색키의 일부 정보만을 사용하므로 해시 주소의 집중 현상이 일어날 가능성이 많다.

숫자 분석 방법

이 방법은 숫자로 구성된 키에서 각 위치마다 수의 특징을 미리 알고 있을 때 유용하다. 키의 각 위치에 있는 숫자 중에서 편중되지 않는 수들을 해시 테이블의 크기에 적합한 만큼 조합하여 해시 주소로 사용하는 방법이다. 예를 들면, 학생의 학번이 202312345와 같이 부여되면 입학년도를 의미하는 앞의 4 자릿수는 편중되므로 사용하지 않고 나머지 자리의 수들을 조합하여 해시 주소로 사용한다.

탐색키가 문자열인 경우

탐색키가 문자열인 경우는 보통 각 문자에 정수를 대응시켜 바꾸게 된다. 예를 들면 'a'부터 'z'에 1부터 26을 할당할 수도 있고, 각 문자의 아스키코드나 유니코드 값을 그대로 이용할 수 있다. 가능하면 문자열안의 모든 문자를 골고루 사용하는 것이 좋을 것이다. 다음은 문자열 key를 받아 각 문자의 코드 값을 모두 더하고 이를 테이블 크기 M으로 나머지 연산하여 주소를 계산하는 해시함수의 예이다.

알고리즘 6.9 문자열 탐색키의 해시 함수 계산

```
def hashFn(key) :
    sum = 0
    for c in key :                  # 문자열의 모든 문자에 대해
        sum = sum + ord(c)          # 그 문자의 아스키 코드 값을 sum에 더함
    return sum % M
```

■ 탐색 방법들의 성능 비교

해싱의 시간 복잡도는 $O(1)$이다. 그러나 이것은 충돌이 전혀 일어나지 않는 상황에서만 가능하다. 따라서 실제 해싱의 탐색 연산은 $O(1)$보다는 느리다. 해싱의 성능을 분석하기 위해 해시 테이블이 얼마나 채워져 있는지를 나타내는 **적재 밀도**(loading density) 또는 **적재 비율**(loading factor)을 다음과 같이 정의한다.

$$\alpha = \frac{\text{저장된 항목의 개수}}{\text{해시테이블의 버킷의 수}} = \frac{n}{M}$$

α가 0이면 해시 테이블은 비어있는 것이다. α의 최댓값은 충돌 해결 방법에 따라 달라진다. 선형 조사법에서는 테이블이 가득차면 모든 버킷에 하나의 항목이 저장되므로 1이 된다. 체인법에서는 저장할 수 있는 항목의 수가 해시 테이블의 크기를 넘어설 수 있기 때문에 α는 최댓값을 가지지 않는다.

다음 표는 여러 가지 탐색 방법들의 시간 복잡도를 보여주고 있다. 가장 단순한 순차 탐색은 시간이 가장 많이 걸린다. 테이블의 정렬이 필요한 **이진 탐색**은 효율적이지만 레코드의 삽입과 삭제에 대한 처리가 복잡하다. 이에 비해 **이진탐색트리**는 탐색의 시간 복잡도는 같지만, 삽입이나 삭제가 쉽다.

[표 6.1] 다양한 탐색 방법의 성능 비교

탐색 방법		탐색	삽입	삭제
순차 탐색		$O(n)$	$O(1)$	$O(n)$
이진 탐색		$O(\log_2 n)$	$O(n)$	$O(n)$
이진탐색트리	균형트리	$O(\log_2 n)$	$O(\log_2 n)$	$O(\log_2 n)$
	경사트리	$O(n)$	$O(n)$	$O(n)$
해싱	최선의 경우	$O(1)$	$O(1)$	$O(1)$
	최악의 경우	$O(n)$	$O(n)$	$O(n)$

이상적인 경우 **해싱**이 가장 효율적인 방법이다. 물론 단점도 있다. 해싱은 그야말로 순서가 없다. 따라서 정렬된 배열이나 이진탐색트리와 같이 어떤 항목의 이전 항목이나 다음 항목을 쉽게 찾을 수 없다. 또한, 해시 테이블의 크기를 결정하는 것이 불명확하다. 물론 모든 키가 하나의 버킷으로 집중되는 가장 불리한 입력에 대한 시간 복잡도는 $O(n)$이다.

연습문제

1 0~999의 세 자리의 숫자로 이루어진 다음 리스트를 기수 정렬을 이용해 정렬하는 과정을 설명하라.

[10, 123, 56, 636, 992, 119, 234, 76, 82, 345, 567, 432]

2 1번 문제를 10진법을 이용해 정렬하는 코드를 작성하라.

3 1번 문제를 8진법을 이용해 정렬하는 코드를 작성하라.

4 1번 문제를 2진법을 이용해 정렬하는 코드를 작성하라.

5 기수 정렬은 안정적(stable)인가?

6 -200에서 200 사이의 값을 가진 리스트를 기수 정렬로 정렬할 수 있을까? 코드를 작성해 보라.

7* 영어 단어의 리스트를 사전순서(lexicographic order)로 정렬하는 코드를 기수 정렬로 구현하라.

8 알파벳으로 { 알, 고, 리, 즘 }을 가질 수 있는 다음 리스트를 카운팅 정렬을 이용해 사전순서로 정렬해 보라.

[고, 고, 즘, 알, 리, 알, 즘, 즘, 고, 리]

9 카운팅 정렬은 같은 값을 가진 리스트에도 동일하게 적용되는가?

10 카운팅 정렬은 안정적(stable)인가?

11 -200에서 200 사이의 값을 가진 리스트를 카운팅 정렬로 정렬하는 코드를 작성하라.

12 알파벳 소문자와 대문자 (a~z, A~Z)만으로 이루어진 리스트를 알파벳 순으로 정렬하는 코드를 카운팅 정렬로 구현하라.

13 다음 알파벳으로 구성된 텍스트와 패턴이 있다. 패턴으로 APPLE이 주어졌을 때, 다음의 호스풀 알고리즘의 시프트 테이블을 완성하라.

문자	A	B	…	E	…		L	…		P	…				Z	_
shift																

14 13번 문제에서 다음의 텍스트에서 APPLE을 호스풀 알고리즘으로 찾는 과정을 적어라.

I_LOVE_BANANA_YOU_LIKE_APPLE_AND_MANGO

15 호스풀 알고리즘으로 DNA의 염기서열 탐색 문제를 해결해 보자. 어떤 DNA 서열이 {A, C, G, T}로만 구성되어 있다고 하자.

(1) 다음과 같은 염기서열에 대한 시프트 테이블을 구성하라.

TCCTATTCTT

(2) 호스풀 알고리즘을 이용해 다음 DNA 시퀀스에서 위의 염기서열을 찾아라.

TTATAGATCTCGTATTCTTTTATAGATCTCCTATTCTT

16 1000개의 0으로 구성된 이진 텍스트를 다음 패턴으로 찾을 때 몇 번의 문자 비교 연산이 필요한가? 호스풀 알고리즘을 사용한다고 가정하라.

(1) 00001 (2) 10000 (3) 01010

17* 인터넷에서 좋은-접미어 이동표를 만드는 방법을 찾아보고 예외 상황과 처리 방법을 설명하라.

18* 다음 패턴들에 대한 좋은-접미어 이동표를 만들어라.

(1) BANANA (2) ABCBAB

(3) BAOBAB (4) DBCBAB

19* 나쁜-심벌과 좋은-접미어 이동표를 모두 사용하는 보이어 무어 알고리즘을 인터넷에서 찾아보고 코드를 작성하라.

20 크기가 13인 해시 테이블에서 입력 자료 27과 130은 어떤 인덱스로 대응되는가? 해싱 함수는 h(key)=key%13라고 하자.

(1) 1, 10 (2) 13, 0 (3) 1, 0 (4) 2, 3

21 크기가 11인 해시 테이블을 가정하자. 해시 함수로는 다음을 사용한다.

$$h(k) = k \bmod 11$$

입력 자료가 다음과 같은 순서로 입력된다고 하면 다음 각 경우에 대한 해시 테이블의 내용을 그려라.

12, 44, 13, 88, 23, 94, 11, 39, 20, 16, 5

(1) 충돌을 선형 조사법을 사용하여 처리한다.
(2) 충돌을 이차 조사법을 사용하여 처리한다.
(3) 충돌을 다음과 같은 이중 해시법을 사용하여 처리한다.

$$h'(k) = 7 - (k \bmod 7)$$

(4) 충돌을 체인법을 사용하여 처리한다.

22 선형 조사법의 삭제 연산에서 발생할 수 있는 문제와 해결 방법을 설명하라.

23 선형 조사법에서 탐색이 종료(성공 또는 실패)되는 모든 상황을 설명하라.

24 좋은 해시 함수의 조건을 설명하라.

25* 단어장 프로그램을 만들어 보자. 주요 기능은 새로운 단어와 그 단어의 의미를 단어장에 추가하는 삽입(insert), 어떤 단어를 빨리 찾는 탐색(search), 그리고 저장된 단어 중에 내가 완전히 외운 단어는 손쉽게 삭제하는 삭제(delete) 기능이다. 단어장을 해싱을 이용해 구현한다. 이때, 오버플로 처리 방법으로는 체이닝을 사용하라. 즉, 체이닝을 사용한 해시 맵으로 단어장을 구현하라.

CHAPTER 07

동적 계획법

학습목표

- 동적 계획법을 적용할 수 있는 문제의 특성을 이해한다.
- 메모이제이션과 테이블화를 이해하고 활용할 수 있다.
- 주어진 문제에 대한 순환 관계식을 구하는 능력을 기른다.
- 다양한 문제에 대한 동적 계획 전략을 해결하는 방법을 이해한다.
- 그래프의 최단 경로 문제와 모든 정점간의 최단 경로 길이 문제를 이해한다.
- 편집 거리 문제와 동적 계획 전략의 해결 방법을 이해한다.

CHAPTER

7 동적 계획법

동적 프로그래밍(dynamic programming)이라고 하면 뭔가 꽤 거창해 보인다. 얼핏 들으면 C++의 동적 바인딩(dynamic binding)이나 다형성(polymorphism), 심지어는 프로그램이 알아서 동적으로 재구성되는 무슨 인공지능이나 빅데이터 등을 떠올릴 수도 있다. 그러나 이런 단어들이 태어나기 훨씬 전인 1950년대에 미국의 수학자인 벨맨(Richard Bellman)이 다단계의 의사 결정 프로세스를 최적화하는 일반적인 방법으로 동적 프로그래밍이란 용어를 처음 소개하였다. 따라서 "프로그래밍"을 컴퓨터 프로그래밍이 아니라 **계획**(planning)정도의 의미로 생각하는 것이 바람직하다. 이 책에서도 이 용어를 사용한다.

동적 계획법(dynamic programming)도 여전히 거창한 이름이지만, 우리가 앞에서 공부했던 분할 정복 기법과 많은 부분이 닮아있다. 주어진 문제를 더 작은 부분 문제로 나눈 다음 답을 계산하고, 이러한 부분 문제의 답들로부터 원래 문제의 해답을 구하는 전략을 사용한다. 그런데, 중요한 차이가 있다. 부분 문제들의 답을 어딘가에 저장해 놓고 필요할 때 다시 꺼내서 사용하는 것인데, 같은 부분 문제를 다시 풀지 않도록 하는 것이 핵심 아

이디어이다. 물론 부분 문제의 답을 저장하기 위해 추가적인 메모리가 필요하고, 따라서 넓게 보면 공간으로 시간을 버는 전략에 포함될 수도 있다.

이 장에서는 동적 계획법과 몇 가지 전형적인 문제들을 다룬다. 먼저 이미 여러 가지 전략의 알고리즘을 공부해보았던 피보나치수열을 통해 동적 계획법을 정확히 이해해 보자.

7.1 피보나치수열과 동적 계획법

피보나치수열(5.7절) 문제로 돌아가자. 피보나치수열은 다음과 같이 순환적으로 정의된다.

$$fib(n) = \begin{cases} n & n \le 1 \\ fib(n-2)+fib(n-1) & \text{otherwise} \end{cases}$$

분할 정복 기법은 보통 순환 관계식을 이용해 다음 그림과 같이 하향식(top-down)으로 계산을 진행한다. 이를 위해, 보통 순환구조를 사용하는데, 이 방법은 5장의 알고리즘 5.12와 같이 코드의 가독성이 매우 좋고 간략한 코드로 나타난다. 그러나 같은 계산을 중복해서 계산하는 심각한 문제가 발생한다는 것을 공부했다. 예를 들어 $fib(6)$을 구하기 위해 $fib(1)$이 8번이나 호출되어야 하는데, 이것은 한번 해결한 문제를 8번이나 다시 풀어야 한다는 것을 말한다. 이와 같은 비효율에 따라 시간 복잡도가 $O(2^n)$으로 치솟았다.

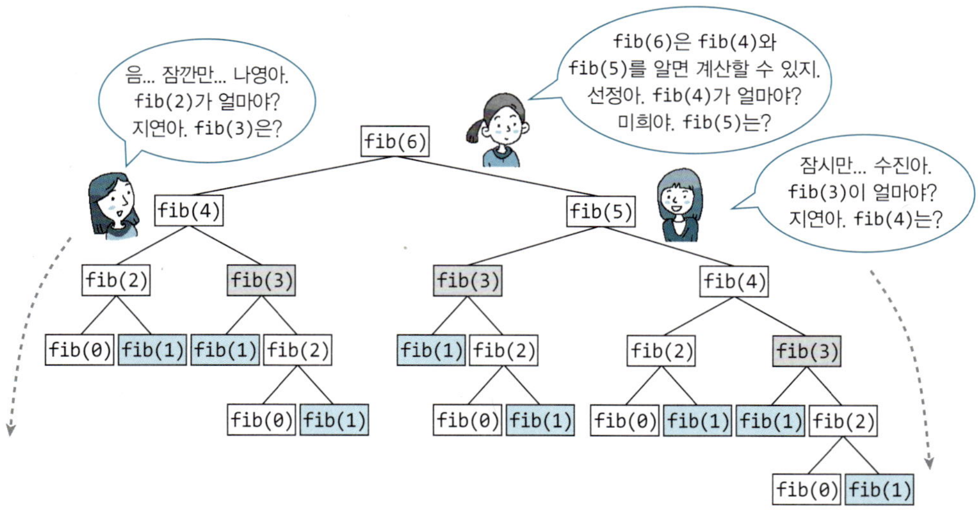

[그림 7.1] 분할 정복에 의한 피보나치수열 계산 과정: Top-Down 방식

이를 해결할 방법은 없을까? 어렵게 구한 답을 한 번만 쓰고 버리지 말고 저장하는 방법이 있다. 즉, 한번 푼 문제를 다음에 다시 풀어야 할 때는 그 문제에 대한 저장된 해답을 이용하는 것이다. 이것이 동적 계획법의 기본 아이디어이다.

동적 계획법에서 부분 문제의 해를 저장하는 것을 2가지 방법으로 구현할 수 있다. **메모이제이션**과 **테이블화**가 그것이다. 먼저 피보나치수열 문제에서 이러한 방법들을 어떻게 적용하는지를 살펴보자.

■ 메모이제이션을 이용한 피보나치수열

함수의 결과를 저장할 메모리 공간을 준비해 두고, 한번 계산한 값을 저장해 두었다가 재활용하는 최적화 기법을 **메모이제이션**(memoization)이라 한다. 암기를 의미하는 메모라이제이션(memorization)과 다른 단어임에 유의하라. 메모이제이션은 분할 정복으로 구현한 방법과 같이 하향식(top-down)으로 문제를 해결하는데, 한번 풀린 문제는 답을 메모리에 저장해 재활용하는 전략을 사용한다.

> 문제를 풀 때마다 이미 풀린 문제인지를 먼저 확인한다. 풀린 문제이면 저장된 답을 이용하고, 풀리지 않은 문제이면 그 문제를 풀고 답을 다시 저장한다.

다음 그림은 메모이제이션을 이용해 피보나치수열 *fib*(6)을 구하는 과정을 보여준다. 한번 풀린 문제는 다시 풀지 않고 그 답을 이용하기 때문에 회색 박스들은 더 이상 실행할 필요가 없다. 모든 부분 문제들은 한 번씩만 풀면 된다.

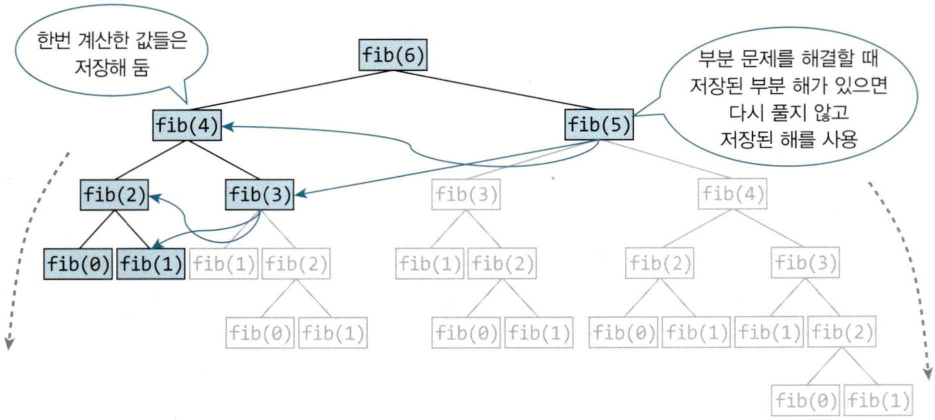

[그림 7.2] 메모이제이션을 이용한 동적 계획법에 의한 피보나치수열 계산 과정(하향식)

이때, 부분 문제를 푸는 순서가 하향식임에 유의하라. 순환 호출도 그대로 사용할 수 있다. 메모이제이션에 의한 피보나치수열 알고리즘은 다음과 같다.

알고리즘 7.1 피보나치수열(메모이제이션 이용)

```
01 def fib_dp_mem(n) :
02     if( mem[n] == None ) :            # 풀리지 않은 경우 → 계산하고 저장
03         if n < 2 :
04             mem[n] = n                # 기반 상황: n<=1
05         else:                         # 일반 상황: otherwise
06             mem[n] = fib_dp_mem(n-1) + fib_dp_mem(n-2)
07     return mem[n]
```

2행: 아직 풀리지 않은 문제인지 검사한다. mem은 크기가 $n+1$인 리스트로, 전역변수로 선언되어 있어야 한다. mem[k]는 k번째 피보나치 수를 의미한다.

3~6행: 아직 풀리지 않았다면 풀어야 한다. 먼저 순환식의 초기 조건(기반 상황)을 검사해 해당하면 결과를 바로 계산한다. 일반 상황이면 순환 호출한다.

7행: 이미 풀린 경우이거나, 3~6행을 통해 처음 푼 경우 모두 결과는 mem[n]에 저장되어 있다. 이를 반환한다.

이 알고리즘은 여전히 순환구조를 사용하고 있다. 이 알고리즘이 전역변수를 사용하고 있음에 유의하라. 전역변수 mem은 크기가 $n+1$인 리스트로, mem[k]는 k번째 피보나치수열 값을 의미한다. 이 함수를 호출하기 전에 먼저 mem의 모든 항목들은 None으로 반드시 초기화되어 있어야 하는 것에 유의하라.

알고리즘의 시간 복잡도 얼마일까? 그림 7.2와 같이 모든 부분 문제를 정확히 한 번씩 처리하고, 이러한 부분 문제의 수가 n개이다. 따라서 시간 복잡도는 $O(n)$이다. 공간 복잡도는 얼마일까? 답을 저장하기 위한 테이블 mem이 추가적으로 필요하고, 크기는 $n+1$이다. 따라서 공간 복잡도도 $O(n)$이다.

■ 테이블화를 이용한 피보나치수열

테이블화(tabulation)는 부분 문제의 해를 메모리에 저장한다는 점은 메모이제이션과 같지만, 메모리의 항목들을 순서적으로 채워나가는 것에 초점을 맞춘다. 이 방법은 상향식(bottom-up)으로 문제를 해결한다.

> 결과를 저장할 테이블을 먼저 만든다. 다음으로 답이 이미 알려진 단순한 상황, 즉 **기반 상황**(base case)에 대한 테이블 항목을 먼저 채우고, 이들을 바탕으로 테이블을 채워서 올라간다.

다음 그림은 테이블화를 이용한 $fib(6)$의 계산 과정을 보여준다.

[그림 7.3] 테이블화를 이용한 동적 계획법에 의한 피보나치수열 계산 과정(상향식)

테이블화를 위해서는 먼저 결과를 저장할 **테이블**(table)이 필요한데, 만약 $fib(n)$을 구하려면 위한 크기가 $n+1$인 테이블이 필요하다. 예를 들어, 만약 $fib(6)$을 구하려면 $fib(0)$부터 $fib(6)$까지의 결과를 저장해야 하기 때문이다.

계산은 기반 상황부터 시작된다. 즉, 정의에 의해 이미 답을 알고 있는 부분 문제인 $fib(0)$와 $fib(1)$의 답을 테이블에 저장하는 것이다. 다음부터는 남아있는 가장 작은 부분 문제부터 순서적으로 해를 구하고 테이블에 저장하는 과정을 반복한다. 즉, 테이블에서 $fib(0)$과 $fib(1)$의 해를 찾아서 $fib(2)$를 계산하고 결과를 저장한다. 다음으로 $fib(3)$, $fib(4)$의 순으로 계산을 이어나기고, 이것은 원래의 문제 $fib(6)$을 구할 때까지 진행된다. 파이썬으로 기술한 이 알고리즘은 다음과 같다.

알고리즘 7.2 피보나치수열(테이블화 이용)

```
01 def fib_dp_tab(n) :
02     f = [None] * (n+1)                    # 테이블을 만들고
03     f[0] = 0                              # 기반 상황 처리
04     f[1] = 1                              # 기반 상황 처리
05     for i in range(2, n + 1):             # 상향식으로: 2, 3, ... n
06         f[i] = f[i-1] + f[i-2]            # 부분 문제들을 해결하고 저장함
07     return f[n]                           # 결과 반환
```

2~4행: $n+1$ 크기의 리스트(테이블)를 만들고 일단 모든 항목들을 None으로 초기화한다(2행). 다음으로 기반 상황에 대한 답을 저장한다(3~4행).

5~6행: 상향식으로 답을 테이블에 저장해나간다. 5행의 for 문에서 i가 2, 3, 4와 같이 증가하는 것에 유의하라.

이 알고리즘은 순환호출을 사용하지 않고, 5행에서 n번 반복하는 하나의 루프를 사용하므로 시간 복잡도 명백히 $O(n)$이다. 메모이제이션과 같이 $O(n)$의 추가 메모리를 사용하지만, 이들을 전역변수로 선언할 필요는 없다. 물론 두 방법의 결과는 동일하다.

알고리즘 테스트 테이블화와 메모이제이션을 이용한 피보나치수열

```
n = 8
print('동적계획(  테이블화  ): Fibonacci(%d) = '%n, fib_dp_tab(n))
mem = [None] * (n+1)
print('동적계획(메모이제이션): Fibonacci(%d) = '%n, fib_dp_mem(n))
```

```
C:\WINDOWS\system32\cmd.exe
동적계획(  테이블화  ): Fibonacci(8) =  21
동적계획(메모이제이션): Fibonacci(8) =  21
```

메모이제이션과 테이블화를 이용한 피보나치수열 알고리즘은 모두 시간 복잡도가 $O(n)$으로, 분할 정복 적용 알고리즘의 $O(2^n)$에 비해 월등하다. 그러나 단점도 있다. 추가적인 메모리가 필요한 것이다. 이들은 모두 $O(n)$의 추가적인 메모리 공간을 필요로 한다.

5.7절에서 행렬의 거듭제곱을 이용하면 피보나치수열 알고리즘의 시간 복잡도를 $O(\log_2 n)$까지 낮출 수 있었던 것을 기억하라. 따라서 동적 계획법을 이용하는 방법이 분할 정복을 단순히 적용한 경우보다는 빠르지만 피보나치수열을 구하는 가장 빠른 알고리즘은 아니다. 이 장에서 피보나치수열을 다시 설명한 이유는 가장 효율적인 알고리즘을 찾

는 것이 아니라 동적 계획법을 이해하기 위한 것임에 유의하라.

■ 동적 계획법을 이용한 문제 해결 전략

동적 계획법으로는 어떤 문제들을 해결할 수 있을까? 모든 문제에 적용할 수 있는 것은 아니다. 동적 계획법을 적용하려면 기본적으로 주어진 문제가 다음과 같은 두 가지 특성을 가져야 한다.

(1) **중복된 부분 문제**(overlapping subproblem): 동일한 부분 문제들이 중복해서 발생하는 것을 말한다. 예를 들어, 피보나치수열의 순환 호출 과정을 트리로 만들어 보면 공통적인(겹치는) 부분 문제들이 수없이 발생하는 것을 알 수 있었다. 이에 비해, 이진 탐색에서는 순환 호출 과정에 공통적인 부분 문제들이 절대 발생하지 않는다.

(2) **최적 부분 구조**(optimal substructure): 부분 문제의 최적해들을 이용하면 전체문제의 최적해를 구할 수 있는 구조를 말한다. 많은 문제가 이러한 특성을 갖는데, 사실은 그렇지 않은 문제를 찾는 것이 더 어렵다(예: 그래프에서 가장 긴 단순 경로 구하기). 피보나치수열의 경우 부분 문제인 $fib(4)$와 $fib(5)$의 최적해를 알고 있으면 전체문제 $fib(6)$의 최적해를 구할 수 있으므로 최적 부분 구조 특성을 갖는다.

분할 정복법과 동적 계획법은 매우 관련이 많다. 그림 7.4는 동적 계획법의 구조를 보여주는데, 분할 정복을 적용할 수 있는 문제에 위의 두 가지 특성이 있으면 동적 계획법을 적용할 수 있고, 이를 구현하는 방법도 두 가지가 있음을 보여준다.

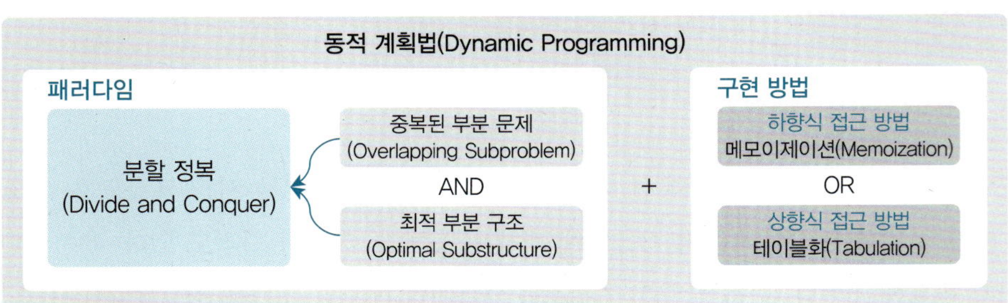

[그림 7.4] 동적 계획법의 패러다임과 구현 방법

예를 들어, 피보나치수열은 이러한 두 가지 특성을 모두 가지므로 두 가지 구현 방법의 동적 계획법을 적용해 해결할 수 있었다.

그렇다면 메모이제이션과 테이블화 중 어느 방법을 사용하는 것이 좋을까? 만약 두 방법을 모두 사용할 수 있다면 순환 호출의 부담이 없는 테이블화가 시간적으로 좀 더 유리할 것이다. 또한, 테이블을 함수 밖에서 생성할 필요가 없으므로 코드의 모듈화에도 유리하다. 만약 어떤 부분 문제가 먼저 해결될지 예측하기 어려운 경우라면 메모이제이션을 사용해야 할 것이다.

이 장에서는 여러 가지 문제에 대해 테이블화를 이용한 동적 계획법 알고리즘을 제시한다. 동적 계획법을 이용한 알고리즘의 설계 과정을 정리하면 다음과 같다.

① 주어진 문제를 부분 문제들로 분할한다. 이를 위해, 주어진 문제와 부분 문제들의 관계를 나타내는 순환 관계식을 구한다.
② 부분 문제들의 해를 저장할 테이블을 준비한다.
③ 문제의 정의 등에 의해 이미 답이 알려진 가장 작은 부분 문제(base case)들의 해를 테이블에 먼저 저장한다.
④ 테이블에 저장된 부분 해를 이용해 점진적으로 보다 큰 상위 부분 문제의 해를 구한다.

7.2 이항계수 구하기

이항정리(binomial theorem)는 두 항의 대수합의 거듭제곱을 전개하는 방법을 보이는 공식을 말하는데, 예를 들어, $(a+b)^n$ 인 이항식을 전개하면 다음과 같다.

$$(a+b)^n = a^n + {}_nC_1 a^{n-1}b + {}_nC_2 a^{n-2}b^2 + \cdots + {}_nC_k a^{n-k}b^k + \cdots + b^n$$

이것을 이항 정리라 하고, 계수의 열 ${}_nC_0(=1)$, ${}_nC_1$, ${}_nC_2$, $\cdots$, ${}_nC_k$, $\cdots {}_nC_n(=1)$을 **이항계수**(binomial coefficient)라고 한다. 이때, ${}_nC_k$는 $C(n, k)$나 $\binom{n}{k}$로도 나타내는데, $C(n, k)$는 n개에서 k개를 뽑는 순서 없는 조합의 가짓수를 말한다.

$$(a+b)^n = \sum_{k=0}^{n} C(n, k)\, a^{n-k} b^k$$

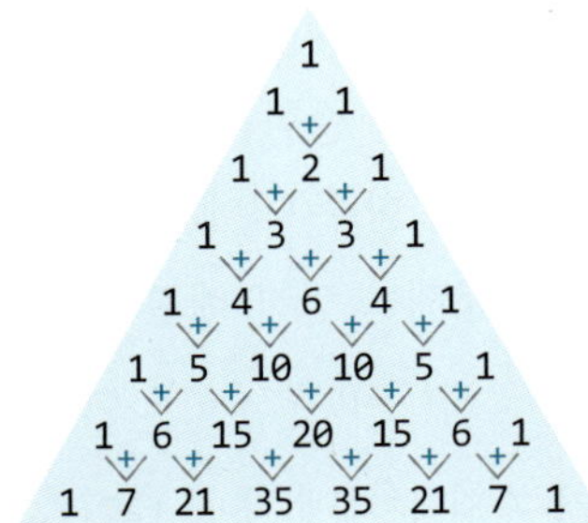

[그림 7.5] 일반적인 이항정리와 파스칼의 삼각형

이항계수 $C(n, k)$는 $\frac{n!}{k!(n-k)!}$의 공식으로도 계산할 수 있지만 이러한 공식을 사용하지 않고 동적 계획법으로 계산하는 방법을 공부해 보자.

■ 이항계수의 순환 관계식 정의

우리는 이항계수 $C(n, k)$를 구하려고 한다. 이를 위해 이 문제와 좀 더 작은 부분 문제와의 관계를 나타내는 순환 관계식을 구해보자. $C(n, k)$는 n개에서 k개를 뽑는 순서 없는 조합의 가짓수를 말한다. 기반 상황과 일반 상황을 나누어 생각해 보자.

기반 상황

답이 이미 알려진 가장 작은 부분 문제, 즉 기반 상황은 어떤 경우일까? n개에서 하나도 뽑지 않는 방법은 1가지이다. 즉, n과 상관없이 k가 0이면 1이다. 마찬가지로 n개에서 n개를 모두를 뽑는 방법도 한 가지밖에 없다. 따라서 $k=0$이거나 $k=n$인 경우가 이미 답을 알고 있는 대표적인 경우이고, 기반 상황이다. 즉, $C(n, 0)=C(n, n)=1$이다.

일반 상황

k가 0이나 n이 아닌 경우는 일반적인 상황이다. $C(n, k)$은 어떻게 구할까?

> n번째 항목을 기준으로 생각해 보면, 전체 조합의 가짓수는 n번째 항목을 포함하는 경우와 그렇지 않은 경우로 나눌 수 있다.

- 만약 n번째 원소를 뽑지 않는다면 모든 가능한 경우는 남은 원소 $n-1$개에서 k개를 뽑는 가짓수 만큼이다. 즉, n번째를 선택하지 않은 방법은 $C(n-1, k)$가지가 있다.

- 만약 n번째 원소를 뽑는다면, 이제 남은 원소 $n-1$개에서 $k-1$개를 뽑아야 한다. 즉, n번째 항목을 선택하는 방법은 모두 $C(n-1, k-1)$가지가 있다.

따라서 전체 조합의 가짓수는 이들을 모두 더해야 하고, $C(n, k)$는 $C(n-1, k)$와 $C(n-1, k-1)$의 합이다. 결국, n개에서 k개를 뽑는 순서 없는 조합의 가짓수인 이항계수 $C(n, k)$를 구하는 문제는 다음과 같이 순환적인 형태로 부분 문제와의 관계가 정의된다.

$$C(n, k) = \begin{cases} 1 & k=0, \ \ k=n \\ C(n-1, \ k-1)+C(n-1, \ k) & \text{otherwise} \end{cases}$$

■ 분할 정복에 의한 이항계수

이항계수가 순환적으로 정의되었으므로 분할 정복을 이용해 다음과 같이 순환구조로 알고리즘을 기술할 수 있다.

알고리즘 7.3 이항계수 C(n, k) 계산 함수(분할 정복 기법)

```
def bino_coef_dc(n , k):
    if k==0 or k ==n :
        return 1
    return bino_coef_dc(n-1 , k-1) + bino_coef_dc(n-1 , k)
```

그러나 이 방법은 피보나치수열에서와 같이 부분 문제를 중복해서 계산한다.

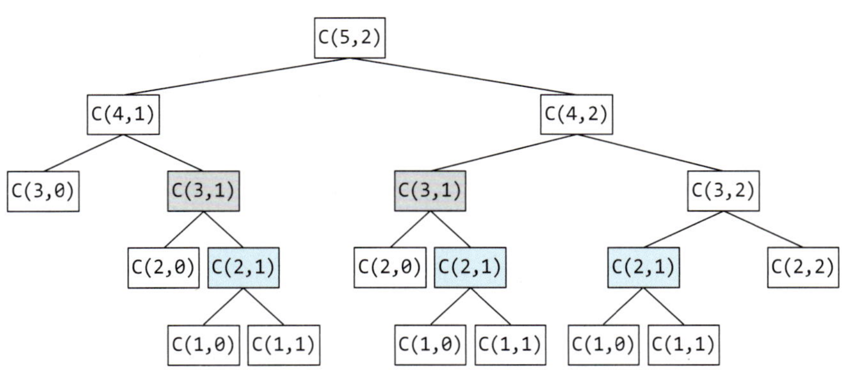

[그림 7.6] 분할 정복에 의한 이항계수의 계산 과정. 많은 중복이 발생함

■ 동적 계획법에 의한 이항계수

이제 이항계수를 동적 계획법으로 해결해 보자. 순환 관계식에 이 문제의 최적 부분구조 특성이 명백히 나타나 있고, 그림 7.6에서 겹치는 부분 문제의 특성이 있다. 동적 계획법을 위해 먼저 부분 문제의 해를 저장할 테이블을 설계해야 한다.

테이블 설계

피보나치수열에서는 순환 함수의 매개변수가 하나였고, 따라서 1차원 배열 형태의 테이블을 사용하면 되었다. 그런데 이항계수에서는 순환식에서 두 개의 변수 n과 k가 나타난다. 모든 부분문제의 해를 저장하기 위한 테이블을 C라 하자. 이 테이블은 어떻게 만들어야 할까?

- 테이블에는 n과 k의 변화에 따른 부분 문제의 해를 저장해야 한다. 따라서 2차원 배열 형태의 테이블이 필요하다. 예를 들어, $C[n][k]$에 $C(n, k)$를 저장하는 것이다. 이 테이블에는 $C(0, 0)$부터 $C(n, k)$까지를 저장해야 하므로 필요한 테이블의 크기는 $(n+1)\times(k+1)$가 된다.
- k는 항상 n 이하가 되어야 한다. k가 0(아무것도 뽑지 않음)이거나 n(모든 것을 다 뽑음)인 경우는 모두 정의에 의해 해가 1이 된다.

다음은 $C(5, 3)$을 계산하기 위한 테이블을 보여주는데, 크기는 6×4이며 회색 셀들이 기반 상황을 나타낸다. 기반 상황의 결과를 이용하여 표를 위에서 아래로 좌에서 우로 파란색 셀들을 채워나갈 수 있고, 점점 더 큰 문제의 해를 계산하게 된다. 최종 결과는 맨 오른쪽 아래 셀에서 나타난다. k가 n보다 큰 셀들은 사용되지 않으므로 계산할 필요도 없다.

	$k=0$	$k=1$	$k=2$	$k=3$
$n=0$	**1**			
$n=1$	**1**	**1**		
$n=2$	**1**	2	**1**	
$n=3$	**1**	3	3	**1**
$n=4$	**1**	4	6	4
$n=5$	**1**	5	10	**10**

[그림 7.7] $C(5, 3)$ 계산에 사용되는 테이블

알고리즘

이제 이항계수를 위한 동적 계획법(테이블화) 알고리즘을 설계해 보자. 먼저 $(n+1)\times(k+1)$ 크기의 2차원 배열을 만든다. 다음으로 바로 계산할 수 있는 기반상황에 대한 결과를 저장한다. $k=0$인 경우와, $n=k$인 경우가 기반상황으로 정의에 의해 모두 1이다. 마지막으로 외부 루프에서 n을 증가시키고, 내부 루프에서 k를 증가시켜 부분 문제의 해를 구한다. 이때 이미 표에 저장된 더 작은 문제의 해를 사용한다. 계산된 결과는 다시 표에 저장한다. 마지막으로 표의 $C(n, k)$ 항목을 반환하면 된다.

이 알고리즘을 파이썬으로 기술한 코드는 다음과 같다. 2차원 배열은 리스트의 리스트로 나타낼 수 있다. 코드에서는 기반 상황에 대한 처리를 다른 루프로 분리하지 않고, 이중 루프 안에서 처리한 것에 유의하라.

알고리즘 7.4 이항계수 C(n, k) 계산 함수(동적 계획법)

```
01 def bino_coef_dp(n, k):
02     C = [[-1 for _ in range(k+1)] for _ in range(n+1)]
03
04     for i in range(n+1):                        # bottom-up 방향으로 진행: i:0~n
05         for j in range(min(i, k)+1):            # j: 0~n
06             if j == 0 or j == i:                # 정의에 의해 (base case)
07                 C[i][j] = 1                     # C(n,0) = C(n,n) = 1 → 저장
08             else:                               # 보다 큰 부분문제 해결 → 저장
09                 C[i][j] = C[i-1][j-1] + C[i-1][j]
10     return C[n][k]                              # 최종 결과
```

2행: $(n+1)\times(k+1)$ 의 2차원 테이블 만들기. 초깃값은 −1로 설정한다.

6~7행: 기반 상황인 경우 답을 테이블에 바로 저장한다.

8~9행: 일반 상황인 경우 저장된 답을 이용해 답을 계산한 후 결과를 다시 테이블에 저장한다.

알고리즘 테스트 이항계수 C(n, k) 계산

```
print("[Divide and Conquer ] C(6,3) = ", bino_coef_dc(6, 3))        # 분할 정복
print("[Dynamic Programming] C(6,3) = ", bino_coef_dp(6, 3))        # 동적 계획
```

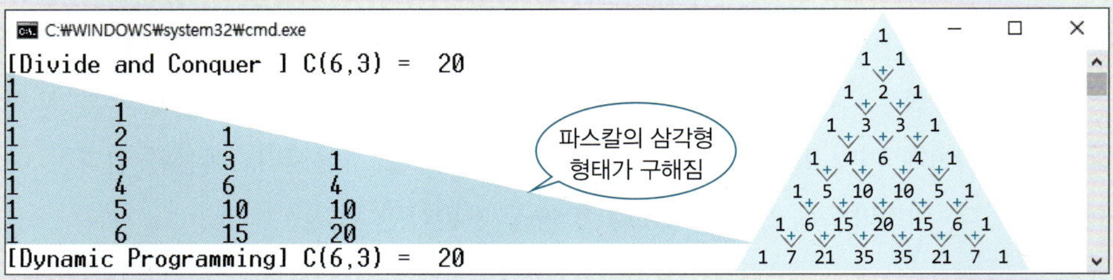

알고리즘 7.4의 9행과 10행 사이에 테이블이 채워지는 과정을 출력하기 위한 코드를 추가하였다. 결과에서 파스칼의 삼각형 형태가 구해지는 것에 유의하라.

2차원 배열 생성과 초기화

파이썬에서 크기 n인 리스트를 만들고 값을 0으로 초기화하기 위해 다음과 같이 두 가지 방법을 사용할 수 있다.

```
A = [0] * 5                    # A = [0, 0, 0, 0, 0]
B = [0 for _ in range(5)]      # B = [0, 0, 0, 0, 0]
```

알고리즘의 2행에서는 두 번째 방법을 이용해 2차원 리스트를 만들고 있다.

```
C = [[-1 for _ in range(2)] for _ in range(4)]
```

이 문장의 처리 결과는 C = [[-1,-1], [-1,-1], [-1,-1], [-1,-1]] 형태의 2차원 리스트(리스트의 리스트)가 만들어진다.

복잡도 분석

알고리즘 7.4는 이중 루프를 사용한다. 4행의 외부 루프가 최대 n번, 5행의 내부 루프가 k번 반복되므로, 전체 시간 복잡도는 $O(nk)$이다.

공간 복잡도는 어떻게 될까? 그림 7.7과 같은 $(n+1)\times(k+1)$ 크기의 2차원 테이블이 추가로 필요하다. 따라서 공간 복잡도도 $O(nk)$이다. 이 문제의 경우 알고리즘의 공간 복잡도를 더 개선할 수 있다. 알고리즘 테스트 결과를 보면 이항계수가 그림 7.5와 같이 파스칼의 삼각형 형태로 만들어지는 것을 알 수 있는데, 이러한 파스칼의 삼각형의 개념을 적용

하면 이 알고리즘의 공간 복잡도를 $O(k)$로 줄일 수 있다. 관련 연습 문제에 도전하라.

7.3 배낭 채우기 문제: 0-1 Knapsack

배낭 채우기 문제로 돌아가 보자(문제 3.6). 각각 무게가 wt_i이고 가치가 val_i인 n개의 물건과 용량이 W인 배낭이 주어졌을 때 배낭 가치가 최대가 되도록 물건들을 배낭에 넣는 문제이다. 물론 배낭 용량을 초과하여 넣을 수는 없고, 물건들을 잘라서 일부분만 넣는 것도 허용되지 않는다.

이 문제를 해결하는 가장 간단한 방법은 3장에서 공부한 완전 탐색이다. 그러나 이 방법의 시간 복잡도는 원소의 개수가 n인 집합의 부분집합의 수가 2^n이므로 $O(2^n)$이었다(3.5절을 복습하라). 이것은 매우 비효율적인 방법이다. 이 문제에 대한 보다 효율적인 해결책은 없을까? 동적 계획 전략을 적용할 수 있다.

[그림 7.8] 배낭 채우기 문제의 예

▪ 배낭 문제의 순환 관계식 정의

0-1 배낭 문제에서 주어진 문제와 부분 문제 사이의 관계를 구해보자. 물론 순환 관계식으로 유도할 것이다. 용량이 W인 배낭과 n개의 물건 $E_1, E_2, \cdots, E_n$이 있다고 하자. 각 물건은 $E_i = (wt_i, val_i)$과 같이 무게 wt_i와 가치 val_i를 갖는다.

우리가 구해야 하는 것은 배낭의 최대가치이고, 이것을 $A(k, w)$로 나타내자. $A(k, w)$는 k개의 물건 $E_1 \sim E_k$를 용량이 w인 배낭에 넣는 경우의 배낭의 최대 가치라고 정의하자.

당연히 우리는 $A(n, W)$를 구하려고 한다. 즉, 용량이 W이고 n개의 모든 물건(E_1~E_n)을 고려한 배낭의 최대 가치를 구하는 것이다. 이제 주어진 문제 $A(n, W)$와 부분문제들 사이의 관계를 유도해 보자. 이를 위해, 기반 상황과 일반 상황에 대해 나누어 생각해 보아야 한다.

기반상황

만약 배낭에 넣을 물건이 없다면($k=0$) 배낭 용량과 상관없이 최대 가치는 0이다. 따라서 $A(0, w) = 0$이다.

만약 배낭의 용량이 0이라면($w=0$) 역시 남은 물건에 상관없이 아무런 물건을 넣을 수 없으므로 배낭의 최대가치는 0이 된다. 즉, $A(k, 0) = 0$이다. 이들이 기반 상황이다.

일반상황

물건의 수나 배낭 용량이 모두 0이 아닌 경우가 일반적인 상황이다. k개의 물건 E_1~E_k을 용량이 w인 배낭에 넣을 때의 최대가치 $A(k, w)$는 다음과 같이 두 경우로 다시 나누어 생각할 수 있다.

- Case 1: 만약 k번째 물건 E_k의 무게가 현재 배낭의 용량 w보다 크면, 즉 $wt_k > w$이면, E_k은 어차피 배낭에 넣을 수 없다. 이 경우 최대 가치는 E_1~E_{k-1}만을 이용해서 계산하면 된다. 즉, $wt_k > w$이면 E_k는 배낭에 넣을 수 없고, 따라서 $A(k, w) = A(k-1, w)$이다.
- Case 2: 만약 E_k의 무게가 현재 배낭의 용량 w 이하라면 E_k를 배낭에 넣을 수는 있다. 이제 E_k를 배낭에 넣을지 말지를 결정해야 한다.

> k번째 항목 E_k를 배낭에 넣는 경우와 넣지 않는 경우에 대해 각각 최대 가치를 구하고, 이들 중에서 더 큰 값을 선택한다.

✓ E_k을 배낭에 넣는 경우: 배낭의 최대 가치가 val_k만큼 증가된다. 이제 배낭의 남은 용량은 얼마일까? $w-wt_k$이다. 이제 용량이 $w-wt_k$인 배낭에 E_1~E_{k-1}를 넣는 문제만 해결하면 된다. 이것은 $A(k-1, w-wt_k)$로 표현된다. 따라서 이 경우의 최대가치는 $val_k + A(k-1, w-wt_k)$가 된다.

✓ E_k을 배낭에 넣지 않는 경우: 배낭의 용량은 변하지 않았고, 이제 고려해야 하는 물건의 수는 하나 줄었다. 즉, E_k를 제외한 나머지$(E_1 \sim E_{k-1})$ 물건들을 배낭 용량(w)에 넣을 때의 최대 가치가 된다. 즉, 최대 가치는 $A(k-1, w)$이 된다.

이들을 정리하면 n개의 물건을 용량이 W인 배낭에 넣을 때의 최대 가치 $A(n, W)$에 대한 순환 관계식을 구할 수 있다.

$$A(n, W) = \begin{cases} 0 & \text{if } W = 0 \text{ or } n = 0 \\ A(n-1, W) & \text{if } wt_n > W \\ \max(val_n + A(n-1, W - wt_n), A(n-1, W)) & \text{otherwise} \end{cases}$$

■ 분할 정복 알고리즘

순환 관계식이 정의되었으므로 순환구조를 이용하면 다음과 같이 간단하게 알고리즘을 기술할 수 있다. 물론 이 알고리즘은 분할 정복 기법을 이용하는 것이다. 배열의 인덱스가 0부터이므로 n번째 항목의 인덱스가 코드에서 $n-1$이 되어야 하는 것을 제외하면 앞에서 구한 식을 그대로 적용하면 된다.

알고리즘 7.5 0-1 배낭 채우기 알고리즘(분할 정복 기법)

```
01 def knapSack_dc(W, wt, val, n):
02     if n == 0 or W == 0 :        # 기반 상황
03         return 0
04
05     if (wt[n-1] > W):                              # 넣을 수 없음
06         return knapSack_dc(W, wt, val, n-1)        # 나머지 항목들로 처리
07     else:
08         valWithout = knapSack_dc(W, wt, val, n-1)
09         valWith = val[n-1] + knapSack_dc(W-wt[n-1], wt, val, n-1)
10         return max(valWith, valWithout)            # 둘 중에서 더 큰 값
```

1행: W는 현재 배낭의 용량, wt는 물건들의 무게를 저장한 리스트, val은 물건들의 가치를 저장한 리스트, n은 물건들의 수이다. 예를 들어, n=4이면 리스트의 앞쪽 네 개의 물건들만을 고려하여 배낭에 넣는 문제가 된다.

2~3행: 기반 상황으로 물건이 없거나 배낭 용량이 0이면 최대 가치는 0이다.

5~6행: 만약 n번째 항목이 배낭 용량보다 크면, 이 항목은 배낭에 넣을 수 없다. 따라서 6행과 같이 남은 n-1개의 항목들로 다시 계산한다.

7~10: 만약 그렇지 않다면, 이 항목을 넣지 않는 경우의 배낭 가치(8행)와 넣는 경우의 가치(9행)를 계산하고, 이들 중에서 큰 값을 선택해 반환한다.

이 알고리즘도 지수 시간이 걸리는 매우 비효율적인 알고리즘이다. 그렇지만 만약 물건의 무게가 실수로 표현된다면 이러한 방법을 사용할 수밖에 없다. 예를 들어, 무게가 3.12이나 10.234567와 같이 실수로 표현된다면 더 효율적인 알고리즘을 찾기 어렵다.

■ 동적 계획법에 의한 0-1 배낭 문제 해법

동적 계획법을 적용하기 위해서는 원래의 문제에 대해 어떤 제한이 필요하다. 즉, 문제 3.7에서 추가조건을 가하는 것이다. 추가조건은 무게의 단위를 정수로 제한하는 것이다. 이것은 물건의 무게와 배낭의 용량 모두에 해당한다. 이러한 제한을 가하면 배낭 문제에 동적 계획법을 적용할 수 있다.

테이블 설계

테이블의 형태는 어떻게 되어야 할까? 최대 가치가 물건의 개수 n과 배낭의 용량 W의 함수 $A(n, W)$로 표시되므로 변수가 두 개이다. 따라서 이항계수에서와 같은 2차원 형태가 되어야 한다. 테이블은 다음과 같이 $(n+1)\times(W+1)$의 2차원 배열 형태가 된다.

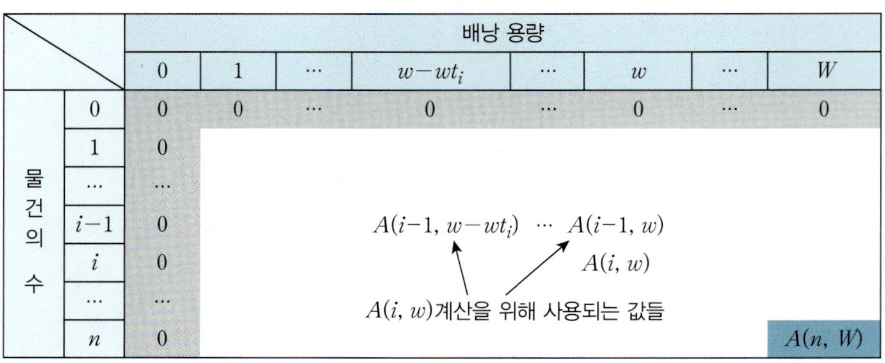

[그림 7.9] 배낭 채우기 문제를 동적 계획법으로 풀기 위해 사용되는 테이블

- 기반 상황을 처리하자. $A(0,\ W)=0$이고, $A(n,\ 0)=0$이다. 즉, 배낭에 넣을 물건이 없거나(n=0) 배낭 용량이 0인(W=0) 경우로 최대가치는 0이다. 해당하는 모든 셀(그림의 회색 셀)을 0으로 채운다.
- 일반적인 상황에 해당하는 셀들은 이 표를 위에서 아래로, 좌에서 우로 스캔하면서 계산하여 채우면 된다. 최종적인 해답은 표의 맨 오른쪽 아래 셀에 저장된다.

배낭 채우기 알고리즘

테이블이 만들어지면 알고리즘은 간단하다. 반복적으로 표를 채우기만 하면 된다. 분할 정복과 달리 동적 계획법에서는 순환을 사용하지 않은 것을 기억하라. 다음은 파이썬으로 기술한 0-1 배낭 문제에 대한 동적 계획 알고리즘이다.

알고리즘 7.6 0-1 배낭 채우기 알고리즘(동적 계획법)

```
01  def knapSack_dp(W, wt, val, n):
02      A = [[0 for x in range(W + 1)] for x in range(n + 1)]
03
04      for i in range(1, n + 1):
05          for w in range(1, W + 1):
06              if wt[i-1] > w:                              # i번째 물건이 배낭 용량 초과
07                  A[i][w] = A[i-1][w]
08              else :                                       # i번째 물건이 배낭 용량 이하
09                  valWith = val[i-1] + A[i-1][w-wt[i-1]]   # 넣는 경우
10                  valWithout = A[i-1][w]                   # 빼는 경우
11                  A[i][w] = max(valWith, valWithout)       # 더 큰 값 선택
12
13      return A[n][W]                                       # 최종 결과가 저장됨
```

1행: 알고리즘의 입력은 알고리즘 7.5에서와 동일하다.

2행: $(n+1)\times(W+1)$ 크기의 2차원 리스트(리스트의 리스트)를 생성하고 모든 항목을 0으로 초기화한다.

6~7행: 만약 i번째 물건이 배낭 용량을 초과하면, 이 물건을 제외한 남은 물건을 고려한 경우의 최대 가치를 구하면 된다. 그런데 이 값은 이미 계산되어 있다.

8~11: 만약 그렇지 않다면, 이 항목을 넣는 경우의 가치합(9행)과 넣지 않는 경우의 가치합(10행)을 계산한다. 이들도 당연히 이미 계산되어 있어 표에서 참조하면 된다. 이들 중에서 큰 값을 선택하여 A[i][w]에 다시 저장한다.

13행: 최종적으로 A[n][W]에 결과가 저장된다. 이를 반환하면 된다.

알고리즘 테스트 0-1 배낭 채우기 문제에 대한 분할 정복과 동적 계획법

```
val = [60, 100, 190, 120, 200, 150]
wt = [2, 5, 8, 4, 7, 6]
W = 18
n = len(val)
print("0-1배낭문제(분할 정복): ", knapSack_dc(W, wt, val, n))
print("0-1배낭문제(동적 계획): ", knapSack_dp(W, wt, val, n))
```

```
C:\WINDOWS\system32\cmd.exe
0-1배낭문제(분할 정복):  480
0-1배낭문제(동적 계획):  480
```

복잡도 분석

시간 복잡도를 살펴보자. 알고리즘 7.6은 이중 루프를 사용하고, 외부 루프(4행)가 최대 n번, 내부 루프(5행)가 W번 반복된다. 따라서 전체 시간 복잡도는 $O(nW)$이다. 이것은 완전 탐색이나 순환으로 구현된 분할 정복 전략 알고리즘보다 월등한 것이다.

공간 복잡도는 어떻게 될까? 부분 문제의 해를 저장할 테이블을 위해 $O(nW)$의 추가적인 공간을 사용한다. 만약 배낭의 용량이 매우 크거나 물건의 종류가 많다면 추가 공간과 처리시간이 모두 크게 늘어난다. 그리고 물건의 무게가 실수로 주어진다면 테이블의 크기가 거의 무한대가 되므로 적용할 수 없다.

7.4 최장 공통 부분순서 문제

두 개의 데이터가 서로 얼마나 비슷한지를 비교하는 문제를 생각해 보자. **최장 공통 부분순서**(longest common subsequence, LCS)란 꽤 복잡한 이름의 문제이다. 영어 단어의 약자를 따서 LCS 문제라고도 하는데, 유전자 염기 서열을 분석하거나, 두 소스 파일의 차이를 찾아주는 것과 같이 데이터의 유사도를 평가하는데 매우 유용하게 사용된다.

문제 7.1 최장 공통 부분순서(longest common subsequence, LCS) 문제

> 두 데이터가 주어졌을 때, 이들 사이의 부분순서 중에서 가장 긴 부분순서의 길이를 구하라. 이때 **부분순서**(subsequence)란 어떤 시퀀스의 일부분으로 상대적인 순서를 유지하는 시퀀스를 의미한다. 예를 들어, "abcdef"의 부분순서는 "abc", "acf", "df", "bcdf" 등 다양하다.

예를 들어, 다음과 같이 "HELLO WORLD"와 "GAME OVER"의 최장 공통 부분순서 LCS를 찾아보자. 상대적인 순서를 유지하면서 공통적으로 포함된 문자들의 가장 긴 나열을 찾아야 한다. 두 문자열에 공통적으로 'E', ' ', 'O', 'R'의 문자들이 순서대로 있다. 따라서 LCS는 이들로 이루어진 문자 시퀀스 "E OR"이고 길이는 4이다.

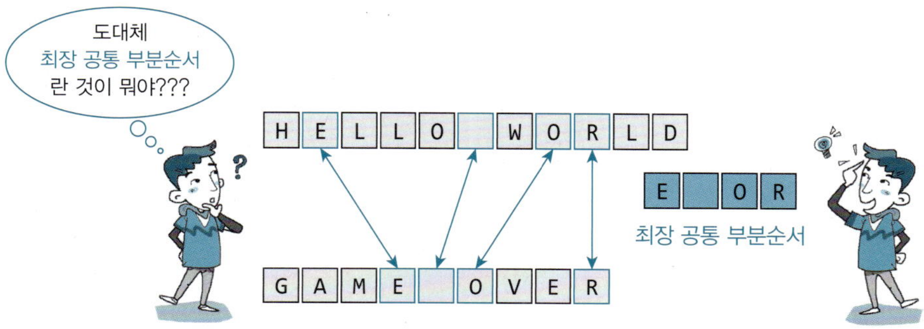

[그림 7.10] 최장 공통 부분순서 문제의 예

이 문제도 꽤 어려워 보이지만, 동적 계획법을 이용해 해결할 수 있다. 이를 위해 먼저 주어진 문제와 부분 문제의 관계를 찾아야 한다.

■ LCS 길이의 순환 관계식

길이가 각각 m과 n인 두 문자열 $X=<x_1, x_2, \cdots, x_m>$와 $Y=<y_1, y_2, \cdots, y_n>$가 주어졌다고 하자. 이들 사이의 LCS의 길이를 $l_{LCS}(X_m, Y_n)$라 하고, 부분 문제들과의 관계를 찾아보자. 그림 7.10의 경우 문자열의 길이가 각각 11, 9이므로 $l_{LCS}(X_{11}, X_9)$가 주어진 문제이다. 이제 $l_{LCS}(X_m, Y_n)$에 대한 기반 상황과 일반 상황을 생각해 보자.

기반 상황

만약 n이나 m이 0이라면 두 문자열 중 하나의 길이가 0이다. 따라서 LCS의 길이는 당연히 0이다.

일반 상황

$l_{LCS}(X_m, Y_n)$에 대한 일반적인 경우는 어떻게 될까? 관계를 구하는 핵심 아이디어는 다음과 같다.

두 문자열의 맨 뒤쪽 문자부터 먼저 처리한다. 즉, X와 Y의 맨 뒤의 문자부터 처리하는데, 이들이 같은 경우와 다른 경우로 분리하여 각각 계산한다. 최종 LCS는 이들 중 더 긴 쪽이 된다.

- 두 문자열의 마지막 문자가 같은 경우 $(x_m = y_n)$: 이 경우는 마지막 문자를 두 문자열에서 모두 빼고 LCS 길이를 구한 후 1을 더하면 된다. 즉, $l_{LCS}(X_{m-1}, Y_{n-1})+1$이 전체 LCS 길이이다.

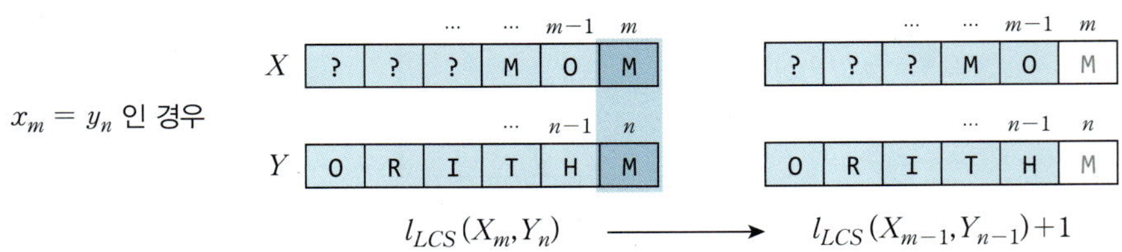

[그림 7.11] 마지막 문자가 같은 경우

- 두 문자열의 마지막 문자가 다른 경우 $(x_m \neq y_n)$: 두 가지 시도를 한다. 첫 번째로 X에서 마지막 문자를 뺀 문자열과 Y 사이의 LCS를 구하고, 다음으로 Y에서 한 문자를 뺀 후 X와의 LCS를 구한다. 당연히 전체 LCS의 길이는 이들 중 더 긴 값이 된다. 즉, $l_{LCS}(X_m, Y_n)$는 $\max(l_{LCS}(X_{m-1}, Y_n), l_{LCS}(X_m, Y_{n-1}))$이다.

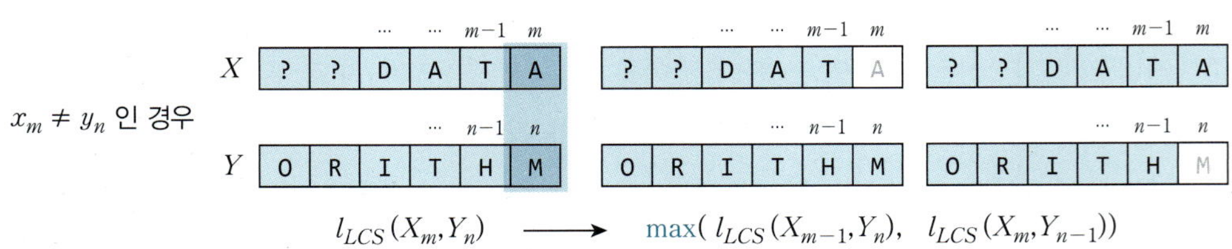

[그림 7.12] 마지막 문자가 서로 다른 경우

이제 $l_{LCS}(X_m, Y_n)$는 다음과 같이 순환 관계식으로 나타낼 수 있다.

$$l_{LCS}(X_m, Y_n) = \begin{cases} 0 & m=0 \text{ or } n=0 \\ 1+l_{LCS}(X_{m-1}, Y_{n-1}) & x_m = y_n \\ \max(l_{LCS}(X_{m-1}, Y_n), l_{LCS}(X_m, Y_{n-1})) & \text{otherwise} \end{cases}$$

이 식은 X와 Y의 LCS가 부분 문제의 해로부터 만들어지고 있는 것을 나타내고, 따라서 최적 부분구조로 되어 있어 동적 계획법으로 최적해를 구하는 것이 가능하다.

■ 순환구조의 알고리즘

유도한 식은 순환적으로 정의되었으므로 순환을 이용해 다음과 같이 간단하게 구현할 수 있다. 배열의 인덱스가 0부터이므로 이를 반영하는 것을 제외하면 앞에서 구한 식을 그대로 적용하면 된다. 물론 분할 정복 기법으로 분류할 수 있다.

알고리즘 7.7 최장 공통 부분순서(순환 구조)

```
01 def lcs_recur(X, Y, m, n):
02     if m == 0 or n == 0:                 # base case
03       return 0
04     elif X[m-1] == Y[n-1]:               # case 1: x_m == y_n
05       return 1 + lcs_recur(X, Y, m-1, n-1)
06     else:                                # case 2
07       return max(lcs_recur(X, Y, m, n-1), lcs_recur(X, Y, m-1, n))
```

1행: 두 문자열 X, Y와 각 문자열의 길이 m, n이 입력된다. 순환 호출을 위해 길이 m과 n이 필요함에 유의하라.

2~3행: 기반 상황에 대한 처리이다.

4~5행: 마지막 문자가 같으면 $l_{LCS}(X_{m-1}, Y_{n-1})+1$ 이 전체 LCS 길이이다.

6~7행: 다르면 $l_{LCS}(X_m, Y_n)$는 $\max(l_{LCS}(X_{m-1}, Y_n), l_{LCS}(X_m, Y_{n-1}))$ 이다.

이 알고리즘은 지수적인 시간 복잡도을 갖는다. 동적 계획법을 적용하면 더 효율적인 알고리즘이 가능하다.

■ 동적 계획법에 의한 LCS 길이

테이블 설계

부분해를 위한 테이블의 크기는 $(m+1)\times(n+1)$이 되어야 한다. 테이블의 이름을 L이라 하자. 기반 상황인 $m=0$이거나 $n=0$인 경우는 모두 0이므로 $L[0][n] = L[m][0] = 0$으로 초기화해야 한다. $x_m = y_n$인 경우나 그 외의 상황에 대해서도 이제 다음과 같이 테이블을 이용해 값을 계산할 수 있다.

$$L[m][n] = \begin{cases} 0 & m=0 \text{ or } n=0 \\ 1+L[m-1][n-1] & x_m = y_n \\ \max(L[m-1][n],\ L[m][n-1]) & \text{otherwise} \end{cases}$$

LCS 길이 알고리즘

테이블의 값은 위에서 아래로, 좌에서 우로 가면서 구해진다. 최종적인 LCS 길이는 물론 $L[m][n]$에 저장된다. 파이썬으로 기술한 알고리즘은 다음과 같다.

알고리즘 7.8 최장 공통 부분순서(동적 계획법)

```
01 def lcs_dp(X , Y):
02     m = len(X)
03     n = len(Y)
04     L = [[None]*(n+1) for _ in range(m+1)]        # 테이블 생성
05
06     for i in range(m+1):
07         for j in range(n+1):
08             if i == 0 or j == 0 :           # base case: 하나의 길이라도 0이면
09                 L[i][j] = 0                 # LCS → 0
10             elif X[i-1] == Y[j-1]:          # 마지막 글자가 같으면
11                 L[i][j] = L[i-1][j-1]+1
12             else:                           # 마지막 글자가 다르면
13                 L[i][j] = max(L[i-1][j], L[i][j-1])
14     return L[m][n]
```

1행: 두 문자열 X, Y가 입력된다. m과 n은 계산된다.

4행: 테이블을 만들고 초기화한다.

8~9행: 기반 상황에 대한 처리이다.

10~13행: 마지막 문자가 같은 경우와 그렇지 않은 경우에 대해 처리한다.

14행: 최종 결과는 L[m][n]에 저장된다. 이 값을 반환한다.

다음 표는 두 문자열 "GAME OVER"와 "HELLO WORLD"의 LCS 길이를 구하는 과정을 보여주는데, 회색 셀은 기반 상태이고, 파란 셀이 최종 결과이다.

		H	E	L	L	O	' '	W	O	R	L	D
	0	0	0	0	0	0	0	0	0	0	0	0
G	0	0	0	0	0	0	0	0	0	0	0	0
A	0	0	0	0	0	0	0	0	0	0	0	0
M	0	0	0	0	0	0	0	0	0	0	0	0
E	0	0	1	1	1	1	1	1	1	1	1	1
' '	0	0	1	1	1	1	2	2	2	2	2	2
O	0	0	1	1	1	2	2	2	3	3	3	3
V	0	0	1	1	1	2	2	2	3	3	3	3
E	0	0	1	1	1	2	2	2	3	3	3	3
R	0	0	1	1	1	2	2	2	3	4	4	4

[그림 7.13] "GAME OVER"와 "HELLO WORLD"의 LCS 길이를 구하는 과정

이 알고리즘은 테이블의 크기만큼의 연산이 필요하고, 따라서 시간 복잡도는 $O(mn)$이다. 이것은 지수시간이 필요한 lcs_recur()에 비해 엄청난 개선이다. 대신 공간 복잡도는 $O(mn)$로 높아졌다.

■ LCS 추적 알고리즘

만약 LCS의 길이뿐 아니라 두 문자열의 LCS 자체를 구하려면 어떻게 할까? 다행히 앞에서 구한 테이블을 이용해 최장 공통 부분 시퀀스(LCS) 자체를 구할 수 있다. 최종해가 저장된 셀(표의 우측 하단)을 시작으로 왼쪽 상단 모서리로 올라가면서 LCS 요소들을 추적하는 방법을 사용한다. 알고리즘은 다음과 같다.

① LCS의 요소들을 담기 위한 리스트를 준비한다.
② 그림 7.14와 같이 우측 하단의 요소(검은셀)가 시작셀(현재셀)이다.
③ 현재 셀의 값이 ←, ↖, ↑ 방향으로 인접한 셀들의 값보다 모두 크면 현재 셀의 값을 리스트의 전단에 삽입한다. 현재 셀의 위치를 왼쪽 위(↖)로 이동한다.
④ ③의 조건이 만족하지 않는 경우, 현재 셀의 값이 왼쪽(←) 셀과 같고, 위쪽(↑) 셀보다 크면 현재 셀의 위치를 왼쪽으로 옮긴다. 리스트에 저장하지는 않는다.
⑤ ③과 ④의 조건이 모두 만족하지 않으면 현재 셀의 위치를 위쪽(↑)으로 옮긴다.
⑥ ③~⑤ 과정을 i나 j가 0이 될 때까지 반복한다.

다음 표는 두 문자열 "GAME OVER"와 "HELLO WORLD"의 LCS 테이블에서 LCS를

추적하는 과정을 보여주는데, 뒤에서부터 순서적으로 LCS에 속한 문자들이 추출되는 것을 알 수 있다.

		H	E	L	L	O	' '	W	O	R	L	D
	0	0	0	0	0	0	0	0	0	0	0	0
G	0	↑0	0	0	0	0	0	0	0	0	0	0
A	0	↑0	0	0	0	0	0	0	0	0	0	0
M	0	↑0	0	0	0	0	0	0	0	0	0	0
E	0	0	↖1	←1	←1	←1	1	1	1	1	1	1
' '	0	0	1	1	1	1	↖2	←2	2	2	2	2
O	0	0	1	1	1	2	2	2	↖3	3	3	3
V	0	0	1	1	1	2	2	2	↑3	3	3	3
E	0	0	1	1	1	2	2	2	↑3	3	3	3
R	0	0	1	1	1	2	2	2	3	↖4	←4	←4

[그림 7.14] LCS 테이블에서 LCS 문자열을 추적하는 과정

이 과정을 파이썬으로 기술하면 다음과 같다.

알고리즘 7.9 LCS 테이블에서 LCS를 추적하는 알고리즘

```
def lcs_dp_traceback(X, Y, L):
    lcs = ""                                                    # ①
    i = len(X)                                                  # ②
    j = len(Y)                                                  # ②
    while i > 0 and j > 0:
        v = L[i][j]
        if v > L[i][j-1] and v > L[i-1][j]  and v > L[i-1][j-1]:   # ③
            i -= 1
            j -= 1
            lcs = X[i] + lcs

        elif v == L[i][j-1] and v > L[i-1][j]: j -= 1           # ④
        else : i -= 1                                           # ⑤
    return lcs
```

알고리즘 7.8의 14행에 테이블의 내용을 출력하는 코드와 lcs_dp_traceback()를 호출하는 코드를 추가하여 LCS를 출력하도록 한 테스트 코드와 실행 결과는 다음과 같다.

알고리즘 테스트 LCS 길이 알고리즘 테스트

```
X = "GAME OVER"
Y = "HELLO WORLD"
print("X = ", X)
print("Y = ", Y)
print("LCS(분할 정복)", lcs_recur(X , Y, len(X), len(Y)))
print("LCS(동적 계획)", lcs_dp(X , Y) )
```

```
C:\WINDOWS\system32\cmd.exe
X =  GAME OVER
Y =  HELLO WORLD
LCS(분할 정복) 4
[0, 0, 0, 0, 0, 0, 0, 0, 0, 0, 0, 0]
[0, 0, 0, 0, 0, 0, 0, 0, 0, 0, 0, 0]
[0, 0, 0, 0, 0, 0, 0, 0, 0, 0, 0, 0]
[0, 0, 0, 0, 0, 0, 0, 0, 0, 0, 0, 0]
[0, 0, 1, 1, 1, 1, 1, 1, 1, 1, 1, 1]
[0, 0, 1, 1, 1, 1, 2, 2, 2, 2, 2, 2]
[0, 0, 1, 1, 1, 2, 2, 2, 3, 3, 3, 3]
[0, 0, 1, 1, 1, 2, 2, 2, 3, 3, 3, 3]
[0, 0, 1, 1, 1, 2, 2, 2, 3, 3, 3, 3]
[0, 0, 1, 1, 1, 2, 2, 2, 3, 4, 4, 4]
LCS =  E OR
LCS(동적 계획) 4
```

7.5 그래프의 인접 행렬 표현과 최단 경로 문제

최단 경로(shortest path) 문제는 가중치 그래프에서 두 정점을 연결하는 여러 경로들 중에서 간선들의 가중치 합이 최소가 되는 경로를 찾는 문제이다. 이때, 간선의 가중치는 보통 비용이나 거리, 시간 등을 나타낸다. 다음은 스마트폰 앱에서 제공되는 전자지도에서 최단경로를 탐색한 예를 보여주고 있는데, 간선의 가중치를 시간으로 하느냐 거리로 하느냐에 따라 "최단시간 경로"나 "최단거리 경로"를 선택해서 확인할 수도 있다.

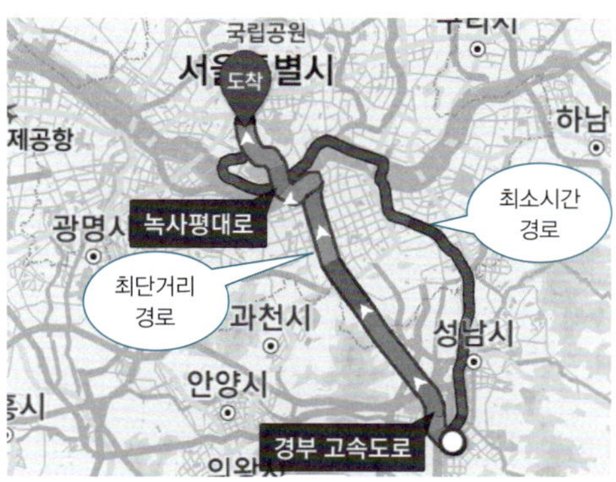

먼저 가중치 그래프를 표현하는 방법을 살펴보자. 그래프는 인접 리스트와 인접 행렬로 표현할 수 있는데, 3.6절의 그래프 탐색과 4.2절의 위상 정렬에서는 인접 리스트로 표현한 그래프로 알고리즘을 기술하였다. 가중치 그래프의 경우는 인접 행렬로 표현하는 것이 훨씬 간단하다.

■ 인접 행렬을 이용한 가중치 그래프의 표현

인접 행렬은 2차원 배열(파이썬에서는 리스트의 리스트)을 이용해 간선의 정보를 나타내는 방법이다. 만약 그래프의 i번째 정점과 j번째 정점 사이에 가중치가 w인 간선 (i, j)가 있는 경우 $weight[i][j]=w$가 된다. 만약 간선이 없다면 $weight[i][j]$에는 None을 저장한다. 다음은 7개의 정점을 갖는 어떤 가중치 그래프를 인접 행렬로 표현한 예를 보여준다.

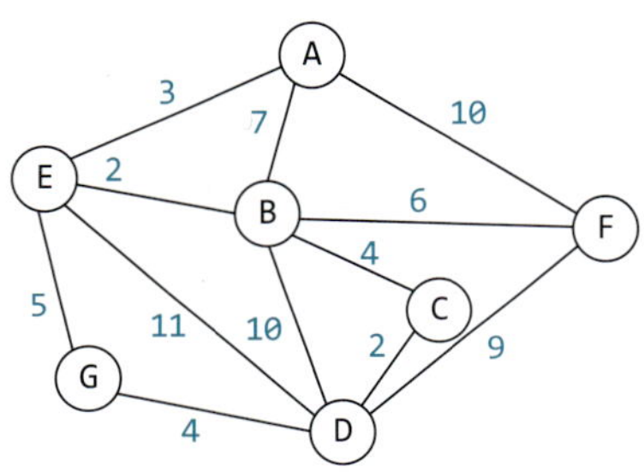

가중치 그래프

```
vertex = [ 'A',   'B',  C',  'D',  'E',  'F',  'G' ]
weight = [ [ None,    7,None,None,    3,  10,None ],
           [    7,None,    4,  10,    2,   6,None ],
           [ None,    4,None,    2,None,None,None ],
           [ None,   10,    2,None,  11,    9,    4 ],
           [    3,    2,None,  11,None,  13,    5 ],
           [   10,    6,None,    9,  13,None,None ],
           [ None,None,None,    4,    5,None,None ]]
```

[그림 7.15] 가중치 그래프와 인접 행렬 표현 예

무방향 가중치 그래프에서는 $weight[i][j]=weight[j][i]$이다. 따라서 인접 행렬이 그림과 같이 대각선을 기준으로 대칭행렬이 된다. 이 장에서 공부할 최단경로나 다음 장에서 다룰 최소비용 신장트리, 9장에서 다룰 TSP 문제 등 많은 그래프 문제들이 이러한 가중치 그래프를 사용한다.

그런데 문제에 따라 인접행렬의 대각선 항의 값이나 간선이 없는 항들의 표현이 약간 다를 수 있다. 예를 들어, **최단거리** 문제에서 대각선 항들의 의미는 "어떤 정점에서 자기 자신으로 가는 거리"가 된다. 따라서 None보다는 0이 더 어울리는데, 거리가 0이라는 의미가 되기 때문이다. 또한 간선이 없는 항들도 None이라기 보다는 거리가 무한대(INF)라는 의미로 무한대 값을 갖는 것이 더 자연스럽다. 따라서 최단거리 문제에 대해서는 행렬 표현을 다음과 같이 수정하여 사용한다.

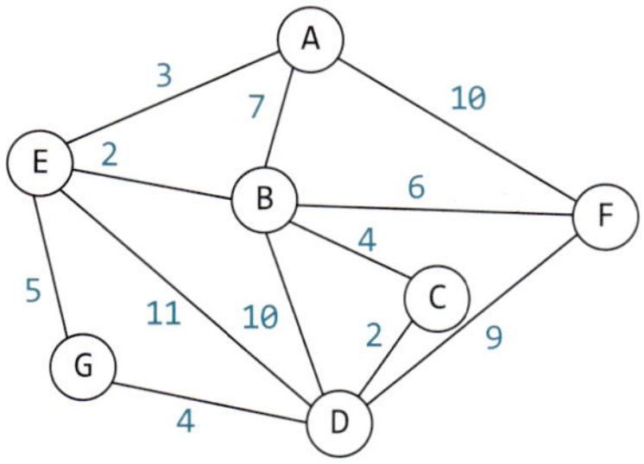

가중치 그래프

```
vertex =   [  'A',  'B',  'C',  'D',  'E',  'F',  'G' ]
weight = [ [   0,    7,  INF,  INF,    3,   10,  INF ],
           [   7,    0,    4,   10,    2,    6,  INF ],
           [ INF,    4,    0,    2,  INF,  INF,  INF ],
           [ INF,   10,    2,    0,   11,    9,    4 ],
           [   3,    2,  INF,   11,    0,   13,    5 ],
           [  10,    6,  INF,    9,   13,    0,  INF ],
           [ INF,  INF,  INF,    4,    5,  INF,    0 ]]
```

[그림 7.16] 최단경로 문제를 위한 가중치 그래프의 인접 행렬 표현

가중치 그래프를 다루는 각 문제들에 따라 인접 행렬이 약간 다르게 표현될 수 있는 것에 유의하라. 8장의 최소비용 신장트리 문제에서는 그림 7.15의 표현을 사용할 것이지만, 최단거리 문제에서는 7.16을 사용한다.

■ 최단거리 문제의 종류

이제 가중치 그래프의 최단거리 문제를 정의해 보자. 이 문제는 시작 정점과 도착 정점을 어떻게 설정하는가에 따라 세 가지로 나눌 수 있다.

문제1) 시작 정점에서 도착 정점까지의 최단경로 길이 문제

시작 정점과 도착 정점이 정해진 경우이다. 다음 그림은 이 경우의 예를 보여주는데, 가중치 그래프의 정점 A에서 D까지의 최단 경로를 구하려고 한다. 가능한 여러 경로들 중에서 가중치의 합이 최소인 경로와 비용을 찾으면 된다.

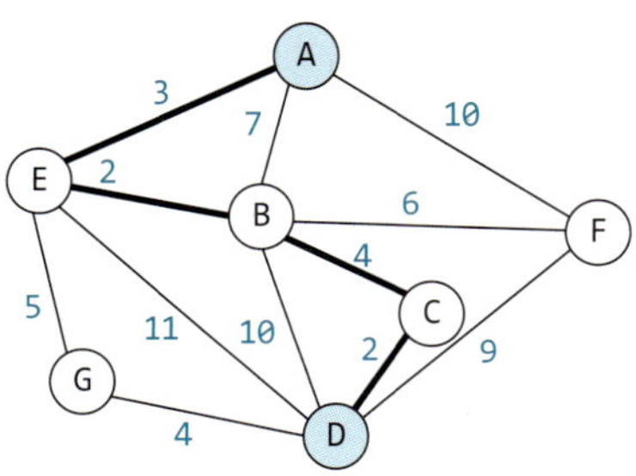

경로1 (A,B,C,D): 비용 = 7 + 4 + 2 = 13
경로2 (A,E,B,C,D): 비용 = 3 + 2 + 4 + 2 = 11
경로3 (A,F,B,D): 비용 = 10 + 6 + 10 = 26
…

결과: A-E-B-C-D, 경로 길이 = 11

[그림 7.17] 시작 정점과 도착 정점이 정해진 최단경로 문제와 결과 예

문제2) 시작 정점에서 모든 정점까지의 최단경로 길이 문제

두 번째 문제는 시작 정점만 주어지고 이 정점에서 모든 정점까지의 최단 경로를 구하는 것이다. 다음은 시작 정점 A에서 모든 정점까지의 최단경로를 구한 예를 보여준다. A에서 B까지의 최단경로가 A–E–B이고 길이가 5로 직접 경로 (A,B)보다 작은 것에 유의하라. 이 문제의 결과는 그림과 같이 리스트의 형태로 나타난다.

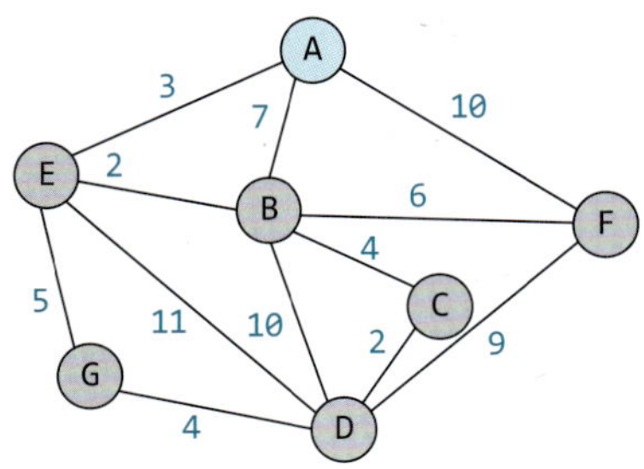


```
(A→A) 최단 경로 A = 0
(A→B) 최단 경로 A-E-B = 5
(A→C) 최단 경로 A-E-B-C = 9
(A→D) 최단 경로 A-E-B-C-D = 11
(A→E) 최단 경로 A-E = 3
(A→F) 최단 경로 A-F = 10
(A→G) 최단 경로 A-E-G = 8

결과: [ 0, 5, 9, 11, 3, 10, 8 ]
```

[그림 7.18] 시작 정점에서 모든 정점까지의 최단경로 거리를 구하는 문제와 결과 예

이 문제에 대한 대표적인 방법은 Dijkstra **알고리즘**으로 8장에서 자세히 공부한다.

문제3) 모든 정점간의 최단경로 길이 문제

마지막 문제는 모든 정점 사이의 최단경로 거리를 구하는 것으로 다음과 같이 정의된다. 이 절에서 다루는 최단경로 문제이다.

문제 7.2 모든 정점간의 최단경로 길이 문제(All Pairs Shortest Path problem)

> 가중치 그래프가 주어졌을 때 그래프의 모든 정점 사이의 최단 경로의 길이를 구하라. 이때, 경로의 길이는 그 경로에 포함된 간선들의 가중치 합이고, 간선의 가중치로 음수는 허용하지 않는다.

예를 들어, 다음 그래프에 대한 최종 해는 오른쪽 행렬 D와 같다.

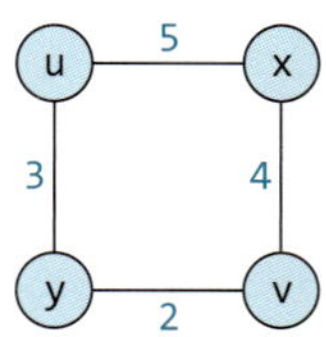

가중치 그래프

```
V = [    'u', 'v', 'x', 'y' ]
W = [ [   0, INF,   5,   3],   # u
      [ INF,   0,   4,   2],   # v
      [   5,   4,   0, INF],   # x
      [   3,   2, INF,   0] ]  # y
```

인접 행렬 표현

```
D = [ [ 0, 5, 5, 3],
      [ 5, 0, 4, 2],
      [ 5, 4, 0, 6],
      [ 3, 2, 6, 0] ]
```

계산 결과

[그림 7.19] 모든 정점에서 모든 정점까지의 최단경로 거리를 구하는 문제와 결과 예

이러한 행렬 D를 최단거리 행렬이라 하는데, D[0][1]=D[1][0]=5로 정점 u와 v 사이의 최단 경로 길이가 5임을 나타낸다. 사실 이 문제는 문제 2를 모든 정점을 시작 정점으로 하여 수행하면 된다. 즉, Dijkstra 알고리즘을 모든 정점의 수만큼 반복하여 실행하면 행렬 D를 구할 수 있다.

7.6 모든 정점간의 최단 경로 길이

모든 정점간의 최단경로 거리 계산문제(문제 7.2)에 대한 더 간단한 알고리즘이 있다. Floyd-Warshall 알고리즘(줄여서 Floyd 알고리즘)은 동적 계획법을 이용해 모든 정점에서 다른 모든 정점까지의 최단 경로를 한꺼번에 구하는 방법이다.

■ 최적 부분 구조 확인

전략을 구체적으로 살펴보기 전에 먼저 **최단 경로**(Shortest Path) 문제가 최적 부분구조로 되어 있는지를 생각해 보자. 만약 정점 x가 정점 u에서 정점 v로의 최단 경로 상에 있다면 이 경로는 반드시 정점 u에서 x로의 최단 경로와 정점 x에서 v로의 최단 경로의 합이 된다. 따라서 최적 부분 구조의 특성을 갖고, 동적 계획법을 적용할 수 있다.

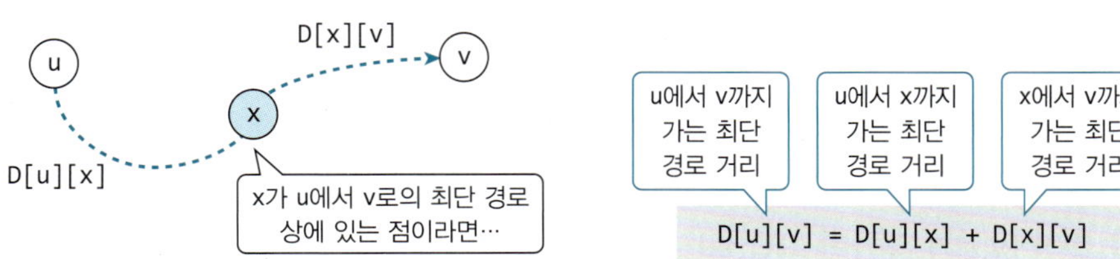

[그림 7.20] 최단경로 문제는 최적 부분 구조 특성을 만족함

반면에 **최장 경로**(Longest Path) 문제는 이 특성을 만족하지 않는다. 예를 들어, 그림 7.21에서 $u-v$의 최장 경로는 x를 지나가는 (u,x,v) 경로이다. 그렇지만 $u-x$의 최장 경로는 (u,x)가 아니라 (u,y,v,x)가 되고, $x-v$의 최장 경로도 마찬가지로 (x,v)가 아니다. 따라서 최장 경로 문제는 최적 부분 구조 특성을 만족하지 않는다.

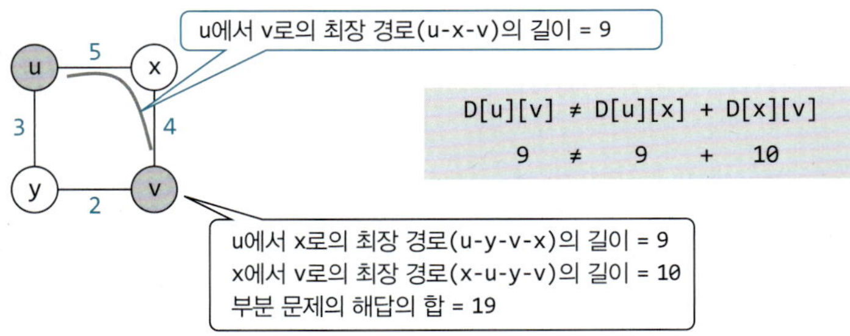

[그림 7.21] 최장 경로 문제는 최적 부분 구조 특성을 만족하지 않음

■ 순환 관계식

모든 정점 사이의 최단 경로 길이 문제는 인접 행렬로 표현된 가중치 그래프 W가 주어졌을 때 최단거리 행렬 D를 구하는 것이다. Floyd 알고리즘은 이 문제에 동적 계획법을 적용한 대표적인 사례이다.

$D^k[i][j]$를 1부터 k번째 정점까지만을 이용한 정점 i에서 j까지의 최단 경로 거리라고 하자. 우리가 최종적으로 구하려는 것은 1부터 n까지의 모든 정점을 이용한 최단 경로이기 때문에 $D^n[i][j]$를 구하려고 한다. 즉, 행렬 D^n이 구하고자 하는 최적해이다. Floyd 알고리즘의 핵심은 $D^0 \rightarrow D^1 \rightarrow D^2 \rightarrow \cdots \rightarrow D^n$ 순으로 최단 거리를 구는 것이다. 최단 거리 행렬 D에 대한 순환 관계식을 구해보자.

기반 상황

기반 상황, 즉 D^0를 구해보자. 이것은 두 정점 u와 v 사이의 최단 경로를 구할 때 다른 정점들을 전혀 사용하지 않는 경로를 의미한다. 이 행렬의 값은 다음과 같이 구해진다.

- 그래프에 두 정점 사이의 간선 (u,v)이 있다면 그 간선의 가중치가 두 정점 사이의 최단 거리이다.
- 만약 간선 (u,v)가 없다면 최단거리는 무한대가 된다.

결국, D^0 는 가중치 인접 행렬, 즉 W와 같다. 결국, Floyd의 최단경로 알고리즘은 먼저 W를 D에 복사하여 D를 초기화하고, 이것이 D^0 가 된다.

일반 상황

D^k 는 k까지의 정점만을 이용하여 최단경로를 구한 부분 문제의 최적해이다. 만약 D^{k-1} 까지는 완벽한 최단 거리가 구해져서 있다고 가정하자. 부분 문제, 즉 그래프에서 1에서 $k-1$번째 정점까지를 모두 고려한 경우의 최단경로 길이 문제에 대한 최적해가 구해졌다고 가정하는 것이다. 이제 k번째 정점을 추가로 고려하려고 한다. k번째 정점을 포함한 $1\sim k$의 정점들을 사용하여 i에서 j로 가는 최단 경로를 위한 후보는 다음의 2가지가 있다.

- (Case 1) **정점 k를 거치지 않는 경로**: 정점 k를 거치지 않으므로 i에서 j로 가는 최단경로의 길이는 변화가 없다. 따라서 $D^k[i][j] \leftarrow D^{k-1}[i][j]$이다.
- (Case 2) **정점 k를 통과하는 경로**: k를 통과한다면 i에서 j로 가는 최단경로의 길이는 i에서 k로 가는 최단경로 길이 ($D^{k-1}[i][k]$)와 k에서 j로 가는 최단경로 길이 ($D^{k-1}[k][j]$)의 합이 될 것이다. 왜냐하면, 이 문제가 최적 부분 구조를 만족하기 때문이다. 또한, $D^{k-1}[i][k]$와 $D^{k-1}[k][j]$는 경로들은 k를 중간 정점으로 사용할 필요가 없으므로, 이미 앞에서 계산이 완료되었다. 결국, k를 통과하는 경로의 길이는 $D^{k-1}[i][k]+D^{k-1}[k][j]$가 된다.

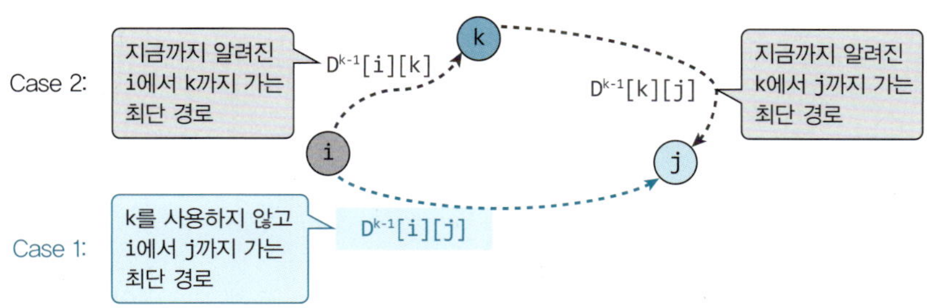

[그림 7.22] k번째 정점을 포함할 때 발생하는 두 가지 상황

(Case 1)은 지금까지 알고 있던 최적 경로이고, (Case 2)는 i에서 k를 거쳐서 j로 가는 새로운 방법이다. 따라서 k번째 정점을 포함하면 최단경로 $D^k[i][j]$는 다음과 같이 이 두 경로 중에서 더 짧은 것이 되어야 한다.

$$D^k[i][j] \leftarrow \min\left(D^{k-1}[i][j],\ D^{k-1}[i][k]+D^{k-1}[k][j]\right)$$

이것은 정점 k를 경유하는 것이 보다 좋은 경로이면 $D^k[i][j]$의 값을 갱신하고, 그렇지 않으면 이전 값 $D^{k-1}[i][j]$이 유지되는 것을 의미이다.

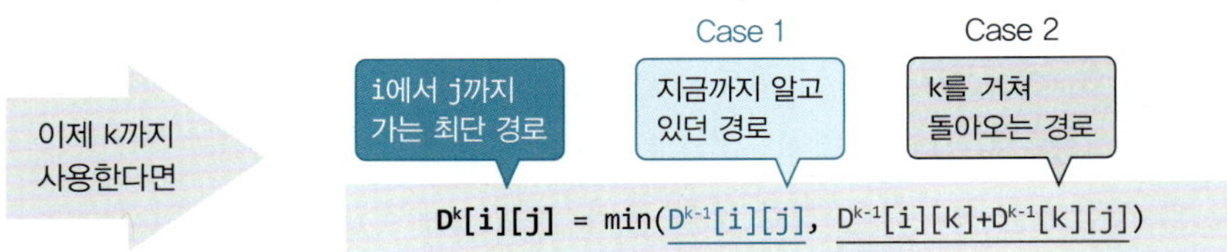

[그림 7.23] k번째 정점을 포함하면, 두 가지 경로의 길이 중 작은 값이 되어야 함

이제 $D^k[i][j]$를 다음과 같은 순환 관계식으로 만들 수 있다.

$$D^k[i][j] = \begin{cases} W[i][j] & k=0 \\ \min\left(D^{k-1}[i][j],\ D^{k-1}[i][k]+D^{k-1}[k][j]\right) & \text{otherwise} \end{cases}$$

$k=0$인 경우가 기반 상황이고, k를 하나씩 증가시키면서 최단거리 행렬을 갱신하면 된다.

■ Floyd 최단경로 알고리즘

이제 알고리즘을 파이썬으로 기술해 보자. 동적 계획법을 이용한 Floyd의 최단 경로 알고리즘은 다음과 같다. 인덱스가 0으로 시작하는 것과 리스트의 리스트로 구현된 이차원 인접 행렬 W를 같은 형태의 D 행렬에 복사하는 코드에 유의하라. 파이썬에서는 객체의 깊은 복사를 위해 copy 모듈을 제공하는데, 이 모듈의 deepcopy() 함수를 이용해 리스트의 리스트 구조인 W를 D로 복사하였다.

알고리즘 7.10 Floyd의 최단경로 탐색 알고리즘

```
01  import copy                                   # 리스트의 깊은 복사를 위해 사용
02  def shortest_path_floyd(vertex, W):           # Floyd의 최단경로 탐색 함수
03      vsize = len(vertex)                       # 정점의 개수
04      D = copy.deepcopy(W)                      # 깊은 복사
05
06      for k in range(vsize) :                   # 정점 k를 추가할 때
07          for i in range(vsize) :
08              for j in range(vsize) :           # 모든 D[i][j] 갱신
09                  if (D[i][k] + D[k][j] < D[i][j]) :
10                      D[i][j] = D[i][k] + D[k][j]
11          printD(D)                             # 현재 D 행렬 출력
```

1행: 2차원 배열(리스트의 리스트)의 깊은 복사를 위해 copy 모듈을 포함한다.

2행: 정점 리스트 vertex와 인접 행렬 W가 입력된다.

4행: 맨 처음에 최단거리 행렬은 인접 행렬과 같다.

6~8행: 모든 정점에 대해(6행) 최단거리 행렬의 모든 항(7~8행)을 갱신한다.

알고리즘 테스트 Floyd의 최단경로 알고리즘 테스트

```
def printD(D):                  # 현재의 최단거리 행렬 D를 화면에 출력하는 함수
    vsize = len(D)
    print("====================================")
    for i in range(vsize) :
        for j in range(vsize) :
            if (D[i][j] == INF) : print(" INF ", end='')
            else : print("%4d "%D[i][j], end='')
        print("")
INF = 9999
vertex = ... # 그림 7.16의 정점 리스트
weight = ... # 그림 7.16의 인접 행렬
print("Shortest Path By Floyd's Algorithm")
shortest_path_floyd(vertex, weight)
```

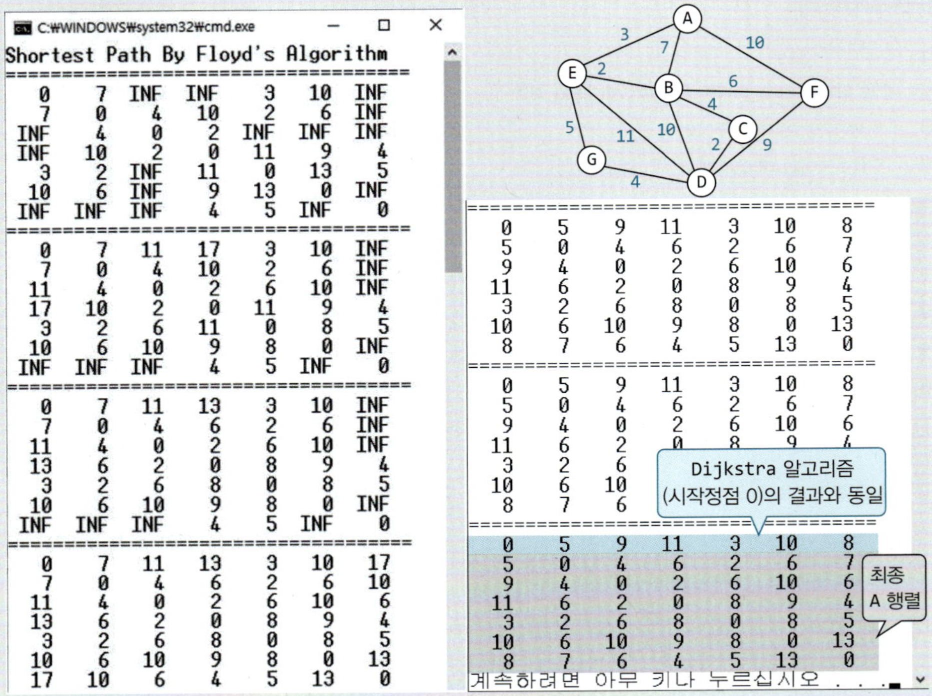

```
C:\WINDOWS\system32\cmd.exe
Shortest Path By Floyd's Algorithm
====================================
  0    7  INF  INF    3   10  INF
  7    0    4   10    2    6  INF
INF    4    0    2  INF  INF  INF
INF   10    2    0   11    9    4
  3    2  INF   11    0   13    5
 10    6  INF    9   13    0  INF
INF  INF  INF    4    5  INF    0
====================================
  0    7   11   17    3   10  INF
  7    0    4   10    2    6  INF
 11    4    0    2    6   10  INF
 17   10    2    0   11    9    4
  3    2    6   11    0    8    5
 10    6   10    9    8    0  INF
INF  INF  INF    4    5  INF    0
====================================
  0    7   11   13    3   10  INF
  7    0    4    6    2    6  INF
 11    4    0    2    6   10  INF
 13    6    2    0    8    9    4
  3    2    6    8    0    8    5
 10    6   10    9    8    0  INF
INF  INF  INF    4    5  INF    0
====================================
  0    7   11   13    3   10   17
  7    0    4    6    2    6   10
 11    4    0    2    6   10    6
 13    6    2    0    8    9    4
  3    2    6    8    0    8    5
 10    6   10    9    8    0   13
 17   10    6    4    5   13    0
====================================
  0    5    9   11    3   10    8
  5    0    4    6    2    6    7
  9    4    0    2    6   10    6
 11    6    2    0    8    9    4
  3    2    6    8    0    8    5
 10    6   10    9    8    0   13
  8    7    6    4    5   13    0
====================================
  0    5    9   11    3   10    8
  5    0    4    6    2    6    7
  9    4    0    2    6   10    6
 11    6    2
  3    2    6
 10    6   10
  8    7    6
====================================
  0    5    9   11    3   10    8
  5    0    4    6    2    6    7
  9    4    0    2    6   10    6
 11    6    2    0    8    9    4
  3    2    6    8    0    8    5
 10    6   10    9    8    0   13
  8    7    6    4    5   13    0
계속하려면 아무 키나 누르십시오 . . .
```


D 행렬의 변화 과정을 보여주기 위한 함수 printD()를 추가하였다.

파이썬의 깊은 복사

파이썬에서 객체의 복사에 유의해야 한다. 예를 들어, 리스트 B가 있을 때 A = B는 새로운 리스트 객체를 만드는 것이 아니라 B가 가리키는 리스트를 변수 A가 함께 참조하는 것이다. 따라서 리스트 A의 내용을 변경하면 B가 가리키는 리스트도 바뀐다.

B가 가리키는 리스트와 동일한 새로운 리스트 객체를 만들고 이를 A가 가리키도록 하려면 A = list(B)와 같이 처리해야 한다. 이 코드는 생성자를 이용해 새로운 객체를 생성한 다음 변수 A가 이를 참조한다.

2차원 배열(리스트의 리스트)의 복사에는 특히 더 유의해야 한다. 알고리즘의 4행과 2차원 배열 W를 D로 복사하려고 한다. 물론 W는 D가 가리키는 객체를 가리키면 안된다. D를 완전히 복사한 객체를 W가 가리켜야 한다. 이를 위해, D = list(W)와 같이 처리하면 될까? 충분하지 않다. 새로운 리스트 객체는 생성되었지만, 리스트 안에 들어가는 리스트 객체들은 생성되지 않았기 때문이다. 즉, 다음 코드와 같이 각 행에 대한 리스트를 각각 생성하여 복사해야 한다.

```
D = list(W)                  # 2차원 배열(리스트의 리스트)의 복사
for i in range(len(W)) :     # 각 행에 대해
    D[i] = list(W[i])        # 해당 행의 리스트를 복사
```

더 간편한 방법도 있다. copy 모듈을 사용하는 것이다. 이를 위해서는 다음과 같이 먼저 import로 모듈을 포함해야 한다.

```
import copy                  # copy 모듈 포함
```

이제 deepcopy() 함수를 다음과 같이 호출하기만 하면 이용해 깊은 복사가 된다.

```
D = copy.deepcopy(W)         # deepcopy() 함수를 이용한 깊은 복사
```

복잡도 분석

Floyd의 알고리즘은 3중 루프로 이루어져 있고, 각 루프가 최대 n번 반복한다. 따라서 시간 복잡도가 $O(n^3)$이다. 추가적인 메모리 D를 위한 공간 복잡도는 $O(n^2)$이다.

다음 장에서 공부할 최단 거리를 구하는 Dijkstra의 알고리즘은 $O(n^2)$의 시간이 걸리지만, 이것은 하나의 정점에서 출발하여 모든 정점까지의 최단 경로를 찾는 시간이다. 따라서 모든 정점에서 출발한다면 알고리즘을 n번 반복해야 하므로 전체 복잡도가 $O(n^3)$이 된다. 이에 비해 Floyd 알고리즘은 한 번에 모든 정점 간의 최단 경로를 구한다. 따라서 두 알고리즘의 시간 차이는 없다고 볼 수 있다. 그러나 Floyd의 알고리즘은 매우 간결한 반복 구문을 사용한다는 특징이 있다.

7.7 편집 거리

두 개의 문자열이 있을 때, 하나의 문자열을 수정하여 다른 문자열을 만드는 문제를 생각해 보자. **편집 거리**(edit distance)라고 불리는 이 문제는 단어의 철자 오류를 찾거나 자연어 번역, 유전자의 유사도 측정 등에 중요하게 사용된다.

문제 7.3 편집 거리 문제(Edit Distance problem)

> 두 문자열 S와 T가 주어졌고 S를 편집하여 T로 변환시키려고 한다. 사용할 수 있는 편집 연산은 한 문자의 삽입(insertion)이나 삭제(deletion), 그리고 대체(substitution)연산 뿐이다. S를 T로 변환시키는데 필요한 최소 편집 연산의 회수(편집 거리)를 구하라.

문제의 설명이 약간 어렵다. 예를 들어 보자. "tuesday"를 "thursday"로 바꾸려고 한다. 사용할 수 있는 연산은 삽입, 삭제, 대체뿐이다. "tuesday"에 'h'를 삽입하고, 'e'를 'r'로 대체하면 "thursday"가 된다. 따라서 편집 거리는 2이다.

[그림 7.24] 편집 거리 문제의 예

다른 예들도 살펴보자. "cat"을 "cut"으로 변환하는 편집거리는 1이다. 첫 문자와 마지막 문자가 같으므로 중간문자 'a'를 'u'로 대체하면 되기 때문이다. "sunday"를 "saturday"로 변환하려면 3번의 편집이 필요하다. 첫 문자와 마지막 세 문자가 같으므로 이 문제는 "un"을 "atur"로 변환하는 문제와 동일하고, 이것은 다시 'a'와 't'를 각각 삽입하고 'n을 'r'로 대체하면 되기 때문이다.

■ 순환 관계식

일반식을 유도하기 위해 부분 문제를 찾아보자. 기본 아이디어는 두 문자열을 맨 왼쪽이나 오른쪽 문자들부터 순서대로 처리하는 것이다. 여기서는 LCS 문제에서와 같이 맨 오른쪽부터 검사해 보자. 즉, 오른쪽 문자부터 처리하면서 문제의 복잡도가 줄어든 부분 문제를 만들려는 것이다.

길이가 각각 m과 n인 두 문자열 S과 T가 있다고 하자. $E_{ST}(m, n)$를 각각 문자열 S와 T에서 m번째와 n번째의 문자까지를 고려한 경우의 편집 거리라고 하자. 우리는 $E_{ST}(m, n)$을 구해야 한다.

기반 상황

두 문자열 중에서 하나가 공백 문자열인 경우이다. 이 경우는 공백이 아닌 문자열을 모두 공백 문자열에 삽입해야 한다. 예를 들어, m이 0이면 S는 공백 문자열이다. 따라서 T의 문자들을 모두 S에 삽입해야 하고, 따라서 n번의 삽입이 필요하다. n이 0인 경우도 마찬가지이다. 이들은 모두 기반 상황으로 $E_{ST}(m, 0) = m$과 $E_{ST}(0, n) = n$이 된다.

일반 상황

만약 m이나 n이 0이 아니면 이제 뭔가 복잡해진다. 마지막 문자들을 비교하자. 두 문자열 S과 T의 맨 오른쪽 문자 $S[m]$과 $T[n]$은 다음 두 경우로 나눌 수 있다.

- (Case1) 두 문자가 같은, 즉 $S[m]==T[n]$인 경우이다. 마지막 문자가 이미 같으므로 이들을 무시하고(편집할 필요가 없다) 남은 문자열들만을 고려하면 된다. 즉, $E_{ST}(m, n)$은 $E_{ST}(m-1, n-1)$과 동일하다.
- (Case2) 마지막 문자가 같지 않으면 어떻게 할까? 이제 연산이 필요하다. 그런데, 세 가지 연산이 가능하므로 이들을 모두 적용해 보아야 한다. 연산을 적용할 때 부분 문제는 반드시 원래의 문제보다 더 작아져야 한다.

✓ **대체 연산**: S의 마지막 문자를 $S[m]$을 $T[n]$으로 대체하는 경우이다. 일단 대체 연산을 한 번 사용한다. 대체하면 $S[m]$은 $T[n]$과 같아지므로 (Case1)과 같은 상황이 된다. 따라서 대체 연산을 사용한 최적해는 $E_{ST}(m-1,\ n-1)+1$이 된다.

✓ **삭제 연산**: S의 마지막 문자를 $S[m]$를 삭제하고 T와 비교해 볼 수도 있다. 이 경우 S의 길이는 하나 줄어든다. 따라서 삭제 연산을 사용한 최적해는 $E_{ST}(m-1,\ n)+1$이 된다. 삭제 연산이 한번 사용되었으므로 1이 더해진다.

✓ **삽입 연산**: T의 마지막 문자를 $T[n]$을 S에 삽입해 볼 수도 있다. 이 경우 한 문자가 삽입된 S의 마지막 문자와 $T[n]$이 같아졌으므로 (Case1)과 같이 이 문자들은 무시할 수 있다. 따라서 이 경우 T의 길이가 1 줄어들고, S는 증가했다 줄어들기 때문에 변화가 없다. 따라서 삽입 연산을 사용한 최적해는 $E_{ST}(m,\ n-1)+1$이다.

이러한 모든 상황을 반영하여 순환 관계를 구하면 다음과 같다.

$$E_{ST}(m, n) = \begin{cases} n & m = 0 \\ m & n = 0 \\ E_{ST}(m-1,\ n-1) & S[m] = T[n] \\ 1 + \min(E_{ST}(m-1, n-1),\ E_{ST}(m-1, n), E_{ST}(m, n-1)\ ) & \text{otherwise} \end{cases}$$

이 식은 다음과 같이 순환적인 방법으로 손쉽게 구현할 수 있다.

알고리즘 7.11 편집 거리(순환 구조, 분할 정복)

```
def edit_distance(S, T, m, n):
    if m == 0: return n            # S가 공백이면, T의 모든 문자를 S에 삽입
    if n == 0: return m            # T가 공백이면, S의 모든 문자들을 삭제

    if S[m-1]== T[n-1]:            # 마지막 문자가 같으면, 이 문자들 무시
        return edit_distance(S, T, m-1, n-1)

      # 만약 그렇지 않으면, 세 연산을 모두 적용해 봄
    return 1 + min(edit_distance(S, T, m, n-1),     # 삽입
                   edit_distance(S, T, m-1, n),     # 삭제
                   edit_distance(S, T, m-1, n-1))   # 대체
```

이 알고리즘의 시간 복잡도는 $O(3^n)$으로 부분문제의 많은 중복이 발생한다.

▪ 메모이제이션을 이용한 편집 거리

이 문제도 m과 n에 따른 부분 문제의 해를 저장해야 하므로 2차원 행렬 형태의 테이블이 필요하다. 기반 상태는 m=0이나 n=0인 경우로 각각 n과 m을 테이블에 저장하면 된다. 그런데 그 다음부터가 좀 애매해 보인다. 즉, 피보나치수열이나 이항계수, LCS 등에서와 같이 테이블을 위에서 아래로, 왼쪽에서 오른쪽으로 채우면서 값을 계산할 수 있을지가 명확하지 않아 보인다.

이 문제에 대해서는 메모이제이션을 적용해 보자. 메모이제이션은 앞의 순환구조(알고리즘 7.13)를 약간만 고치면 된다. 순환적으로 호출하기 전에 그 부분 문제가 해결되었는지

를 확인하고, 이미 해가 있으면 그 값을 이용하는 것이다. 순환은 그대로 사용한다. 메모이제이션으로 구현한 편집거리 함수는 다음과 같다. 부분해를 저장할 테이블 mem을 마지막 매개변수로 추가한 것에 유의하라. 물론 전역변수를 사용해도 된다. 테이블 mem은 맨 처음에 모든 항목의 값이 None이 되도록 설정한다. 즉 mem[i][j]가 None이면 이 문제는 아직 해결되지 않은 것이다. 부분 해가 계산되면 반드시 테이블에 저장해야 한다.

알고리즘 7.12 편집 거리(동적 계획법, 메모이제이션 사용)

```
01 def edit_distance_mem(S, T, m, n, mem):
02     if m == 0: return n              # S가 공백이면, T의 모든 문자를 S에 삽입
03     if n == 0: return m              # T가 공백이면, S의 모든 문자들을 삭제
04 
05     if mem[m-1][n-1] == None :       # 아직 해결되지 않은 문제이면
06         if S[m-1]== T[n-1]:          # S와 T의 마지막 문자가 같으면,
07             mem[m-1][n-1] = edit_distance_mem(S, T, m-1, n-1, mem)
08 
09         else:     # 그렇지 않으면, 세 연산을 모두 적용해 봄
10             mem[m-1][n-1] = 1 + \
11                 min( edit_distance_mem(S, T, m, n-1, mem),        # 삽입
12                      edit_distance_mem(S, T, m-1, n, mem),        # 삭제
13                      edit_distance_mem(S, T, m-1, n-1, mem))      # 대체
14         # print("mem[%d][%d] = "%(m-1,n-1), mem[m-1][n-1])      # 저장 순서
15 
16     return mem[m-1][n-1]             # 해를 반환
```

1행: 메모이제이션을 이용한 편집거리 함수. 두 문자열 S, M과 이들의 길이 m, n 및 해를 저장할 테이블 mem이 입력된다.

2~3행: 기반 상황에 대한 처리이다. 바로 결과를 반환한다.

5행: 테이블을 확인해 보니 아직 해결되지 않은 문제이다.

6~7행: 두 문자가 같은 (case1) 상황 처리 코드로, 순환호출을 통해 결과를 구하고 이를 mem에 다시 저장하는 것에 유의하라.

9~13행: (case2) 상황 처리 코드로, 삽입, 삭제 및 대체 연산을 적용한 결과를 모두 구하고, 이들의 최솟값을 선택해 mem에 저장한다.

16행: 결과는 mem[m-1][n-1]에 저장되어 있다. 이를 반환한다.

알고리즘 테스트 편집 거리(메모이제이션) 테스트

```
S = "tuesday"
T = "thursday"
m = len(S)
n = len(T)
print("문자열: ", S, T)
print("편집거리(분할정복    )= ", edit_distance(S, T, m, n))

mem = [[None for _ in range(n)] for _ in range(m)]
dist = edit_distance_mem(S, T, m, n, mem)
print("편집거리(메모이제이션)= ", edit_distance_mem(S, T, m, n, mem))
```

```
C:\WINDOWS\system32\cmd.exe
문자열:  tuesday thursday
편집거리(분할정복    )=  2
mem[0][0] =  0
mem[1][0] =  1
mem[2][0] =  2
mem[0][1] =  1
mem[1][1] =  1
mem[2][1] =  2
mem[1][2] =  1
mem[2][2] =  2
mem[0][2] =  2
mem[0][3] =  3
mem[1][3] =  2
mem[2][3] =  2
mem[3][4] =  2
mem[4][5] =  2
mem[5][6] =  2
mem[6][7] =  2
편집거리(메모이제이션)=  2
계속하려면 아무 키나 누르십시오 . . .
```

테이블이 채워지는 과정.

edit_distance_mem() 14행의 주석 한 줄을 제거하면 출력됨.

복잡도 분석

필요한 테이블의 크기는 $O(mn)$이고, 따라서 공간 복잡도는 $O(mn)$이다. 알고리즘은 이 테이블을 순서적으로 모두 채워나가기 때문에 시간 복잡도도 $O(mn)$이다. 동적 계획 전략은 한번 푼 부분 문제의 해를 메모리에 저장하고 다음에 다시 계산하지 않기 때문에 이 문제에 대해서도 시간적으로 훨씬 효율적이다.

연습문제

1 사용자로부터 n을 입력받아 n번째 피보나치 수를 메모이제이션과 테이블화의 두 가지 방법으로 각각 구해 출력하는 프로그램을 작성하라.

2 알고리즘 7.2에서 기반상황이 아닌 모든 항목들을 어떤 값으로 초기화할 필요는 없다. 일반적으로 메모이제이션에서는 맨 처음에 테이블의 모든 항목들을 특정 값으로 초기화해야 하지만 테이블화에서는 이러한 과정이 필요 없다. 그 이유를 설명하라.

3 부분문제의 최적해들을 이용하면 전체문제의 최적해를 구할 수 있는 구조를 최적 부분 구조(optimal substructure)라 말한다. 인터넷에서 이러한 특성을 갖지 않는 문제를 찾아보고 구체적인 사례를 설명하라.

4 이항계수 계산 알고리즘을 메모이제이션 기법을 이용해 다시 구현하라.

5* 파스칼의 삼각형을 이용해 알고리즘 7.4를 다시 구현하라. 이 알고리즘의 공간 복잡도는 $O(k)$임을 설명하라.

6* 크기가 $m \times n$인 이진 행렬(항목이 모두 0이거나 1인 행렬)이 주어졌다. 이 행렬의 부분 행렬 중에서 모든 항목이 1인 정방형 행렬의 최대 크기를 동적 계획법으로 구하려고 한다.

(1) 순환 관계식과 테이블의 크기를 구하라.
(2) 기반 상황과 동적 계획법으로 최대 크기를 구하는 과정을 설명하라.
(3) 이 알고리즘을 구현하고 테스트하라.
(4) 시간과 공간 복잡도를 분석하라.

7 알고리즘 7.3(이항계수)이 지수함수적인 시간 복잡도를 갖는다는 것을 설명하라.

8 알고리즘 7.6을 이용해 다음의 0-1 배낭 채우기 문제를 해결하라. 테이블을 만들고 모든 항목을 채워서 답을 구하는 과정을 보여라. 배낭의 용량은 6이다.

	물건1	물건2	물건3	물건4	물건5
무게	3	2	1	4	5
가치	26	20	14	40	50

9 배낭 채우기 문제의 동적 계획법 알고리즘(알고리즘 7.6)에서 표의 값들은 가로 방향으로 항상 증가(non-decresing)하는가? 세로 방향으로의 값들은 항상 증가(non-decresing)하는가?

10 0-1 배낭 채우기 문제에서 무게가 정수 단위로 계산되면 동적 계획법을 적용할 수 있다. 실수 단위면 왜 어려운지를 구체적으로 설명하라.

11 0-1 배낭 채우기 알고리즘을 메모이제이션으로 구현해 보라.

12 알고리즘 7.5가 지수함수적인 시간 복잡도를 갖는다는 것을 설명하라. 그림 7.1과 같이 순환관계를 트리로 나타내고 동일한 문제를 반복해서 해결하는 것을 간단한 예를 통해 보여라.

13 두 문자열 “DATA STRUCTURE”와 “PYTHON ALGORITHM”에 대해 LCS 테이블이 만들어지는 과정을 설명하라.

14 위 문제에서 알고리즘 7.9를 이용하여 LCS를 추적하는 과정을 그려라.

15* 몇 가지 문자열을 이용해 알고리즘 7.7와 7.8의 속도 차이를 보여라. 같은 데이터에 대한 실제 처리 시간을 측정하여 이론적인 시간 복잡도와 비교해 보라.

16 알고리즘 7.8을 메모이제이션을 이용한 동적 계획법으로 수정하라. 13번 문제와 같은 데이터에 대해 같은 LCS 길이가 나오는지를 확인하라.

17 다음 그래프에서 대해 Floyd 알고리즘을 이용해 모든 정점 간의 최단경로를 구하는 과정을 보여라.

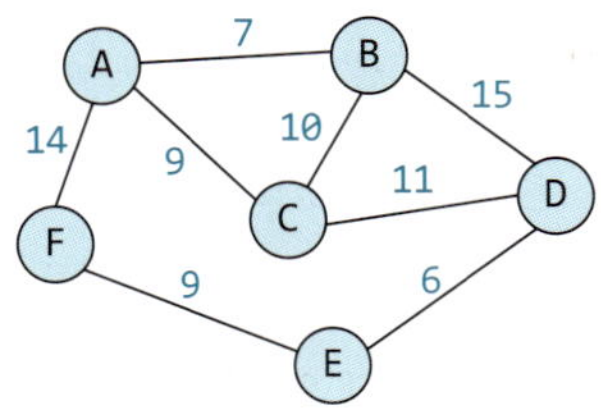

18 다음의 방향 그래프에서 대해 Floyd 알고리즘을 이용해 모든 정점 간의 최단경로를 구하는 과정을 보여라.

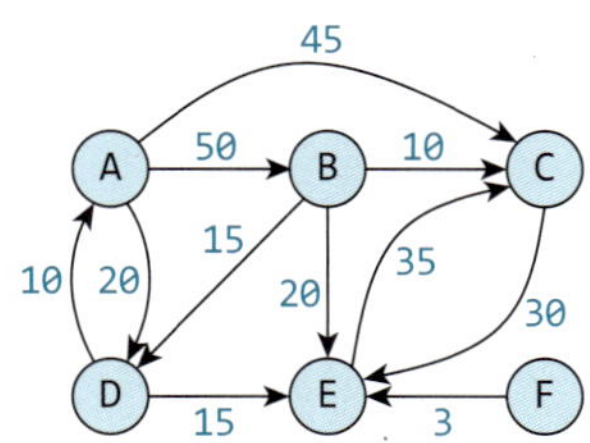

19 간선의 가중치로 음수가 허용된다면 Floyd의 알고리즘이 성립하는지를 설명하라. 음수 사이클이 있다면 어떻게 될까?

20* 정점의 개수가 n인 방향 그래프의 이행적 폐쇄(transitive closure)는 $n \times n$의 이진 행렬을 말하는데, 행렬의 각 항목 (row, col)은 row번째 정점에서 col번째 정점으로 가는 시시하지 않은(길이가 0보다 큰) 경로가 있으면 1, 없으면 0을 갖는다. 주어진 방향 그래프에서 이행적 폐쇄를 찾는 Warshall 알고리즘을 조사해 보라. 이 알고리즘은 Floyd 알고리즘의 기반이 되는데, $O(n^3)$에 모든 정점 사이에 시시하지 않은 경로가 있는지 없는지를 구할 수 있다. 이 알고리즘을 구현하고, 18번 문제의 그래프에 적용해 이행적 폐쇄를 찾아보라.

21* Floyd 알고리즘을 확장하여 최단 경로의 거리뿐 아니라 경로 자체를 구할 수 있도록 하라.

22 "HELLO WORLD"를 편집하여 "GAME OVER"로 수정하려고 한다. 사용할 수 있는 연산은 삽입, 삭제, 대체뿐이다. 수정에 필요한 최소 편집 연산의 회수를 계산하는 과정을 설명하라.

23* 알고리즘 7.12는 두 입력 문자열의 편집 거리만을 계산한다. 실제로 어떤 편집 연산이 어떤 순서로 적용되어야 하는지를 출력하도록 알고리즘을 수정하라.

24* 만약 삽입, 삭제, 대체 연산의 비용이 다르다면 알고리즘 7.4는 어떻게 수정되어야 할까?

25 알고리즘 7.12를 테이블화를 사용하는 방법으로 수정하라.

CHAPTER 08

탐욕적 기법

학습목표

- 탐욕적 기법의 개념과 활용 분야를 이해한다.
- 거스름돈 최적화와 분할 가능한 배낭 채우기 문제를 이해한다.
- 최소비용 신장트리 알고리즘들에서 사용된 탐욕적 전략을 이해한다.
- 다익스트라의 최단경로 알고리즘을 이해한다.
- 가변길이 코드의 개념과 허프만 코드를 이해한다.

CHAPTER

8 탐욕적 기법

탐욕적 기법(greedy method)은 알고리즘 설계에서 가장 단순하고 직관적인 방법이다. 완전 탐색이나 동적 계획법 등과 마찬가지로 주어진 문제의 최적해를 찾기 위해 사용하지만, 모든 경우를 모두 고려해 보고 가장 좋은 답을 찾는 것이 아니라 어떤 결정을 해야 할 때마다 "그 순간에 최적"이라고 생각되는 것을 선택하는 방법이다. 즉 부분 문제를 풀 때, 멀리 내다보지 않고 앞에 보이는 가까운 것들만 보고 결정하는 방법으로, "근시안적"인 알고리즘이라고도 생각할 수 있다. 따라서 시간적으로는 완전 탐색이나 동적 계획법보다 훨씬 효율적이다.

[그림 8.1] 탐욕적 알고리즘의 예

그렇다면 순간에 최적이라고 판단했던 선택을 모아 최종적인 답을 만들었을 때 이것이 "궁극적으로 최적", 즉 최적해가 될까? 항상 그렇다는 보장은 없다. 따라서 탐욕적 알고리즘은 항상 최적의 해답을 주는지를 반드시 검증해야 하는데, 실제로 많은 경우 탐욕적 알고리즘은 최적해를 찾지 못한다. 따라서 탐욕적 기법이 사용될 수 있는 경우는 다음과 같이 두 가지로 제한된다.

- 탐욕적 기법을 사용해도 항상 최적해를 구할 수 있는 문제인 경우는 당연히 이 방법을 사용하는 것이 좋다. 왜냐하면 완전 탐색이나 동적 계획법보다 처리시간 측면에서 훨씬 효율적이기 때문이다. 이 장에서는 탐욕적 기법을 적용해도 최적해를 구할 수 있는 여러 문제를 다룬다.
- 시간적이나 공간적인 제약으로 인해 완전 탐색이나 동적 계획법 등을 이용해 최적해를 구하는 것이 현실적으로 불가능한 경우에 사용할 수 있다. 탐욕적 기법은 최적해보다는 못하지만 임의로 선택한 답보다는 훨씬 좋은 결과를 구해주기 때문이다. 예를 들어, 분기 한정(branch and bound) 기법(9장)에서 좋은 한계값(bound)를 구하기 위해 탐욕적 기법이 사용될 수 있다.

탐욕적 기법은 단계별 선택들을 통해 최종해를 만든다. 이때, 각각의 선택(부분해)은 다음과 같은 특성을 갖는다.

- **가능한**(feasible) **해**: 주어진 문제의 제약 조건을 모두 충족하는 가능한 해이다.
- **지역적 최적**(locally optimal): 해당 단계에서 가능한 모든 것 중에서 가장 좋은 선택이다.
- **되돌릴 수 없음**(irrevocable): 한 번 만들어진 후에는 알고리즘의 후속 단계에서 변경할 수 없다.

결국 탐욕적 기법은 결정 순간마다 가능한 해들 중에 지역적으로 최적인 것을 선택하는데, 이러한 선택은 이후의 단계에서 다시 변경되지 않는다. 이러한 탐욕적 전략을 사용하는 알고리즘의 설계 과정은 다음과 같다.

① 현재 주어진 문제에 대한 가장 탐욕적인 해를 선택한다.
② 이 해가 가능한 해인지를 검사한다. 만약 가능하지 않다면 ①로 돌아가 다음으로 가장 탐욕적인 해를 선택한다.
③ 만약 가능한 해라면, 문제가 해결되었는지를 검사한다. 만약 아직 문제가 해결되지 않았으면 이 해를 적용해 크기가 줄어든 부분 문제에 대해 다시 ①로 돌아가 해를 구한다.

8.1 거스름돈 동전 최소화

가게에서 물건을 사고 거스름돈을 동전으로 돌려받는 상황을 생각해 보자. 특별한 이유가 없다면 누구나 더 적은 수의 동전을 원할 것이다. 이와 관련된 문제가 있는데, 편의점 아르바이트에서 활용할 수 있다.

문제 8.1 거스름돈 동전 최소화 문제

> 액면가가 서로 다른 m가지의 동전 $\{C_1, C_2, \cdots, C_m\}$이 있다. 거스름돈으로 V원을 동전으로만 돌려주어야 한다면 최소 몇 개의 동전이 필요한지를 구하라. 단, 모든 동전은 무한히 사용할 수 있고, 동전들은 액수가 큰 것부터 내림차순으로 순서대로 정렬되어 있다.

우리나라에서는 그림과 같이 {500원, 100원, 50원, 10원, 5원, 1원}의 6가지 동전이 사용되고 있다. 이 동전들로 몇 가지 거스름돈을 최소 동전으로 만들어 보자.

[그림 8.2] 우리나라의 현재 동전 종류

- 거스름돈 620원: 500원 + 100원 + 10원×2 → 동전 4개
- 거스름돈 345원: 100원×3 + 10원×4 + 5원 → 동전 8개
- 거스름돈 572원: 500원 + 50원 + 10원×2 + 1원×2 → 동전 6개

어렵지 않게 답을 구할 수 있다. 가장 액수가 큰 동전부터 최대한 사용하면서 거스름돈을 맞추면 동전 개수를 최소로 만들 수 있을 것이기 때문이다. 이것이 탐욕적 전략의 대표적인 예이다.

■ 최적해를 구하는 방법들

그런데 사실 이 문제는 그렇게 간단하지만은 않다. 예를 들어, 우리나라에서 기념주화로 60원짜리가 추가로 만들어져 사용된다고 생각해 보자. 620원을 만들기 위해 500원짜리 하나와 60원짜리 두 개면 된다. 즉, 3개의 동전으로 거스름돈을 만들 수 있다.

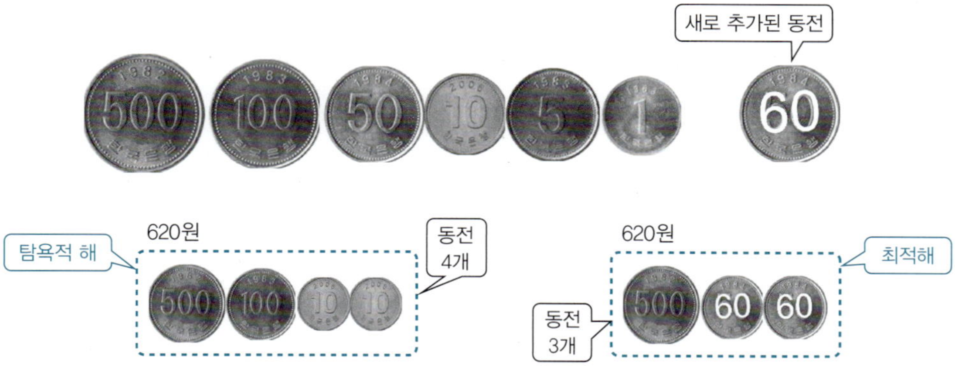

[그림 8.3] 탐욕적 기법이 항상 최적해를 만들지는 못한다.

그런데 큰 액수부터 사용한다면 500원짜리 한 개, 백원짜리 한 개, 10원짜리 두 개로 4개의 동전이 필요하고, 이것은 최적해인 3개보다 많으므로 최적해가 아니다. 따라서 임의의 액면가의 동전들이 주어지는 일반적인 경우에 대해 최적해를 구하고자 한다면 탐욕적 기법을 사용할 수 없다.

그렇다면 어떤 방법으로 최적해를 구할 수 있을까? 3장에서 공부한 완전 탐색이 가능하지만 지수적인(exponential) 시간 복잡도를 갖게 되므로 매우 비효율적이다. 7장에서 공부한 동적 계획법이 좋은 선택인데, $O(mV)$이라는 훨씬 개선된 시간 복잡도와 $O(V)$의 공간 복잡도를 갖는다. 이때, m은 액면가가 다른 동전의 종류이고, V는 거스름돈 액수이다. 이 방법은 거스름돈이 매우 커지는 경우 시간과 공간이 많이 소요된다. 동적 계획 전략의 알고리즘에 도전해 보기 바란다.

사실 우리나라를 포함한 대부분의 나라에 사용되는 동전 체계에서는 탐욕적 전략으로도 최적해를 구할 수 있다. 굳이 더 복잡하고 시간이 많이 걸리는 방법을 사용할 필요가 없다.

■ 탐욕적 전략의 동전 최소화 알고리즘

우리가 어떤 알고리즘으로 거스름돈을 내주는지 분석해 보자. 거스름돈의 액수 V가 주어지면 액면가가 가장 높은 동전을 이용하여 먼저 잔돈의 액수를 최대한으로 줄인다. 남은 액수는 다음 액면가의 동전을 최대한으로 사용하는 과정을 순서에 따라 반복한다. 우리가 무의식적으로 사용하는 이 방법이 탐욕적 기법이다.

- **탐욕적인 해**: 액면가가 가장 큰 동전을 사용한다. 남은 잔돈을 가장 작게 만들어 전체 동전의 수를 최소화시킬 가능성이 가장 크기 때문이다.
- **가능한 해인지 검사**: 사용한 동전이 잔돈을 초과하지 않아야 한다.

예를 들어, 거스름돈이 580원을 동전으로 돌려주는 과정을 생각해 보자. 우리나라 동전은 그림 8.2와 같이 6가지이다.

[거스름돈 580원]
① 탐욕적인 해 선택: 가장 탐욕적인 방법은 500원 동전을 사용하는 것이다.
② 가능한 해인지 검사: 부분해(500원 동전 1개)를 사용해도 거스름돈을 넘치지 않는다. 따라서 이 부분해는 가능한 해이다.
③ 완료검사: 이제 잔액은 80원(580−500×1)이다. 아직 해결되지 않았고, 이제 80원을 거슬러 주는 더 작은 문제를 해결하면 된다.

[거스름돈 80원]
① 탐욕적인 해 선택: 다음으로 큰 100원 동전 선택한다.
② 가능한 해인지 검사: 남은 돈보다 액수가 크므로 가능하지 않은 부분해이다. 따라서 ① 단계로 이동한다.
① 탐욕적인 해 선택: 다음으로 큰 50원 동전 선택한다.
② 가능한 해인지 검사: 50원 동전 1개 사용이 가능하다.
③ 완료검사: 이제 잔액은 80−50=30원이고, 아직 완전히 해결되지 않았다.

[거스름돈 30원]
① 탐욕적인 해 선택: 다음으로 큰 10원 동전 선택한다.
② 가능한 해인지 검사: 30보다 작으므로 10원 동전 3개 사용 가능하다.
③ 완료검사: 이제 잔액은 0원이고 문제가 해결되었다.

거스름돈을 내주기 위해 생각보다 많은 단계를 거친다. 그렇지만 이 과정을 정리한 알고리즘은 다음과 같이 간단하다. 내림차순으로 정렬된 액면가 리스트와 거스름돈을 입력받아 각 동전별 개수 리스트를 반환한다.

알고리즘 8.1 거스름돈 최소화 알고리즘(탐욕적 기법)

```
01 def min_coins_greedy( coins, V ):
02     count = []                      # 각 동전의 개수 저장
03     for i in range(len(coins)) :
04         cnt = V // coins[i]         # 현재 액면가의 최대 사용 가능 개수
05         count.append(cnt)
06         V -= cnt * coins[i]         # 남은 거스름돈 계산
07     return count
```

1행: coins는 모든 동전의 액면가 리스트로 반드시 내림차순으로 정렬되어 있어야 한다. V는 거스름돈의 액수이다.

2행: 각 액면가 동전의 개수를 저장하는 리스트를 만든다.

3행: 액면가가 높은 동전부터 모든 동전에 대해

4~6행: 현재 액면가를 최대한 사용하는 동전 개수를 계산해 리스트에 넣고, 남은 거스름돈을 계산한다.

7행: 최종적으로 각 액면가 동전의 개수 리스트를 반환한다.

알고리즘 테스트 탐욕적 전략의 거스름돈 동전 최소화 알고리즘

```
coins = [500 , 100 , 50 , 10 , 5 , 1]
V = 580
print("잔돈 액수 = ", V)
print("동전 종류 = ", coins)
print("동전 개수 = ", min_coins_greedy(coins, V ))
```

```
C:\WINDOWS\system32\cmd.exe
잔돈 액수 =  580
동전 종류 =  [500, 100, 50, 10, 5, 1]
동전 개수 =  [1, 0, 1, 3, 0, 0]
```

각 동전의 개수

복잡도 분석

이 알고리즘은 3행에서 동전의 종류만큼 루프를 반복하므로 동전의 액면가가 m가지라면 시간 복잡도는 명확히 $O(m)$이다. 이것은 지수 함수로 나타나는 완전 탐색에 비해 당연히 탁월한 것이고, 동적 계획법의 $O(mV)$에 비해서도 우월하다. 특히 거스름돈 V가 매우 크다면 동적 계획법보다 시간적으로나 공간적으로 훨씬 유리하다. 과연 장점만 있을까?

■ 최적해를 보장할까?

물론 항상 보장하지는 않는다. 그렇지만 다음과 같은 동전 체계를 갖는다면 최적해를 보장한다.

> 동전의 액면가 중에서 어떤 두 개를 고르더라도 큰 액면가를 작은 액면가로 나누어 떨어지는 동전 체계를 갖는다면 최적해를 보장한다. 작은 액면가를 여러 개 모으면 반드시 큰 액면가를 만들 수 있기 때문이다.

우리나라 동전의 액면가들은 이러한 조건을 만족한다. 예를 들어, 500원은 100원을 5개 모으거나, 50원을 10개, 10원을 50개, 1원을 500개 모으면 만들 수 있다. 대부분의 나라에서는 지폐나 동전의 단위로 이런 방법을 유지하는데, 이런 동전 체계에서는 탐욕적 알고리즘이 항상 최적해를 보장한다.

그럴 가능성은 별로 없지만, 만약 그림 8.3과 같이 60원짜리 동전을 새로 발행했다고 하자. 이제 액면가가 낮은 50원을 여러 개 모은다고 60원을 만들 수는 없다. 따라서 이 경우 탐욕적 알고리즘은 더 이상 최적해를 보장하지 못하게 된다.

8.2 분할 가능한 배낭 채우기

다시 배낭 채우기 문제로 돌아가 보자(문제 3.6). 각각 무게가 wt_i 이고 가치가 val_i 인 n개의 물건들을 용량이 W인 배낭에 넣을 수 있는 최대가치를 구하는 문제이다. 이 문제를 탐욕적 기법으로 해결할 수 있을까?

[그림 8.4] 탐욕적 전략의 배낭 채우기 예

이 문제에 대한 몇 가지 "탐욕"을 생각해 보자.

- 탐욕 1: 무게와 상관없이 가장 비싼 물건부터 넣어보는 방법
- 탐욕 2: 단위 무게당 가격이 가장 높은 물건부터 넣어보는 방법
- 탐욕 3: 가장 가벼운 물건부터 넣어보는 방법

0-1 배낭문제는 탐욕적 기법으로 최적해를 구하지 못한다

불행히도 세 방법 모두 최적해를 구하지 못한다. 최적해가 아닌 상황을 간단히 제시할 수 있기 때문이다. 세 개의 물건 A=(12Kg, 120만원), B=(10Kg, 80만원), C=(8Kg, 60만원)가 있고, 배낭의 용량이 18Kg인 경우를 생각해 보자. 최적해는 B와 C를 넣는 경우이고, 배낭 가치는 140만원이다.

- 탐욕 1: 가장 비싼 물건은 A이다. A를 탐욕적으로 선택하면 용량 때문에 B나 C는 넣을 수 없다. 따라서 배낭 가치는 120만원이고, 이것은 최적해 140만원보다 작으므로 최적해가 아니다.
- 탐욕 2: 단위 무게당 가장 비싼 물건도 A이다. A는 Kg당 10만원의 가치가 있는데, B나 C는 이보다 가치가 낮다. 따라서 A만 넣을 수 있고, 최적해가 아니다.

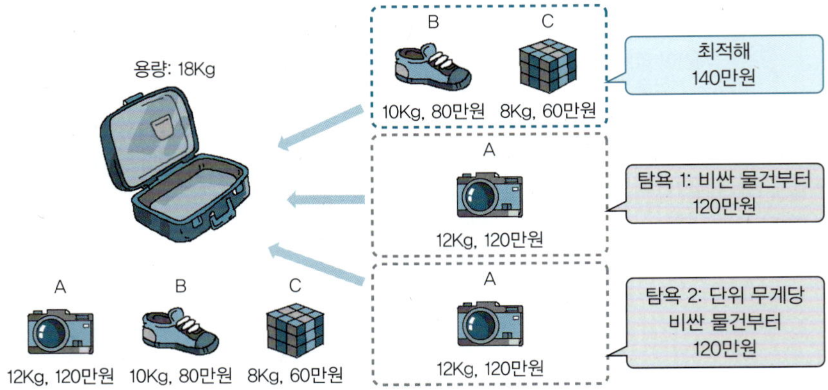

[그림 8.5] 0-1 배낭문제는 탐욕적 기법으로 최적해를 구하지 못한다.

탐욕 3도 최적해가 아닌 상황의 예를 쉽게 제시할 수 있다. 결론적으로 <u>0-1 배낭 채우기 문제는 어떤 "탐욕"을 사용하더라도 탐욕적 기법으로는 최적해를 만들 수 없다</u>. 만약 최적해를 구하려면 n개의 물건을 가방에 넣을 수 있는 모든 경우의 수인 2^n가지를 모두 고려해 보는 완전 탐색을 사용하던지, 무게가 정수라는 제한이 있다면 7.3절에서와 같이 동적 계획법을 사용해야 한다.

■ 분할 가능한 배낭 채우기 문제

만약 물건들이 가루로 되어 있어 일부분만을 배낭에 넣을 수 있다면 어떻게 될까? 이러한 문제를 **분할 가능한 배낭 채우기(Fractional Knapsack)** 문제라고 한다. 문제 3.7을 약간 수정하여 이 문제를 정의한다.

문제 8.2 분할 가능한 배낭 채우기 문제(Fractional Knapsack problem)

> 각각 무게가 wt_i 이고 가치가 val_i 인 n개의 물건들이 있고, 이것을 배낭에 넣으려고 한다. 이때, 배낭에 넣을 수 있는 용량(최대 무게)은 W를 초과하지 않아야 한다. 물건들의 가치의 합이 최대가 되도록 배낭을 채우고, 이때 배낭의 최대가치를 구하라. <u>단, 물건들은 분할해서 일부분만을 넣을 수도 있다</u>.

앞에서와 비슷한 경우를 생각해 보자. 물건은 세 가지이고, 각각 A=(12Kg, 120억원),

B=(10Kg, 80억원), C=(8Kg, 60억원)이다. 그렇지만 이제 물건들은 가루로 되어 있어 마음대로 일부분만 넣을 수 있다.

[그림 8.6] 분할 가능한 배낭 채우기 문제

탐욕적 기법의 분할 가능한 배낭 채우기

이 문제를 탐욕적인 방법으로 해결해 보자. 어떤 "탐욕"을 사용해야 할까? 당연히 방법 2의 단위 무게당 가격이 높은 물건부터 넣는 탐욕을 사용해야 할 것이다.

- **탐욕적인 해**: 무게당 가격이 비싼 물건부터 순서대로 배낭의 남은 용량을 넘지 않는 최대한으로 채운다.
- **가능한 해인지 검사**: 배낭의 용량을 넘치지만 않으면 이 탐욕적 부분해는 항상 가능한 해이다.

다음 그림은 이러한 탐욕적 전략에 따른 처리 과정을 보여준다. 단위 무게당 가치는 금가루, 희토류, 화성 흙 순으로 높다. 따라서 금가루부터 시도하는데, 금가루는 전체를 희토류는 일부분을 넣을 수 있고, 화성 흙은 아쉽지만 조금도 넣지 못한다. 0-1 배낭 문제와 달리, 이 문제에서는 항상 배낭을 최대 용량으로 채울 수 있는 것에 유의하라.

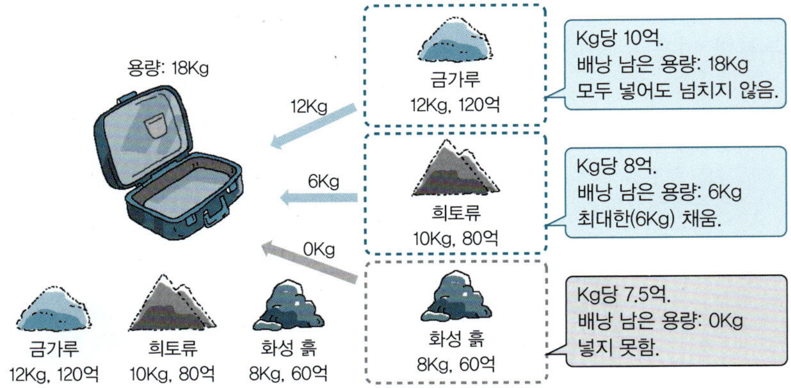

[그림 8.7] 분할 가능한 배낭 채우기 문제의 예

이제 알고리즘을 생각해 보자. 물건들의 리스트가 입력되면 먼저 무게당 가치의 내림차순으로 정렬하고, 무게 당 가치가 가장 높은 것부터 탐욕적으로 배낭에 넣으면 된다. 탐욕적 기법의 분할 가능한 배낭 채우기 알고리즘은 다음과 같다.

알고리즘 8.2 분할 가능한 배낭 채우기(탐욕적 기법)

```
01 def knapSack_fractional_greedy(obj, W):
02     obj.sort(key = lambda o: o[2]/o[1], reverse=True)     # 내림차순정렬
03
04     totalValue = 0                 # 전체 배낭의 가치
05     for o in obj :
06         if W <= 0 : break          # 용량이 다 찬 경우
07         if W - o[1] >= 0:          # 물건 전체가 들어갈 수 있는 경우
08             W -= o[1]
09             totalValue += o[2]
10         else:                      # 물건의 일부만 넣을 수 있는 경우
11             fraction = W / o[1]
12             totalValue += o[2] * fraction
13             W = 0                  # 이제 배낭이 완전히 채워짐
14
15     return totalValue
```

1행: W는 배낭의 용량이고, obj는 물건들의 리스트인데, 물건들은 파이썬의 튜플로 (물건, 무게, 가치)의 형태를 갖는다. 예를 들어, 그림 8.6의 경우 obj = [("금가루", 12, 120), ("희토류", 10, 80), ("화성 흙", 8, 60억)]이 된다.

2행: obj를 내림차순(reverse=True)으로 정렬한다. 이때 정렬 기준은 람다 함수를 이용해 제공하는데, 튜플에서 가격 항을 무게 항으로 나눈 값(o[2]/o[1])이 정렬 기준이 되어야 하는 것에 유의하라.

5~13행: 단위 무게당 가격이 가장 높은 물건부터 반복적으로 처리한다. 용량이 다 차면 반복을 멈춘다.

알고리즘 테스트 분할 가능한 배낭 채우기(탐욕적 기법)

```
obj = [ ("A", 10, 80), ("B", 12, 120), ("C", 8, 60)]     # (물건,무게,가치)
print("W = 18 ", obj)
print("부분적인배낭(18): ", knapSack_fractional_greedy(obj,18), end='\n\n')

obj = [ ("A", 10, 60), ("B", 40, 40), ("C", 20, 100), ("D", 30, 120) ]
print("W = 50 ", obj)
print("부분적인배낭(50): ", knapSack_fractional_greedy(obj, 50))
```

```
C:\WINDOWS\system32\cmd.exe
W = 18  [('A', 10, 80), ('B', 12, 120), ('C', 8, 60)]
부분적인배낭(18):  168.0   120(B) + 6*80/10(A) + 0(C)

W = 50  [('A', 10, 60), ('B', 40, 40), ('C', 20, 100), ('D', 30, 120)]
부분적인배낭(50):  240.0   60(A) + 100(C) + 20*120/30(D) + 0(B)
```

이 알고리즘이 항상 최적해를 보장할까? 넣을 수 있는 모든 공간을 항상 무게당 가격이 가장 높은 것부터 채우기 때문에 최적해를 보장하는 것은 명확하다.

복잡도 분석

시간 복잡도를 살펴보자. n개의 물건이 주어지는 경우, 먼저 2행에서 정렬이 필요하므로 일단 $O(n\log_2 n)$의 시간이 필요하다. 다음 과정은 n번 반복하는 5행의 루프 하나뿐이므로 $O(n)$이다. 결국, 전체 알고리즘의 시간 복잡도는 정렬 방법에 달려 있고, 따라서 $O(n\log_2 n)$이라고 볼 수 있다. 만약 자료가 이미 정렬되어 있거나, 기수 정렬이나 카운팅 정렬과 같은 정렬 방법을 사용할 수 있는 경우라면 거의 선형시간에 처리할 수 있다.

결론적으로 0-1 배낭 채우기 문제는 탐욕적 전략으로는 최적해를 구할 수 없지만, 문제의 조건을 약간 변경하여 하나의 물건을 나누어 담을 수 있다고 가정하면 탐욕적 기법으로도 최적해를 구할 수 있다. 0-1 배낭 채우기 문제는 완전 탐색이나 동적 계획법 등 더 복잡한 방법으로 최적해를 구해야 한다.

8.3 최소비용 신장트리: Prim 알고리즘

신장트리(spanning tree)란 그래프 내의 모든 정점을 포함하는 트리를 말한다. 신장트리도 트리의 일종이므로 모든 정점이 연결되어 있고 사이클이 없어야 하며, 그래프의 n개의 정점을 정확히 $n-1$개의 간선으로 연결해야 한다.

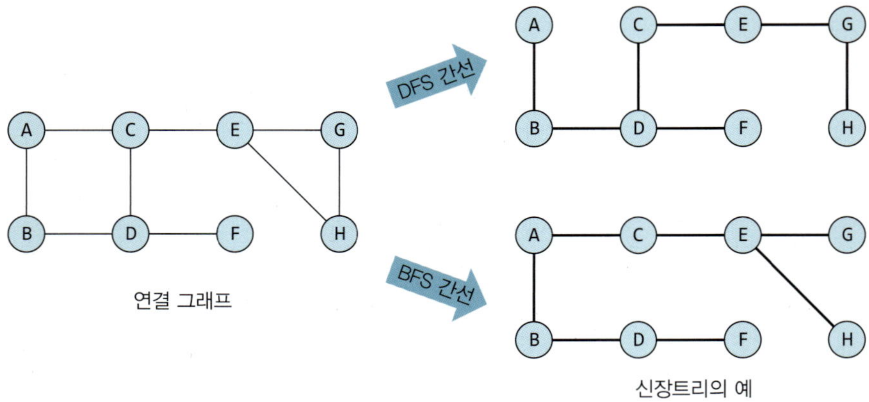

[그림 8.8] 연결 그래프와 신장트리의 예

신장트리를 찾기 위해 3장에서 공부한 깊이 우선 탐색이나 너비 우선 탐색을 이용할 수 있는데, 그림 8.8은 그래프를 깊이 우선과 너비 우선으로 각각 탐색했을 때의 간선들을 모아서 만든 신장트리의 예를 보여준다. 하나의 그래프에서 다양한 신장트리가 가능한 것에 유의하라.

■ 최소비용 신장트리(MST) 문제

만약, 그래프가 간선들이 가중치를 갖는 **가중치 그래프**(weighted graph)라면 그래프의 모든 신장트리 중에서 특별한 조건을 만족하는 트리를 찾는 문제들을 만들 수 있다. 다음은 "특별한 조건"으로 "간선들의 비용 최소화"를 내건 문제이다.

문제 8.3 최소비용 신장트리(MST: minimum spanning tree) 문제

> 가중치 그래프 $G=(V, E)$가 주어졌다. G의 모든 신장트리 중에서 간선들의 가중치 합이 최소인 신장트리를 찾아라. 이러한 트리를 **최소비용 신장트리**(MST: minimum spanning tree)라고 한다.

그림에서 (a)가 통신망의 각 사이트 사이의 망 구축비용을 나타낸 가중치 그래프라고 하자. 실제로 전체 통신망을 구축하려면 모든 사이트를 연결하면서 가장 적은 비용이 드는 연결 방법을 찾아야 할 것이다. 이것이 최소비용 신장트리 문제의 대표적인 응용인데, (b)와 같이 연결하면 가장 적은 비용이 든다.

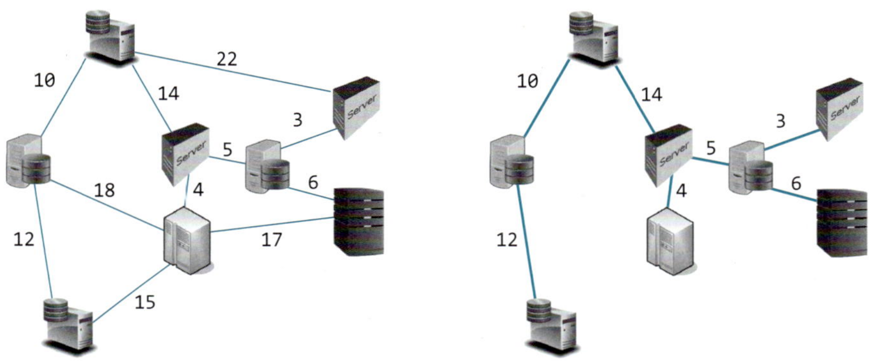

(a) 사이트 사이의 연결 비용 (b) 최소비용 신장트리의 예

[그림 8.9] 최소 신장트리의 응용: 통신망 구축

(b)에서 사이클이 없는 것에 유의하라. 만약 사이클이 있다면 두 정점을 연결하는 두 가지 경로를 제공하므로 불필요한 비용 발생한다. 결국, 정점의 개수가 n인 가중치 그래프의 최소비용 신장트리(MST)는 모든 정점이 연결된 트리이므로 $n-1$개의 간선으로 이루어진다. 물론 사이클이 없어야 트리이다.

이러한 MST의 응용분야는 통신망이나 도로망, 배관작업, 전기회로 설계 등 매우 다양하다. MST를 구하는 방법을 살펴보자. 최소비용 신장트리 알고리즘에는 Kruskal과 Prim의 방법이 있다. 이들은 탐욕적 전략에 의해 점진적으로 신장트리를 만들어간다. 이 절에서는 Prim의 알고리즘을 먼저 살펴본다.

▪ Prim의 탐욕

Prim은 하나의 정점에서 시작하여 탐욕적으로 다음 정점을 선택하여 트리를 단계적으로 확장하는 방법을 사용한다. Prim의 전략은 다음과 같다.

- **탐욕적인 해**: 현재까지 만들어진 MST에 인접한 정점들 중에서 간선의 가중치가 가장 작은 정점을 반복적으로 선택해 트리를 확장한다.
- **가능한 해인지 검사**: 탐욕적인 부분해가 기존의 트리에 하나의 정점과 간선을 추가하므로 여전히 하나의 트리를 형성하는 것은 분명하다.

맨 처음에는 시작 정점만이 MST에 포함된다. 다음부터 탐욕적으로 최소 간선을 찾고, 이 간선 및 연결된 정점을 MST에 추가한다. 이 과정은 $n-1$번, 즉, MST에 모든 정점이 포함될 때까지 계속된다. 자연어로 기술한 알고리즘은 다음과 같다.

알고리즘 8.3 Prim의 최소비용 신장트리 알고리즘(자연어)

```
Prim()
1. 그래프에서 시작 정점을 선택하여 초기 트리를 만든다.
2. 현재 트리의 정점들과 인접한 정점들 중에서 간선의 가중치가 가장 작은 정점 v를 선택한다.
3. 이 정점 v와 이때의 간선을 트리에 추가한다.
4. 모든 정점이 삽입될 때 까지 2번으로 이동한다.
```

다음 그림의 예를 통해 알고리즘의 동작을 자세히 살펴보자.

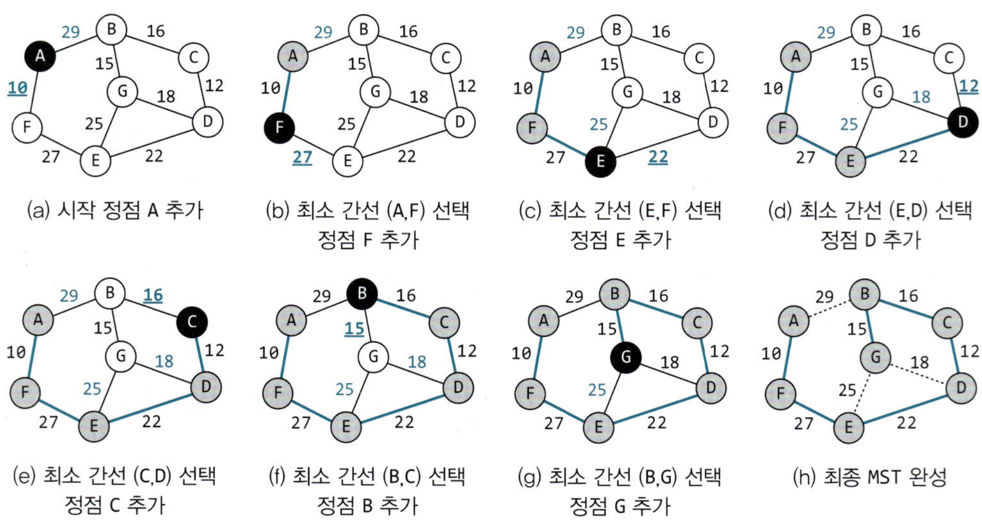

[그림 8.10] Prim 알고리즘에 의한 최소 신장트리 구축 과정 예

(a) 시작 정점 A를 선택하고 트리에 넣는다. MST에 포함된 정점은 하나이다.

(b) 현재 MST인 인접 정점 F와 B 중에서 간선의 가중치가 작은(10) F를 선택하고 간선 (A, F)과 정점 F를 MST에 넣는다. MST의 정점 수 = 2

(c) MST와 이웃한 정점 B와 E 중에서 간선의 가중치가 작은(27) E를 선택하고 간선 (F, E)와 정점 E를 MST에 넣는다. MST의 정점 수 = 3

(d-g) 트리와 이웃한 정점 B, G, D 중에서 간선의 가중치가 작은(22) D를 선택하고 간선 (E, D)를 트리에 넣는다. 같은 방법으로 C, B, G를 순서적으로 선택하고, 선택된 간선과 정점을 MST에 추가한다. MST의 노드 수 = 7

(h) 이제 모든 정점이 삽입되었고(간선의 수는 n-1) 따라서 MST가 완성되었다.

Prim 알고리즘의 정확성(Correctness)

Prim 알고리즘이 신장트리를 만드는 것은 확실하다. 그렇지만 항상 전체 비용이 최소일까? 결론적으로, Prim 알고리즘은 항상 최소비용의 신장트리를 만들어 낸다.

직관적으로는 그럴 것 같지만 증명할 필요가 있다. 탐욕적 전략은 알고리즘을 설계하는 것은 쉽지만 항상 최적해를 주는지를 보이는 것은 더 어렵다. 약간은 복잡하지만 다음과 같이 알고리즘의 정확성을 주장할 수 있다.

심화 학습 Prim 알고리즘의 정확성 증명

Prim 알고리즘은 항상 MST를 만들어 낸다는 것을 증명해 보자. **귀납법**(induction)을 이용한다. 핵심은 Prim의 알고리즘으로 만들어지는 각각의 부분 트리 $T_i(i = 0, \cdots, n-1)$들은 모두 최종 최소비용 신장트리 T의 일부, 즉 부분 그래프가 된다는 것을 보이려고 한다. 이것만 보이면 마지막 트리 T_{n-1}도 정점의 개수가 n개인 MST가 되기 때문이다.

귀납의 시작은 간단하다. T_0는 하나의 정점만을 가지며, 따라서 당연히 최종 최소비용 신장트리 T의 부분 그래프이다.

이제, 각 단계에서 T_{i-1}이 T의 부분 그래프라고 가정하고, T_{i-1}에 대해 Prim의 알고리즘으로 구한 T_i도 어떤 최소비용 신장트리 T의 부분 그래프가 된다는 것을 보이면 된다. 여기에 2장에서 사용했던 **모순유도증명법**(proof by contradiction)을 사용해 보자. 즉, 어떤 최소비용 신장트리도 T_i를 포함할 수 없다고 가정하는 것이다. 이것이 모순임을 보이면 증명은 완료된다.

T_{i-1} 이 만들어진 상태에서 Prim의 알고리즘에 의해 탐욕적으로 구해진 정점의 간선을 $e_i = (u, v)$ 라고 하자. e_i 는 T_{i-1} 에 포함된 정점과 그렇지 않은 정점 사이의 간선들 중에 최소 가중치를 갖는 간선이다. Prim의 방법은 이 간선을 이용해 최소비용 신장트리를 확장한다. 그런데, 가정에 의하면 e_i 는 어떤 최소신장트리에도 포함될 수 없어야 한다. 따라서 만약 T에 e_i 을 추가하면 그림과 같이 반드시 사이클이 생길 수밖에 없다. 그리고 사이클이 있다면 그림에서와 같이 $e_i' = (v', u')$ 도 반드시 존재해야 한다(이때, $v = v'$ 나 $u = u'$ 일 수는 있지만 둘 다 같을 수는 없다). 왜냐 하면, u는 T_{i-1} 에 포함되지 않으므로 사이클을 만들기 위해서는 다른 간선으로 T_{i-1} 과 연결될 수밖에 없기 때문이다.

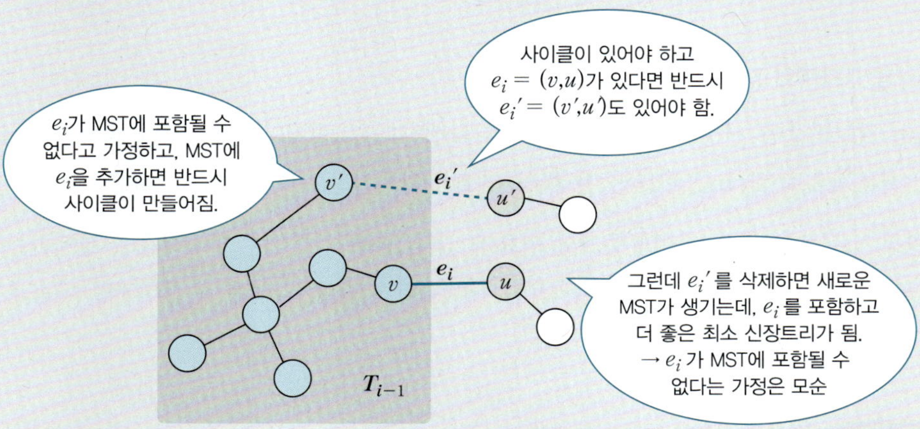

[그림 8.11] Prim 알고리즘의 정확성 증명

그런데, e_i 의 가중치는 반드시 e_i' 보다 작거나 같다. 만약 사이클에서 e_i' 를 삭제한다면 새로운 최소비용 신장트리 T' 를 만들 수 있다. 그런데 T' 는 e_i 를 포함하고, e_i' 를 사용하는 최소비용 신장트리보다 최소한 같거나 더 작은 비용의 트리가 된다. 이것은 e_i 가 어떤 최소비용 신장트리에 포함될 수 없다는 가정에 위배되고, 이 가정은 모순이다. 결국, Prim의 알고리즘으로 만들어지는 각각의 부분 트리 $T_i(i = 0, \cdots, n-1)$ 들은 모두 최종 최소신장트리 T의 부분 그래프이고, Prim 알고리즘은 항상 최소신장트리를 만들어 낸다.

잠깐만!! 모순유도증명법(proof by contradiction)

어떤 명제가 참임을 증명하려 할 때 그 명제의 결론을 부정하고 내용을 따라가다 보면 모순에 도달하여, 결국 그 명제의 결론이 성립한다는 것을 증명하는 방법이다. 이런 종류의 논증을 '간접증명'이라고 하고, 때로는 간접증명 그 자체를 귀류법이라고도 한다.

Prim의 MST 알고리즘

알고리즘 8.3은 간단해 보이지만 구체화를 위해서는 해야 할 일들이 남아 있다.

가중치 그래프의 표현

먼저 가중치 그래프를 표현하는 방법을 결정해야 한다. 가중치 그래프는 7장의 그림 7.15와 같이 인접 행렬을 이용해 표현한다. 다음은 MST 문제를 위한 가중치 그래프 표현 예를 보여주고 있다. 대각선 항들과 간선이 없는 항들을 모두 None으로 처리한 것에 유의하라(7.5절을 복습하라).

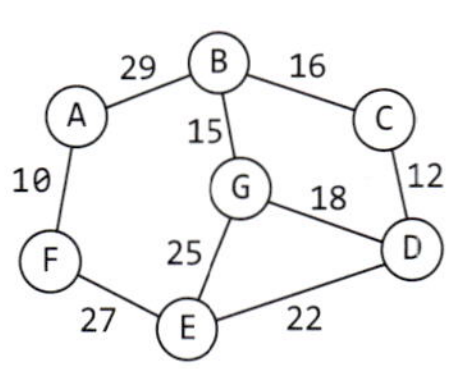


```
vertex = [   'A',  'B',  'C',  'D',  'E',  'F',  'G' ]
weight = [ [ None,   29,None,None,None,   10,None ],
           [   29,None,   16,None,None,None,   15 ],
           [ None,   16,None,   12,None,None,None ],
           [ None,None,   12,None,   22,None,   18 ],
           [ None,None,None,   22,None,   27,   25 ],
           [   10,None,None,None,   27,None,None ],
           [ None,   15,None,   18,   25,None,None ]]
```

[그림 8.12] 가중치 그래프의 인접 행렬 표현 예

가중치가 가장 작은 간선의 선택

MST에 인접한 정점들 중에서 간선의 가중치가 가장 작은 정점은 어떻게 찾을 수 있을까? 이를 위해, 크기가 n(정점의 수)인 dist라는 리스트를 사용하자. 이 리스트는 MST에 포함된 정점에서부터 그 정점까지의 최소 가중치를 저장하는데, MST에 새로운 정점이 추가될 때마다 갱신된다. 다음 그림은 dist 배열의 변화 과정의 예를 보여준다.

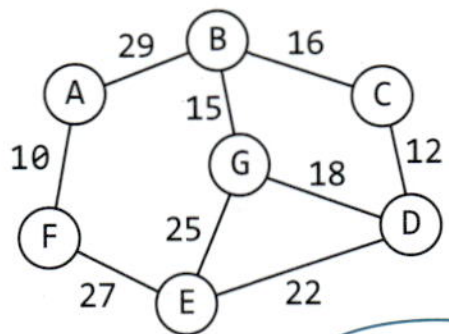

인덱스	0	1	2	3	4	5	6	
	A	B	C	D	E	F	G	
dist	0	INF	INF	INF	INF	INF	INF	맨 처음: 시작 정점 A → dist[A]=0
	0	29	INF	INF	INF	10	INF	최소 정점 A 선택 → dist[F, B] 갱신
	0	29	INF	INF	27	10	INF	최소 정점 F 선택 → dist[E] 갱신
	0	29	INF	22	27	10	25	최소 정점 E 선택 → dist[D, G] 갱신
	0	29	12	22	27	10	18	최소 정점 D 선택 → dist[C, G] 갱신
	0	16	12	22	27	10	18	최소 정점 C 선택 → dist[B] 갱신
	0	16	12	22	27	10	15	최소 정점 B 선택 → dist[G] 갱신
	0	16	12	22	27	10	15	최소 정점 G 선택 → MST 완성

[그림 8.13] 최소 간선 선택을 위한 dist 배열 변화 과정

- 시작 정점은 임의로 선택할 수 있으므로 A(인덱스=0)를 선택하자. 맨 처음에 dist[0]=0이고, 나머지 모든 정점의 dist 값은 INF로 초기화한다.
- dist에서 최소 정점은 A이고, 따라서 A를 MST에 넣는다. 이제 dist 값을 갱신해야 한다. A와 간선이 있는 모든 정점(B, F)들의 dist값이 갱신된다(기존에 모두 INF이었으므로).
- 이제 최소 정점은 F이다. F를 추가하고 F와 연결된 정점들의 dist값을 갱신한다. 만약 기존의 값이 더 작다면 갱신하지 않아야 한다. dist[E]가 갱신된다.
- 이제 최소 정점은 E이다. 같은 방법으로 MST에 추가하고 관련된 dist값들을 갱신한다. 이 과정은 모든 정점이 MST에 포함될 때 까지 진행된다.

dist[]에서 최소 정점을 찾을 때 이미 MST에 포함된 정점(그림에서 회색 셀)은 제외해야 하는 것에 유의하라. 이것은 selected[]란 배열을 이용해 간단히 처리할 수 있다. 먼저, 아직 MST에 포함되지 않은 정점 중에서 거리가 가장 작은 정점의 인덱스를 찾기 위한 getMinVertex() 알고리즘은 다음과 같다.

알고리즘 8.4 dist 배열에서 최소 가중치를 가진 정점을 찾는 알고리즘

```
def getMinVertex(dist, selected) :
    minv = -1
    mindist = INF
    for v in range(len(dist)) :                       # 모든 정점들에 대해
        if not selected[v] and dist[v]<mindist :      # 선택 안 되었고
            mindist = dist[v]                         # 가중치가 작으면
            minv = v                                  # minv 갱신
    return minv                                       # 최소 가중치의 정점 반환
```

1행: dist 배열과 정점의 선택 여부를 나타내는 selected 배열이 입력된다.

2행: 무한대의 값을 나타내기 위해 INF를 사용하였는데, 충분히 큰 수를 사용하거나, sys.maxsize(sys 모듈의 maxsize)를 사용할 수 있다.

4~8행: MST에 포함되지 않은 모든 정점 중에 dist가 가장 작은 정점을 찾아 인덱스를 반환한다.

이제 Prim의 MST 알고리즘은 다음과 같이 기술할 수 있다.

알고리즘 8.5 Prim의 최소비용 신장트리 알고리즘

```
01 def MSTPrim(vertex, adj) :
02     vsize = len(vertex)
03     dist = [INF] * vsize
04     dist[0] = 0                                  # dist: [0, INF, ... INF]
05     selected = [False] * vsize                   # selected: [False, False, ... False]
06
07     for i in range(vsize) :                      # 정점의 수 만큼 반복
08         u = getMinVertex(dist, selected)
09         selected[u] = True                       # u는 이제 선택됨
10         print(vertex[u], end=':')                # u를 출력
11         print(dist)                              # dist를 출력
12
13         for v in range(vsize) :                  # 내부 루프
14             if (adj[u][v]  != None):             # (u,v) 간선이 있으면 dist[v] 갱신
15                 if selected[v]==False and adj[u][v]< dist[v] :
16                     dist[v] = adj[u][v]
```

1행: 정점 리스트 vertex와 인접 행렬 adj를 입력한다.

3~5행: dist와 selected 배열을 생성하고 초기화한다.

8~9행: dist가 최소인 정점 u를 찾고, selected[u]를 True로 갱신한다.

10~11행: 선택(확정)된 정점을 출력하고, 현재 dist 배열의 내용을 출력한다.

13~16행: 선택되지 않은 모든 정점 v에 대해 u와 간선 (u,v)로 연결되어 있고 가중치가 dist[v]보다 작으면 dist[v]를 갱신한다.

알고리즘 테스트 Prim의 MST 알고리즘

```
vertex = ['A',... ]               # 그림 8.12의 vertex
weight = [ ... ]                  # 그림 8.12의 weight
print("MST By Prim's Algorithm")
MSTPrim(vertex, weight)
```

정점이 선택되는 과정

```
MST By Prim's Algorithm
A: [0, 29, 9999, 9999, 9999, 10, 9999]
F: [0, 29, 9999, 9999, 27, 10, 9999]
E: [0, 29, 9999, 22, 27, 10, 25]
D: [0, 29, 12, 22, 27, 10, 18]
C: [0, 16, 12, 22, 27, 10, 18]
B: [0, 16, 12, 22, 27, 10, 15]
G: [0, 16, 12, 22, 27, 10, 15]
```

dist 배열 변화

복잡도 분석

알고리즘 8.5는 7행의 주 반복문이 정점의 수 n만큼 반복된다. 내부에서는 8행의 getMinVertex() 함수가 n만큼 반복된다. 또한 13행의 내부 루프도 n번 반복한다. 따라서 이 알고리즘의 시간 복잡도는 $O(n^2)$이다.

다음 절에서 공부할 Kruskal 알고리즘은 복잡도가 $O(e\log_2 e)$이므로 만약 그래프가 정점의 개수에 비해 간선의 개수가 매우 적은 희박한 그래프(sparse graph)라면 Kruskal 알고리즘이 유리하다. 그러나 반대로 완전 그래프와 같이 정점의 수에 비해 간선이 매우 많은 그래프에서는 Prim의 알고리즘이 더 유리하다.

8.4 최소비용 신장트리: Kruskal 알고리즘

Kruskal은 가장 직접적인 탐욕을 선택한다. 즉, MST가 간선의 가중치의 합을 최소화하므로, 현재 선택할 수 있는 가장 가중치가 작은 간선을 선택하는 것이다. 선택할 수 있는 가장 가중치가 작은 간선들로 신장트리를 만든다면 당연히 이 트리는 최소비용 신장트리가 된다.

Kruskal의 탐욕

그런데 약간 귀찮은 부분이 있다. 현재까지의 MST에 포함되지 않은 최소 간선(탐욕적인 부분해)을 넣었는데 만약 MST에 사이클이 생긴다면? MST는 사이클을 허용하지 않는 것을 기억하라. 따라서 이러한 부분해(간선)는 가능하지 않은 해가 되고, 아깝지만 버릴 수밖에 없다. Kruskal의 전략은 다음과 같이 정리된다.

- **탐욕적인 해**: 현재 선택할 수 있는 가장 가중치가 작은 간선을 선택한다.
- **가능한 해인지 검사**: 간선을 추가했을 때 사이클이 생기지 않아야 한다.

최소 간선을 선택하기 위해서는 전체 간선을 오름차순으로 정렬하는 방법이 효율적일 것이다. 이제, 전체 과정을 자연어로 좀 더 구체적으로 기술해 보자.

알고리즘 8.6 Kruskal의 최소비용 신장트리 알고리즘(자연어)

```
kruskal()
1. 그래프의 모든 간선을 가중치에 따라 오름차순으로 정렬한다.
2. 가장 가중치가 작은 간선 e를 뽑는다.
3. e를 신장트리에 넣었을 때 사이클이 생기면 넣지 않고 2번으로 이동한다.
4. 사이클이 생기지 않으면 최소 신장트리에 삽입한다.
5. n-1개의 간선이 삽입될 때 까지 2번으로 이동한다.
```

다음 그림을 통해 이 알고리즘의 진행 과정을 생각해 보자. 간선들이 가중치의 오름차순으로 정렬되어 있어야 한다.

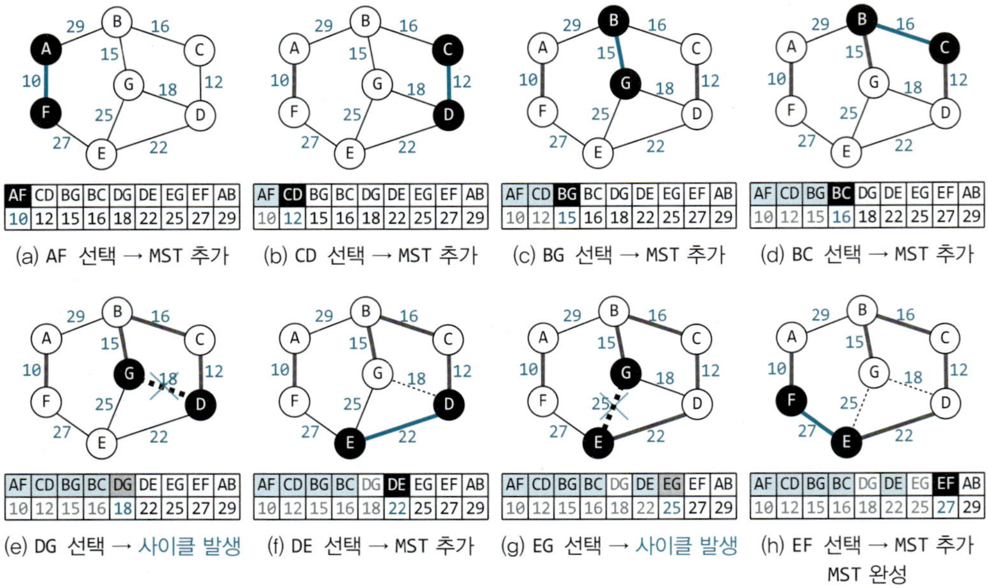

[그림 8.14] Kruskal 알고리즘에 의한 최소 신장트리 구축 과정 예

(a) 간선 (A, F) 선택. 사이클이 없으므로 삽입. MST 전체 간선 1개
(b) 간선 (C, D)를 선택. 사이클이 없으므로 삽입. 전체 간선 2개
(c) 간선 (B, G)를 선택. 사이클이 없으므로 삽입. 전체 간선 3개
(d) 간선 (B, C)를 선택. 사이클이 없으므로 삽입. 전체 간선 4개
(e) 간선 (D, G) 선택. 사이클 B, C, D, G, B가 형성됨. 따라서 이 간선은 버림
(f) 간선 (D, E) 선택. 사이클이 없으므로 삽입. 전체 간선 5개
(g) 간선 (E, G) 선택. 사이클 E, G, B, C, D, E가 형성됨. 따라서 이 간선은 버림
(h) 간선 (E, F) 선택. 사이클이 없으므로 삽입. 전체 간선 6개. 종료

사이클 검사

Kruskal의 알고리즘은 간단해 보이지만 아직 해결하지 못한 부분이 있다. 현재까지 만들어진 신장트리에 새로운 간선을 추가할 때 사이클을 생성하는 지를 검사하는 것이다. 어떤 간선이 사이클을 만들까?

새로운 간선이 이미 다른 경로를 통해 연결된 정점들 사이의 간선이라면 이 간선의 추가로 하나의 사이클이 형성된다.

예를 들어, 그림의 왼쪽과 같이 새로운 간선 (A,B)가 이미 다른 경로로 연결된 두 정점 A와 B 사이의 간선이라면 사이클이 발생한다. 만약, 오른쪽과 같이 A와 B가 기존에 연결되어 있지 않았다면 간선 (A,B)를 추가해도 사이클이 생기지 않는다.

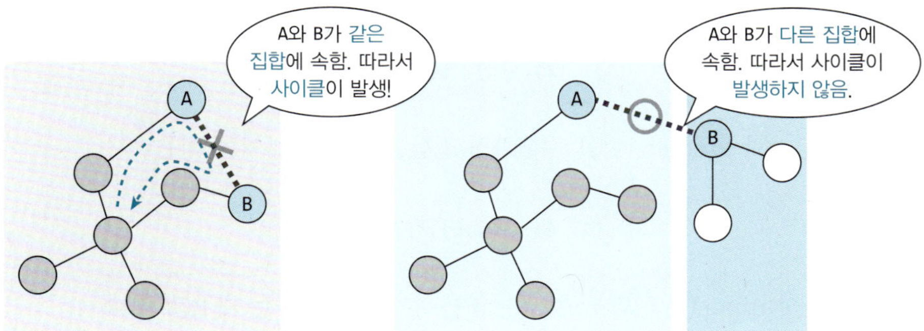

[그림 8.15] 추가할 간선에 대한 사이클 검사

연결된 정점들을 하나의 집합으로 나타낼 수 있다면 사이클 검사는 간단하게 처리할 수 있다. 예를 들어, A와 B가 같은 집합에 속하는지를 알 수 있다면 사이클이 생기는지를 알 수 있기 때문이다. 그렇다면 정점이 같은 집합에 속하는지는 어떻게 검사할 수 있을까? 이를 위해 Union-Find 알고리즘을 사용할 수 있다. 이것은 Kruskal 알고리즘에서만이 아니라 일반적으로 널리 사용되는 중요한 방법이다.

■ 서로소 부분집합과 Union-Find 알고리즘

이 알고리즘은 어떤 유한 집합에 대한 서로소(disjoint)인 부분집합(subset)을 다루는 자료구조와 관련이 있다. **서로소 집합(disjoint set)** 또는 **합집합-찾기(union-find)** 자료구조는 어떤 유한 집합의 서로소(disjoint)인 부분집합들을 표현하고 처리하기 위한 자료구조로, union 연산과 find 연산을 지원해야하기 때문에 이런 이름이 붙여졌다. n개의 원소를 갖는 집합 S가 있다고 하자. 이 자료구조는 다음과 같은 연산을 반드시 지원해야 한다.

- **find(x)**: 어떤 원소 x가 주어졌을 때 이 원소가 속한 집합을 반환한다. 이를 위해 보통은 집합을 "대표" 하는 원소를 반환한다.
- **union(x,y)**: 원소 x와 y가 속해있는 집합을 찾아 이들의 합집합을 만드는 연산이다. 두 개의 집합은 이제 하나의 집합으로 뭉쳐진다.

Union() 연산과 Find() 연산

예를 들어, 집합 S={1, 2, 3, 4, 5, 6}이 주어졌다고 하자. S의 모든 원소에 대해 각각 하나의 집합을 만들면 다음과 같이 6개의 서로소인 부분 집합들이 만들어진다.

```
{1}, {2}, {3}, {4}, {5}, {6}
```

이때, union(1, 4)와 union(5, 2)를 수행하면 집합은 다음과 같이 줄어든다.

```
{1, 4}, {2, 5}, {3}, {6}
```

이 상태에서 다시 union(4, 5)와 union(3, 6)을 수행하면 결과는 다음과 같다.

```
{1, 4, 2, 5}, {3, 6}
```

그렇다면 find() 연산은 무엇을 반환할까? 이 자료구조를 구현하는 대부분의 방법에서 집합의 "대표 원소"를 반환한다. 예를 들어, 부분집합 {1, 4, 2, 5}의 대표 원소가 5, {3, 6}의 대표 원소가 3이라고 한다면, find(4)는 5를 find(6)은 3을 반환하는 것이다.

이러한 자료구조를 구현하는 데는 여러 가지 방법이 있다. 비트 벡터, 배열, 연결 리스트 등을 이용할 수도 있지만, 가장 효율적인 방법은 트리이다. 즉, 하나의 트리가 하나의 집합을 나타내고, 트리의 모든 노드가 집합의 원소가 되는 것이다. 특히, 트리의 루트를 집합의 "대표 원소"로 사용한다.

트리를 이용한 Union-Find 구현

트리를 이용한 구현을 살펴보자. 집합 S={1, 2, 3, 4, 5, 6}가 주어지면 모든 원소가 각각의 집합이 되어야 하므로 다음과 같이 6개의 트리가 만들어진다. 현재 트리(집합)의 수는 6개이다.

`{1}, {2}, {3}, {4}, {5}, {6}`

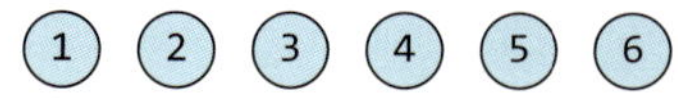

여기에 합집합 연산 union(1, 4)와 union(5, 2)를 실행하면 다음과 같이 트리가 병합되고, 집합의 수는 4개로 줄어든다. 이제 1과 5는 루트 노드가 아니고, 각각 4와 2에 의해 대표되는 부분집합의 원소일 뿐이다.

`{1, 4}, {5, 2}, {3}, {6}`

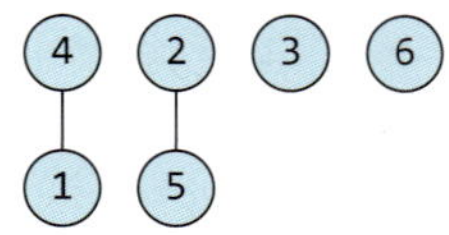

이 상태에서 find(1) 연산은 4를 반환하고, find(5) 연산은 2를 반환한다. 물론 루트노드에 대한 find() 연산은 그 노드를 반환한다. 즉, find(4)=4, find(3)=3이다. 이제 네 개의 집합이 남았고, 여기에 union(4, 5)와 union(3, 6)을 다시 수행하면 전체 집합은 다음과 같이 줄어든다.

`{1, 4, 5, 2}, {3, 6}`

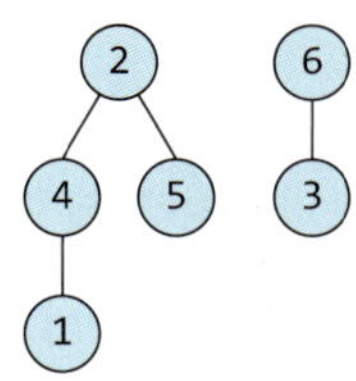

서로소 집합(disjointSets) 클래스

이제 union-find 자료구조를 구현해 보자. 자료구조를 구현하는 가장 좋은 방법은 역시 클래스이다. 클래스의 이름을 disjointSets이라 하고 파이썬의 클래스로 구현한다. 모든 정점에 대해 부모 노드의 인덱스를 저장하기 위해 parent 리스트와 현재 부분 집합의 개수 나타내는 set_size를 멤버 변수로 사용하였다.

클래스 8.1 disjointSets(서로소 집합)

```
01 class disjointSets:
02     def __init__(self, n):
03         self.parent = [-1]*n                  # 각 노드는 모두 루트 노드
04         self.set_size = n                     # 전체 집합의 개수
05
06     def find(self, id) :                      # 정점 id가 속한 집합의 대표번호 탐색
07         while (self.parent[id] >= 0) :        # 부모가 있으면(-1이 아닌 동안)
08             id = self.parent[id]              # id를 부모 id로 갱신
09         return id                             # 최종 id 반환. 루트 노드의 id임
10
11     def union(self, s1, s2) :                 # 두 집합을 병합(s1을 s2에 병합시킴)
12         self.parent[s1] = s2                  # s1을 s2에 병합시킴
13         self.set_size = self.set_size-1       # 집합의 개수가 줄어 듦
```

2~4행: 생성자 함수. 모든 정점은 각각 고유의 집합이 되도록 한다. 즉, 모든 정점이 루트노드가 되는 것으로, 이를 위해 부모의 인덱스를 모두 −1로 초기화한다(부모가 −1인 노드는 모두 루트노드이다).

6~9행: 정점 id가 속한 집합을 찾는 연산으로 실제로는 id가 속한 트리의 루트 노드(대표 원소)의 인덱스를 반환한다. 같은 집합에 속하는 모든 원소는 모두 같은 인덱스(루트노드)를 반환하게 된다.

11~13행: 두 집합 s1을 s2에 병합하는 연산이다. 이때 s1과 s2는 모두 집합의 루트 노드이다(즉, 부모의 인덱스는 모두 −1). 만약, s1을 s2의 자식으로 만든다면 s1은 더 이상 루트 노드가 아니고, s2는 s1을 서브 트리로 포함한 더 큰 트리의 루트가 된다. 즉, s1을 s2에 합하고, s2가 합집합의 루트노드가 되는 것이다. 두 집합이 하나로 합해지므로 전체 집합의 수 set_size는 줄여야 한다.

파이썬 클래스

드디어 좀 더 제대로 된 파이썬 클래스가 나왔다. 파이썬 클래스에 대해서는 인터넷이나 관련 도서를 참고하기 바란다. 특히 생성자와 멤버 변수의 선언, 멤버 함수에서의 매개변수 self 등이 C++이나 java의 클래스와 약간 다른 형태로 사용된다. 클래스에 익숙하지 않더라도 알고리즘 8.7을 통해 주어진 클래스에 대한 사용 방법에는 익숙해지는 것이 좋다. 이 책에서는 더 이상 새로운 클래스를 만들지는 않는다.

▪ Kruskal 알고리즘

다시 Kruskal의 알고리즘으로 돌아가자. 이제, 간선 (u, v)를 추가할 때 사이클이 존재하는지를 검사하기 위해 앞에서 구현한 disjointSets 클래스를 사용한다. 사이클 검사과정을 중심으로 Kruskal의 알고리즘을 다시 기술하면 다음과 같다.

- 초기에는 모든 정점이 각각 고유한 집합이다.
- 최소 가중치 간선 (u, v)가 선택되면 u와 v가 각각 속한 집합을 찾는다. 이때 find(u)와 find(v) 연산을 이용한다.
- 두 집합이 같으면 사이클이 발생하는 상황이므로 이 간선 (u, v)를 버린다.
- 두 집합이 다르면 (u, v)를 삽입하고 집합을 하나로 합친다. 이때 union(u,v) 연산을 사용한다.

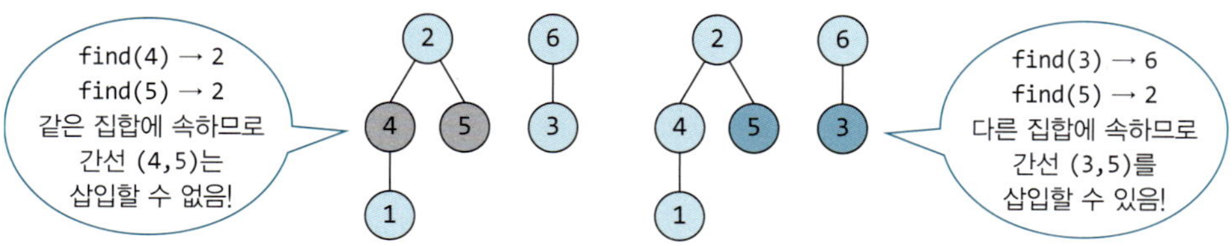

[그림 8.16] find() 연산을 이용한 간선의 사이클 검사

현재까지 만들어진 트리가 그림 8.16과 같다고 하자. 만약 왼쪽과 같이 간선 (4, 5)를 삽입하면 어떻게 될까? find(4)과 find(5)가 같은 값인 2를 반환한다. 이것은 이들이 같은 집합에 속한다는 것을 의미한다. 따라서 사이클이 생기고, 이 간선은 버려야 한다. 간선 (3, 5)는 어떨까? find(3)과 find(5)가 다른 값을 반환하므로 삽입해도 사이클이 생기지 않는다. 따라서 MST에 삽입한다.

이제 구체적인 Kruskal 알고리즘을 만들어 보자. 먼저 가중치 그래프는 그림 8.12와 같이 인접 행렬을 이용해 표현한다. 정점 리스트와 인접 행렬을 입력으로 받는 Kruskal 알고리즘은 다음과 같이 기술할 수 있다.

알고리즘 8.7 Kruskal의 최소비용 신장트리 알고리즘

```
def MSTKruskal(V, adj):
    n = len(V)                          # 정점의 개수
    dsets = disjointSets(n)             # disjointSets 객체 생성 및 초기화
    E = []                              # 간선 리스트
    for i in range(n-1) :               # 모든 간선을 리스트에 넣음
        for j in range(i+1, n) :
            if adj[i][j] != None :
                E.append((i,j,adj[i][j]))   # 튜플로 저장
```

```
09
10      E.sort(key= lambda e : e[2])
11
12      ecount = 0                          # MST에 포함된 간선의 수
13      for i in range(len(E)):
14          e = E[i]
15          uset = dsets.find(e[0])         # 두 정점이 속한 집합의 루트
16          vset = dsets.find(e[1])
17
18          if uset != vset :               # 두 루트가 다르면
19              dsets.union(uset, vset)     # 두 집합을 합함
20              print("간선 추가 : (%s, %s, %d)" % (V[e[0]], V[e[1]], e[2]))
21              ecount += 1                 # 간선이 하나 추가됨
22              if ecount == n-1 :
23                  break
```

3행: 초기에는 모든 정점이 각각 고유한 집합이므로 n개의 서로소 부분집합 객체를 생성하고 초기화한다.

4~8행: 간선 리스트를 만들고, 인접 행렬의 모든 간선을 리스트에 추가한다. 이때, 각 간선들은 $(v1, v2, weight)$의 튜플 형태로 저장되는 것에 유의하라.

10행: 간선 리스트 E를 가중치(e[2])를 중심으로 오름차순으로 정렬한다.

13~14행: 가중치가 가장 작은 간선 e부터 순서대로 검사한다.

15~16행: 간선의 양쪽 정점이 속한 집합의 루트를 뽑는다.

18행: 루트가 서로 다르면 간선을 넣어도 사이클이 발생하지 않는다.

19~21행: 두 집합을 합하고, 간선을 출력한다. 간선의 수를 증가시킨다.

22~23행: 만약 $n-1$개를 MST에 넣었으면 완료된 것이다.

알고리즘 테스트 Kruskal의 MST 알고리즘

```
vertex = ['A',... ]             # 그림 8.12의 vertex
weight = [ ... ]                # 그림 8.12의 weight
print("MST By Kruskal's Algorithm")
MSTKruskal(vertex, weight)
```

C:\WINDOWS\system32\cmd.exe

```
MST By Kruskal's Algorithm
간선 추가 : (A, F, 10)
간선 추가 : (C, D, 12)
간선 추가 : (B, G, 15)
간선 추가 : (B, C, 16)
간선 추가 : (D, E, 22)
간선 추가 : (E, F, 27)
```

간선이 선택되는 과정

복잡도 분석

시간 복잡도를 살펴보자. 5~8행은 이중 루프를 사용하여 정점의 수의 제곱, 즉 $O(n^2)$의 시간이 걸린다. 10행은 그래프의 e개의 간선 모두를 정렬해야 하므로 정렬의 복잡도 $O(e\log_2 e)$가 소요된다. 13~23행은 간선의 수에 비례하는 시간 $O(e)$가 필요하다. 결국 알고리즘 8.7의 시간 복잡도는 $O(n^2+e\log_2 e)$이다.

만약, 그래프가 인접 리스트로 표현되어 있다면 4~8행은 간선의 수에 비례하는 시간, $O(e)$이 소요된다. 따라서 이 경우 Kruskal 알고리즘의 전체 시간 복잡도는 $O(e\log_2 e)$이 된다. 결국, Kruskal의 시간 복잡도는 정렬 알고리즘에 달려있는데, 만약 가중치가 정수로 표현되고 기수 정렬이나 카운팅 정렬 등을 사용한다면 Kruskal 알고리즘은 간선의 개수에 선형적으로 비례하는 시간으로도 구현할 수 있다.

8.5 Dijkstra의 최단경로 알고리즘

최단경로는 가중치 그래프에서 두 정점을 연결하는 여러 경로들 중에서 간선들의 가중치 합이 최소가 되는 경로를 말한다. 7.5절에서는 최단경로의 세 번째 문제인 그래프의 모든 정점 사이의 최단경로 거리 문제를 다루었고, 동적 계획법을 이용한 Folyd 알고리즘을 공부했다. 이 절에서는 다룰 문제는 문제 7.2에 비해 조금 더 간단하다. 시작 정점이 하나인 최단경로 문제이다.

문제 8.4 한 정점에서 다른 모든 정점까지의 최단경로 거리 문제

> 가중치 그래프가 주어졌을 때 어느 한 정점에서 출발하여 다른 모든 정점까지의 최단경로의 거리를 구하라. 이때, 경로의 거리는 그 경로에 포함된 간선들의 가중치 합이고, 간선의 가중치로 음수는 허용하지 않는다.

이 문제에 대한 대표적인 해결책은 **Dijkstra 알고리즘**이다. 7장에서 공부한 Floyd의 알고리즘이 모든 정점 사이의 최단경로를 찾는 문제였던 것을 기억하라. Dijkstra 알고리즘은 한 정점에서 출발하여 다른 모든 정점으로 가는 최단거리를 찾는다. 그리고 이를 위해 탐욕적 전략을 사용한다.

▪ Dijkstra가 선택한 탐욕

시작 정점 s에서 다른 모든 정점까지의 최단경로를 찾으려고 한다. 이를 위해 Dijkstra는 s에서부터 탐욕적으로 정점을 하나씩 선택해 이를 최단거리가 결정된 정점 집합 S에 넣는다. 한 번 S에 들어온 정점은 최단경로가 확정된 정점이고 값이 변경되지 않는다. 이 과정을 모든 정점들이 S에 들어올 때 까지 반복한다. 그렇다면 어떤 탐욕을 이용해 정점을 선택할까?

- **탐욕적인 해**: 집합 S에 포함되지 않은 정점들 중에서 집합 S와 가장 가까운 정점을 선택한다. 즉, 최단거리가 확정된 정점들과 간선으로 직접 연결된 정점들 중에서 가장 가까운 정점을 선택한다.

문제는 S와 가장 가까운(?) 정점을 선택하는 방법이다. Dijkstra는 이러한 선택을 도와주기 위해 dist[] 배열을 이용한다. 이 배열에는 시작정점 s에서 S에 있는 정점들만을 거쳐서 해당 정점으로 가는 경로들 중의 최단거리가 기록된다(이 배열은 Prim의 MST 알고리즘에서와 거의 비슷한 용도이며 저장되는 내용만 약간 다르다).

다음 그림을 보자. 현재 상황에서 S에 포함되지 않은 정점 u, v, w 중에 u의 dist값이 최소라면 Dijkstra는 이 정점 u를 탐욕적으로 선택한다. 이때, 선택한다는 것은 u까지의 거리 dist[u]를 확정하는 것이고, u가 S에 추가되는 것이다.

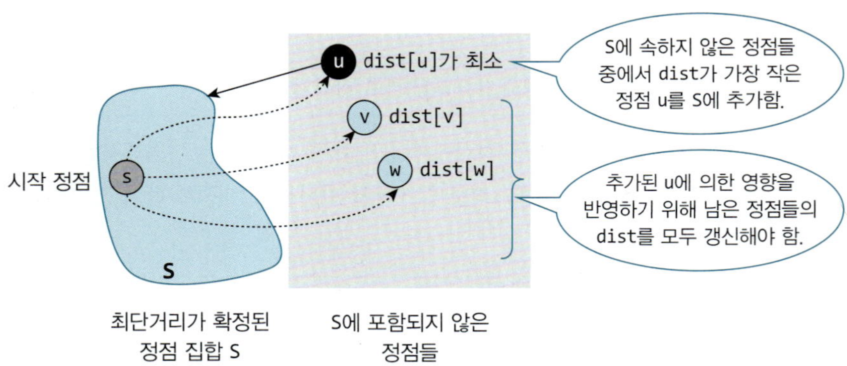

[그림 8.17] Dijkstra 최단경로 알고리즘의 기본 아이디어

그런데 이것으로 끝이 아니다. 남은 정점들의 dist 값을 갱신해야 하는 것이다. 왜냐 하면, 이전의 dist값은 새롭게 확정된 u를 고려하지 않고 기존의 S내의 정점들만을 이용해 계산

된 것이기 때문이다. u를 S에 넣었으니 이 정점의 영향도 반영해야 한다. 만약 w가 S에 포함되지 않은 어떤 정점이라 한다면 dist[w]는 어떻게 수정되어야 할까?

- 만약 추가된 u를 거쳐서 w로 가는 새로운 경로가 지금까지 알고 있던 경로보다 더 짧다면 dist[w]를 수정해야 한다. 즉, 확정된 u까지의 거리(dist[u])와 u에서 w까지의 거리(weight[u][w])의 합이 기존에 알고 있던 거리(dist[w])보다 작은 경우dist[w]를 다음과 같이 갱신된다.

$$dist[w] = dist[u] + weight[u][w]$$

- 그렇지 않다면, dist[w]는 갱신하지 않고 유지된다.

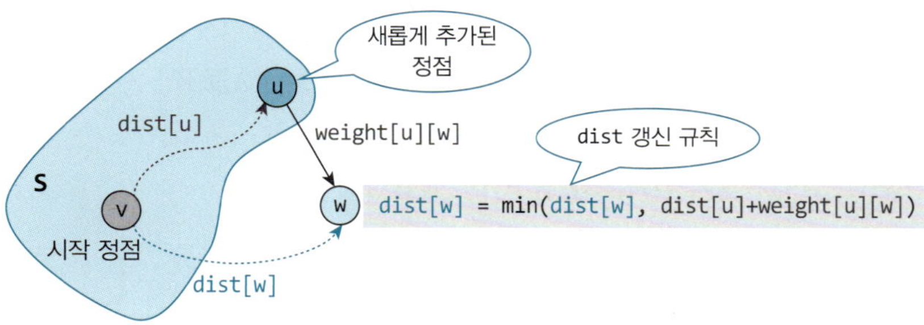

[그림 8.18] 최단경로 알고리즘에서의 distance 갱신

그림을 통해 알고리즘의 진행 과정을 구체적으로 살펴보자.

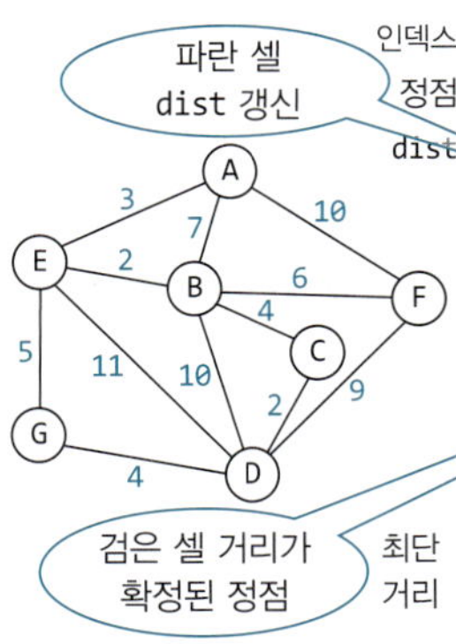

인덱스	0	1	2	3	4	5	6	
정점	A	B	C	D	E	F	G	
dist	0	7	INF	INF	3	10	INF	❶ 시작 정점 A → 모든 dist 초기화
	0	5	INF	14	3	10	8	❷ 최소 정점 E 거리 확정 → dist[B,D,G] 갱신
	0	5	9	14	3	10	8	❸ 최소 정점 B 선택 → dist[C] 갱신
	0	5	9	12	3	10	8	❹ 최소 정점 G 선택 → dist[D] 갱신
	0	5	9	11	3	10	8	❺ 최소 정점 C 선택 → 갱신할 노드 없음
	0	5	9	11	3	10	8	❻ 최소 정점 F 선택 → 갱신할 노드 없음
	0	5	9	11	3	10	8	❼ 최소 정점 d 선택 → 전체 노드 거리 확정
최단 거리	0	5	9	11	3	10	8	A부터 각 정점까지의 최단 거리

[그림 8.19] Dijkstra 알고리즘 진행 과정

❶ 시작 정점을 A라 하자. 당연히 dist[A]=0이다. 만약 어떤 정점 v와 A 사이에 간선 (A, v)가 있다면 dist[v]는 이 간선의 가중치, 즉 dist[v] = weight[A][v]로 초기화되고, 없으면 dist[v]=∞와 같이 무한대로 초기화 된다. S = { A }이다.

❷ dist 배열에서 가장 작은 정점 E를 S에 추가한다. 이제 E까지의 거리 3으로 확정되었고 (검은 셀), 남은 정점 B, C, D, E, G의 dist 값을 갱신한다. 만약 남은 정점 v에 대해 E에 의해 바뀔 수 있는 거리 dist(E)+w(E,v)가 기존의 거리 dist(v)보다 작다면 dist(v)를 갱신한다. 세 정점 B, D, G에서 dist가 갱신된다(파란 셀). S = { A,E }. 갱신되는 정점과 그렇지 않은 정점의 판단 과정은 다음과 같다.

✓ 정점 D: dist[D]=INF, dist[E]+w[E,D] = 3+9=11. 따라서 dist[D] = 11로 갱신

✓ 정점 F: dist[F]=10, dist[E]+w[E,F] = 3+INF. 따라서 갱신하지 않음

❸ 같은 방법으로 dist 값이 가장 작은 B가 S에 추가된다. 나머지 정점의 dist 값을 갱신한다. D, F, G는 갱신되지 않았고, C는 갱신되었다. S = { A,E,B }

❹ 같은 방법으로 G가 S에 추가된다. S = { A,E,B,G }

❺ 같은 방법으로 C가 S에 추가된다. S = { A,E,B,G,C }

❻ 같은 방법으로 F가 S에 추가된다. S = { A,E,B,G,C,F }

❼ 마지막으로 D가 S에 추가되고, 남은 정점은 없다. 시작정점 A에서 모든 정점들까지의 거리가 확정되었다. S = { A,B,C,D,E,F,G }

알고리즘 수행 결과로써 배열 dist에는 A에서부터 다른 모든 정점으로의 최단경로의 거리가 저장된다.

알고리즘 정확성 증명

Dijkstra 알고리즘이 항상 최단경로를 구해주지만 이를 증명하는 것은 항상 어렵다. 이를 위해 8.3절의 Prim 알고리즘의 정확성 증명에서 사용한 방법을 비슷하게 적용할 수 있다. Dijkstra 알고리즘의 탐욕적인 선택 단계가 타당하다는 것은 다음과 같이 모순유도증명법을 이용해 증명할 수 있다.

심화 학습 Dijkstra의 탐욕적 선택 단계에 대한 타당성 증명

다음 그림에서 시작정점 s에서 S에 포함된 정점들만을 거쳐서 정점 u까지 가는 최단거리의 경로를 P_1 이라고 하자. Dijkstra의 선택이 타당하면 이 경로가 시작정점 s에서 u까지의 최단 경로가 되어야 한다.

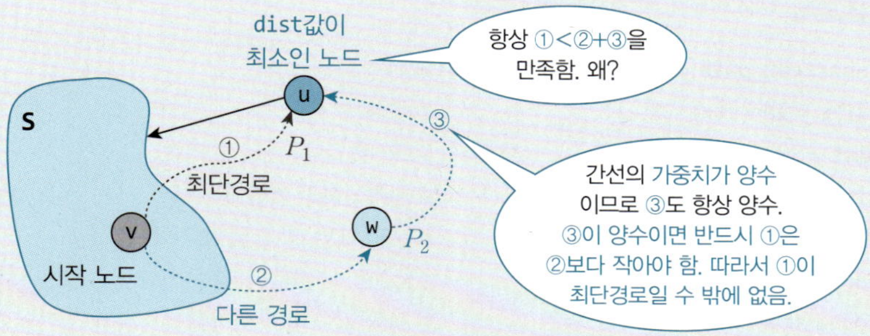

만약 s에서부터 S에 포함되지 않은 어떤 정점 w를 거쳐서 u로 갈 수 있는 더 짧은 경로 P_2 가 있다고 가정해보자. 이 가정을 따라가면 모순에 도달하고, 결국 Dijkstra의 선택이 타당함을 보일 것이다.

만약 이러한 경로 P_2가 있다면 P_2의 길이는 s에서 w까지의 경로길이 ②와 w에서 u까지의 경로길이 ③의 합이 될 것이다. 그런데 문제가 발생한다. ①이 탐욕적으로 선택한 가장 짧은 경로이므로 ②보다 작을 수밖에 없다. 즉, 반드시 ①≤②가 된다. 그런데도 ①>②+③가 되는 경로 ③이 있을 수 있을까?

만약 경로 ③이 음수를 갖는다면 ②+③<①이 될 수도 있다. 그러나 우리는 음수 가중치를 허용하지 않는다. 따라서 ②+③은 항상 ①보다 클 수밖에 없다. 따라서 이 가정은 옳지 않으며, 이러한 경로 P_2는 존재할 수 없다. 따라서 Dijkstra의 탐욕적 선택은 타당하다.

Dijkstra 알고리즘

알고리즘을 위해 몇 가지 배열(리스트)이 필요한데, 이들은 Prim의 알고리즘에서와 거의 유사한 용도이다. dist 배열과 함께, 정점이 S에 포함되었는지를 나타내기 위해 found[]를 사용하는데, Prim 알고리즘의 selected[]와 동일하다. 결국 dist 배열에서 아직 최단거리가 확정되지 않은 최소 정점을 찾는 것은 알고리즘 8.5를 그대로 사용할 수 있다.

이제 전체 Dijkstra 알고리즘을 구체화 하자. 다음 알고리즘에서는 경로의 길이뿐만 아니라 경로 자체를 구하기 위해 path[]를 사용하는데, 여기에는 바로 이전 정점을 저장한다.

즉, path[]의 정점들을 따라가면 전체 최단경로를 구할 수 있다. 탐욕적 전략을 이용하여 start에서부터 다른 모든 정점까지의 최단경로 거리와 그 경로를 구하는 Dijkstra 알고리즘은 다음과 같다.

알고리즘 8.8 Dijkstra의 최단경로 알고리즘

```
01 def shortest_path_dijkstra(vtx, adj, start) :
02     vsize = len(vtx)                          # 정점 수
03     dist = list(adj[start])                   # dist 배열 생성 및 초기화
04     dist[start] = 0                           # 시작정점의 거리 0
05     path = [start] * vsize                    # path 배열 생성 및 초기화
06     found= [False] * vsize                    # found 배열 생성 및 초기화
07     found[start] = True                       # 시작정점: 이미 찾아짐
08 
09     for i in range(vsize) :
10         print("Step%2d: "%(i+1),dist)         # 단계별 dist[] 출력용
11         u = getMinVertex(dist, found)         # 알고리즘 8.4 사용
12         found[u] = True                       # u는 이제 찾아짐
13 
14         for w in range(vsize) :                   # 모든 정점에 대해
15             if not found[w] :                     # 아직 찾아지지 않았으면
16                 if dist[u] + adj[u][w] < dist[w] : # 갱신 조건 검사
17                     dist[w] = dist[u] + adj[u][w] # dist 갱신
18                     path[w] = u                   # 이전 정점 갱신
19 
20     return path                               # 찾아진 최단경로 반환
```

1행: 정점 리스트와 인접 행렬, 그리고 시작 정점의 인덱스가 입력된다.

3~4행: 인접 행렬의 start번째 행을 그대로 dist에 복사한다. 리스트의 복사 방법에 유의하라. 시작 정점의 dist는 0이다.

5행: 최단경로의 거리뿐 아니라 경로 자체를 구하기 위해 path 리스트를 추가하고 초기화한다.

6~7행: 정점의 확정 여부를 나타내는 found 배열을 생성하고 초기화한다.

11행: 확정되지 않은 정점 중에 dist가 최소인 정점 u를 찾는다. 이때, 알고리즘 8.5를 사용한다.

14~18행: 확정되지 않은 정점 중에서 dist 갱신 조건을 검사하고 갱신한다.

20행: 찾아진 최단경로를 반환한다.

알고리즘 테스트 Dijkstra 알고리즘

```
vertex = [...]          # 그림 7.16의 vertex
weight = [...]          # 그림 7.16의 weight
```

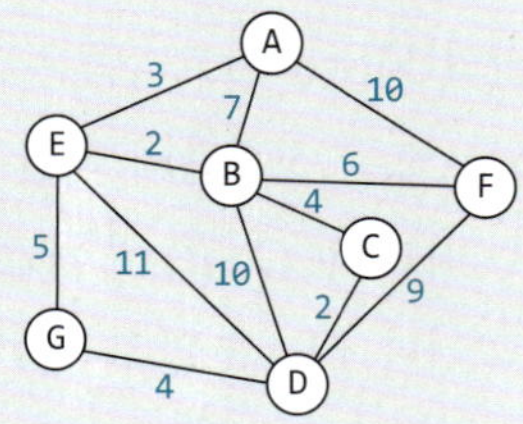


```
print("Shortest Path By Dijkstra Algorithm")
start = 0               # 시작 정점은 0번(A)
path = shortest_path_dijkstra(vertex, weight, start)

# 최종 경로를 출력하기 위한 코드
for end in range(len(vertex)) :
    if end != start :
        print("[최단경로: %s->%s] %s" %
                  (vertex[start], vertex[end], vertex[end]), end='')
        while (path[end] != start) :
            print(" <- %s" % vertex[path[end]], end='')
            end = path[end]
        print(" <- %s" % vertex[path[end]])
```

C:\WINDOWS\system32\cmd.exe

```
Shortest Path By Dijkstra Algorithm
Step 1:  [0, 7, 999, 999, 3, 10, 999]
Step 2:  [0, 5, 999, 14, 3, 10, 8]
Step 3:  [0, 5, 9, 14, 3, 10, 8]
Step 4:  [0, 5, 9, 12, 3, 10, 8]
Step 5:  [0, 5, 9, 11, 3, 10, 8]
Step 6:  [0, 5, 9, 11, 3, 10, 8]
Step 7:  [0, 5, 9, 11, 3, 10, 8]
[최단경로: A->B] B <- E <- A
[최단경로: A->C] C <- B <- E <- A
[최단경로: A->D] D <- C <- B <- E <- A
[최단경로: A->E] E <- A
[최단경로: A->F] F <- A
[최단경로: A->G] G <- E <- A
```

각 단계별 dist[] 배열의 값 변화

최종적인 최단경로 거리 (출발 정점: 0)

A부터 모든 정점 까지의 최단경로

Floyd 알고리즘의 최종 A 행렬

```
=====================================
    0     5     9    11     3    10     8
    5     0     4     6     2     6     7
    9     4     0     2     6    10     6
   11     6     2     0     8     9     4
    3     2     6     8     0     8     5
   10     6    10     9     8     0    13
    8     7     6     4     5    13     0
계속하려면 아무 키나 누르십시오 . . .
```

실행 결과에서 경로가 역순으로 출력되는 것을 알 수 있는데, 이것은 path[u]가 u 다음 정점이 아니라 이전 정점에 대한 인덱스를 갖기 때문이다. 또한 최종적인 최단경로 거리가 Floyd 알고리즘의 최종 결과행렬의 첫 번째 행과 정확히 일치하는 것을 알 수 있다.

복잡도 분석

가중치 그래프의 정점의 개수가 n이라면, Dijkstra 알고리즘의 9행 주 반복문은 정확히 n번 반복한다. 반복문 내부의 11행(알고리즘 8.5)도 n에 비례하여 반복한다. 14~18행도 최대 n번 반복하게 된다. 따라서 주 반복문 내부가 $O(n)$이고, 따라서 Dijkstra 알고리즘의 전체 시간 복잡도는 $O(n^2)$이다.

7.6절의 Floyd 알고리즘은 모든 정점 사이의 최단경로를 구한다. 따라서 Dijkstra 알고리즘으로 모든 정점간의 최단경로를 구하기 위해서는 n개의 모든 정점에서 각각 출발하여야 하고, 따라서 $O(n^3)$에 해를 구할 수 있다. 결국 시간 복잡도는 Floyd 알고리즘과 동일하다. 그러나 Floyd 알고리즘과 달리 시작 정점을 선택할 수 있고, 특히 알고리즘에 간단한 코드만 추가하여 거리뿐만 아니라 최단경로 자체를 바로 구할 수 있다는 것이 Dijkstra 알고리즘의 장점이다.

8.6 허프만 코드

영어 단어들을 공부하다 보면 알파벳 'e'가 많이 나오는 것에 비해 'z'가 들어 있는 단어는 많지 않음을 알 수 있다. 다음은 4만 개의 영어 단어에서 계산한 알파벳별 빈도수 테이블인데, E, T, A 등의 알파벳이 Z, J, Q 등에 비해 월등히 많이 사용되는 것을 알 수 있다. 이러한 알파벳의 빈도를 잘 활용하면 문서를 압축하여 용량을 줄일 수 있다.

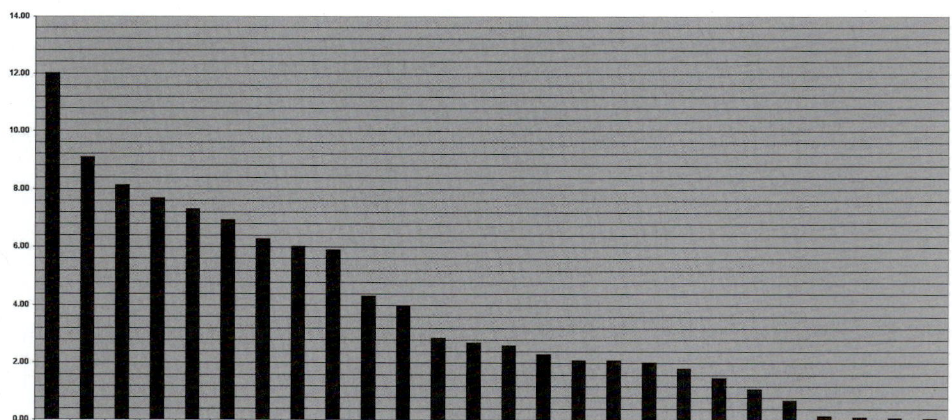

	E	T	A	O	I	N	S	R	H	D	L	U	C	M	F	Y	W	G	P	B	V	K	X	Q	J	Z
Frequency	12.02	9.10	8.12	7.68	7.31	6.95	6.28	6.02	5.92	4.32	3.98	2.88	2.71	2.61	2.30	2.11	2.09	2.03	1.82	1.49	1.11	0.69	0.17	0.11	0.10	0.07

Letter

[그림 8.20] 영어 알파벳별 빈도수 예
(http://pi.math.cornell.edu/~mec/2003-2004/cryptography/subs/frequencies.html)

■ 가변길이 코드(variable length code)

A부터 H까지만을 사용하는 어떤 영어 문서에 나타난 각 문자의 빈도수가 그림과 같다고 가정하자. 우리가 흔히 사용하는 아스키(ASCII) 코드는 모든 문자를 동일한 비트수로 표현하는 **고정길이**(fixed-length) **코드**이다. 고정길이 코드에서는 그림과 같이 문자가 8가지(A~H)라면 3비트의 동일한 길이의 코드를 이용해 각 문자를 나타낸다. 그런데 이것은 압축의 관점에서 효율적인 방법이 아니다.

빈도수 테이블	
문자	빈도수
A	24
B	3
C	8
D	10
E	33
F	6
G	4
H	12
	100

고정길이 코드		
코드	문자의 비트수	전체 비트수
000	3	72
001	3	9
010	3	24
011	3	30
100	3	99
101	3	18
110	3	12
111	3	36
	24	300

가변길이 코드		
코드	문자의 비트수	전체 비트수
00	2	48
11110	5	15
011	3	24
010	3	30
10	2	66
1110	4	24
11111	5	20
110	3	36
	27	263

[그림 8.21] 빈도수가 알려진 문자에 대한 고정길이 코드와 가변길이 코드의 비교

빈도수 표를 보면 E가 33번 나타난데 비해 B는 단 3번 나타났다. 이것은 E가 B에 비해 11배 더 자주 사용되었다는 것을 의미한다. 따라서 자주 사용되는 문자에는 적은 비트수를 부여하고 그렇지 않은 문자에는 많은 비트수를 부여한다면 같은 문서를 더 작은 용량으로 표현할 수 있다. 이것이 **가변길이**(variable-length) **코드**의 아이디어이다. 즉, 그림의 오른쪽과 같이 자주 사용되는 E나 A는 2 비트만을 이용하고, 가끔 사용되는 B나 G에는 더 많은 비트를 이용해 표현한다. 그림을 보면 100개의 문자로 이루어진 전체 문서를 표현하기 위해 고정길이 코드는 300비트가 필요한데 비해 가변길이 코드는 263비트만 사용되는 것을 알 수 있다. 따라서 데이터 압축 분야에서는 고정길이 코드가 아니라 가변길이 코드가 흔히 사용되는데, 문자의 빈도수에 따라서 많이 등장하는 문자에는 짧은 비트열을 사용하고 잘 나오지 않는 문자에는 긴 비트열을 사용하여 전체 데이터의 크기를 줄이려는 것이다.

문자의 표현과 해독

그렇다면 실제로 단어들이 어떻게 표현되는지 살펴보자. 예를 들어, "FADE"란 단어는 다음과 같이 표현된다. 고정길이 코드와 가변길이 코드 모두 문자열을 표현할 때에는 각 문자들에 대한 코드를 순서대로 나열하면 되는데, "FADE"는 고정길이 코드는 101000011100으로 표현되고, 가변길이 코드는 11100001010 으로 표현된다. 문제는 표현된 코드를 해독하는 방법이다.

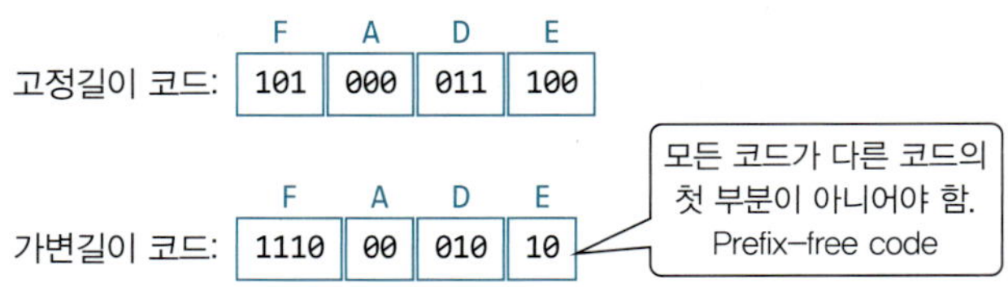

[그림 8.22] "FADE"를 그림 8.7의 코드로 표현하는 방법

고정길이 코드는 간단하다. 101000011100는 101 000 011 100과 같이 순서대로 3비트씩 끊어서 읽으면 된다.

가변길이 코드 11100001010는 어떻게 해독할까? 약간 복잡해진다. 한 비트씩 읽으면서 테이블에 코드가 있는지 검사해야 한다. 예를 들어, 첫 문자인 1은 테이블(그림 8.21)에 없으므로 다음 코드까지 읽는다. 11도 테이블에 없다. 111도 마찬가지이다. 마지막으로 1110은 테이블에서 F에 해당하는 코드이다. 따라서 첫 문자는 4비트를 사용한 F가 된다. 다음 문자도 00까지 진행해야 테이블의 A와 같다. 이 방법을 계속 진행하면 "FADE"라는 원문을 추출할 수 있다.

이런 해독과정을 가능하려면 그림 8.21의 표와 같이 모든 가변길이 코드가 다른 코드의 첫 부분이 아니어야 한다. 이러한 코드를 **접두어 없는(prefix-free) 코드**, 또는 줄여서 **접두어(prefix) 코드**라고 한다. 이러한 코드에서는 코딩된 비트열을 왼쪽에서 오른쪽으로 조사해 보면 정확히 하나의 코드만 일치하는 것을 알 수 있다.

그렇다면 빈도표가 주어진 알파벳에 대해 이와 같은 코드를 어떻게 만들 수 있을까? MIT 대학원생이었던 허프만(David Huffman)이 탐욕적 전략을 이용해 하나의 방법을 제시하였는데, 이것을 **허프만 코드(Huffman codes)**라고 한다.

■ 허프만 코드

허프만 코드를 생성하기 위해서는 먼저 **허프만 트리**(Huffman tree)라고 불리는 이진트리를 만들어야 하는데, 이때 탐욕적 기법이 사용된다. 예를 들어, 그림 8.21과 같이 알파벳 A~H에 대한 빈도수가 주어졌다고 하자. 맨 처음에 그림 8.23의 왼쪽과 같이 각각의 문자에 대해 고유의 트리를 만드는데, 각 트리의 루트에는 그 문자의 빈도수가 기록된다. 다음으로 이러한 트리들 중에서 두 개의 트리를 병합하는 과정을 반복하여 최종적으로 그림의 오른쪽과 같은 하나의 이진트리, 즉 허프만 트리를 만든다. 이때 병합할 트리를 선택하기 위해 탐욕적 전략이 사용된다.

- **탐욕적인 해**: 트리들 중에서 루트 노드의 값이 가장 작은 두 개의 트리를 선택한다.

허프만 트리의 생성

허프만 트리의 생성 과정을 자세히 살펴보자. 다음은 그림 8.21의 문자와 빈도수에 대한 허프만 트리 생성 과정이다.

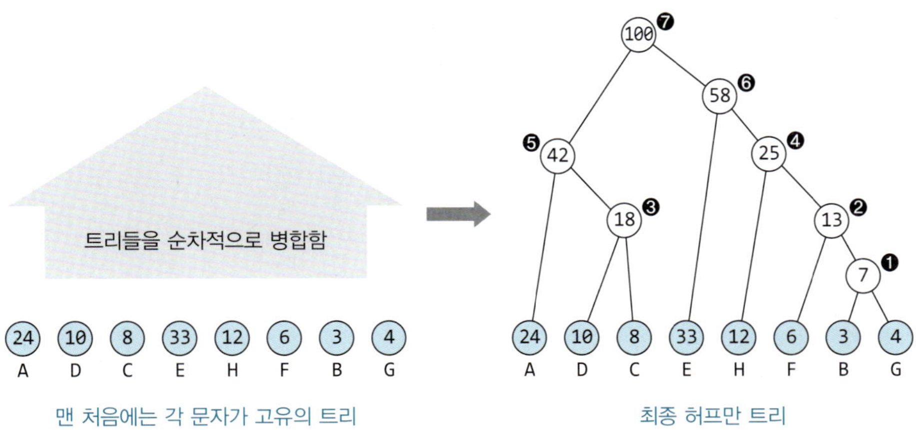

[그림 8.23] 허프만 트리 생성 과정

❶ 맨 처음에는 B와 G가 가장 작은 빈도를 갖는다. 따라서 이를 병합한다. 이때, 루트의 값은 자식 트리의 합이 된다. 따라서 병합된 트리의 루트는 7이다.

❷ 이제 남은 트리는 A~F와 B와 G가 병합된 트리이다. 이들 중에서 루트의 값이 최소인 6과 7을 선택한다. 이들을 병합하고, 병합된 트리의 루트 값을 계산한다.

❸ 남은 루트 중에 D와 C가 선택되어 병합된다. 이들의 루트값은 18이다.

❹ 같은 방법으로 H의 12와 병합된 루트 13이 병합된다. 루트값은 25이다.

❺ A의 24와 병합된 18이 다시 병합된다. 루트 값은 42이다.

❻ E의 33과 병합된 루트 25가 다시 병합된다. 루트 값은 58이다.

❼ 마지막으로 남은 병합된 루트 42와 58이 병합된다. 허프만 트리가 완성되었다.

허프만 코드의 부여

허프만 트리가 만들어지면 이제 각 문자에 코드를 부여할 수 있다. 허프만 트리가 이진트리이므로 각 노드는 최대 두 개의 자식을 가질 수 있다. 따라서 루트에서부터 왼쪽 자식에 0을 오른쪽 자식에 1을 부여하면 트리의 단말 노드에 있는 각 문자들에 대한 코드가 결정된다. 예를 들어, A는 루트에서 왼쪽-왼쪽으로 두 번 이동해야 하므로 00이고, G는 5번 오른쪽으로 이동해야 하므로 11111의 코드가 부여된다.

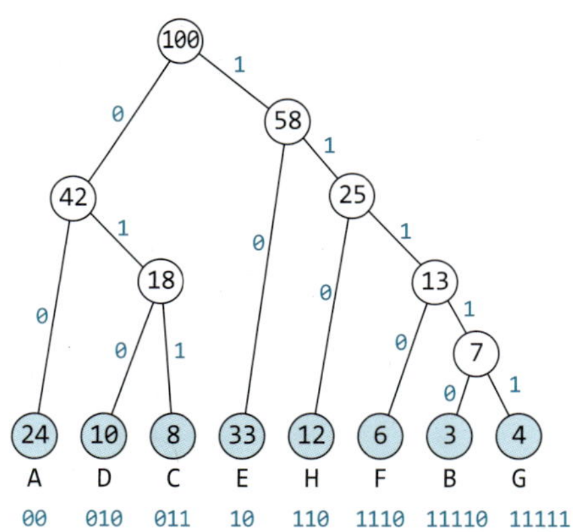

[그림 8.24] 허프만 코드 부여 결과

결국 허프만 코드는 다음과 같이 구해진다.

문자	A	B	C	D	E	F	G	H
빈도	24	3	8	10	33	6	4	12
코드	00	11110	011	010	10	1110	11111	110

[그림 8.25] 그림 8.21의 빈도수에 대한 최종 허프만 코드

이 결과를 이용하면 "ACE"은 0001110으로 인코딩되고, "DAD"는 01000010으로 인코딩

된다. 이 코드를 이용하면 평균적으로 하나의 문자를 나타내기 위한 코드의 길이는 각 문자의 비트수와 빈도수를 곱한 총 합으로 다음과 같이 계산할 수 있다.

$$2(24\%)+3(10\%)+3(8\%)+2(33\%)+3(12\%)+4(6\%)+5(3\%)+5(4\%) = 2.63$$

즉, 평균적으로 2.63비트를 사용해 문자를 표현할 수 있는 것이다. 만약 고정길이코드를 사용한다면 모든 문자가 3비트를 사용해야 하므로 $(3-2.63)/3 * 100\% = 12.3\%$의 **압축률**(compression ratio)을 갖는다. 이것은 이 코드로 표현된 텍스트는 고정길이 코드에 비해 12% 정도의 메모리 공간을 절약할 수 있는 것을 말한다. 실제로 전체 영어 알파벳에 적용하면 보통 이보다 훨씬 압축률을 높일 수 있다.

■ 허프만 트리 알고리즘

허프만 트리를 만드는 알고리즘을 살펴보자. 트리 중에서 루트 값이 가장 작은 트리 2개를 반복적으로 찾아야 한다. 이때 **우선순위 큐**를 이용하면 효과적인데, 항목을 넣은 순서와 상관없이 꺼낼 때에는 항상 우선순위가 가장 높은 항목을 먼저 꺼낸다. 이 문제에서는 트리 루트의 값이 작으면 더 우선순위가 높다.

우선순위 큐를 구현하는 가장 효율적인 방법은 **힙**(heap) 트리를 사용하는 것이다. 여기서는 파이썬에서 제공하는 우선순위 큐 모듈인 heapq를 사용한다. 알고리즘은 다음과 같다.

알고리즘 8.9 허프만 트리 생성 알고리즘

```
import heapq
def make_heap_tree(freq, label):
    n = len(freq)                                # 문자의 개수
    h=[]                                         # 힙을 위한 리스트
    for i in range(n):                           # 모든 문자를 최소힙에 삽입
        heapq.heappush(h, (freq[i], label[i]))   # (키, 값) 삽입

    for i in range(1, n) :                       # n-1번 병합
        e1 = heapq.heappop(h)                    # 가장 작은 트리
        e2 = heapq.heappop(h)                    # 다음 작은 트리
```

```
11        heapq.heappush(h, (e1[0]+e2[0], e1[1]+e2[1]))  # 병합트리 삽입
12        print(e1, "+", e2)                             # 병합내용 출력
13
14    print(heapq.heappop(h))                            # 최종 트리의 루트 출력
```

1행: 파이썬의 우선순위 큐 모듈(heapq)을 사용하기 위해 포함한다.

4~6행: 힙(우선순위 큐)에 모든 (빈도, 문자)를 넣기 위한 코드이다. heapq 모듈의 heappush() 함수의 사용법에 유의하라. 힙 데이터를 저장하는 리스트와 하나의 엔트리 (빈도, 문자)가 제공되어야 한다.

8행: n-1번 반복하면 최종 허프만 트리가 만들어진다.

9~10행: 우선순위가 가장 높은(freq가 가장 작은) 두 개의 엔트리 e1, e2를 꺼낸다. heappop() 함수의 사용법에 유의하라.

11행: e1과 e2를 병합하여 다시 힙에 삽입한다. 이때 힙에 들어가는 엔트리는 (루트값의 합, 문자들의 합)이 된다.

14행: 최종적으로 힙에는 하나의 루트 노드만 남아 있다. 이를 출력한다.

파이썬에서의 우선순위 큐

힙을 실제로 구현하는 것은 약간 복잡하고 이 책에서는 다루지 않는다. 그러나 힙은 허프만 코드나 9장의 최적우선 분기한정 등 다양한 알고리즘에서 사용되므로 잘 이해하고 있는 것이 좋다. 이 책에서는 힙을 위해 파이썬의 heapq 모듈을 사용한다.

이 모듈을 사용하기 위해서는 먼저 heapq를 포함(import)해야 한다. 힙을 사용하기 위해서는 먼저 힙을 위한 공백 리스트를 만들어야 하고, heappush()와 heappop() 함수를 이용해 삽입과 삭제 연산을 수행하면 된다.

```
import heapq                        # 파이썬의 우선순위큐 모듈(heapq) 사용
h=[]                                # 힙을 위한 리스트
heapq.heappush(h, (key, value))     # 힙에 (key, value)의 엔트리 삽입
entry = heapq.heappop(h)            # key 값이 최소인 엔트리를 반환(삭제연산)
```

실행 결과는 최소 빈도수의 트리들이 병합되는 과정을 보여준다.

알고리즘 테스트 허프만 트리 만들기 테스트 프로그램

```
label = [ 'A', 'B', 'C', 'D', 'E', 'F', 'G', 'H' ]
freq = [24,    3,   8,    10,  33,  6,    4,    12]
make_heap_tree(freq, label)
```

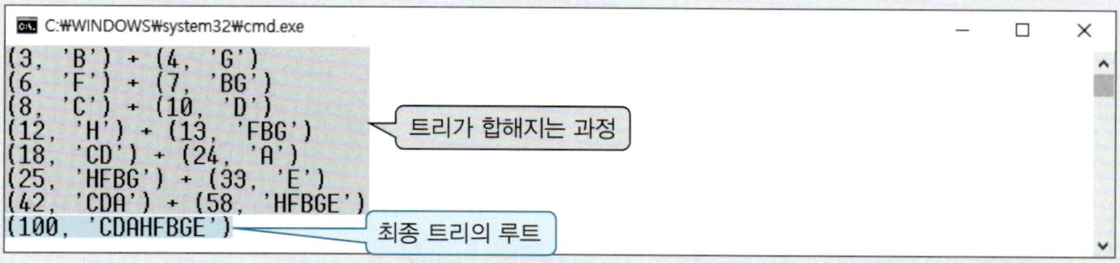

복잡도 분석

- 먼저 5~6행의 초기 우선순위 큐를 만드는 과정에서 루프는 n번 반복한다. 그 안에서 우선순위 큐에 엔트리를 삽입하는 과정이 있는데, 힙으로 구현된 우선순위 큐에서는 삽입과 삭제 연산의 복잡도가 모두 $O(\log_2 n)$이다. 따라서 5~6행의 복잡도는 $O(n\log_2 n)$이다.
- 8~11행의 루프도 n번 반복된다. 한번의 반복에서 우선순위 큐의 두 번의 삭제 연산과 한 번의 삽입 연산이 사용되었다. 마찬가지로 이들도 모두 $O(\log_2 n)$이고, 따라서 8~11행도 $O(n\log_2 n)$이다.

결국 알고리즘 8.9의 시간 복잡도는 $O(n\log_2 n)$이다. 만약 이 프로그램으로 만들어진 허프만 트리에서 각 문자별 가변길이 코드를 구하기 위해서는 추가적인 코드가 필요하다.

연습문제

1 866원에 대해 탐욕적 기법의 min_coins_greedy()(알고리즘 8.1)가 수행되는 과정을 설명하라.

2 미국은 그림과 같이 Quarter, Dime, Nickel, penny란 동전을 사용하고 있다. 이 동전들을 이용해 거스름돈 68센트를 돌려주려고 한다. 탐욕적 기법의 알고리즘 8.1이 수행되는 과정을 설명하라. 또한 이 방법이 거스름돈 동전 수를 최소화 할 수 있는지를 설명하라.

25cent (Quater)	10cent (Dime)	5cent (Nickel)	1cent (penny)

3 위 문제에서 만약 동전 중에서 Nickel이 없어졌다면 어떻게 될까? 남은 세 가지 동전들을 이용해 탐욕적 기법으로 거스름돈 동전 수를 최소화할 수 있을지를 설명하라. 거스름돈이 30센트라고 생각해 보라.

4 가장 가벼운 물건부터 넣어보는 방법(탐욕 3)도 01-배낭 채우기 문제에서 최적해를 구하지 못한다는 것을 사례를 들어 설명하라.

5 A=(60Kg, 10만원), B=(100Kg, 20만원), C=(120Kg, 30만원)의 세 물건이 있을 때 탐욕적 기법의 분할 가능한 배낭 채우기 알고리즘으로 용량 50Kg인 배낭을 채우는 최적의 방법을 구하라.

6 다음의 그래프에 대해 Prim의 알고리즘을 이용해 MST를 구하라.

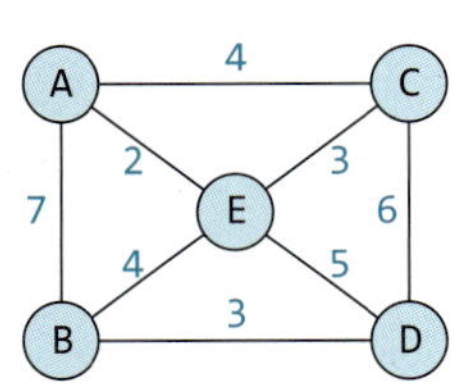

7 알고리즘 8.5를 수정해 인접 리스트로 표현된 그래프를 처리할 수 있도록 하라.

8 Prim의 최소비용 신장트리 코드를 수정하여 구해진 MST의 가중치 합을 출력하라.

9 최소비용 신장트리는 연결 그래프에만 적용할 수 있다. 그렇다면 Prim의 알고리즘을 적용하기 전에 그래프가 연결그래프인지를 먼저 확인해야 할까? 아니면 Prim의 알고리즘에서 바로 처리가 가능할까?

10 Prim의 알고리즘이 음수 가중치를 가진 그래프에도 정확히 동작할까?

11* 간선의 가중치가 없는 일반 연결 그래프에서 신장트리를 구하기 위해 Prim의 알고리즘을 사용할 수 있을까? 만약 가능하다면 이 방법이 신장트리 문제에 대한 좋은 알고리즘인가?

12 문제 6의 그래프에 대해 Kruskal의 알고리즘을 이용해 MST를 구하라.

13 disjointSets 클래스에서 최악의 경우에 대한 union과 find 연산의 시간 복잡도를 설명하라.

14 Kruskal의 알고리즘이 음수 가중치를 가진 그래프에도 정확히 동작할까?

15 Kruskal의 최소비용 신장트리 코드를 수정하여 구해진 MST의 가중치 합을 출력하라.

16 Kruskal의 최소비용 신장트리 알고리즘을 이용하여 최대비용 신장트리(maximum spanning tree) 알고리즘을 설계하라. 이 트리는 신장 그래프의 신장트리들 중에서 가중치의 합이 최대가 되는 트리이다.

17 다음 설명이 맞는지 틀린지를 설명하라.

(1) 만약 e가 연결된 가중치 그래프에서 최소 가중치 간선이라면 e는 그래프의 MST 중 하나에는 반드시 포함된다.

(2) 만약 e가 연결된 가중치 그래프에서 최소 가중치 간선이라면 e는 그래프의 모든 MST에 반드시 포함된다.

(3) 만약 연결된 가중치 그래프에서 모든 간선의 가중치가 다르다면 이 그래프는 유일한 MST를 갖는다.
(4) 만약 연결된 가중치 그래프에서 같은 가중치를 갖는 간선이 있다면 이 그래프는 하나 이상의 MST를 갖는다.

18* 인터넷에서 Kruskal 알고리즘의 정확성에 대한 증명을 찾아보고 방법을 설명해 보라.

19* 인터넷에서 Kruskal과 Prim 알고리즘의 애니메이션 사이트를 찾아보라. 장단점을 설명해 보라.

20* Kruskal과 Prim 알고리즘을 이용해 무작위의 미로(random maze)를 만드는 방법을 설명하라.

21 간선의 가중치로 음수가 허용된다면 Dijkstra의 알고리즘이 성립하지 않는다는 것을 예를 들어 보여라.

22 다음 그래프에서 대해 Dijkstra 알고리즘을 이용해 정점 1에서 출발해 모든 정점으로 가는 최단경로와 그 길이를 구하는 과정을 보여라.

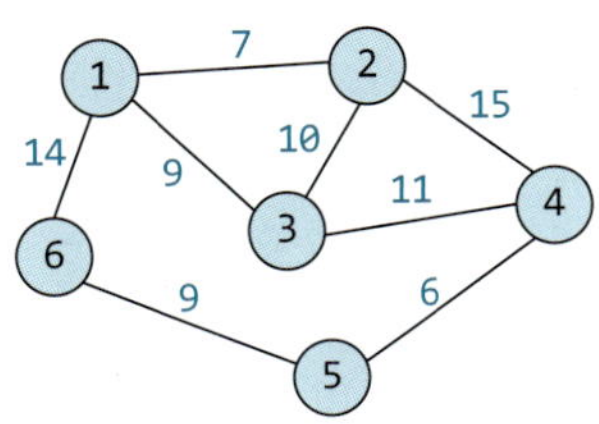

23* 알고리즘 8.8의 Dijkstra의 최단경로 코드를 수정하여 각 경로의 길이(Dist)와 경로(Path)를 출력하는 프로그램을 구현하라. 다음은 출력 결과의 예이다.

```
C:\WINDOWS\system32\cmd.exe
Src->Dst    Dist   Path
 0 -> 1       4    0 1
 0 -> 2      12    0 1 2
 0 -> 3      19    0 1 2 3
 0 -> 4      21    0 7 6 5 4
 0 -> 5      11    0 7 6 5
 0 -> 6       9    0 7 6
 0 -> 7       8    0 7
 0 -> 8      14    0 1 2 8
```

24* 다음 문제를 해결하기 위해 Dijkstra 알고리즘을 어떻게 사용하거나 수정해야 하는지 설명하라.

(1) 방향성 가중치 그래프의 한 정점에서 다른 모든 정점까지의 최단경로 거리 문제

(2) 가중치 그래프의 두 정점 사이의 최단경로 거리 문제

(3) 다른 모든 정점에서부터 하나의 정점까지의 최단경로 거리 문제

25 다음 표와 같이 주어지는 심벌과 빈도수가 주어졌다. 물음에 답하라.

심벌(알파벳)	A	B	C	D	E
빈도	0.4	0.1	0.2	0.15	0.15

(1) 이 데이터에 대한 허프만 코드를 작성하라.

(2) ABACABADEEC에 대한 코드를 작성하라.

(3) 이 코드를 이용해 작성된 어떤 코드를 디코딩 하는 방법을 설명하라.

(4) 고정길이코드와 비교하여 압축률을 계산해 보라.

26 허프만 코드와 관련하여 다음이 맞는지 틀린지를 설명하라.

(1) 빈도가 가장 낮은 두 심벌의 코드 길이는 반드시 동일하다.

(2) 조금이라도 빈도가 높은 심벌의 코드 길이는 이보다 빈도가 낮은 심벌의 코드 길이보다 항상 작거나 같다.

27 n개의 심벌을 가진 알파벳의 최대 코드의 길이를 계산하라.

28* 주어진 텍스트에 대해 허프만 코드를 생성하는 프로그램을 작성하라. 또한 그 텍스트를 인코딩하고 디코딩하는 함수를 구현하라. 이때, 인터넷에서 "가장 많이 사용되는 영어 단어 1000개"를 찾아 각 알파벳에 대한 빈도표를 만들어 사용하라.

CHAPTER

09

백트래킹과 분기 한정 기법

학습목표

- 백트래킹의 개념을 이해한다.
- 백트래킹을 이용해 문제를 해결하는 능력을 기른다.
- 미로탐색, N-Queen, 그래프 색칠 문제에서 사용된 백트래킹을 이해한다.
- 탐색공간을 줄이기 위한 분기 한정 기법을 이해한다.
- 최적우선 분기 한정의 의미와 방법을 이해한다.

CHAPTER

9 백트래킹과 분기 한정 기법

지금까지 다룬 문제들은 대부분 시간 복잡도가 $O(n)$이나 $O(n^2)$, $O(n\log n)$ 등과 같은 다항식으로 나타나는 비교적 쉬운 문제들이었다. 이제 좀 더 어려운 문제들을 공부해 보자. 이들은 보통 NP-문제로 불리는데, 이론적인 개념은 다음 장에서 자세히 살펴보고 여기서는 몇 가지 실제 문제들과 이들을 해결하는 방법인 **백트래킹**과 **분기 한정 기법**을 공부한다.

미로에 빠진 생쥐가 미로를 탈출하는 **미로탐색** 문제를 생각해 보자. 생쥐가 미로를 탈출하기 위해서는 열심히 주위를 탐색해야 한다. 이때, 생쥐가 할 수 있는 가장 간단한 전략은 시행착오를 이용하는 것이다. 이것은 탐색하다가 길이 여러 개로 분기되는 분기점을 만나면 일단 하나의 길을 선택해 시도해 보고, 그 길이 막히면 다시 분기점으로 되돌아와(backtracking) 시도하지 않았던 다른 길을 시도하는 것이다. 이 과정을 출구가 나타날 때까지 반복하면 출구를 찾을 수 있다. 이러한 알고리즘 설계 기법을 **백트래킹(backtracking)**이라고 하는데, 이 용어는 1950년대의 미국 수학자 레머(D.H. Lehmer)가 처음 사용하였다.

[그림 9.1] 미로탐색 문제

백트래킹이란?

3장에서 공부한 **상태공간트리**(state space tree)는 어떤 문제를 해결하기 위한 모든 과정의 상태들을 각각 노드로 나타낸 트리를 말하는데, 백트래킹은 이러한 상태공간트리를 보다 효율적으로 탐색하는 방법을 제공한다. 백트래킹은 다음과 같은 전략을 사용한다.

- 백트래킹의 기본 골격은 **깊이 우선 탐색**(DFS)인데, 이것은 트리의 모든 노드를 체계적으로 방문할 수 있는 완전 탐색 전략의 하나이다(3.6절).
- 백트래킹은 상태공간트리를 루트에서부터 깊이 우선으로 탐색해 내려오다가 단말 노드까지 가기 전에 방문한 어떤 노드(후보해)가 문제에서 요구하는 해가 아니라고 판단되면 더 이상 탐색하지 않고 이전 노드로 되돌아 나오는(backtracking) 전략을 사용한다.

이를 통해, 완전 탐색과는 달리 전체 상태공간트리의 많은 노드들을 탐색하지 않고 미리 **가지치기**(pruning)할 수 있고, 따라서 탐색의 효율을 높일 수 있다. 주어진 문제를 백트래킹으로 해결하는 알고리즘의 설계과정은 다음과 같다.

① 해를 탐색하는 과정은 루트 노드에서 시작한다. 루트 노드도 하나의 후보해이다.
② 현재의 후보해에서 선택이 가능한 다음 후보해의 리스트를 구한다.
③ 후보해 리스트의 각 해에 대해 다음을 수행한다.
④ 현재의 해가 문제에서 요구하는 조건을 만족시키면 ②~③을 계속 수행한다. 이것은 현재 노드의 서브 트리를 계속 탐색하는 것이다. 만약 조건이 만족되지 않으면 이전 후보해로 되돌아가(backtracking) 다음 후보해를 처리한다.
⑤ ②~④ 과정을 최종해를 구할 때까지 반복한다. 만약 모든 가능한 해를 탐색해도 해가 없다면 이 문제는 해가 없는 것이므로 종료한다.

백트래킹에서 다루는 문제들은 보통 여러 개의 해가 존재할 수 있다. 문제에 따라서는 하나의 해만 찾으면 될 수도 있고, 모든 해를 구해 이들 중에서 **최적해**(optimal solution)를 찾도록 요구할 수도 있다. 이렇게 최적해를 요구하는 문제를 **최적화 문제**라고 한다. 예를 들어, 미로탐색도 단순히 하나의 탈출 경로를 찾는 문제가 될 수도 있고, 모든 탈출 경로를 모두 찾아 가장 짧은 것을 구하는 최적화 문제가 될 수도 있다.

분기 한정 기법이란?

이러한 백트래킹 기법은 상태공간트리의 많은 노드들을 가지치기하여 효율을 높일 수는 있지만, 문제에 따라 여전히 비효율적인 경우가 많다. 예를 들어, 최적화 문제에서는 최적해가 상태공간트리의 어디에 있는지 알 수 없으므로 대부분의 노드를 탐색해야 하고, 따라서 백트래킹이 크게 효과적이지 않을 수 있다. **분기 한정**(branch and bound) 기법은 이러한 백트래킹의 문제를 보완하고자 하는 방법이다. 이 장에서는 여러 문제들을 통해 백트래킹과 분기 한정 기법을 공부한다.

9.1 백트래킹을 이용한 간단한 문제의 해결

간단한 문제들을 통해 백트래킹의 개념을 정확히 익혀보자. 순열 생성 문제와 어떤 조건을 만족하는 모든 부분집합을 찾는 문제이다.

■ 순열 생성

수학에서 **순열**(permutation)은 어떤 집합의 원소들을 다양한 순서로 뒤섞는 연산을 말한다.

문제 9.1 순열 생성 문제(all permutations problem)

> n개의 원소를 가진 집합이 주어졌다. 모든 가능한 원소의 순서를 나열하라.

예를 들어, 집합 {1, 2, 3}은 다음과 같이 6가지의 순열이 있다.

```
(1,2,3), (1,3,2), (2,1,3), (2,3,1), (3,1,2), (3,2,1)
```

이것은 세 개의 원소를 가진 집합의 모든 가능한 원소의 순서를 나타낸다. 이러한 순열은 어떤 단어가 주어졌을 때 원래 단어에 있는 문자를 재정렬하여 새로운 단어를 만드는 단어 구성(Anagrams) 문제와 같은 간단한 게임에서부터 조합론(combinatorics)이나 그룹 이론(group theory) 등의 분야에서 매우 중요한 주제이고, 거의 모든 수학과 과학 분야에서 사용된다. 예를 들어, 컴퓨터 과학에서는 정렬 알고리즘을 분석하기 위해 사용할 수 있고,

양자 물리학에서는 입자의 상태, 생물학에서 RNA 서열을 설명하기 위해 사용된다.

백트래킹을 이용한 순열 생성

먼저 n이 3인 경우의 순열 생성 문제를 생각해 보자. 예를 들어, 집합 {1, 2, 3}에 대한 모든 순열을 만들려고 하는 것이다. 이 문제에 대한 상태공간트리는 다음 그림과 같은데, 각각의 노드는 하나의 후보해를 나타낸다. 노드에서 –는 아직 결정되지 않은 값을 말한다. 이 상태공간트리에서 백트래킹 조건은 다음과 같다.

- **노드에서 같은 원소가 중복되는 경우**: 가능한 순열이 아니므로 백트래킹
- **노드에서 하나의 순열을 완성한 경우**: 하나의 해를 찾음. 백트래킹

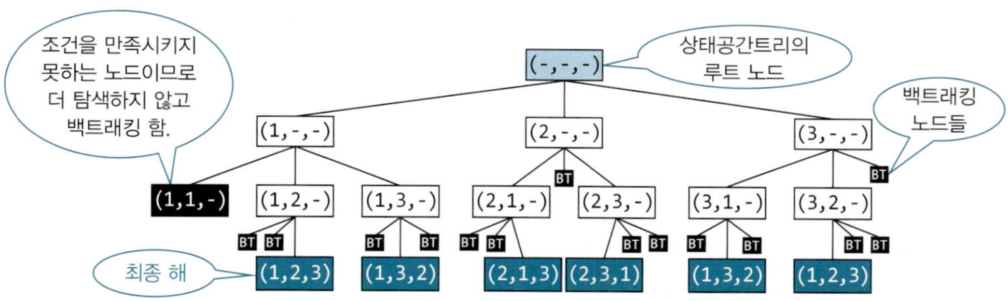

[그림 9.2] 순열 생성 문제에서의 상태공간트리: 검은 노드에서 백트래킹 발생

- **레벨 1**: 상태공간트리의 루트 노드 (–,–,–)는 모든 값이 아직 선택되지 않은 최초의 부분해로, 이 노드에서부터 탐색이 시작된다.
- **레벨 2**: 루트 노드에서 첫 번째 값으로 각각 1, 2, 3을 선택한 경우의 부분 해를 나타낸다. 모두 아직 가능한 부분해이므로 탐색을 계속한다.
- **레벨 3**: (1,–,–)의 자식 노드인 (1,1,–)는 원소가 중복되므로 순열이 아니다. 따라서 더 이상 탐색하지 않고 백트래킹 한다. (1,2,–)와 (1,3,–)는 마지막 원소의 선택에 따라 아직 가능한 부분해이므로 탐색을 계속한다.
- **레벨 4**: (1,2,–)의 자식 노드인 (1,2,1)과 (1,2,2)는 모두 원소가 중복되므로 백트래킹하고, (1,2,3)은 하나의 해가 되므로 최종해에 추가한다.

순열 생성을 위해 상태공간트리의 루트 노드에서부터 깊이 우선 방식으로 탐색하다가 조건을 만족시키지 못하는 부분해가 나타나면(검은색 노드) 백트래킹하여 이전 상태로 되돌아간다. 최종해는 트리의 단말 노드에서 만들어지는데, {1, 2, 3}에서는 그림과 같이 6개의 순열(파란색 노드)이 만들어진다.

백트래킹의 구현

백트래킹은 어떻게 구현할까? 스택(stack)을 사용할 수도 있겠지만 더 편리한 방법은 깊이 우선 탐색이나 트리의 기본 순회에서와 같이 순환호출을 이용하는 것이다. 함수의 호출과 반환을 위해 운영체제가 제공하는 시스템 스택을 자동으로 활용할 수 있기 때문이다.

순환 구조로 백트래킹을 이용한 순열 생성 알고리즘을 구성해 보자. 보통 순환호출 구조에서는 함수를 두 개로 분리하는 것이 편리한 경우가 많다. 즉, 하나의 함수에서는 필요한 자료들을 초기화하고 순환호출을 시작하며, 다른 함수는 실제로 순환호출을 통해 상태공간 트리를 탐색하는 구조를 갖도록 하는 것이다. 다음은 두 개의 함수로 분리한 백트래킹을 이용한 순열생성 알고리즘이다.

알고리즘 9.1 순열 생성 알고리즘(백트래킹)

```
def all_permutations(data):
    bUsed = [False] * len(data)              # 원소의 사용 여부 저장 리스트
    DFS_permutation (data, [], 0, bUsed)     # 루트부터 탐색 시작

def DFS_permutation (data, sol, level, bUsed):
    if level == len(data):                   # 하나의 순열 완성
        print(sol)                           # 현재 순열 출력
        return

    for i in range(len(data)):               # data의 모든 원소에 대해
        if not bUsed[i]:                     # 아직 사용되지 않았어야 가능한 부분해
            sol.append(data[i])              # 부분해에 추가
            bUsed[i] = True                  # 이 원소는 사용했다고 표시
            DFS_permutation (data, sol, level+1, bUsed)   # 자식 노드 탐색
            sol.pop()                        # 복구: 부분해에서 꺼냄
            bUsed[i] = False                 # 복구: 이 원소는 사용하지 않음
```

1행: 리스트로 주어지는 입력 data(예: ['A','B','C'])의 모든 순열을 구한다.

2행: 리스트의 각 항목들이 순열에 이미 사용되었는지를 표시하기 위해 bUsed를 사용하는데, 맨 처음에는 bUsed=[False, ... , False]이다.

3행: 트리의 루트는 아무것도 결정되지 않은 상태이므로 부분해가 공백 리스트 []로 주어진다. 편의상 루트 레벨을 0이라 하고, 상태공간트리를 탐색하는 순환 함수를 처음 호출한다.

5행: 상태공간트리를 탐색하는 실제 순환호출 함수이다.

6~8행: level이 원소의 개수와 같으면 하나의 순열이 완성된 것이다. 따라서 이 순열을 출력하고 백트래킹한다.

10~16행: 그렇지 않다면, 집합의 모든 원소를 현재 해에 추가해 본다. 이때 bUsed를 이용해 이미 사용된 원소인지를 검사하는데, 사용되었으면 바로 백트래킹하고, 아니면 그 원소를 부분해(sol)에 넣고 상태공간트리를 다시 순환적으로 탐색한다. 순환호출에서 레벨이 1씩 증가되어야 함에 유의하라.

알고리즘 테스트 백트래킹을 이용한 순열 생성 알고리즘

```
all_permutations(['A', 'B', 'C'])
```

C:\WINDOWS\system32\cmd.exe

```
['A', 'B', 'C']
['A', 'C', 'B']
['B', 'A', 'C']
['B', 'C', 'A']
['C', 'A', 'B']
['C', 'B', 'A']
```

{'A', 'B', 'C'}의 모든 순열 출력 결과

파이썬에서는 알고리즘 9.1과 같은 함수를 구현하지 않더라도 permutations 함수를 이용해 순열을 생성할 수 있다.

파이썬에서 제공하는 permutations 함수

파이썬에서는 itertools 모듈에서 순열 생성을 위한 permutations 함수를 제공한다. 이 모듈의 사용 방법과 실행 결과는 다음과 같은데, 출력 형태는 다르지만 결과는 동일하다.

```
from itertools import permutations        # itertools 모듈의 permutations 사용
print(list(permutations(['A', 'B', 'C'])) ) # 순열들을 리스트로 만들어 출력
```

C:\WINDOWS\system32\cmd.exe

```
[('A', 'B', 'C'), ('A', 'C', 'B'), ('B', 'A', 'C'), ('B', 'C', 'A'), ('C', 'A',
'B'), ('C', 'B', 'A')]
```

복잡도 분석

시간 복잡도 분석을 위해 이 문제에 대한 상태공간트리의 모든 단말 노드의 수를 계산해

보자. 루트에서는 n개의 자식 노드가 생기고, 각 자식 노드에서는 $n-1$개의 서브 트리가 만들어지며, 이것은 단말 노드까지 반복된다. 따라서 전체 단말 노드의 개수는 $n!$이 된다. 하나의 순열을 출력하는데 $O(n)$의 시간이 걸리므로 전체 시간 복잡도는 $O(n \cdot n!)$이다.

■ 합이 M인 모든 부분집합을 찾는 문제

어떤 집합 S의 모든 가능한 부분집합들 중에서 어떤 조건을 만족하는 부분집합을 모두 찾는 문제를 생각해 보자. 이때, 만약 조건이 원소의 합을 어떤 수로 맞추는 것이라고 가정하면 문제는 다음과 같이 정의된다.

문제 9.2 합이 M인 모든 가능한 부분집합 찾기(subset sum problem)

> 양수로 이루어진 집합 S와 어떤 수 M이 주어졌다. 이 S의 부분집합 중에 원소의 합이 M이 되는 모든 가능한 부분집합을 찾아라.

예를 들어, 입력 집합이 { 1, 2, 3, 4 }이고, M이 5라고 하자. 합이 5인 모든 가능한 부분집합은 {1,4}와 {2,3}이다.

이 문제를 해결하기 위한 가장 간단한 방법은 집합 S의 모든 가능한 부분집합을 만들고 각 부분집합의 합을 구해 비교해보는 것이다. 어떤 집합의 모든 부분집합을 만드는 것은 **조합(combination) 생성** 문제인데, 원소의 개수가 n인 집합의 모든 부분집합의 개수는 모든 원소를 부분집합에 넣거나 뺄 수 있으므로 2^n가지이다. 이들 중에서 조건을 만족하는 경우를 모두 찾으면 된다.

백트래킹을 이용한 조건적 부분집합 생성

백트래킹을 적용해 보자. 상태공간트리는 다음 그림과 같다. 순열에서와는 달리 집합에서는 원소들 간에 순서의 개념이 없는 것에 유의하라. 따라서 부모 노드 이후의 인덱스에 대해서만 탐색하면 된다. 예를 들어, {2} 노드에서는 {2,1}이나 {2,2}는 탐색할 필요가 없고, {2,3}과 {2,4}만 탐색하면 되는 것이다. 이 문제에서 기본적인 백트래킹 조건은 다음과 같다.

- **노드(후보 해)의 원소의 합이 M인 경우:** 하나의 해를 찾음. 백트래킹
- **노드의 원소의 합이 M을 초과하는 경우:** 서브 트리가 모두 M을 초과할 수밖에 없으므로 더 이상 탐색할 필요가 없음. 백트래킹

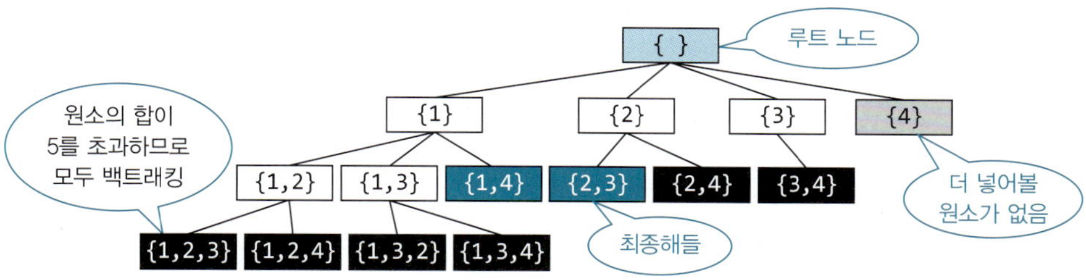

[그림 9.3] {1,2,3,4}의 부분집합 중 합이 5인 모든 집합 찾기 문제의 상태공간트리

- **레벨 1:** 루트 노드는 공백 집합이다. 이 노드에서 탐색이 시작된다.
- **레벨 2:** 루트 노드에서 부분집합의 원소로 각각 1, 2, 3, 4를 추가한 경우의 부분해를 나타낸다. 모두 아직 가능한 부분해이므로 탐색을 계속한다.
- **레벨 3:** {1}의 자식 노드인 {1,2}, {1,3}, {1,4}를 생성한다. {1,2}와 {1,3}은 합이 아직 5보다 작으므로 계속 탐색해야 한다. {1,4}는 합이 5이므로 하나의 해를 찾은 것이고, 따라서 전체해에 추가하고 백트래킹한다.
- **레벨 4:** {1,2}의 자식 노드인 {1,2,3}, (1,2,4)는 모두 합이 5 초과이므로 백트래킹한다. {1,3}의 자식 노드들도 마찬가지이다.

이 문제에서 집합의 원소는 음수가 아니어야 한다는 조건이 있었던 것에 유의하라. 만약 이 문제에서 원소로 음수를 허용한다면 어떻게 될까? 현재 부분해의 합이 5를 초과한다고 하더라도 백트래킹 할 수 없다. 왜냐하면 다음의 숫자를 넣어 다시 5가 될 수 있기 때문이다.

알고리즘

앞에서와 같이 순환호출을 이용해 백트래킹 알고리즘을 구성해 보자. 먼저 숫자 집합 S에서 원소의 합이 M인 모든 부분집합을 출력하려고 한다. 조금이라도 더 많은 가지치기를 위해 다음과 같은 추가적인 백트래킹 조건을 사용할 수 있다.

> remaining을 현재 해에 선택되지 않고 남은 집합 S의 모든 숫자들의 합이라고 하자. remaining과 현재 해의 합이 M보다 작으면 남은 숫자를 모두 해에 넣어도 M을 절대 만들 수 없다. 백트래킹한다.

맨 처음에는 remaining은 입력 집합 S의 모든 요소의 합인 sum(S)이어야 하고, index는 0, 현재 해 sol은 공집합이다. sum(S)은 리스트 S의 모든 항목의 합을 구하는 파이썬 함수이다.

알고리즘 9.2 합이 M인 모든 부분집합 찾기(백트래킹)

```
01 def all_sum_of_subsets(S, M):
02     DFS_sum_of_subsets(S, M, 0, [], sum(S))
03
04 def DFS_sum_of_subsets(S, M, level, sol, remaining):
05     if sum(sol) == M:                       # 하나의 해 완성
06         print(sol)                          # 현재 해를 출력
07         return                              # 백트래킹
08     if sum(sol)>M or (remaining+sum(sol))<M:
09         return                              # 백트래킹
10
11     for i in range(level, len(S)):          # index 이후의 모든 숫자에 대해
12         sol.append(S[i])                    # 현재 해 갱신
13         DFS_sum_of_subsets(S, M, i+1, sol, remaining-S[i])      # 순환
14         sol.pop()                           # 현재 해 복구
```

1행: 리스트로 주어지는 입력 S에서 합이 M인 모든 부분집합 찾기 함수이다.

2행: 순환 함수를 호출한다. 맨 처음에 레벨은 0(루트의 레벨을 0으로 가정), 부분집합은 공집합 [], 리스트에 남은 항목들의 합(sum(S))을 입력으로 전달한다.

4행: 조건에 맞는 모든 조합 생성을 위한 순환 구조의 상태공간트리 탐색 함수이다. level은 현재까지의 레벨을, sol은 현재의 부분집합, remaining은 S의 원소 중에서 sol에 포함되지 않은 남은 원소들의 합을 의미한다.

5~7행: 하나의 해가 완성되었으면 출력하고 백트래킹 한다.

8~9행: 부분해가 이미 M보다 크거나, 부분해에 S의 남은 원소를 다 더해도 M보다 작은 경우(추가적인 백트래킹 조건) 더 탐색할 필요가 없다. 따라서 백트래킹 한다.

11~14행: 그렇지 않다면, level 이후의 모든 원소들에 대해(중복을 허용하지 않으므로 이전 원소들을 처리할 필요 없음) 하나씩 부분해(sol)에 넣고 상태공간트리를 순환적으로 탐색해 본다. 순환호출에서 레벨이 1씩 증가되어야 하고, S에 남은 원소의 합이 갱신되어야 하는 것에 유의하라.

알고리즘 테스트 합이 M인 모든 부분집합 찾기(백트래킹)

```
nums = [3, 34, 4, 12, 5, 2]
M = 9
solution = all_sum_of_subsets(nums, M)
print("입력 집합: ", nums, "M=", M )
```

```
C:\WINDOWS\system32\cmd.exe
입력 집합:  [3, 34, 4, 12, 5, 2] M= 9
[3, 4, 2]
[4, 5]
```

합이 9인 모든 부분집합들

9.2 미로탐색

미로내의 출발점 S에서 출구 D를 찾아보자. 미로는 보통 그림 9.4 (a)와 같이 2차원 배열의 형태로 주어지는데, 이것을 그래프로 변환하면 미로탐색은 그래프 탐색 문제가 되고, 3.6절의 그래프 탐색 기법들을 적용할 수 있다. 먼저, 2차원 배열로 표현된 미로를 그래프로 변환하는 방법을 생각해 보자. 그림과 같이 입구 S와 출구 D를 포함하여 모든 갈림길과 막다른 지점을 그래프의 정점으로 추가하고, 이들 사이의 연결 관계를 간선(edge)으로 표시한다. 만약 미로에 사이클이 없다면 이 그래프는 (c)와 같이 트리가 된다(사실 미로에는 사이클도 있을 수도 있다). 이 트리에서 모든 단말 노드는 미로의 막다른 지점을 의미하고, 비단말 노드들은 갈림길을 나타낸다. 미로가 트리로 변환되면 미로탐색 문제는 이제 이 트리를 순회하여 출구 노드를 찾는 문제가 된다. 어떤 순회 기법을 사용하더라도 출구가 있다면 반드시 찾을 수 있다.

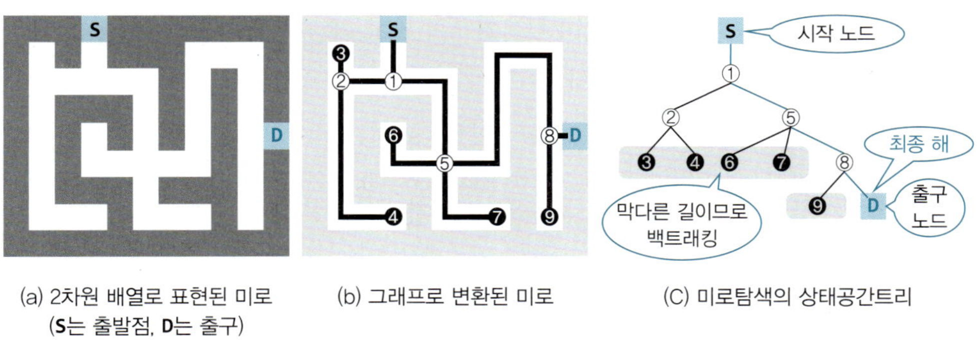

(a) 2차원 배열로 표현된 미로 (**S**는 출발점, **D**는 출구)　(b) 그래프로 변환된 미로　(C) 미로탐색의 상태공간트리

[그림 9.4] 미로탐색 문제를 그래프 탐색 문제로 변환한 예

이러한 미로탐색은 백트래킹의 대표적인 예로 사용된다. 백트래킹은 기본적으로 깊이 우선 탐색 전략을 사용하므로, 시작점에서부터 하나의 경로를 선택하여 끝까지 시도해 보고 막히면 조금 전의 분기점으로 되돌아가서 다른 경로를 다시 시도하는 것이다. 미로탐색 문제를 그림의 (c)와 같이 상태공간트리로 나타내면, 최종 경로는 시작 노드 S에서 출구 노드 D로의 경로 (S, 1, 5, 8, D)가 된다.

■ 2차원 배열로 표현된 미로탐색 문제

2차원 배열로 주어진 미로에서 백트래킹을 이용해 출구를 찾는 방법을 생각해 보자. 2차원 배열 형태의 미로맵은 그래프의 인접 행렬 표현에서와 동일하게 "리스트의 리스트"로 나타낼 수 있다. 다음 코드와 같이 맵에서 0은 벽을 나타내고, 1은 갈 수 있는 칸을, 그리고 2는 출구를 나타낸다고 하자.

```
maze = [ [0, 0, 0, 1, 0, 0, 0, 0, 0, 0, 0],
         [0, 1, 0, 1, 0, 0, 0, 1, 1, 1, 0],
         [0, 1, 1, 1, 1, 1, 0, 1, 0, 1, 0],
         [0, 1, 0, 0, 0, 1, 0, 1, 0, 1, 0],
         [0, 1, 0, 1, 0, 1, 0, 1, 0, 1, 2],
         [0, 1, 0, 1, 1, 1, 1, 1, 0, 1, 0],
         [0, 1, 0, 0, 0, 1, 0, 0, 0, 1, 0],
         [0, 1, 1, 1, 0, 1, 1, 1, 0, 1, 0],
         [0, 0, 0, 0, 0, 0, 0, 0, 0, 0, 0]]
```

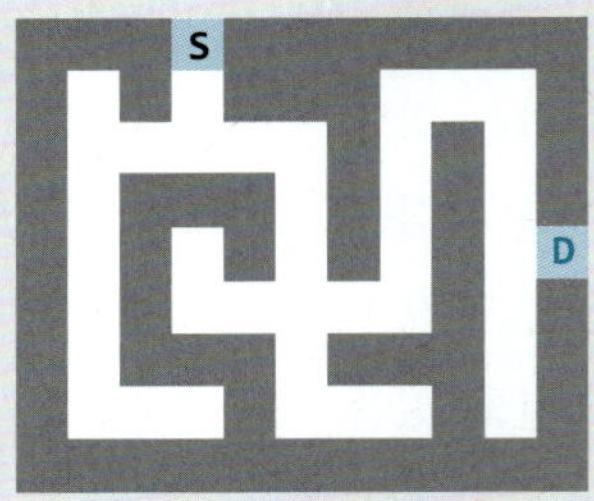

현재 위치 (x, y)에서 인접한 칸들을 조사하여 만약 유효한 칸이 있으면 일단 그 칸으로 이동해본다. 이때, 인접한 칸이란 (x, y)의 상하좌우의 칸을 말한다. 어떤 위치 (x, y)가 유효한 칸이 되기 위한 조건은 다음과 같다.

(1) (x, y)가 미로 내의 위치이어야 함: x〉=0 and x〈W and y〉=0 and y〈H

(2) 벽이 아니어야 함: maze[y][x]!=0

(3) 한번 지나갔던 위치가 아니어야 함: mark[y][x]==0

한번 지나갔던 칸은 더 이상 갈 수 없다는 것에 유의하라. 따라서 모든 칸에 대해 방문 기록을 저장해야 하는데, 이를 위해 maze와 같은 크기의 방문맵 mark를 사용한다. 만약 현재 위치 (x, y)가 출구이면 탐색은 성공한 것이다. 미로탐색에서 백트래킹 조건은 다음과 같다.

> 탐색 과정에서 현재 위치 (x, y)가 유효하지 않거나, 더 이상 갈 수 있는 칸이 없으면 되돌아와야 한다. 백트래킹한다.

■ 미로탐색 알고리즘

미로맵(maze)과 방문맵(mark)이 주어졌을 때, 어떤 칸의 위치 (x, y)가 유효한지를 검사하는 알고리즘은 다음과 같다.

알고리즘 9.3 미로탐색에서 위치의 유효성 검사

```
def isSafe( maze, x, y, mark ):
    W, H = len(maze[0]), len(maze)                  # 미로맵의 가로 세로 크기
    if x>=0 and x<W and y>=0 and y<H :              # 조건 (1): 미로맵 내부
            if maze[y][x]!=0 and mark[y][x]==0:     # 조건 (2, 3): 벽이 아니고 방문 않음
                    return True
    return False
```

이제 전체 미로탐색 알고리즘을 구성해 보자. 주 함수는 필요한 자료들을 초기화하고 순환호출을 시작하고, 순환호출 함수는 실제로 순환호출을 통해 상태공간트리를 탐색하도록 구성한다. 탐색이 성공하였을 때 최종적인 해 경로를 출력할 수 있도록 해 경로맵 sol을 추가하였다.

알고리즘 9.4 백트래킹을 이용한 미로탐색

```
def solve_maze( maze, x, y ):                          # 미로탐색 주 함수
    W, H = len(maze[0]), len(maze)                     # 미로 맵의 크기
    sol = [[0 for j in range(W)] for i in range(H)]    # 해 경로 맵
    mark= [[0 for j in range(W)] for i in range(H)]    # 방문 맵
```

```
05
06     if DFS_maze(maze, x, y, sol, mark) == False:   # 탐색 실패
07         print("출구를 찾을 수 없음")
08     else :                                         # 탐색 성공
09         for i in sol: print(i)                     # 해 경로 맵 출력
10
11 def DFS_maze(maze, x, y, sol, mark):               # 순환호출 함수
12     W, H = len(maze[0]), len(maze)                 # 미로 맵의 크기
13
14     if not isSafe(maze, x,y, mark):                # 유효하지 않은 위치이면
15         return False                               # False를 반환(백트래킹)
16
17     mark[y][x] = 1                                 # (x, y)를 지나갔음
18     sol[y][x] = 1                                  # (x, y)가 path의 일부임
19     if maze[y][x] == 2 :                           # 출구 도착
20         return True                                # True를 반환(탐색종료)
21
22     if DFS_maze(maze, x+1, y, sol, mark)==True: return True
23     if DFS_maze(maze, x, y+1, sol, mark)==True: return True
24     if DFS_maze(maze, x-1, y, sol, mark)==True: return True
25     if DFS_maze(maze, x, y-1, sol, mark)==True: return True
26
27     sol[y][x] = 0        # (x,y)는 이제 해의 일부가 아님 → sol에서 제거
28     return False
```

1행: 미로맵 maze와 현재 위치 (x,y)를 받아 출구를 찾는 미로탐색 주 함수

2행: 리스트의 리스트로 구성된 미로맵 maze의 크기

3~4행: 해 경로를 저장하기 위한 맵인 sol과 방문맵 mark를 생성하고 모두 0으로 초기화한다.

6~9행: 현재 위치 (x,y)에서 순환호출을 시작하고, 탐색을 성공하면 해 경로 맵을 화면을 출력한다.

11행: 상태공간트리를 탐색하는 DFS 구조의 순환호출 함수이다. 미로맵, 현재 위치, 현재 해 경로 맵, 방문 맵이 입력된다.

14~15행: 현재 위치가 유효하지 않으면 백트래킹 한다.

17~18행: 현재 위치가 유효하면, 방문했음을 mark에 표시하고, 해 경로 맵에 현재 위치를 추가한다.

19~20행: 현재 위치가 출구이면 탐색을 종료한다.

22~25행: 상태공간트리의 서브 트리를 순환적으로 탐색한다. 코드에서는 우-하-좌-상 순으로 탐색하지만, 순서와 상관없이 출구가 있다면 반드시 찾아진다.

27행: 현재 위치가 이제 해의 일부가 아니므로 sol에서 제거한다.

28행: 어느 서브 트리에서도 해가 없으면 백트래킹 한다.

알고리즘 테스트 미로탐색(백트래킹)

```
maze = [[ ...]...]          # 미로맵
solve_maze(maze, 3, 0)
```

C:\WINDOWS\system32\cmd.exe

```
[0, 0, 0, 1, 0, 0, 0, 0, 0, 0, 0]
[0, 0, 0, 1, 0, 0, 0, 1, 1, 1, 0]
[0, 0, 0, 1, 1, 1, 0, 1, 0, 1, 0]
[0, 0, 0, 0, 0, 1, 0, 1, 0, 1, 0]
[0, 0, 0, 0, 0, 1, 0, 1, 0, 1, 1]
[0, 0, 0, 0, 0, 1, 1, 1, 0, 0, 0]
[0, 0, 0, 0, 0, 0, 0, 0, 0, 0, 0]
[0, 0, 0, 0, 0, 0, 0, 0, 0, 0, 0]
[0, 0, 0, 0, 0, 0, 0, 0, 0, 0, 0]
```

최종 경로

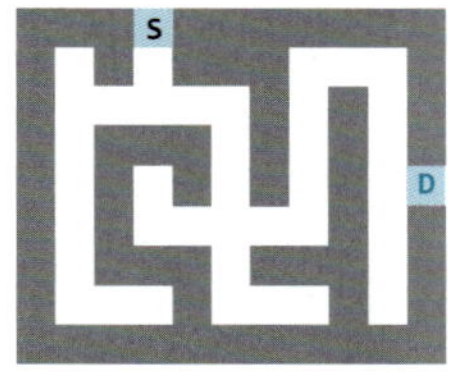

9.3 N-Queen

N-Queen 문제는 $N \times N$의 체스보드에 N개의 퀸을 놓는 문제이다. 이때, 어떤 퀸도 다른 퀸을 공격할 수 없어야 한다. 퀸은 다음 그림의 (b)와 같이 수평이나 수직, 또는 대각선 위치에 있는 적을 공격할 수 있다. 결국 모든 퀸이 가로와 세로, 대각선 방향으로 다른 퀸과 중복되어 놓이지 않도록 퀸들을 배치하는 것이 핵심이다.

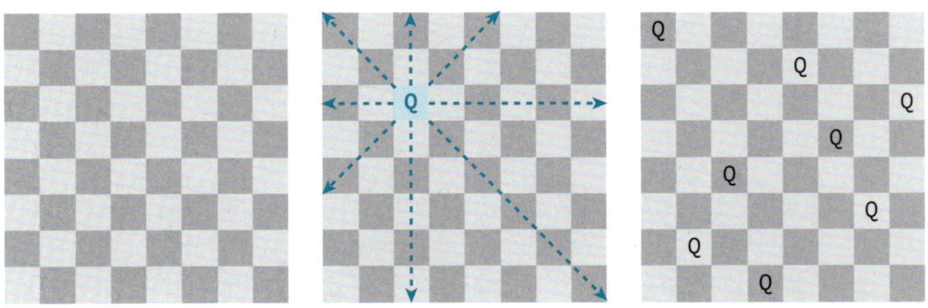

(a) 8x8 체스판 (b) 퀸의 공격 범위 (c) 8-Queen의 하나의 해

[그림 9.5] 8-Queen 문제를 위한 체스판과 하나의 해

8-Queen 문제에는 총 92개의 가능한 해가 있고, 7-Queen은 40가지, 6-Queen은 4가지, 5-Queen은 10가지, 4-Queen은 2가지의 해가 있는데, 다음은 4-Queen의 모든 가능한 해를 보여준다.

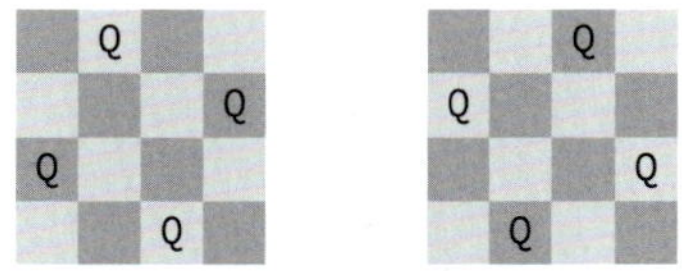

4-Queen 문제의 모든 해답(2가지)

[그림 9.6] 4-Queen 문제의 모든 해

일반적인 경우인 N-Queen 문제를 어떻게 해결할 수 있을까? 일단 가장 단순한 방법은 N^2 개의 모든 칸들 중에서 N개를 골라 퀸을 배치하고 서로 공격하는 퀸이 있는지를 검사하는 방법이다. 이러한 조합의 수는 $C(N^2, N)$인데, 이것은 $P(N^2, N)/N! = N^2!/N!(N^2-N)!$이나 된다. 이때, C는 조합(combination), P는 순열(permutation)을 의미한다.

■ 백트래킹 전략

백트래킹을 이용하면 좀 더 효율적으로 이 문제를 해결할 수 있다. 단순화를 위해 일단 n=4, 즉 4-Queen 문제를 생각해 보자. 두 개의 퀸들이 같은 행에 놓일 수 없으므로 하나의 행에는 하나의 퀸이 놓여야 한다. 따라서 첫 번째 행부터 가능한 위치에 퀸을 놓아보자. 다음은 4-Queen 문제의 상태공간트리 일부를 보여준다.

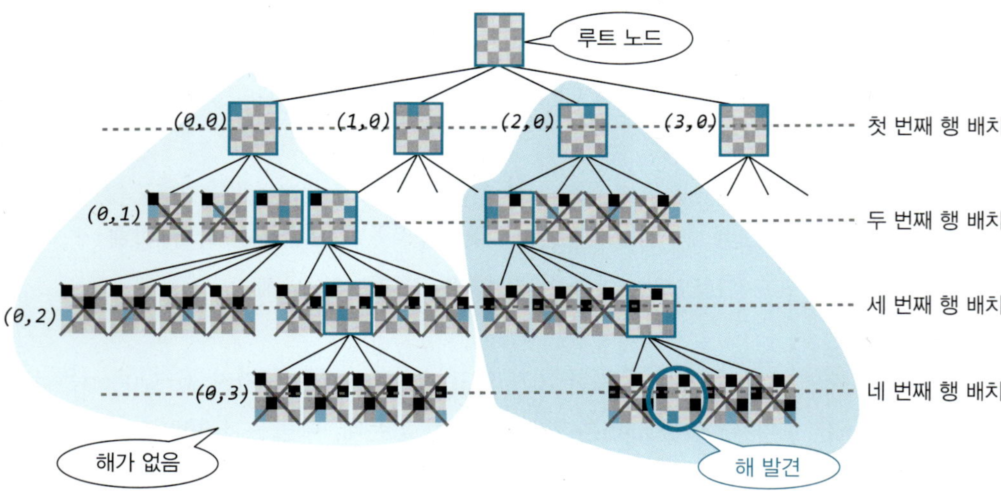

[그림 9.7] 4-Queen 문제의 상태공간트리의 일부

- (0,0)에 퀸을 두고 다음 행으로 탐색을 진행한다. 다음 행에서도 네 열에 퀸을 놓을 수 있는데, (0,1)은 세로가 중복되고, (1,1)은 대각선으로 중복되므로 퀸을 놓을 수 없고, 따라서 백트래킹 한다. (2,1)과 (3,1)은 아직 가능한 부분해이다.
- (0,0) → (2,1)의 서브 트리를 탐색한다. 3행에는 어느 위치에도 퀸이 들어갈 수 없다. 모두 더 탐색하지 않고 백트래킹한다.
- (0,0) → (3,1)의 서브 트리를 탐색한다. 3행에서 (1,2)가 가능하다. 4행에는 어느 위치에도 퀸이 들어갈 수 없다. 결국 백트래킹을 거듭하여 루트까지 되돌아간다.
- (1,0) 노드의 탐색은 생략하고 (2,0) 노드의 탐색 과정을 살펴보자. 2행에서는 하나의 위치 (1,0)만 가능하고, 이를 탐색하면 다시 (3,2)가 가능하다. 마지막으로 (2,3) 위치에 퀸을 놓을 수 있다. 하나의 해를 발견했다.

같은 방법으로 노드 (1,0)의 서브 트리를 탐색하면 또 다른 해를 찾을 수 있다. (4,0)의 서브 트리에는 해가 없다. 따라서 그림 9.6과 같이 두 가지의 가능한 배치를 찾을 수 있다.

4-Queen 문제의 가능한 조합, 즉 후보해의 수는 $C(16,4)=1820$가지이다. 그러나 백트래킹을 이용하면 그림과 같이 탐색해야 하는 노드의 수가 수십 개 이내로 줄어드는 것을 알 수 있다. 이것이 백트래킹의 위력이다.

N-Queen 알고리즘

이제 구체적인 알고리즘을 구성해 보자. 먼저, 미로탐색에서와 같이 현재 보드 상태에서 어떤 위치 (x, y)가 퀸을 놓을 수 있는 유효한 위치인지를 판단할 수 있어야 한다. 유효한 위치는 그림 9.5와 같이 (x, y)의 가로, 세로, 대각선 방향으로 퀸이 하나도 없어야 한다. 퀸을 맨 위의 행에서부터 하나씩 놓으면서 아래로 내려온다고 하면, 보드에서 현재까지 퀸은 $0 \sim y-1$행에만 하나씩 놓여있다. 즉, y행 아래쪽은 퀸이 없고, 따라서 검사할 필요도 없다.

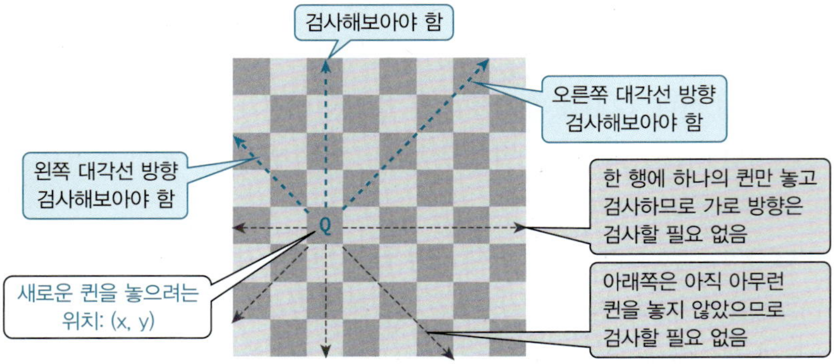

[그림 9.8] 새로운 위치의 유효성 검사

다음은 이러한 유효성 검사 알고리즘이다. 대각선 좌표를 생성하기 위해 파이썬의 zip() 함수를 사용하였다. 가로방향 검사는 필요 없고, 세로방향과 대각선의 검사들은 모두 위쪽 행들에 대해서만 처리하면 된다.

알고리즘 9.5 N-Queen 문제의 유효성 검사

```
01 def isSafe(board, x, y):
02     N = len(board)
03 
04     for i in range(y):
05         if board[i][x] == 1: return False          # 세로방향 검사
06     for i, j in zip(range(y-1, -1, -1), range(x-1, -1, -1)):
07         if board[i][j] == 1: return False          # \ 방향 검사
08     for i, j in zip(range(y-1, -1, -1), range(x+1, N)):
09         if board[i][j] == 1: return False          # / 방향 검사
10     return True         # 모든 방향으로 OK이면 (x,y)는 safe한 위치
```

1행: 보드의 (x,y) 위치가 퀸이 놓을 수 있는 위치인지 검사하는 함수이다.

4행: 세로방향의 검사는 (x, 0)~(x, y−1)까지만 하면 된다.

6행: 왼쪽 대각선(\) 방향으로 검사해야 하는 위치는 (x−1, y−1), (x−2, y−2), ..., (0, y−k)의 순이다. 즉, x와 y를 하나씩 줄이면서 x가 0이 될 때까지 검사한다.

8행: 오른쪽 대각선(/) 방향으로 검사해야 하는 위치는 (x+1, y−1), (x+2, y−2), ..., (n−1, y−k)이다. x는 증가시키고 y는 줄이면서 x가 n−1이 될 때까지 검사한다.

10행: 모든 문제가 없으면 유효한 위치이므로 True 반환한다.

파이썬의 zip() 함수

zip()은 여러 개의 자료들을 쌍을 지어 묶어주는 함수이다. 예를 들어보자.

```
list( zip( [1, 2, 3], [4, 5, 6] ) )  # [(1,4), (2,5), (3,6)]
```

이때, 쌍을 지을 자료들의 개수가 달라도 문제없다.

```
list( zip( [1, 2], [3, 4, 5, 6] ) )  # [(1,3), (2,4)]
```

알고리즘의 6행과 8행에서 이 함수가 사용되었는데, 각각 다음과 같은 튜플들을 만들어준다.

```
zip(range(y-1, -1, -1), range(x-1, -1, -1))
# (y−1,x−1), (y−2,x−2), ...., (y−k, 0)

zip(range(y-1, -1, -1), range(x+1, N))
# (y−1,x+1), (y−2,x+2), ...., (y−k, N−1)
```

이제 현재 보드(board)의 *y*행부터 나머지 행까지 새로운 퀸을 놓는 알고리즘을 순환으로 기술해 보자. 보드는 모두 0으로 초기화되어야 하고, 순환호출의 시작은 0번 행부터이어야 한다. 퀸을 놓으려는 위치가 유효하지 않으면 백트래킹 한다. 알고리즘은 다음과 같다.

알고리즘 9.6 N-Queen

```
01 def solve_N_Queen(board, y):
02     N = len(board)
03     if y == N:                          # 하나의 해 탐색 성공
04         printBoard(board)               # 화면에 출력
05         return                          # 백트래킹
06
07     for x in range(N):                  # 현재 y에서 모든 x를 테스트 함
08         if isSafe(board, x, y):         # (x,y)에 퀸이 들어갈 수 있으면
09             board[y][x] = 1             # 넣고
10             solve_N_Queen(board, y+1)   # 다음 행 처리: 상태공간트리 탐색
11             board[y][x] = 0             # 처리가 끝났으니 다시 꺼냄
```

1행: 현재 보드와 다음에 퀸을 놓을 행을 입력으로 받는다.

3행: 만약, y==N이면 이미 모든 행을 채운 것이므로 하나의 해를 완성했다.

7행: 그렇지 않으면 현재의 행에서 모든 칸을 검사한다.

8~11행: (x,y)에 퀸이 들어갈 수 있으면, 넣고, 다음 행(y)을 처리한 다음, 다음 칸(x)을 위해 다시 꺼냄. 한 행에는 하나의 퀸만 놓고 테스트함

알고리즘 테스트 4-Queen

```
def printBoard(board):
    for i in range(len(board)):
        for j in range(len(board)):
            if board[i][j] == 1:
                print("Q", end=" ")
            else:
                print(".", end=" ")
        print()
    print()

N = 4
board = [[0 for i in range(N)] for j in range(N)]
solve_N_Queen(board, 0)
```

9.4 그래프 색칠

호주(Australia) 대륙은 그림과 같이 여러 개의 주(state)로 이루어져 있는데, 어떤 주들은 경계선을 공유하여 서로 인접해 있다. 지도 색칠 문제는 *k*개의 색을 이용해 인접한 주가 같은 색상으로 칠해지지 않도록 지도를 색칠할 수 있는지를 묻는 문제인데, 오른쪽 그림은 3개의 색을 이용해 이 지도를 색칠할 수 있음을 보여준다.

(a) 호주 대륙의 주들 (Tasmania 제외) (b) 인접한 주가 다른 색이 되도록 색칠하기

[그림 9.9] 호주의 각 주들과 색칠 문제

이 문제를 풀기 위해서도 그래프가 사용되는데, 이를 위해 먼저 지도를 그래프로 표현해야 한다. 각각의 주(state)들을 그래프의 정점으로 표현하고, 인접한 주들 사이에 간선을 추가하면 지도의 각 주들의 연결 관계를 그래프로 간략하게 나타낼 수 있다. 이제 다소 복잡해 보이는 지도 색칠 문제가 **그래프 색칠**(graph coloring) 문제로 단순화되었다.

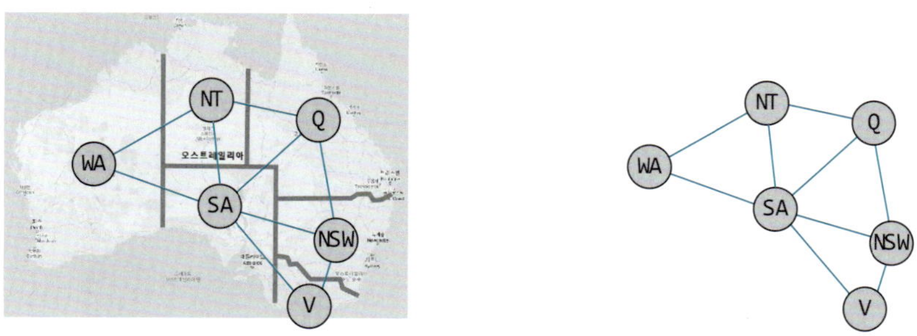

[그림 9.10] 각 주들의 연결 관계를 그래프로 나타냄

그래프에서 인접한 노드가 같은 색을 갖지 않도록 k개의 색을 이용해 칠하는 문제를 생각해 보자. 이를 해결하기 위한 가장 단순한 방법은 n개의 모든 노드에 k개의 모든 색을 적용하고, 이들 중에서 조건에 맞는 경우를 찾아 출력하는 방법이다. 즉, k^n 가지의 색 조합에 대해 인접 노드 사이의 색의 중복 여부를 검사하는 것으로, 매우 비효율적인 전략이다.

■ 백트래킹 전략

백트래킹을 이용하면 좀 더 효율적으로 이 문제를 해결할 수 있다. 백트래킹은 첫 번째 정점부터 시작하여 순서적으로 한 정점씩 색칠하는 방법을 사용한다. 정점 v에 어떤 색 c를 칠하기 위해서는 먼저 v의 인접 정점을 조사해야 한다.

> v의 인접 정점 중에 색이 c인 정점이 있으면 v는 c로 칠할 수 없으므로 백트래킹하고 다른 색을 시도한다.

만약 v에 c를 칠했다면 이제 다음 노드를 같은 방법으로 처리하는데, 이 과정은 그래프의 모든 노드가 색칠될 때까지 반복된다. 만약 모든 경우를 검사했는데도 해가 없으면 이 트리는 *k*개의 색으로는 칠할 수 없는 것이다.

앞의 그래프를 3가지 색으로 칠해보자. 정점을 처리하는 순서를 NT → WA → Q → SA → NSW → V로 하고, 이 문제의 탐색 과정을 상태공간트리로 나타내면 다음과 같다. 회색 박스는 조건이 맞지 않아 백트래킹하는 노드이다. 파란색 노드는 부분해이며, 최종적으로 그림과 같이 두 개의 해를 구할 수 있다.

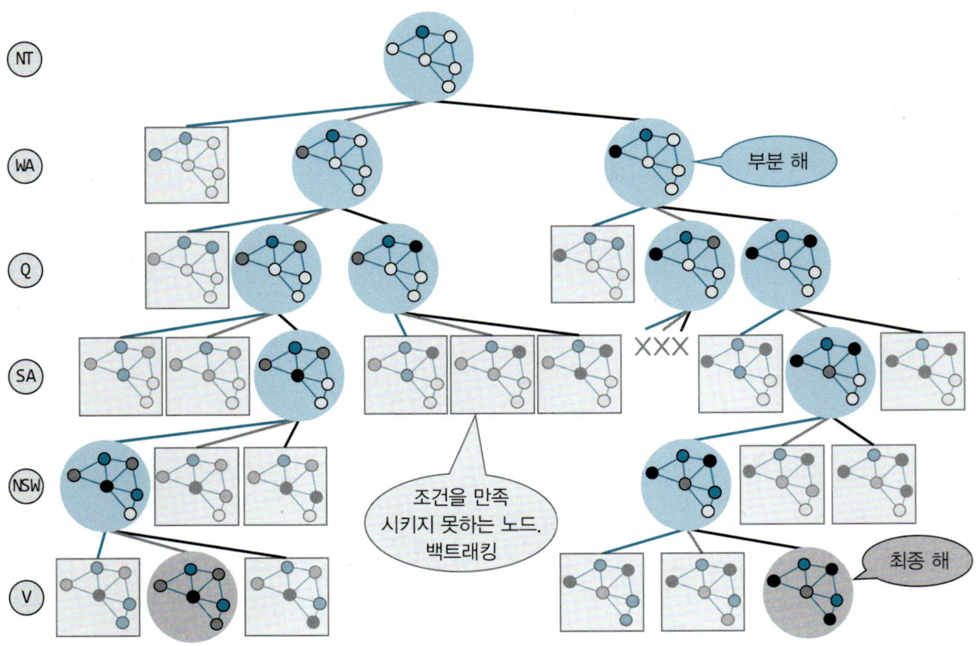

[그림 9.11] 세 가지 색(*k*=3)으로 그래프를 색칠하는 경우의 상태공간트리

▪ 그래프 색칠 알고리즘

구체적인 알고리즘을 구성해 보자.

- 그래프는 인접 행렬로 표현한다.
- 각 정점에 대한 컬러 인덱스를 저장하기 위해 color란 리스트를 사용하자.
- 이 문제에서도 유효성의 검사가 필요하다. 즉, 그래프 g의 정점 v에 색상 c를 칠할 수 있는지를 판단해야 한다. 이때 지금까지 결정된 색상 리스트인 color가 사용되어야 한다. 즉, v를 c로 칠할 수 있기 위해서는 v의 모든 인접정점 u의 색(color[u])이 c가 아니어야 한다. 만약 하나라도 색이 c인 인접정점이 있으면 이 색으로 v를 칠할 수는 없다. 알고리즘은 다음과 같다.

알고리즘 9.7 그래프 색칠 문제의 유효성 검사

```
01 def isSafe(g, v, c, color):
02     for i in range(len(g)):                    # 그래프의 모든 정점 i에 대해
03         if g[v][i] == 1 and color[i] == c:     # 인접하고 색이 같으면
04             return False                       # 칠할 수 없는 색
05     return True                                # 색이 같은 인접정점이 없으면 True
```

1행: 현재 그래프 g의 v번째 정점에 색상 c를 칠할 수 있는지를 검사하는 함수. 이때, 모든 정점에 대해 지금까지 칠해진 색상 표 color를 이용한다. g는 인접 행렬로 주어진다.

2~4행: 모든 인접 정점을 검사해 하나라도 이미 색상 c가 칠해져 있는 정점이 있다면 v에는 c를 칠할 수 없다. 따라서 False를 반환한다.

5행: 그렇지 않으면 v에 c를 칠할 수 있다는 것이다. True 반환한다.

순환 구조로 기술된 그래프 색칠 알고리즘은 다음과 같다. 그래프와 가능한 색상 개수인 k가 주어지고, 현재 정점 인덱스 v와 각 정점의 색상 리스트 color가 매개변수로 추가된다. 먼저 v가 그래프의 모든 정점 수와 같으면 모든 정점에 색칠이 완료된 것이므로 True를 반환한다. 그렇지 않다면 상태공간트리를 더 탐색해야 한다. 이를 위해 모든 가능한 색상을 정점 v에 적용할 수 있는지 검사하고, 가능하면 색칠한 후 서브 트리를 계속 검사한다. 서브 트리 검사를 위한 순환호출에서 현재 정점의 인덱스가 하나씩 증가되어야 하는 것에 유의하라.

알고리즘 9.8 그래프 색칠

```
01 def DFS_graph_coloring(graph, k, v, color):
02     if v == len(graph):                       # 색칠 성공
03         return True
04 
05     for c in range(1, k+1):                   # 모든 색상에 대해 [1,...k]
06         if isSafe(graph, v, c, color) :       # v를 c로 칠할 수 있으면
07             color[v] = c
08             if DFS_graph_coloring(graph, k, v+1, color):
09                 return True
10             color[v] = 0
11 
12     return False                              # 정점 색칠 실패
13 
14 def graphColouring(graph, k, states):
15     color = [0] * len(graph)                  # 정점의 색 배정 리스트: 초기 0
16     ret = DFS_graph_coloring(graph, k, 0, color)      # 0번 정점부터 처리
17     if ret :
18         for i in range(len(graph)) :
19             print("%3s = "%states[i], color_name[color[i]])
20     else :
21         print("그래프를 색칠할 수 없음!")
```

1행: 백트래킹을 이용한 상태공간트리 탐색 함수. 그래프와 색상 수 k, 현재 정점 인덱스, 정점별 색상을 저장한 리스트 color가 입력된다.

2~3행: 정점의 인덱스 v가 정점의 수와 같으면 이미 모든 정점을 칠한 경우이므로 색칠에 성공했다. True를 반환한다.

5~6행: v에 모든 색상 c를 적용해 보고, c가 칠할 수 있는 색상이면,

7~10행: 일단 칠하고, 나머지 정점들을 순환적으로 검사한다. 이제 v+1번째 정점을 검사해야 하는데, 만약 이것이 가능하면 답이 나온 것이고, 그렇지 않으면 다른 색을 시도한다.

12행: 모든 색상에 대해 성공하지 못했으면 정점 색칠 실패이다. False 반환

14행: 그래프 색칠 주 함수이다. 인접행렬로 표현된 그래프 graph와 색상 수 k, 정점 리스트 states가 입력된다.

15행: 정점별 색상표. 맨 처음에는 모두 0으로 초기화 하여 색이 칠해지지 않은 상태임을 표시한다.

16행: 0번 정점부터 그래프 색칠을 시작한다. 이를 위해 순환함수를 호출하는데, 반환 값은 성공 여부를 나타낸다.

17~21행: 성공했으면 배정 결과 출력하고, 실패했으면 메시지를 출력한다.

알고리즘 테스트 그래프 색칠

```
states = ['NT', 'WA', 'Q', 'SA', 'NSW', 'V']
color_name = ["none", "빨강", "초록", "파랑", "노랑", "보라"]
g = [ [0, 1, 1, 1, 0, 0],
      [1, 0, 0, 1, 0, 0],
      [1, 0, 0, 1, 1, 0],
      [1, 1, 1, 0, 1, 1],
      [0, 0, 1, 1, 0, 1],
      [0, 0, 0, 1, 1, 0],]
print("색상 3개:")
graphColouring(g, 3, states)
print("색상 2개:")
graphColouring(g, 2, states)
```

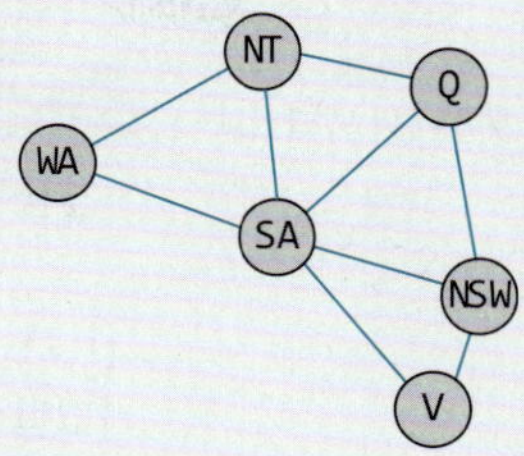

9.5 0-1 배낭 채우기와 분기 한정

백트래킹 기법이 상태공간트리의 많은 노드를 탐색하지 않고 미리 가지치기하여 탐색 효율을 높이는 방법이지만, 대부분의 노드를 탐색해야 하는 최적화 문제에서는 여전히 비효율적일 수 있다. **분기 한정** 전략은 이러한 백트래킹의 문제를 보완하여 더 많은 가지치기 효과를 노리는 방법이다.

앞에서 공부했던 0-1 배낭 문제로 다시 돌아가 보자. 무게와 가치가 주어진 n개의 물건이 있을 때, 배낭에 담을 수 있는 최대 무게(용량) W를 초과하지 않으면서 물건들의 가치의 합이 최대가 되도록 배낭을 채우는 문제이다.

[그림 9.12] 0-1 배낭 채우기 문제

0-1 배낭 채우기 문제는 다음과 같이 여러 방법으로 해결할 수 있었다.

0-1 배낭 문제 해법	특징
탐욕적 기법(8장)	• 무게 당 가격이 높은 것부터 탐욕적으로 선택하여 배낭의 용량을 초과하지 않을 때 까지 넣는 방법 • 부분적인 배낭 채우기 문제에서만 최적해를 보장
동적 계획법(7장)	• 2차원 테이블을 이용하는데, 0-1 배낭 채우기 문제의 최적해를 구할 수 있음 • 실수 무게를 허용하면 이 방법을 적용할 수 없음
완전 탐색(3장)	• 최적해를 보장하지만 시간이 많이 걸림(그림 9.13)
백트래킹(9장)	• 완전 탐색의 상태공간트리에서 많은 노드들을 가지치기함 • 탐색의 효율을 높임(그림 9.14)
분기 한정(9장)	• 가지치기의 효율을 더욱 높이는 방법(그림 9.15)

탐욕적 기법은 최적해를 보장하지 않고, 동적 계획법은 최적해를 구할 수 있지만 무게가 정수로 주어져야 한다는 조건이 필요하다. 완전 탐색은 역시 항상 최적해를 보장하는데, 상태공간트리의 모든 노드들을 탐색하여 무게에 대한 어떤 추가 조건도 필요 없이 최적해를 찾는다.

■ 완전 탐색과 상태공간트리

0-1 배낭 채우기 문제의 상태공간트리를 만들어보자. 입력으로는 배낭의 용량 W=10이고, 무게와 가격이 각각 다음 표와 같이 주어진 5개(n=5)의 물건이 있다고 가정하자.

물건 이름	A	B	C	D	E
무게	2.5	3.2	1.7	5.0	4.1
가격	30	50	70	60	40

상태공간트리는 순서적인 결정 과정을 나타내는데, A, B, C, D, E의 순으로 물건들을 순서적으로 넣거나 빼는 경우를 트리로 나타내면 다음 그림과 같다.

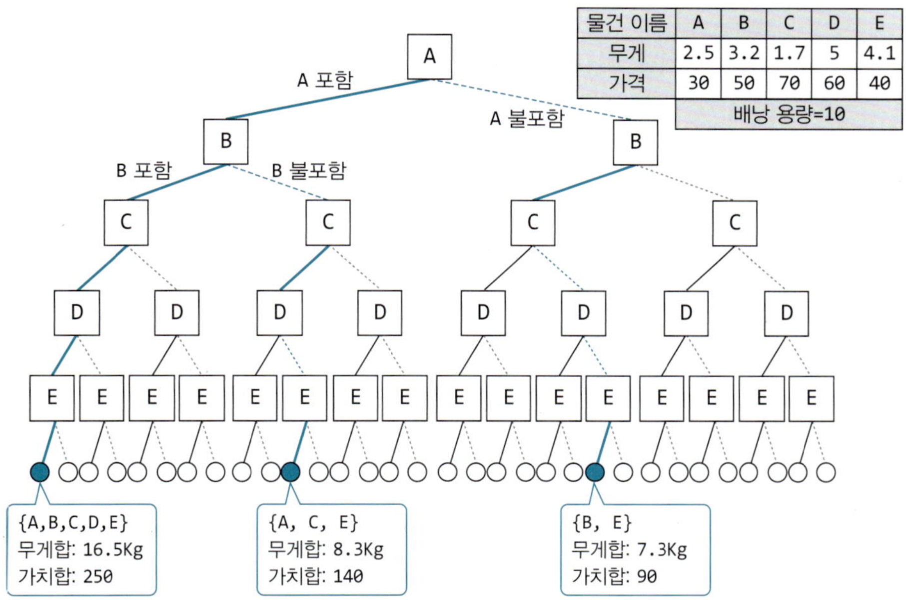

[그림 9.13] 0-1 배낭 문제의 완전 탐색을 위한 상태공간트리

완전 탐색은 이 트리의 모든 노드들 중에 무게 합이 10 이하이면서 가치합이 최대인 노드를 찾는다. 하나의 노드는 하나의 배낭 구성(포함 내용)을 의미하는데, 그림에는 세 단말 노드의 무게합과 가치합을 예로 보여주고 있다.

완전 탐색은 항상 정확한 해를 구하지만, 너무 시간이 오래 걸린다. 이 문제에서는 모든 물건에 대해 각각 배낭에 넣거나 빼는 2가지 결정을 할 수 있고, 따라서 상태공간트리의 단말 노드의 개수는 $2^5 = 32$ 개이다. 만약 n이 커진다면 비현실적인 개수의 단말 노드를 검사해야 한다.

앞 절까지 공부한 백트래킹을 적용하면 상태공간트리의 많은 노드를 가지치기할 수 있다.

많은 가지를 미리 쳐내면 그만큼 검사해야 할 단말 노드가 줄어들고, 결국 처리 시간이 줄어들게 된다. **분기 한정**은 가지치기의 효율을 더 높이기 위한 방법이다. 먼저 이 문제에 대한 백트래킹 기법을 살펴보고, 다음으로 분기 한정을 공부해 보자.

백트래킹을 이용한 0-1 배낭 채우기

0-1 배낭 채우기에서 백트래킹 전략은 다음과 같다.

> 어떤 노드의 무게 합이 이미 배낭 용량을 초과했다면 서브 트리를 더 이상 탐색할 필요가 없다. 백트래킹한다.

이때 백트래킹 하는 노드가 단말 노드일 필요는 없다. 비단말 노드를 포함한 어떤 노드라도 무게합이 용량을 초과했다면 서브 트리에서도 용량을 초과할 수밖에 없다. 따라서 탐색할 필요가 없이 백트래킹한다. 이때, 만약 무게가 음수인 물건이 있다면 백트래킹이 불가능하지만, 우리는 이런 상황은 허용하지 않는다. 다음은 백트래킹을 이용한 경우의 상태 공간트리를 보여주는데, 검은 노드들은 이미 배낭 용량을 초과하여 더 탐색하지 않고 백트래킹 하는 노드들이다.

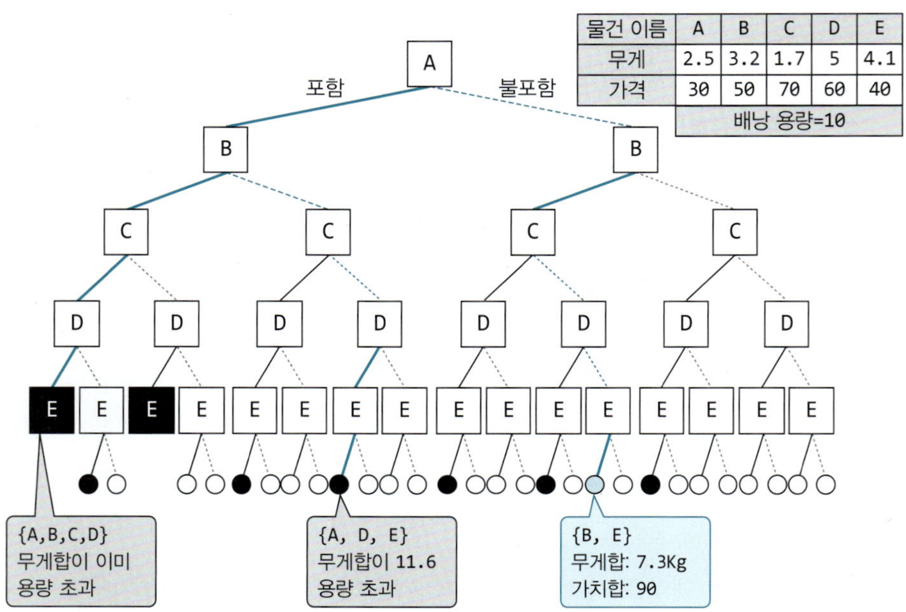

[그림 9.14] 백트래킹을 이용한 01-배낭 문제의 상태공간트리

검은 노드를 탐색하지 않지만 그림 9.13의 완전 탐색에 줄어드는 공간의 크기가 그렇게 크지 않다. 만약 물건들의 총 무게에 비해 배낭 용량이 상대적으로 훨씬 작다면 더 많은 백트래킹 효과가 나타날 것이다.

▪ 분기 한정 아이디어

그렇다면 탐색 공간을 더 줄일 수 있는 방법은 없을까? 탐색 과정에서 (1) 현재까지의 최적해를 이용하고 (2) 현재 노드의 서브 트리에서 기대할 수 있는 최대 가치(또는 비용)을 계산할 수 있다면 백트래킹의 효율을 추가적으로 향상시킬 수 있다. 즉, 상태공간트리의 탐색 과정에 어떤 노드의 서브 트리를 더 분기해 나갈지(탐색할지) 가지치기(한정)를 하고 더 탐색하지 말지를 좀 더 적극적으로 살펴보는 것이다. 이것을 **분기 한정**(branch and bound) **기법**이라 한다.

백트래킹과 분기 한정 비교

다음은 0-1 배낭 채우기 문제에서 백트래킹과 분기 한정의 차이를 보이고 있다.

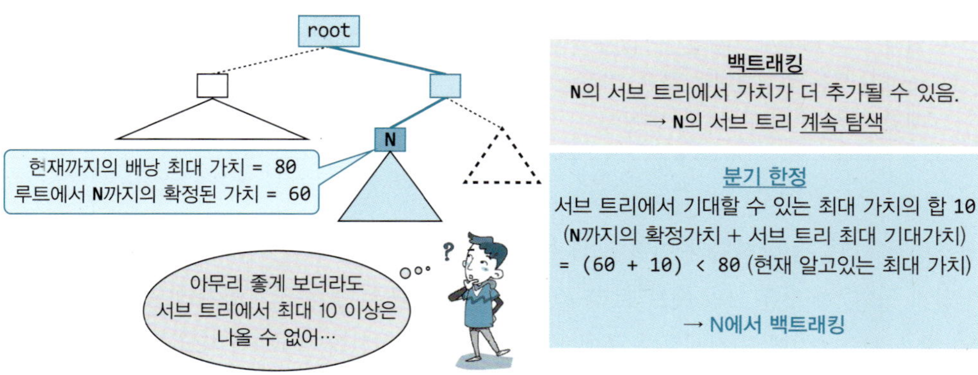

[그림 9.15] 0-1 배낭 채우기 문제에서 백트래킹과 분기 한정의 차이

예를 들어, 현재 노드 N까지 탐색이 진행되었다고 하자. 루트에서 N까지 확정된 배낭의 가치가 60이고, 지금까지의 탐색과정을 통해 구한 배낭의 최대 가치가 80이라고 하자.

- 백트래킹은 N에서 배낭의 용량이 넘치지만 않으면 계속 서브 트리를 탐색한다. 서브 트리에서 최대 가치 80을 넘는 해가 나올 수도 있기 때문이다.

- 분기 한정은 N의 서브 트리에서 기대할 수 있는 최대 가치를 먼저 계산해 본다(계산방법은 문제마다 다르고 어려울 수도 있다). 만약 최대 기대가치가 10이라고 하면, N의 서브 트리에서는 N까지 확정된 가치 60과 최대 기대가치 10을 합한 70 이상의 해가 나올 수 없다. 이것이 노드 N과 그 서브 트리의 한계이다. 그렇다면 서브 트리를 더 탐색할 필요가 있을까? 물론 없다. 백트래킹한다. 만약 최대 기대가치가 30이라면 서브 트리를 탐색해야 한다. 왜냐 하면 N의 한계가 60+30=90이므로 지금까지의 최대 가치 80을 초과하는 답이 나올 수도 있기 때문이다. 이때, 서브 트리에서 이런 해가 나오지 않을 수도 있는 것에 유의하라. 단순히 N에서 기대되는 한계값일 뿐이기 때문이다.

분기 한정을 위한 최고합과 한계합

분기 한정을 위해서는 상태공간트리의 각 노드를 탐색할 때 마다 다음의 두 가지 값을 계산해야 한다.

- 루트에서부터 탐색하면서 지금까지 알고 있던 최고의 가치합을 계산한다(지금까지 알고 있는 최적해). 이를 **최고가치**(maximum profit) 또는 **최고합**이라 하자. 당연히 최적해는 반드시 이 값 이상이어야 한다.
- 현재 노드 N에서 기대할 수 있는 최선의 가치합을 계산한다. 이를 N의 **한계가치**(bounded profit) 또는 **한계합**이라 하자. 이것은 루트에서 N까지 확정된 가치와 N의 서브 트리에서 기대할 수 있는 최대 가치의 합이다.

상태공간트리를 탐색하다가 어떤 노드 N에 왔다고 하자. N의 한계합이 최고합보다 작다면 어떻게 될까? 이것은 N의 서브 트리 중에서 아무리 좋은 경로를 찾아가더라도 구할 수 있는 해가 지금까지의 최적해보다 좋지 않다는 것을 의미한다. 따라서 N의 서브 트리를 더 이상 탐색할 이유가 없다.

0-1 배낭 채우기에서 최고합

그림 9.16은 분기 한정 기법의 탐색과정을 보여준다. 먼저 최고합을 계산해 보자. 최고합은 지금까지 알려진 배낭의 최대 가치이다. 루트에서 최고합은 0이다. 노드 ❶에서 A를 넣을 수 있고, 배낭의 가치가 30이 된다. 이 값은 지금까지의 최고합보다 크므로 최고합이 30으로 갱신된다. 같은 방법으로 노드 ❷와 ❸을 탐색하면서 최고합이 80, 150으로 갱신된다.

❹에서는 D를 넣으면 용량이 초과되므로 바로 백트래킹 한다. 다른 노드들을 탐색하면서 이 과정을 반복한다.

만약 노드 N의 한계가치가 현재까지의 최고 가치보다 작다면 어떻게 될까? 이것은 N의 서브 트리 중에서 아무리 좋은 경로를 찾아가더라도 구할 수 있는 해가 지금까지의 최적해보다 좋지 않다는 것을 의미한다. 따라서 N의 서브 트리를 더 이상 탐색할 이유가 없다!

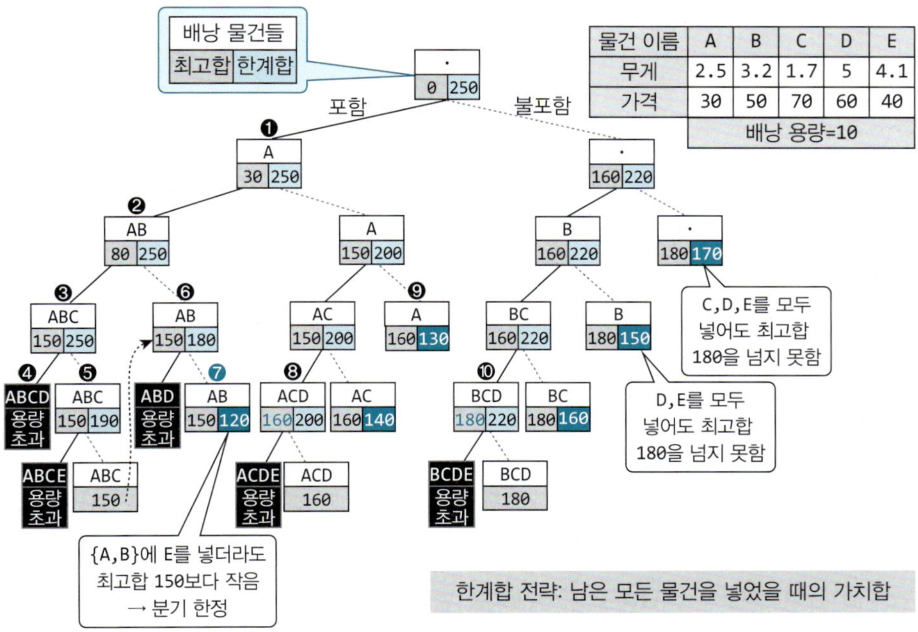

[그림 9.16] 분기 한정 기법을 이용한 0-1 배낭 문제의 상태공간트리

0-1 배낭 채우기에서 한계합

각 노드에서 한계합은 어떻게 구할까? 0-1 배낭 문제에서 사용할 수 있는 가장 단순한 전략은 다음과 같다.

> 노드 N에서 지금까지 확정된 물건들을 제외하고 남은 모든 물건을 배낭에 넣는다고 가정했을 때 얻을 수 있는 가치를 사용한다. 물론 남은 물건을 모두 배낭에 넣을 수 있다고 가정하는 것이다. 확실한 것은 서브 트리의 어떤 노드에서도 절대 이 이상의 가치가 만들어질 수는 없다는 것이다.

이제 그림 9.16을 통해 분기 한정 기법의 탐색 과정을 자세히 살펴보자.

- 루트 노드에서 최고합은 0이고, 한계합은 모든 물건의 가치합인 250이다.
- 노드 ❶ → ❷ → ❸에서 최고합이 30 → 80 → 150으로 갱신된다. 한계합은 확정된 내용과 기대치를 합하면 모든 물건을 넣는 경우가 되고, 따라서 여전히 250이다.
- ❹는 용량 초과이므로 바로 백트래킹한다.
- ❺에서 확정된 값은 {A,B,C}를 넣는 30+50+70=150이고, 남은 물건은 E뿐이므로 서브 트리의 기대치는 40이 되어 전체 한계합은 190이 된다. 한계합이 최고합보다 크므로 서브 트리를 탐색한다.
- ❺의 왼쪽 자식은 용량을 초과하고, 오른쪽은 단말 노드로 최고합은 ❺와 같다. DFS에 의해 노드 ❻으로 이동한다.
- ❻의 한계합은 B만 제외한 전체 합으로 180이 되고, 최고합보다 크므로 서브 트리를 탐색한다.
- ❼은 {A,B}를 넣고 C, D를 버리는 상태로, 최고합은 변경되지 않고, 한계합이 80+40=120이 되어 처음으로 최고합 150보다 작아졌다. 따라서 서브 트리를 탐색하지 않고 백트래킹 한다. 분기 한정을 이용한 첫 가지치기이다. 같은 방법으로 한계합이 파란색 셀로 표시된 노드들에서 분기 한정에 의한 가지치기가 발생한다.
- ❽과 ❿에서 최고 가치의 갱신이 일어난다.

이 결과를 그림 9.14와 비교해보라. 백트래킹만을 이용한 경우에 비해 훨씬 많은 노드가 중간에 가지치기되어 탐색하지 않는 것을 알 수 있다.

분기 한정 알고리즘

이제 분기 한정 알고리즘을 구체적으로 살펴보자. 이 문제도 상태공간트리를 깊이 우선으로 탐색하고, 이를 위해 순환호출을 이용한다. 0-1 배낭 채우기 문제를 분기 한정 기법으로 해결하기 위해서는 상태공간트리의 각 노드에서 다음과 같은 값들이 계산되어야 한다. 여기서는 순환 구조의 깊이 우선으로 탐색할 것이므로 이들은 매개변수로 전달한다.

- level: 현재 노드의 레벨. 루트 노드의 레벨을 0으로 생각함
- weight: 루트에서 현재 노드까지 경로상의 물건의 무게합
- profit: 루트에서 현재 노드까지 경로상의 물건의 가치합
- maxProfit: 최대합. 현재까지 알려진 최적해의 가치합

알고리즘을 구성해 보자. 먼저, 단말 노드까지 처리가 된 경우(level=n)라면 단순히 지금까지의 최대 가치(maxProfit)를 반환한다. 그렇지 않다면 물건 리스트에서 level번째의 물건을 선택하고, 이것을 배낭에 넣는 경우와 그렇지 않은 경우에 대해 순환호출을 이용해 서브 트리를 탐색한다. 물건들은 다음과 같이 (무게, 가치, 이름)의 튜플로 표시되는데, 알고리즘의 입력으로 튜플의 리스트가 제공된다고 하자.

```
obj = [(2.5,30,"A"), (3.2,50,"B"), (1.7,70,"C"), (5,60,"D"), (4.1,40,"E") ]
```

알고리즘 9.9 분기 한정 기법을 이용한 0-1 배낭 채우기

```
01 def knapSack_bnb(obj, W, level, weight, profit, maxProfit) :
02     if (level == len(obj)) :           # 단말 노드까지 처리된 경우
03         return maxProfit               # 지금까지의 최대 가치를 반환
04
05     if weight + obj[level][0] <= W :   # 용량이 넘지 않아야 시도할 수 있음
06         newWeight = weight + obj[level][0]
07         newProfit = profit + obj[level][1]
08         if newProfit > maxProfit :     # 현재 가치합이 최대가치보다 크면
09             maxProfit = newProfit      # 최대가치 갱신
10
11         newBound  = bound(obj, W, level, newWeight, newProfit)
12         if newBound >= maxProfit :          # 한계합>=최고합: 탐색 계속 진행
13             maxProfit = knapSack_bnb(obj, W, level+1, newWeight,
14                                              newProfit, maxProfit)
15
16     newWeight = weight                      # 무게합 변화 없음
17     newProfit = profit                      # 가치합 변화 없음
18     newBound  = bound(obj, W, level, newWeight, newProfit)
19     if newBound >= maxProfit :              # 한계가치>=최대가치: 계속탐색
20         maxProfit = knapSack_bnb(obj, W, level+1, newWeight,
21                                              newProfit, maxProfit)
22
23     return maxProfit                        # 최고합 반환
```

1행: 분기 한정을 이용한 0-1 배낭 채우기 함수. obj는 물건을 리스트, W는 배낭의 용량이고, level은 현재 노드의 레벨이다. weight와 profit는 각각 루트에서 현재 노드까지 경로상의 물건의 무게합과 가치합을 나타내고, maxProfit은 지금까지의 최고합(최고가치)을 나타낸다.

2~3행: 단말 노드까지 처리되었으면 지금까지의 최고합을 반환한다.

5행: level번째 항목을 넣는 경우. 추가한 항목에 의해 배낭 용량이 넘치지 않아야 계속 탐색을 진행한다.

6~9행: 배낭의 무게합와 가치합을 갱신한다. 만약, 현재의 확정된 가치합이 최고합보다 크면 최고합을 갱신한다.

11~14행: 한계합을 계산하고, 이 값이 최고합보다 큰 경우에만 서브 트리 탐색한다. 순환호출에서 level은 증가되어야 하고, 현재의 무게합(newWeight)과 가치합(newProfit)을 전달해야 한다.

16~21행: level번째 항목을 넣지 않는 경우이다. 무게합과 가치합은 변화 없고, 한계합을 계산하여 최고합보다 큰 경우에만 서브 트리 계속 탐색하고, 그렇지 않으면 백트래킹 한다.

그렇다면 어떤 노드 N의 한계가치(bound() 함수)는 어떻게 구할까? 한계 가치는 N의 모든 서브 트리를 탐색해서 기대할 수 있는 최대 가치이다. 그림 9.16에서 사용한 방법을 그대로 적용한다.

> N의 한계합 = N의 확정된 가치합 + 아직 결정하지 않은 모든 물건의 가치합

이것은 무게와 상관없이 아직 결정이 안 되고 남은 물건을 모두 배낭에 넣을 때 얻을 수 있는 가치를 더해보는 것으로 확실히 이 값은 N의 서브 트리에서 기대할 수 있는 해의 상한선이다. 알고리즘은 다음과 같다.

알고리즘 9.10 0-1 배낭 채우기의 한계가치 계산 방법

```
01 def bound(obj, W, level, weight, profit) :
02     if weight > W :                        # weight가 용량을 넘치면 한계를 0으로 반환
03         return 0
04
05     pBound = profit                        # 일단 한계 가치는 현재 노드의 profit
06     for j in range(level+1, len(obj)) :    # 남은 모든 물건들을
07         pBound += obj[j][1]                # 무게를 생각하지 않고 배낭에 모두 넣음
08
09     return pBound                          # 남은 물건을 모두 넣을 때 얻을 수 있는 가치
```

1행: level번째 노드의 한계합을 계산한다. weight와 profit는 각각 루트에서 현재 노드까지 경로상의 물건의 무게합과 가치합이다.

2~3행: 무게합이 용량을 초과하면 불가능한 해이므로 백트래킹해야 하는데, 한계합을 0으로 반환한다.

5~8행: 한계합은 현재 노드까지 확정된 합 profit에 남은 모든 물건을 넣었을 때 얻을 수 있는 가치들의 합으로 계산한다.

알고리즘 테스트 분기 한정 기법을 이용한 01-배낭 채우기

```
obj = [(2.5,30,"A"), (3.2,50,"B"), (1.7,70,"C"), (5,60,"D"), (4.1,40,"E") ]
print(obj)
print("0-1배낭문제(분기 한정): ", knapSack_bnb(obj, 10, 0, 0, 0, 0))
```

```
C:\WINDOWS\system32\cmd.exe
[(2.5, 30, 'A'), (3.2, 50, 'B'), (1.7, 70, 'C'), (5, 60, 'D'), (4.1, 40, 'E')]
0-1배낭문제(분기 한정):  180
```

최적해

노드를 탐색하는 순서와 각 노드에서 계산된 값들을 출력하도록 함수 knapSack_bnb()를 수정하면 다음과 같은 결과를 얻을 수 있다. 출력된 노드들은 모두 그림 9.16의 상태공간트리에서 백트래킹 되지 않는 노드들이다.

레벨 / 노드의 가치합 / 한계합 / 최고합 갱신

```
[(2.5, 30, 'A'), (3.2, 50, 'B'), (1.7, 70, 'C'), (5, 60, 'D'), (4.1, 40, 'E')]
0 []                :  0.0Kg 가치/한계합 =   0.0 /   0.0 >   0.0(최고합)
1 ['A']             :  2.5Kg 가치/한계합 =  30.0 / 250.0 >  30.0(최고합)
2 ['A', 'B']        :  5.7Kg 가치/한계합 =  80.0 / 250.0 >  80.0(최고합)
3 ['A', 'B', 'C']   :  7.4Kg 가치/한계합 = 150.0 / 250.0 > 150.0(최고합)
4 ['A', 'B', 'C']   :  7.4Kg 가치/한계합 = 150.0 / 190.0 > 150.0(최고합)
5 ['A', 'B', 'C']   :  7.4Kg 가치/한계합 = 150.0 / 150.0 > 150.0(최고합)
3 ['A', 'B']        :  5.7Kg 가치/한계합 =  80.0 / 180.0 > 150.0(최고합)
2 ['A']             :  2.5Kg 가치/한계합 =  30.0 / 200.0 > 150.0(최고합)
3 ['A', 'C']        :  4.2Kg 가치/한계합 = 100.0 / 200.0 > 150.0(최고합)
4 ['A', 'C', 'D']   :  9.2Kg 가치/한계합 = 160.0 / 200.0 > 160.0(최고합)
5 ['A', 'C', 'D']   :  9.2Kg 가치/한계합 = 160.0 / 160.0 > 160.0(최고합)
1 []                :  0.0Kg 가치/한계합 =   0.0 / 220.0 > 160.0(최고합)
2 ['B']             :  3.2Kg 가치/한계합 =  50.0 / 220.0 > 160.0(최고합)
3 ['B', 'C']        :  4.9Kg 가치/한계합 = 120.0 / 220.0 > 160.0(최고합)
4 ['B', 'C', 'D']   :  9.9Kg 가치/한계합 = 180.0 / 220.0 > 180.0(최고합)
5 ['B', 'C', 'D']   :  9.9Kg 가치/한계합 = 180.0 / 180.0 > 180.0(최고합)
0-1배낭문제(분기 한정):  180
```

[그림 9.17] 0-1 배낭 문제의 상태공간트리 탐색 출력 결과

■ 한계합 계산방법의 개선(심화)

한계합의 계산방법을 좀 더 개선해 보자. 개선된 한계가치는 더 작은 값이 되어야 한다. 이것은 어떤 노드의 서브 트리에서 기대되는 값을 좀 더 빡빡하게 계산하는 것으로, 그 노드의 기대가치가 줄면 지금까지의 최대가치에 의해 가지치기될 가능성이 더 높아지고, 탐색의 효율이 높아진다.

어떻게 하면 더 작은 기대가치를 만들 수 있을까? 앞에서 구현한 bound() 함수에서 사용하지 않은 정보가 있다. 배낭의 용량과 관련된 정보이다. 즉, 한계가치를 계산할 때 아직 결정하지 않고 남은 모든 물건을 넣는 것이 아니라 남은 물건들을 용량을 초과하지 않는

만큼만 넣는 것이다. 당연히 서브 트리에서의 기대가치는 줄어들 것이다. 전략은 다음과 같다.

> 남은 물건들을 분할 가능한 배낭 문제로 생각하고, 무게당 가격이 높은 물건부터 배낭의 용량을 꽉 채워서 넣고, 이때의 가치합을 한계가치로 사용한다.

마지막에 배낭에 들어가는 물건은 일부만 들어갈 수 있는데, 물론 0-1 배낭 문제에서는 일부를 넣을 수는 없지만 단지 한계가치를 정확히 계산하기 위해 사용한 것임에 유의하라. 이것은 더 정확한 한계가치를 구하기 위해 탐욕적 기법을 사용하는 것으로 부분적인 배낭 문제로 계산한 한계가치는 명확히 서브 트리의 상한값이 된다. 즉, 서브 트리에서 이 이상의 가치는 절대 발생할 수 없다.

8장에서 탐욕적 기법으로 분할 가능한 배낭 채우기 문제를 해결할 때 물건들을 단위 무게당 가치순으로 먼저 정렬했던 기억하라.

```
# 정렬: 내림차순이어야 함. (val/weight)
obj.sort(key= lambda e : e[1]/e[0], reverse=True)
```

이제 알고리즘 9.10보다 더 좋은 한계가치를 구하는 알고리즘을 만들 수 있다.

알고리즘 9.11 0-1 배낭 채우기의 개선된 한계가치 계산 방법

```
def bound2(arr, W, level, weight, profit) :
    if weight > W :
        return 0

    pBound = profit
    tWeight= weight

    j = level+1                                  # 다음 물건부터 넣어봄.
    n = len(arr)                                 # 마지막 물건까지
    while j < n and (tWeight+arr[j][0] <= W) :   # 용량을 넘지 않는 동안
```

```
11        tWeight += arr[j][0]                    # j번째 물건을 넣음. tWeight 증가
12        pBound  += arr[j][1]                    # tWeight와 pBound 갱신
13        j += 1                                  # 다음 물건에 대해 처리
14
15     # 분할 가능한 배낭 채우기 문제로 남은 용량을 채움
16     if (j < n) :                               # 배낭에 남은 용량에 대해 처리하는 코드.
17        pBound += (W - tWeight) * (arr[j][1]/arr[j][0])
18
19     return pBound                              # 최종적인 한계가치을 반환
```

10~17행: 배낭의 남은 용량을 분할 가능한 배낭 채우기 문제로 채움

개선된 한계가치를 구하는 함수를 이용해 동일한 코드를 실행한 결과는 다음과 같다. 물건들이 먼저 단위 무게 당 가치 순으로 정렬되어야 하는 것에 유의하라. 한계가치를 개선하면 탐색노드의 수가 그림 9.17의 결과에 비해 훨씬 줄어드는 것을 알 수 있다.

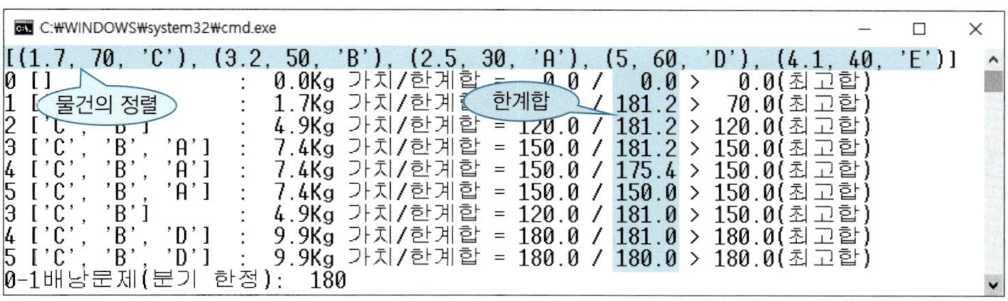

[그림 9.18] 0-1 배낭 문제의 상태공간트리 탐색 출력 결과

9.6 일 배정 문제와 최적우선 분기 한정(심화)

3.5절에서 일 배정 문제(문제 3.7)를 공부했다. 이것은 n가지의 일을 n명의 근로자에게 각각 하나씩 배정하는 문제로, 전체 비용을 최소화하는 배정을 찾는 최적화 문제이다. 이 문제도 완전 탐색을 이용해 해결할 수 있었는데, 그림 3.13과 같은 상태공간트리의 모든 단말 노드를 탐색하여 가장 작은 노드를 찾으면 된다. 그렇다면 단말 노드의 개수는 몇 개일까? $n!$개로 너무 많다. 따라서 탐색공간을 보다 효율적으로 줄이는 방법이 필요하다.

	Job 1	Job 2	Job 3	Job 4
A	9	2	6	8
B	6	4	3	7
C	5	7	1	9
D	7	6	8	4

[그림 9.19] 일 배정 문제: 파란색 셀은 최소 비용의 일 배정 결과

이 문제도 분기 한정 전략을 적용해 상태공간트리에서 탐색할 노드들을 효율적으로 줄일 수 있다. 이를 위해 배낭 채우기에서와 같이 한계가치 계산 방법을 결정해야 한다.

그런데 중요한 차이가 있다. 배낭 문제에서는 가장 가치가 높은 조합을 찾아야 하지만, 일 배정 문제에서는 전체 비용이 가장 작은 조합을 찾아야 한다. 결국, 일 배정 문제에서 어느 노드의 한계합(한계 가치)은 그 노드의 서브 트리를 탐색했을 때 기대할 수 있는 가장 작은 비용, 즉 비용의 하한값(lower bound)이 되어야 한다. 배낭 채우기 문제에서는 한계 가치가 서브 트리의 배낭 가치의 상한값(upper bound)이었던 것을 기억하라. 분기 한정에서 한계 가치가 상한이면 이 값이 작을수록, 하한이면 클수록 더 많은 노드를 가지치기 할 수 있기 때문에 더 좋은 값이 되는 것이다.

■ 일 배정 문제의 한계값

다음 그림은 어떤 노드(B4)에서 한계값(하한)을 구하는 예를 보여준다. 노드 B4에서는 A → Job3, B → Job4를 확정한 상태이고, C와 D는 아직 결정되지 않았다. 그렇다면 B4의 한계값은 무엇일 될까? 당연히 지금까지 확정된 비용(A → Job3=6, B → Job4=7)과 B4의 서브 트리에서 기대되는 최소 비용의 합이 된다.

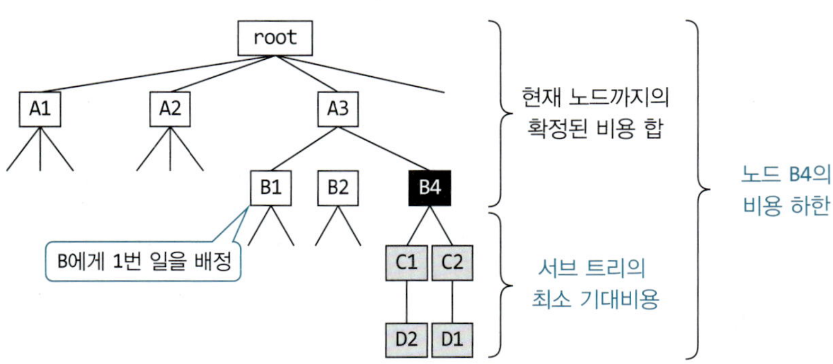

[그림 9.20] 노드의 하한값을 구하는 방법

서브 트리의 최소 기대비용(한계 비용)은 어떻게 구할까? 확실한 하나는 방법은 다음과 같다.

> 아직 결정되지 않은 근로자들이 현재 선택할 수 있는 남은 일들 중에서 가장 비용이 적은 일을 선택하고, 이 비용을 모두 더하는 것이다. 어떤 배정도 이 방법보다 비용이 적을 수는 없다.

예를 들어, 그림 9.19의 일 배정 문제에 대해 그림 9.20의 B4와 루트 노드의 한계 비용을 계산해 보자.

- 노드 B4: A → Job3, B → Job4로 확정되었고, 이제 C와 D만 결정하면 된다. C와 D는 남은 일 Job1과 Job2 중에서 비용이 적은 일을 선택한다. 하도록 하는데, C → Job1, D → Job2 가 선택되고, 비용은 각각 5와 6이다. 결국 확정비용 (6+7)과 (5+6)을 합한 24가 최소한의 기대비용(하한)이 된다.
- 루트 노드: 배정된 사람이 없으므로 확정된 비용이 0이다. 모든 근로자가 단순히 가장 작은 비용을 선택하면 된다. 즉 2+3+1+4=10이 된다. 이 경우 B와 C에게 같은 일이 배정되는데 전혀 문제는 없다. 실제로 일을 배정하는 것이 아니라 하한을 구하기 위해 사용된 것뿐이기 때문이다.

	Job 1	Job 2	Job 3	Job 4
A	~~9~~	~~2~~	6	~~8~~
B	~~6~~	~~4~~	~~3~~	7
C	5	7	~~1~~	~~9~~
D	7	6	~~8~~	~~4~~

노드 B4의 하한(6+7+5+6)

	Job 1	Job 2	Job 3	Job 4
A	9	2	6	8
B	6	4	3	7
C	5	7	1	9
D	7	6	8	4

루트 노드의 하한(2+3+1+4)

[그림 9.21] 일 배정 문제에서 노드의 한계비용을 구하는 예

■ 최적우선(best-first) 분기 한정

백트래킹은 기본적으로 깊이 우선으로 상태공간트리를 탐색한다. 그러나 분기 한정에서는 다른 탐색 기법을 사용할 수 있다.

> 분기 한정 기법에서는 반드시 DFS를 사용할 필요가 없다. 모든 노드를 순회할 수 있는 방법이라면 BFS나 다른 방법으로 탐색해도 된다.

탐색 방법의 개선하여 가지치기의 효율을 높이는 전략을 생각해 보자. 그림 9.19와 같이 주어진 일 배정 문제에서 루트 노드에서 먼저 A에게 4가지의 일을 각각 배정한 경우의 자식노드를 탐색한 결과는 그림 9.22와 같다. 이것은 BFS와 유사한 탐색 방법이다.

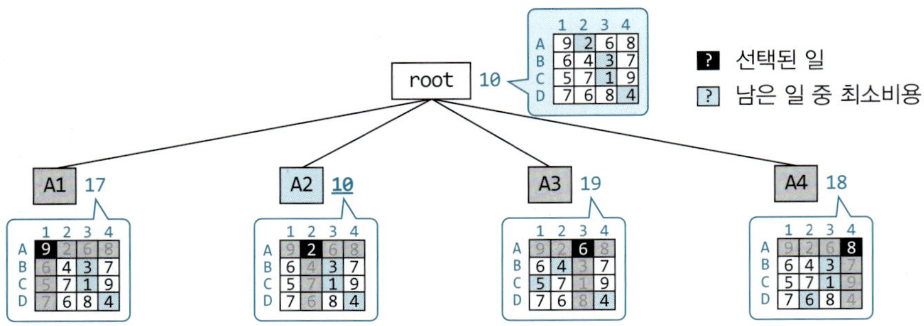

루트의 4개의 자식 노드의 한계 비용: 17, 10, 19, 18
다음으로 어느 노드의 서브 트리를 먼저 탐색하고 싶을까? A2

[그림 9.22] 루트 노드의 모든 자식 노드와 하한값 계산 결과

- 루트는 아직 배정된 일이 없다. 한계값은 10이다.
- A → Job1은 확정비용이 9이고, 최소 기대비용이 8(3+1+4)이므로 노드 A1의 하한값은 17이다. 같은 방법으로 A → Job2는 10, A → Job3는 19, A → Job4는 18로 계산된다. 검은 셀은 확정된 일을, 회색 셀은 이미 확정된 배정에 따라 더 이상 배정할 수 없는 일을, 그리고 파란색 셀은 각 근로자에 대해 비용이 최소인 일이다.

다음으로 어떤 노드의 서브 트리를 탐색하는 것이 좋을까? DFS나 BFS에서는 다음 탐색 노드가 시스템적으로 결정되지만, 좀 더 효율적일 것으로 기대되는 방법을 사용할 수 있다.

> **최적우선탐색(best-first-search)**은 여러 가능한 노드 중에 가장 **유망한** 노드를 선택해 먼저 탐색하는 방법이다. 이러한 탐색 전략을 사용하는 분기 한정 기법을 **최적우선(best-first) 분기 한정**이라고 한다.

물론 최적우선탐색이 방법이 항상 DFS나 BFS보다 빨리 해를 찾는다는 보장은 전혀 없다. 단지 제일 좋아 보이는 것부터 열어보고 싶다는 것이다. 그렇지만 대부분의 경우 효과가 확실히 있다.

예를 들어, 그림 9.22와 같이 네 노드(A1~A4)의 한계값을 구했다고 하자. 다음 단계에서 아마 대부분은 가장 유망해 보이는 A2를 먼저 탐색해 보고 싶을 것이다. 왜냐하면 노드의 한계값을 보면 최소비용이 나올 가능성이 일단은 가장 커 보이기 때문이다. 물론 실제로 그렇다는 보장은 없다.

이제 최적우선탐색을 구현하는 방법을 생각해 보자. 현재 상태에서 항상 가능성이 가장 커 보이는 노드를 선택해야 하므로 **우선순위 큐**(priority queue)가 필요하다. 물론 우선순위 큐로는 힙(heap)을 사용하는 것이 가장 효율적이다. 일 배정 문제에서는 우선순위 큐에서 항상 한계값이 가장 작은 노드를 꺼내 탐색을 진행한다. 따라서 **최소 힙**(min heap)을 사용해야 한다. 우선순위 큐와 최소 힙을 복습하라. 자연어로 기술한 탐색 알고리즘은 다음과 같다.

알고리즘 9.12 우선순위 큐를 이용한 최적우선 탐색 알고리즘

1. 공백상태의 우선순위 큐 Q에 루트 노드를 삽입한다.
2. Q에서 한계값이 가장 작은 노드 n을 꺼낸다.
3. 만약 n이 단말 노드이면 최적해가 나온 것이므로 이를 반환한다.
4. 단말 노드가 아니면 가능한 모든 자식 노드를 생성하여 Q에 삽입한다.
5. Step2로 돌아간다.

다음은 전체 탐색 과정을 보여준다. 우선순위 큐를 Q라 하자. 우선순위 큐는 항목 자체를 정렬할 필요가 없음을 기억하라. 단지 남은 항목 중에 가장 우선순위가 높은(이 문제에서는 한계값이 가장 작은) 항목만 알 수 있으면 된다.

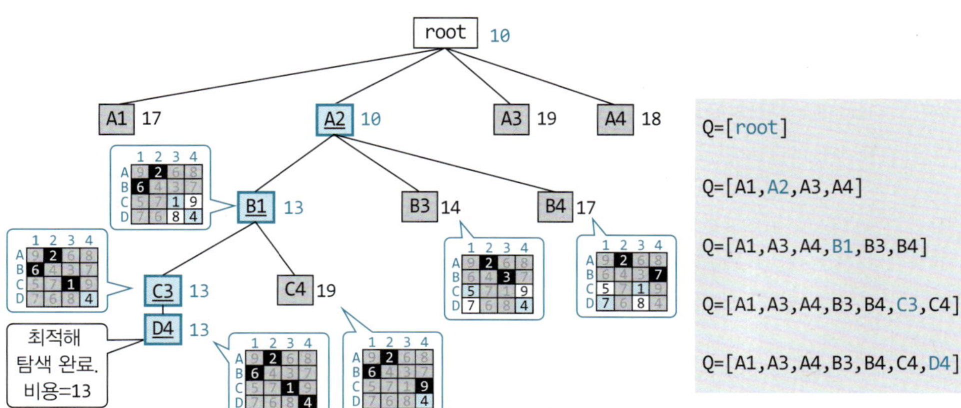

[그림 9.23] 최적우선탐색 과정과 우선순위 큐의 변화(파란색은 최소 한계값)

(1) 우선순위 큐에 루트 노드를 삽입. Q=[root]
(2) 한계값이 최소인 root를 꺼내고 모든 자식 노드를 계산한 다음 이들을 큐에 삽입. Q=[A1, A2, A3, A4]이고 A2의 한계값이 가장 작음
(3) A2를 꺼내고 B1, B3, B4를 다시 추가. Q=[A1, A3, A4, B1, B3, B4]임
(4) B1을 꺼내고 C3, C4를 다시 삽입. Q=[A1, A3, A4, B3, B4, C3, C4]
(5) C3를 꺼내고 D4를 삽입. Q=[A1, A3, A4, B3, B4, C4, D4]
(6) D4를 꺼내고 이 노드가 단말 노드이므로 탐색 성공. 반환

완전 탐색의 상태공간트리(그림 3.13)와 비교하면 이 방법이 탐색하는 노드의 수를 크게 줄일 수 있음을 알 수 있다.

■ 최적우선 분기 한정 알고리즘

이제 구체적인 일 배정 문제에 대한 최적우선 분기 한정 알고리즘을 파이썬으로 기술해 보자. 우선순위 큐는 파이썬의 heapq 모듈을 사용한다. 8장의 허프만 코드에서 이미 이 모듈을 사용해 보았다.

상태공간트리의 각 노드에는 (확정된 비용(cost), 서브 트리의 하한값(bound), 확정된 일 리스트(jobs)) 정보가 저장되어야 하는데, 이것은 파이썬의 튜플을 사용하면 간단히 표현된다.

알고리즘 9.13 최적우선탐색을 이용한 일 배정 문제(분기 한정)

```
def job_assign_BFBnB(mat):
    N = len(mat)                                # 사람과 일의 수
    Q = []                                      # 우선순위 큐 (최소힙 사용)
    bound = calcBound(mat, [])                  # 루트의 한계값 계산
    heapq.heappush(Q, (bound+0, (0,bound,[])))

    while len(Q) > 0 :                          # 큐가 공백이 아닌 동안
        total, (cost, bound, jobs) = heapq.heappop(Q)     # 최소 노드
        print("현재 노드: ", total, jobs)                  # 탐색중인 노드 출력

        level = len(jobs)                       # 배정된 일의 수
        if level == N :                         # 모두 배정 되었으면 종료
```

```
13          return(total, jobs)
14
15      for j in range(N) :                 # 모든 가능한 일에 대해
16          if j not in jobs :              # 아직 배정되지 않은 일 j에 대해
17              jbs = jobs + [j]            # 배정된 일 추가
18              cst = cost + mat[level][j]  # 새로운 확정 비용
19              bnd = calcBound(mat, jbs)   # 한계값(기대 하한)
20              heapq.heappush(Q, (cst+bnd, (cst, bnd, jbs)))
```

1행: 그림 9.19와 같은 근로자에 대한 일 배정 행렬이 입력된다.

4~5행: 루트 노드의 한계값을 계산하고, 루트 노드를 우선순위 큐에 넣는다. 이때, (key, value) 형식으로 노드를 삽입함. key는 루트의 한계값이고, value는 튜플 (cost, bound, jobs)로 이루어지는데, 루트 노드에서는 확정된 비용 cost=0이고, 배정된 일의 내용 jobs=[]이다.

8행: 우선순위 큐에서 한계비용이 최소인 노드를 탐욕적으로 선택해 꺼낸다.

12~13행: 만약 이 노드가 단말이면 모두 배정되었으므로 완료되었고, 결과를 반환한다.

15~16행: 다음 사람에게 아직 배정되지 않은 일들을 각각 배정해 본다.

17~20행: 새로운 노드를 우선순위 큐에 넣는다. 새로 배정된 일을 추가하고, 새로운 비용을 확정하며, 한계값을 계산한 후 결과 노드를 우선순위 큐에 삽입한다. 20행에서 우선순위 비교를 위한 노드의 킷값이 cst+bnd가 되어야 하는 것에 유의하라.

서브 트리의 하한값을 구하는 함수는 아직 일이 배정되지 않은 모든 근로자에 대해 배정이 안 된 최소비용의 일을 찾고, 이들을 모두 더해 반환하면 된다. 코드는 다음과 같다.

알고리즘 9.14 일 배정 문제를 위한 서브 트리의 하한값 계산

```
def calcBound(mat, jobs):
    N = len(mat)                # 전체 일의 수
    J = len(jobs)               # 이미 배정된 일의 개수
    bound = 0
    for i in range(J, N):       # 남은 각 사원에 대해
        min = 9999
        for j in range(N):      # 모든 일에 대해
            if j not in jobs :  # 이미 배정된 일이 아니면
                if min > mat[i][j] :
                    min = mat[i][j]
        bound += min
    return bound
```

알고리즘 테스트 최적우선 분기 한정을 이용한 일 배정

```
Man2Job = [ [ 9, 2, 6, 8],
            [ 6, 4, 3, 7],
            [ 5, 8, 1, 8],
            [ 7, 6, 9, 4] ]
total, jobs = job_assign_BFBnB(Man2Job)
print("배정 결과: ", jobs)
print("전체 비용: ", total)
```

연습문제

1 백트래킹을 이용해 집합 {1, 2, 3, 4}에 대한 모든 가능한 원소의 순서를 나열하라.

2 1번 문제에서 전체 상태공간트리에서 백트래킹을 통해 가지치기된 단말 노드의 비율을 계산해 보라.

3 백트래킹을 이용해 집합 {1, 3, 4, 5}의 모든 가능한 부분집합 중에서 합이 각각 11, 9, 5인 경우에 대한 모든 부분집합들을 찾아라.

4 3번 문제에서 전체 상태공간트리에서 백트래킹을 통해 가지치기된 단말 노드의 비율을 계산해 보라.

5 알고리즘 9.6을 수정해 모든 해를 solution 리스트에 저장한 후 이를 반환하도록 하라. 하나의 해를 solution에 추가하기 위해 깊은 복사가 필요할 것이다. 이를 위해 파이썬의 copy 모듈의 deepcopy() 함수를 사용할 수 있다.

6 N-Queen 문제에서 *N*의 변화에 따라 해의 개수가 몇 개인지를 알고자 한다. *N*을 입력받아 4부터 *N*까지의 해의 개수를 각각 구하고 이들을 출력하는 프로그램을 작성하라.

7* 백트래킹을 이용한 5-Queen 문제 풀이에서 가장 마지막으로 찾아지는 해를 적어라. 보드의 대칭성을 이용하면 이 해로부터 몇 가지 다른 해를 찾을 수 있는지를 설명하라.

8* 인터넷에서 N-Queen 문제에 대한 선형 시간 알고리즘을 찾아보라.

9 다음과 같은 미로가 있다. 물음에 답하라.

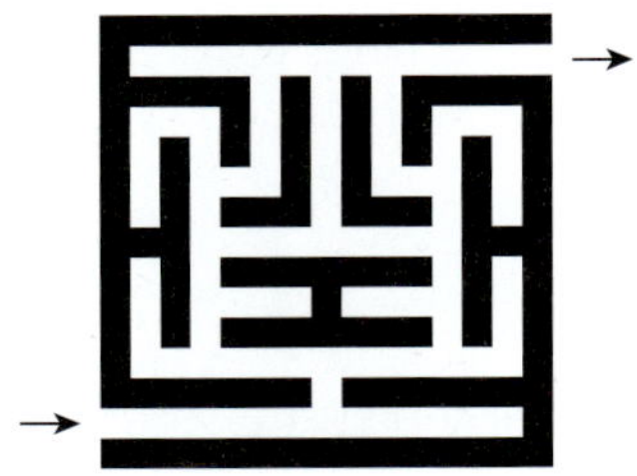

(1) 이 미로를 그래프로 변환해 보라.

(2) 이 그래프에서 깊이 우선 탐색으로 출구를 찾아라.

(3) 이 그래프에서 너비 우선 탐색으로 출구를 찾아라.

10 알고리즘 9.4로 이 미로를 탐색하여 출구를 찾는 과정을 보여라.

11* 2차원 배열의 미로를 그래프로 변환하는 코드를 구현하라.

12 다음의 그래프로 그래프 색칠 알고리즘(알고리즘 9.8)을 수행하면 k=3, k=4인 경우 각각 어떤 결과가 나올지 설명하라.

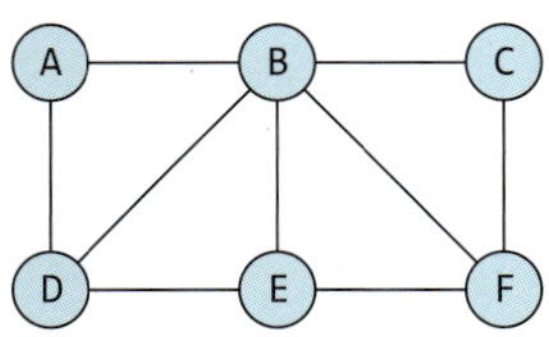

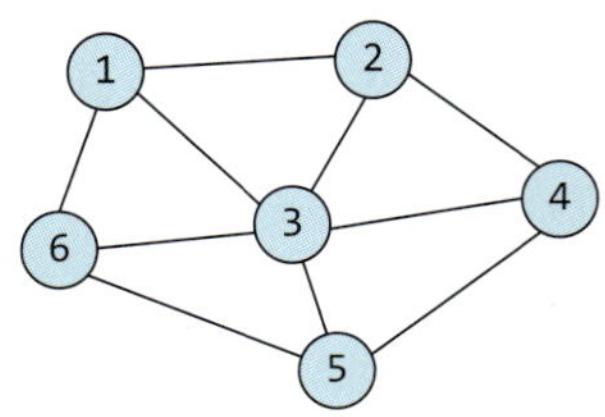

13 다음과 같은 맵이 있다. 물음에 답하라.

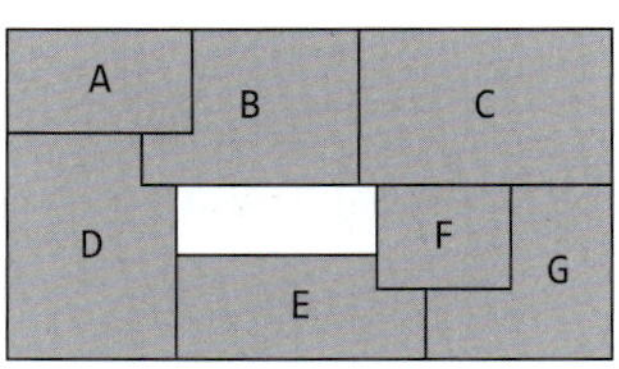

(1) 이 맵을 그래프 형태로 변환하라. 하나의 영역은 정점이 되고 인접한 영역들 사이에는 간선이 있어야 한다.

(2) 알고리즘 9.8을 수행해 보라. $k=3$, $k=4$인 경우 각각 어떤 결과가 나올지 설명하라.

(3) 가장 작은 수의 색을 이용해 색칠할 수 있는 방법을 구하라.

14 알고리즘 9.11의 bound2()가 알고리즘 9.10의 bound()보다 더 좋은 한계가치를 만드는 것을 설명하라.

15 다음과 같이 주어진 01-배낭 채우기 문제를 분기 한정 기법으로 해결하라. 단, 배낭의 용량은 20이라고 하자.

물건 이름	A	B	C	D
무게	10	7	8	4
가치	100	63	56	12

(1) 한계 가치 계산방법으로 bound()(알고리즘 9.10)을 사용한 경우
(2) 한계 가치 계산방법으로 bound2()(알고리즘 9.11)를 사용한 경우

16* 0-1 배낭 채우기 문제에 대한 분기 한정 기법의 알고리즘에 대한 최선의 입력은 어떤 것인지를 설명해 보라.

17* 일 배정 문제의 최적우선 분기 한정 알고리즘(알고리즘 9.13)에 대한 최선의 입력은 무엇인가? 이 경우 상태공간트리의 얼마나 많은 부분을 탐색하는가?

18* 알고리즘 9.10의 0-1 배낭 문제에 최적우선 분기 한정 전략을 적용해 보라. 코드를 구현하고 결과를 분석하라.

CHAPTER

10

NP-완전과 근사 알고리즘

학습목표

- 결정 문제와 최적화 문제의 개념을 이해한다.
- 다항식 시간의 문제 변환과 NP-완전의 개념을 이해한다.
- 다양한 NP-완전 문제들과 이들의 관계를 이해한다.
- 근사 알고리즘들과 근사 비율 계산 방법을 이해한다.

CHAPTER

10 NP-완전과 근사 알고리즘

빅데이터와 인공지능 기술의 획기적인 발전으로 지금까지 해결하기 어려운 영역이라고 생각되던 분야까지 컴퓨터가 들어와 다양한 문제들을 해결하고 있다. 그렇다면 기술이 발전하면 궁극적으로 모든 문제를 컴퓨터가 해결할 수 있을까? 일단 컴퓨터가 문제를 다룰 수 있으려면 문제 자체가 정확히 정의되어 있어야 한다. 그렇다면 잘 정의된 문제들은 모두 컴퓨터가 해결할 수 있을까? 항상 그렇지는 않다. 수학자 괴델은 어떤 완벽한 논리로도 근본적으로 풀 수 없는 문제가 존재한다는 것을 증명하였는데, 컴퓨터 공학의 아버지라 불리는 앨런 튜링이 제시한 정지 문제(halting problem)가 대표적인 풀 수 없는 문제의 예이다. 결국, <u>컴퓨터로 다룰 수 있는 문제들은 크게 풀 수 없는(intractable) 문제와 풀 수 있는 (tractable) 문제로 나눌 수 있다</u>. 이 책에서는 풀 수 있는 문제들만을 다룬다.

[그림 10.1] 다양한 문제의 분류

풀 수 있는 문제들은 다시 해결에 필요한 시간에 따라 현실적인 시간에 풀 수 있는 문제와 그렇지 않은 문제로 나눌 수 있다. 이때 '현실적인 시간'이란 보통 '다항식 시간'을 말하는데, 문제가 다항식 시간에 해결되면 현실적인 시간에 풀 수 있다고 간주하고, 그렇지 않으면 현실적인 시간에 풀 수 없다고 간주한다.

우리가 8장까지 다룬 문제들은 대부분 다항식 시간에 해결할 수 있는 문제이다. **다항식 시간**이란 $O(n^k)$로 표시되는 시간을 의미하는데, 이때 k는 상수이다. $O(n^k)$의 알고리즘을 갖는 문제들을 **P(Polynomial time) 문제**라고 하는데, 현실적인 시간 안에 풀기 쉬운 문제들이다. $O(1)$, $O(\log n)$, $O(n)$, $O(n \log n)$, $O(n^2)$, $O(n^3)$ 등이 대표적인 다항식 시간이다.

- 상수형인 $O(1)$은 n이 변하더라도 항상 일정한 시간에 처리된다.
- 로그형인 $O(\log n)$은 알고리즘이 반복할 때마다 문제의 크기가 상수배 만큼 작아지는 매우 효율적인 방법으로, 이진탐색이 대표적인 예이다.
- $O(n)$은 입력의 크기에 비례하는 시간이 걸리는데 선형시간이라고도 부른다.
- $O(n \log n)$형은 많은 분할 정복기반 알고리즘들에서 흔히 나타나는데, 병합 정렬이나 평균적인 경우의 퀵 정렬이 이에 해당한다.
- $O(n^2)$은 이중 루프로 처리되는 알고리즘에서 흔히 나타난다. 단순한 정렬 알고리즘들이나 $n \times n$ 행렬 관련 여러 연산들이 이에 해당한다.
- $O(n^3)$은 삼중 루프로 처리되는 알고리즘에서 흔히 나타나는데, Floyd의 최단경로 알고리즘 등이 이에 해당한다.

9장에서는 좀 더 복잡한 문제들을 다루었다. 순열 생성($O(n \cdot n!)$)이나 합이 M인 모든 부분집합($O(2^n)$), N-Queen($N^2!/N!(N^2-N)!$), 그래프 색칠($O(k^n)$) 등이 대표적인 예인데, 이들은 보통 **지수 시간**(exponential time) $O(r^n)$이나 **팩토리얼 시간**(factorial time) $O(n!)$에 처리된다. 이들은 다항식 시간이 아닌 대표적인 예로 현실적인 시간에 풀 수 없는 문제들이다.

- $O(2^n)$은 지수형(exponential)으로 불리는데, 원소의 개수가 n인 집합의 모든 부분집합을 찾는 문제 등에서 흔히 나타난다.
- $O(n!)$은 팩토리얼(factorial) 형으로 입력이 수십 개만 되더라도 강력한 슈퍼컴퓨터로 지구가 탄생하여 지금까지 흘러온 시간보다 더 많은 실행 시간이 요구된다!

잠깐만!! 차수가 매우 높은 다항식 시간

$O(n^{1000})$와 같이 차수가 매우 높은 다항식 시간도 n이 충분히 크다면 현실적인 시간에 풀기 어려울 것이다. 그러나 현실에서는 이런 경우가 매우 드물고, 앞에서 공부한 알고리즘들과 같이 대부분은 차수가 낮기 때문에 다항식 시간을 현실적인 시간으로 이해하더라도 문제가 없다.

이 장에서는 다항식 시간에 해결할 수 없다고 추정되면서 서로 강력한 논리적인 연관성을 갖는 특별한 문제들의 그룹인 NP-완전 문제들과 관련된 이론을 공부한다. 또한, 이러한 문제들에 대해 비현실적인 시간이 걸리는 최적해가 아니라 현실적인 시간에 근사해를 구하는 방법들을 살펴본다.

10.1 문제의 분류

■ 결정 문제와 최적화 문제

풀 수 있는 문제라도 비슷한 문제에 대해 요구하는 대답의 종류가 다양할 수 있다. 문제가 요구하는 대답의 종류에 따라 결정 문제와 최적화 문제로 나눌 수 있다.

- **결정(decision) 문제**: 대답으로 Yes 혹은 No를 요구하는 문제
- **최적화(optimization) 문제**: 주어진 조건을 만족하는 최적해를 요구하는 문제

예를 들어, 해밀토니안 사이클과 관련된 다음의 두 문제를 생각해 보자. 무방향 그래프 G=(V,E)에서 해밀토니안 사이클은 G의 임의의 정점에서 출발하여 다른 모든 정점을 한 번씩만 방문하고 다시 시작점으로 돌아오는 단순 경로(simple cycle)를 말한다(정의 3.1).

문제 10.1 해밀토니안 사이클(결정 문제)

가중치 그래프 G=(V,E)에 해밀토니안 사이클이 있는가?

문제 10.2 해밀토니안 사이클(최적화 문제)

가중치 그래프 G=(V,E)의 모든 해밀토니안 사이클의 개수를 구하라.

문제 10.1은 당연히 결정 문제이다. 해밀토니안 사이클이 하나라도 있으면 Yes 아니면 No를 답하면 된다. 이에 비해 문제 10.2는 최적화 문제이다. 가능한 모든 사이클을 찾아 개수를 답해야하기 때문이다. 다음 그래프에서 결정 문제의 답은 Yes지만, 최적화 문제의 답은 전체 사이클의 개수로 6개이다.

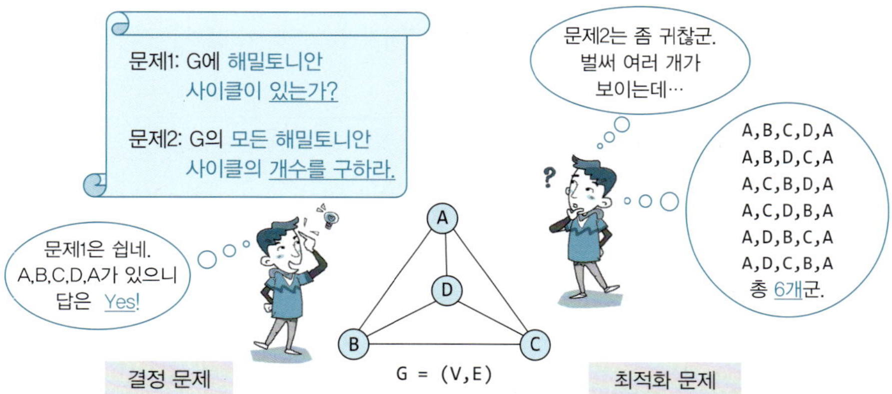

[그림 10.2] 해밀토니언 사이클 관련 결정 문제와 최적화 문제의 예

앞으로 다룰 NP-완전은 이론의 전개가 쉽도록 결정 문제만을 대상으로 한다. 그렇다고 최적화 문제를 다루지 못하는 것은 아니다. 최적화 문제는 그에 대응하는 결정 문제로 바꾸면 되기 때문이다. 예를 들어, 전형적인 최적화 문제인 TSP를 결정 문제로 바꾸어 보자. 상수 하나를 사용하면 쉽게 결정 문제로 변환할 수 있다.

- 최적화 TSP 문제: 임의의 한 점에서 출발하여 다른 모든 점을 한 번씩만 방문하고 다시 시작점으로 돌아오는 최단 거리를 구하라.
- 결정 TSP 문제: 임의의 한 점에서 출발하여 다른 모든 점을 한 번씩만 방문하고 다시 시작점으로 돌아오는 거리 K 이하인 경로가 있는가?

보통 최적화 문제는 대응되는 결정 문제보다 풀기가 쉽지 않다. 따라서 결정 문제가 어렵다면 최적화 문제도 어렵다고 할 수 있다. 예를 들어, 결정 TSP 문제가 어렵다면 최적화 TSP도 어려운 문제이다.

NP 문제

결정 문제는 P 문제와 NP 문제로 구분할 수 있다.

- **P 문제:** 다항식(Polynomial) 시간에 해결할 수 있는 결정 문제
- **NP 문제:** 비결정론적(Nondeterministic Polynomial) 다항식 시간에 해결할 수 있는 결정 문제. 만약 결정 문제의 답이 Yes라는 근거가 주어지면 그 근거가 옳다는 것을 다항식 시간에 확인할 수 있는 문제

NP의 의미에 유의하라. NP가 Non-Polynomial의 약자가 아니므로 다항식 시간에 풀 수 없는 문제라는 의미가 아니다. NP 문제는 답이 Yes인 경우 빨리(다항식 시간) 확인할 수 있는 문제이다. 답이 No인 경우는 상관하지 않는다.

NP 문제의 예: 결정 TSP 문제

다음 그래프에 대한 TSP 문제를 생각해 보자. 이 문제를 K=90인 결정 TSP 문제로 바꾸고, 경로 (A,B,D,C,A)를 근거로 이 문제의 답이 Yes라고 하자.

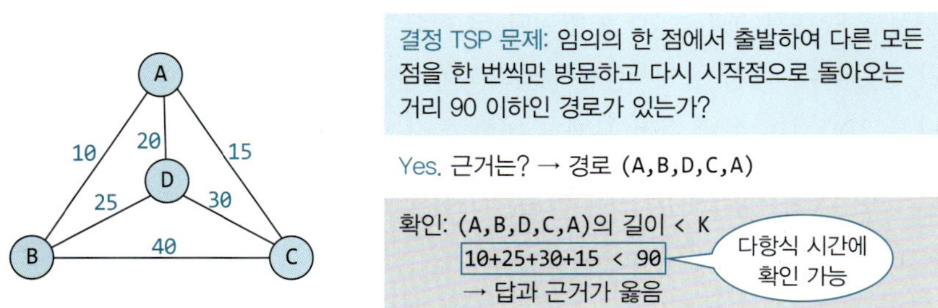

[그림 10.3] 결정 TSP 문제가 NP 문제임을 보이는 과정

주어진 근거를 이용해 문제의 답이 정말 Yes인지를 확인하려면, 근거로 주어진 경로의 길이를 구하고 그 결과를 K와 비교해 보아야 한다. 경로의 길이를 구하기 위해서는 정점의 개수와 같은 4번의 덧셈 연산이 필요하고, 이것을 K와 비교하기 위해서는 한 번의 비교 연산이 필요하다. 따라서 확인을 위해 총 $n+1$번의 연산이 필요하므로 이 문제는 명확히 다항식 시간에 확인할 수 있는 NP 문제이다.

P 문제와 NP 문제의 관계

대부분의 결정 문제들은 NP에 속하는데, 특히 모든 P 문제는 NP에 속한다. 즉, P⊆NP이다. 왜 그럴까? 다항식 시간에 풀 수 있는 문제는 답이 맞는지 확인하기 위해 문제를 풀어 결과를 비교해 보면 되기 때문이다. 그렇지만 P=NP인지 P≠NP인지는 아직 밝혀지지 않았다. P≠NP일 것 같지만 누구도 이를 증명하는 방법을 모르는데, 이 문제에는 많은 현상금이 걸려있다.

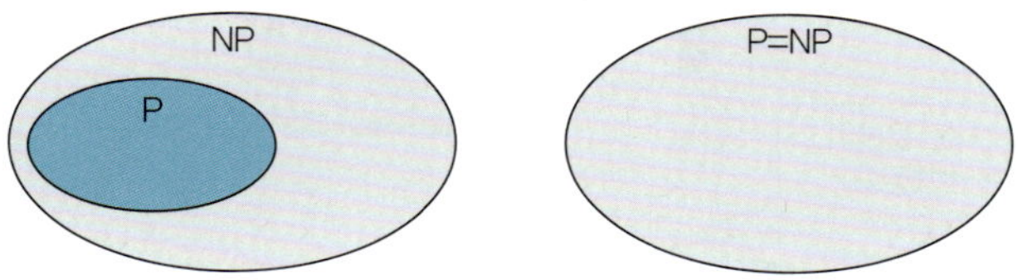

[그림 10.4] P와 NP의 두 가지 가능성

10.2 NP-완전 이론

NP-완전(complete) 문제는 NP에 속하는 문제로 현재까지는 다항식 시간에 풀기는 어렵다고 판단되지만 다른 NP 문제들과 어렵다는 점에서 논리적으로 밀접하게 연결된 문제들이다. 따라서 아직 다항식 시간에 해결 가능하다는 것을 보인 문제는 없지만, 만약 하나의 NP-완전 문제라도 다항식 시간에 해결할 수 있다면 이 문제의 답을 이용해 다른 문제의 답도 구할 수 있어 모든 NP-완전 문제가 다항식 시간에 연쇄적으로 풀리게 된다.

NP-완전과 관련된 유명한 비유를 하나 소개한다. 직장 상사가 매우 어려운 문제를 해결하라고 지시했는데, 아무리 생각해도 풀 수가 없는 상황이다. 상사에게 어떻게 보고하는 것이 좋을까? 다음 그림과 같이 세 가지 방법이 있다.

[그림 10.5] 문제가 어렵다는 것을 보고하는 세 가지 방법

첫 번째 대답은 좀 멍청해 보인다. 두 번째 방법은 답이 없다는 것을 증명하지 못한다면 매우 건방진 대답이다. 세 번째 방법이 가장 설득력이 있어 보인다. 어떤 문제가 NP 완전 문제임을 안다면 이 문제가 천재들도 풀지 못한 몹시 어려운 문제임을 이미 파악한 것이다.

▪ 다항식 시간의 문제 변환

NP-완전 문제들이 어떻게 논리적으로 밀접하게 연결되어 있는지를 살펴보자. NP-완전 문제들은 단 하나의 문제라도 다항식 시간에 해결할 수 있다면 다른 모든 문제가 다항식 시간에 해결되는 관계에 있다고 했다. 이를 정확히 이해하기 위해 어떤 문제에서 다른 문제로의 **변환**(reduction) **과정**을 알아야 한다.

다항식 시간에 해결할 수 있는 어떤 결정 문제 B를 알고 있다고 하자. 우리는 다른 어떤 결정 문제 A가 다항식 시간에 해결될 수 있는지가 알고 싶다. 만약 문제 A를 문제 B로 변환할 수 있고, 변환된 문제의 해가 문제 A의 해와 일치한다고 하자. 그렇다면 문제 A를 문제 B로 다항식 시간에 변환만 할 수 있으면 문제 A는 다항식 시간에 해결할 수 있다.

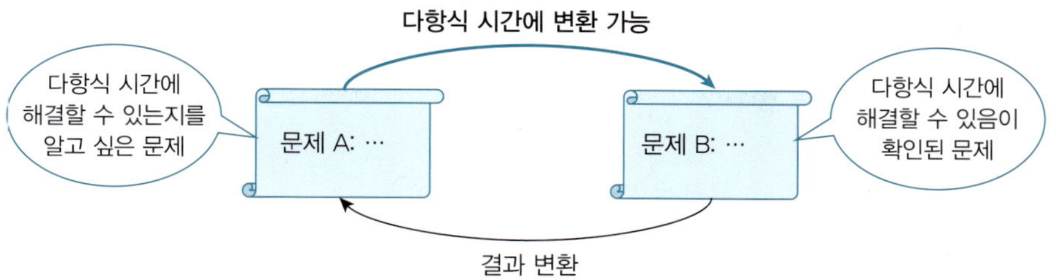

[그림 10.6] 다항식 시간의 문제 변환을 통해 대답을 얻는 예

NP 완전 문제들은 서로 이런 논리적 연결 관계를 갖는데, 다만 문제 B와 같은 다항식 시간에 해결 가능한 문제를 아직 발견하지 못했을 뿐이다.

예제를 통해 다항식 시간의 문제 변환을 구체적으로 이해해보자. 정수의 집합 S가 주어졌을 때, 다음과 같은 두 개의 결정 문제를 생각할 수 있다.

문제 10.3 SubsetSum 문제(결정 문제)

> S의 부분집합 중에서 <u>원소의 합이 K가 되는 부분집합이 있는가?</u>

문제 10.4 Partition 문제(결정 문제)

> S를 분할하여 두 개의 부분집합으로 나누었을 때 <u>원소들의 합이 같은 분할이 가능한가?</u> 이때 분할된 두 부분집합 사이에는 공통된 원소가 없어야 하고, 두 부분집합의 합집합은 S와 동일해야 한다.

다음 그림은 어떤 집합 S={10, 15, 20, 25, 30, 60}에서 K=70인 SubsetSum 문제와 Partition 문제의 해를 각각 보여주고 있다.

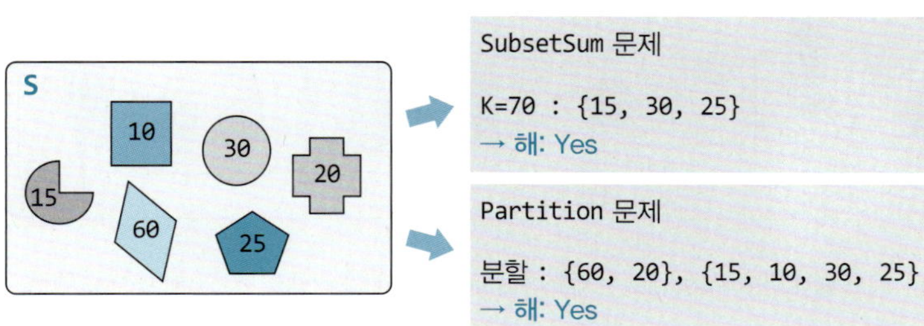

[그림 10.7] 집합과 관련된 두 가지 결정 문제

두 문제 모두 원소의 합이 사용되어 뭔가 관련이 있어 보인다. 이 문제들을 다항식 시간에 서로 변환할 수 있을까?

Partiton 문제를 SubsetSum 문제로 변환

Partition 문제는 집합 S를 정확히 같은 크기의 두 부분집합으로 분할할 수 있는지를 묻는다. 이 문제를 SubsetSum 문제로 어떻게 변환할 수 있을까? 이것은 생각보다 간단하다.

> 집합 S의 모든 원소를 더한 값을 sum이라 하자. Partition 문제에서 분할된 두 집합의 합은 반드시 각각 sum/2가 되어야 한다. 따라서 S의 부분집합 중에 합이 sum/2인 집합이 있으면 분할도 가능하다. 즉, Partition 문제는 K=sum/2인 경우의 SubsetSum 문제의 결과와 정확히 일치한다.

예를 들어, 그림 10.7의 경우 S의 합은 sum=160이다. 따라서 K=80인 경우의 SubsetSum 문제의 해는 Partition 문제의 해와 정확히 일치한다. 즉, K=80인 부분집합이 있으면 그 집합에 포함되지 않은 모든 원소를 다른 부분집합으로 만들면, 이 집합의 합도 80이 되고, 따라서 S는 정확히 분할된다. 만약 S에 이러한 부분집합이 없으면 S의 분할은 불가능하다.

변환 과정이 다항식 시간인지를 살펴보자. K를 구하기 위해서는 S의 원소 개수에 비례하는 덧셈과 한 번의 나눗셈이 필요하다. 따라서 다항식(선형) 시간 안에 변환할 수 있는 것이 명확하다.

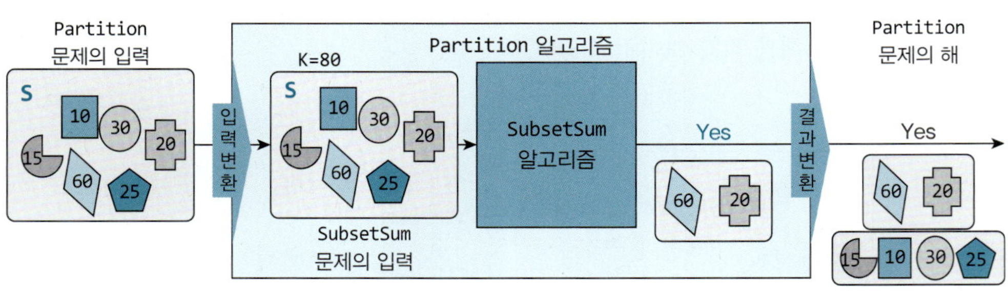

[그림 10.8] Partition 문제를 SubsetSum 알고리즘을 통해 해결하는 예

SubsetSum 문제를 Partiton 문제로 변환

SubsetSum 문제는 원소의 합이 K인 부분집합이 있는지를 묻는다. 이 문제를 Partition 문제로 변환할 수 있을까?

> <u>아이디어는 원소의 합이 2K가 되도록 특별한 원소 e 하나를 S에 추가하고, 이 집합에 대해 Partition 문제를 푸는 것이다.</u> 즉, S′=S∪{e}에 대한 Partition 문제의 해는 SubsetSum 문제의 해와 동일하다. e는 2K에서 집합 S의 원소의 합을 빼면 간단히 구할 수 있다.

예를 들어, 그림 10.7의 집합에 대해 K=100인 SubsetSum 문제가 주어졌다고 하자. e는 200−160=40이고, S′={10, 15, 20, 25, 30, 60, 40}이 된다. S′의 Partition 문제는 {10, 30, 60}과 {15, 20, 25, 40}으로 분할이 가능하므로 yes이고, 이것은 원래의 SubsetSum 문제에서 S에 원소의 합이 100(K=100)인 부분집합({10, 30, 60}이 있다는 것을 의미한다.

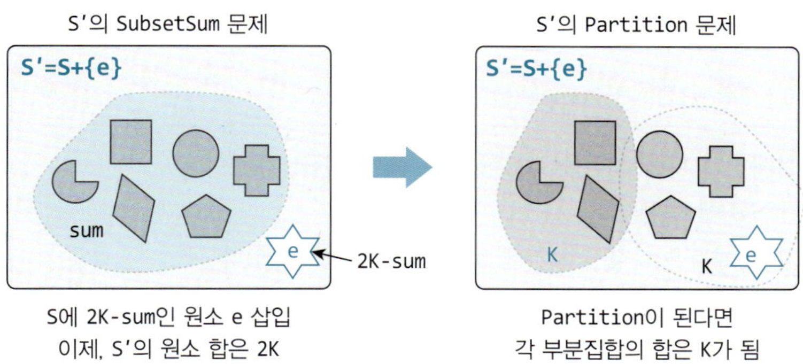

[그림 10.9] SubsetSum을 Partiton 문제로 변환하는 아이디어

▪ NP-완전

문제 A를 문제 B로 변환하여 해를 구하는 전체 과정은 그림 10.10과 같이 정리된다.

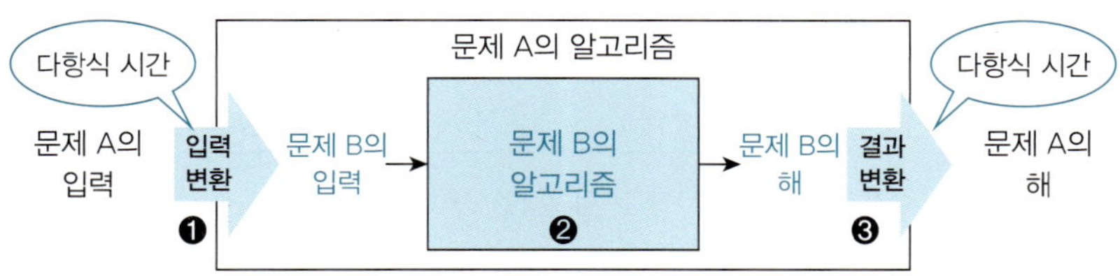

[그림 10.10] 변환을 통한 문제 해결에서의 전체 처리시간

전체 처리시간은 다음 세 단계의 처리시간의 합으로 구해진다.

❶ 문제 A의 입력을 문제 B의 입력으로 변환하는 시간
❷ 문제 B의 해를 구하는 시간
❸ 문제 B의 해를 문제 A의 해로 변환하는 시간

❶은 단순한 입력의 변환이므로 다항식 시간에 수행되고, ❸은 결정 문제의 경우 문제 B의 해와 문제 A의 해가 같으므로 시간이 필요하지 않다. 결국, 문제 A의 전체 시간 복잡도는 ❷, 즉 문제 B의 알고리즘의 시간 복잡도에 따라 결정된다. 만약 문제 B가 다항식에 해결되면 문제 A도 다항식 시간에 해결된다. 문제 A와 문제 B 사이에 이러한 관계가 성립하면 "문제 A가 문제 B로 다항식 시간에 변환 가능"하다고 한다.

만약 문제 A를 문제 B로 다항식 시간에 변환할 수 있고, B를 다시 문제 C로 다항식 시간에 변환할 수 있다면, 문제 A를 문제 C로 다항식 시간에 변환하는 것도 역시 가능하다. 이제 **NP-완전(NP-complete)**을 정의해 보자.

정의 10.1 NP-완전(NP-complete)

> 어떤 결정문제 A가 다음 조건을 만족하면 이 문제는 NP-완전이다.
> (1) 문제 A는 NP에 속한다.
> (2) 모든 NP 문제들은 다항식 시간에 문제 A로 변환할 수 있다.

모든 NP-완전 문제들 사이에는 이러한 변환 관계가 성립하고, 따라서 어느 한 NP-완전 문제라도 다항식 시간에 해결되기만 한다면 다른 모든 문제도 다항식 시간에 해결된다.

NP-하드

NP-하드(hard)는 NP-완전보다 더 넓은 범위의 문제를 포함한다.

정의 10.2 NP-하드(NP-hard)

> 어떤 문제 A가 다음 조건을 만족하면 이 문제는 NP-하드이다.
> (1) 모든 NP 문제들은 다항식 시간에 문제 A로 변환할 수 있다.

이 정의에 따르면 NP-완전 문제는 NP-하드에 속한다. 그렇지만 NP-하드에 속하는 문제가 반드시 NP 문제일 필요는 없는 것에 유의하라. 하드(hard)의 의미를 적어도 어떤 NP 문제보다 해결하기 어려운 문제라는 정도의 의미로 이해하자. NP-완전은 결정 문제만을 포함하지만, NP-하드 문제는 최적화 문제도 포함한다. 다음 그림은 이들 사이의 관계를 보여준다.

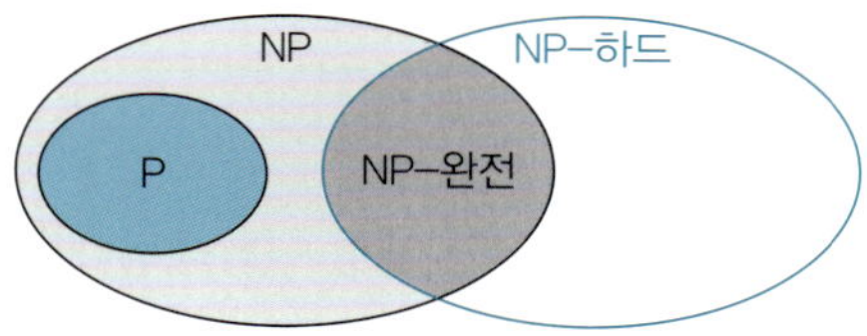

[그림 10.11] P, NP, NP-완전, NP-하드 사이의 관계

NP-하드는 "모든 NP 문제들이 다항식 시간에 문제 A로 변환 가능"이라는 매우 강력한 조건을 갖는다. 따라서 어떤 문제가 NP-하드에 속한다는 것을 증명하는 것은 매우 어렵지만, 다행히 A가 NP-하드임을 증명하기 위해 모든 NP-문제를 사용하지 않아도 된다. 다음의 정리를 이용하면 되기 때문이다.

정리 10.1

> 어떤 문제 A가 다음 조건을 만족하면 이 문제는 NP-하드이다.
> (1) 어떤 알려진 NP-하드 문제에 대해 이 문제를 다항식 시간에 문제 A로 변환할 수 있다.

증명: 이 조건을 만족하면 정의 10.2의 NP-하드 조건도 만족한다는 것을 보이면 된다. 어떤 알려진 NP-하드 문제를 C라 하자. C가 NP-하드이므로 정의 10.2에 의해 모든 NP 문제를 C로 다항식 시간에 변환할 수 있다. C를 다시 다항식 시간에 문제 A로 변환할 수 있으므로, 결국 모든 NP 문제는 C를 거쳐 A로 다항식 시간에 변환할 수 있다. 두 다항식 시간의 합은 여전히 다항식 시간이기 때문이다.

이 정리를 이용하면 모든 NP 문제를 고려할 필요 없이 이미 증명된 어떤 NP-하드 문제를 다항식 시간에 주어진 문제로 변환할 수 있다는 것만 보이면 NP-하드임이 증명된다. 그렇지만 최초의 NP-하드 문제는 정의 10.2에 의해 증명할 수밖에 없다! 다행히 1971년 Cook이 일반 부울식 만족 문제(GSAT)가 NP-하드임을 이 정의에 의해 증명하였다.

NP-하드를 이용하면 NP-완전을 다음과 같이 다시 정의할 수 있다.

정의 10.3 NP-완전(NP-complete)

어떤 문제 A가 다음 조건을 만족하면 이 문제는 NP-완전이다.
(1) 문제 A는 NP에 속한다.
(2) 문제 A는 NP-하드이다.

이 정의를 이용하면 어떤 문제가 NP-완전 문제인지를 증명하기 위해 정의 10.1과 같이 모든 NP 문제를 고려할 필요가 없다. 단지 A가 NP에 속한다는 것을 보이고, 어떤 NP-하드(또는 NP-완전) 문제를 이용해 A가 NP-하드임을 보이면 되기 때문이다. 이 책에서는 NP-완전 문제의 증명은 다루지 않는다. 관련 자료를 참고하기 바란다.

10.3 NP-완전 문제들과 근사 알고리즘

지금까지 살펴본 NP-완전 문제들은 컴퓨터를 포함해 광범위한 분야에서 실제로 제기되는 문제들을 포함한다. 대표적인 NP-완전 문제들을 살펴보자.

■ 대표적인 NP-완전 문제들

Boolean satisfiability problem (SAT)

부울 변수(이진 변수)들의 논리 합(or)으로 이루어진 여러 개의 논리식이 주어졌을 때, 이들을 모두 만족시키는 부울 변수 값을 찾는 문제이다. 만약 사용된 부울 변수가 n개라고 한다면 모든 가능한 조합의 수는 각 변수가 True나 False가 될 수 있으므로 2^n 가지가 된다. 몇 가지 예를 들어보자.

- $(\overline{a} \vee b)$, $(\overline{b} \vee c)$, $(a \vee c)$, $(b \vee c)$: $a = b =$ False 이고 $c =$ True 라면 이 논리식들은 모두 참이다.
- $(a \vee \overline{b})$, $(b \vee \overline{c})$, $(a \vee b \vee c)$, $(\overline{a} \vee \overline{b} \vee \overline{c})$, c : 부울 변수가 3개이므로 $2^n = 2^3 = 8$ 가지의 조합이 가능한데, 어떤 조합도 모든 식을 동시에 만족시키지 못한다. 따라서 이 문제에는 해가 없다.

SAT 문제는 반도체 칩이나 소프트웨어 등의 설계에서 조합 등가(combinational equivalence) 검사나, 자동 테스트 패턴(automatic test-pattern) 생성, 모델 검사(model checking), 인공지능에서의 계획(planning), 생물 정보학(haplotyping in bioinformatics) 등 다양한 분야에서 활용된다.

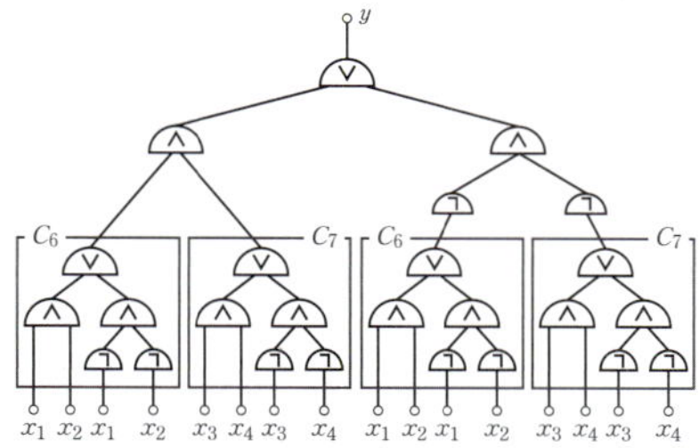

해밀토니안 사이클(Hamiltonian path)과 외판원(TSP) 문제

해밀토니안 경로와 외판원 문제도 NP-완전 문제이다. 주어진 그래프 G=(V,E)에서 임의의 한 점에서 출발하여 다른 모든 점을 한 번씩만 방문하고 다시 시작점으로 돌아오는 경로를 찾거나, 이들 중에 비용이 최소인 경로를 찾는 문제이다. 그래프 G의 정점의 수가 n이라면 최대 $(n-1)!$가지의 해밀토니안 경로가 가능하고, TSP 문제는 이들 중에 최소비용의 경로를 찾아야 한다.

이러한 문제들은 물류 사업 분야에서 운송이나 택배를 위한 차량 운행 경로를 결정하거나, 전자회로 기판에서의 효율적인 배선, 건축물의 효율적인 배관 설계 등 다양한 분야에서 사용된다.

0-1 배낭 문제(0-1 Knapsack problem)

9장에서 공부한 0-1 배낭 채우기도 NP-완전 문제이다. 최대 무게(용량) W를 초과하지 않으면서 물건들의 가치의 합이 최대가 되도록 배낭을 채워야 하는데, n개의 물건이 있다면 배낭을 채울 수 있는 모든 경우의 수는 2^n 가지이다. 물론 무게가 정수로 주어진다는 추가적인 조건이 있다면 동적 계획법과 같은 보다 효율적인 알고리즘을 사용할 수 있지만, 일반적으로는 그렇지 않다.

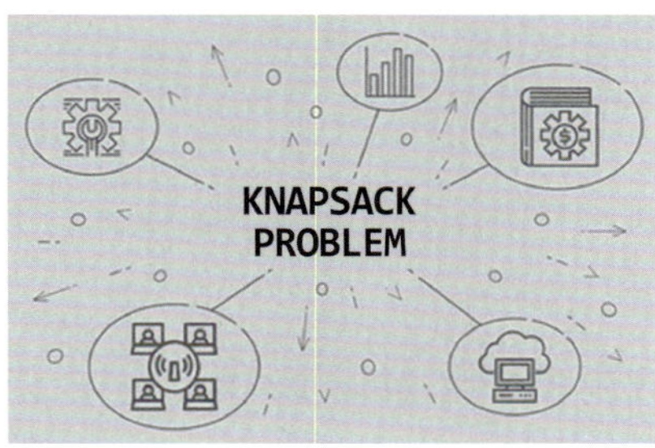

이 문제는 다양한 의사결정 과정에 사용되는데, 금융 분야에서 자산의 포트폴리오를 선택

하고, 투자나 다차원 경매 결정에 사용하고, 생산 공장에서 원재료의 낭비를 최소한으로 줄이는 방법이나 암호학에서 암호 생성 등을 위해서 활용된다.

그래프 색칠 문제(Graph coloring problem)

9장에서 공부한 그래프 색칠 문제도 NP-완전이다. 이 문제는 그래프에서 k개의 색을 이용해 간선으로 연결된 인접한 정점이 같은 색상으로 칠해지지 않도록 전체 그래프를 색칠할 수 있는지를 묻는다. 만약 n개의 정점을 가진 그래프에 k개의 색을 사용해야 한다면 색을 칠할 수 있는 모든 가능한 조합은 k^n 가지나 된다.

이 문제는 통신 분야에서 주파수 할당이나, 패턴 인식, 데이터 압축, 시간표 등의 스케줄링과 생물학이나 고고학 등에서 자료의 분석 방법 등에 이용된다.

부분집합의 합(Subset sum problem)

집합 S가 주어졌을 때, S의 부분집합 중에서 원소의 합이 K가 되는 부분집합을 찾는 문제이다. 원소의 개수가 n인 집합의 전체 가능한 부분집합의 수는 각 원소가 부분집합에 포함될 수도 있고 아닐 수도 있으므로 2^n 가지이고, 이들 중에서 원소의 합이 K인 부분집합을 찾아야 한다.

이 문제는 컴퓨터 패스워드(passwords)나 공개 암호 시스템(public key cryptography), 메시지 검증(message verification) 등에서 활용된다.

분할 문제(Partition problem)

집합 S를 분할하여 두 개의 부분집합으로 나누었을 때 원소들의 합이 같은 분할이 가능한지를 묻는 문제이다. 앞 절에서 살펴본 바와 같이 부분집합의 개수가 2개라면 이 문제는 부분집합의 합 문제의 특수한

경우가 된다. 이 문제는 나눌 집합의 수를 k개로 확장할 수 있다. 이 경우 각 원소가 k개의 집합 중 하나에 속해야 하므로 k^n 가지의 조합이 가능하다.

이 문제는 컨테이너의 효율적인 배치나, 네트워크 설계, 인공지능 신경망의 학습, 로봇의 동작 계획, 패턴 인식, 회로나 VLSI 설계 등 다양한 분야에서 활용된다.

통 채우기 문제(Bin Packing problem)

N개의 물건이 있고 용량이 C인 균일한 크기의 통들이 있다. 통 채우기(bin packing) 문제는 가장 적은 수의 통을 사용하여 모든 물건을 통에 채우는 문제이다. 이 문제는 근사 알고리즘과 함께 다음 절에서 다시 자세히 다룬다.

이 문제는 현실에서는 컨테이너에 물건을 채우거나, 음악 파일을 CD에 넣고, TV의 스포츠 중계에서 중간에 비는 시간을 정확히 채울 광고를 찾거나, 재료의 최적 절단, 작업의 부하 균등화, 다중 처리장치의 스케줄링, 프로젝트 경영 등 다양한 분야에서 사용된다.

정점 커버 문제(Vertex cover problem)

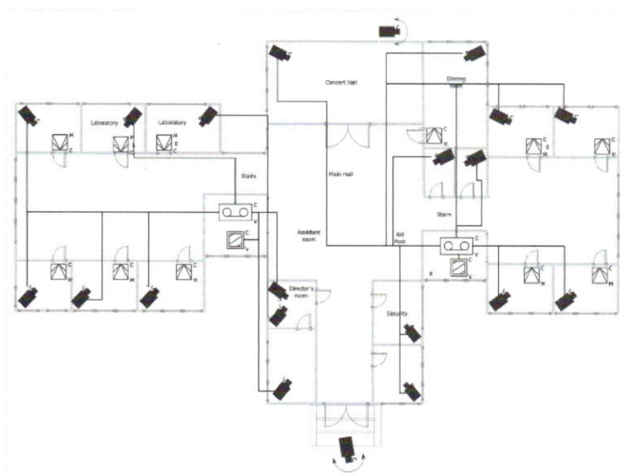

이 문제는 무방향 그래프 G에서 모든 간선 (u,v)의 양쪽 정점 u와 v 중에서 적어도 하나 이상의 정점을 포함하는 정점의 집합 중에서 최소 크기의 집합을 찾는 문제이다. 이 문제는 10.6절에서 다시 다룬다.

이 문제는 센서 네트워크에서 사용되는 센서 수를 최소화하거나, 무선통신, 전기공학, 최적 회로 설계, 토목 공학, 보안감시 분야의 CCTV 카메라의 최적 배치 등에 사용된다.

이러한 문제들 이외에도 **집합 커버**(set cover) 문제, **독립 집합**(independent set) 문제, **클리크**(clique) 문제, **부분 그래프 동형**(subgraph isomorphism) 문제, **지배적 집합**(dominating set) 문제 등이 대표적인 NP-완전 문제들이다.

■ 근사 알고리즘이란?

어떤 최적화 문제가 NP-완전 또는 NP-하드임이 증명되면 지금까지의 연구 결과로 이 문제를 다항식 시간에 해결하기는 어렵다고 보아야 한다. 다항식 시간에 해결할 수 없다면 입력이 커짐에 따라 처리시간이 많이 걸릴 수밖에 없는데, 이것은 9장에서 공부한 백트래킹이나 분기 한정 기법을 아무리 효과적으로 적용하더라도 마찬가지이다.

예를 들어, TSP 문제의 경우 도시(정점)의 수가 20 정도까지는 문제가 없지만 정점의 수가 조금만 더 커지면 계산량에 심각한 문제가 생긴다. 만약 도시가 40개가 넘는다면 아무리 성능이 좋은 슈퍼컴퓨터를 사용하더라도 우리가 살아있는 동안은 최적해를 볼 수 없을 정도이다. 지구상에는 우리가 가 보아야 할 수백 개의 도시가 있는데도 말이다. 그렇다면 이러한 NP-완전 문제들은 해결을 위해 어떻게 접근해야 할까?

- 문제의 크기가 충분히 작다면 9장에서 공부한 백트래킹이나 분기 한정 기법을 잘 적용하여 현실적인 시간에 최적해를 구할 수 있다.
- 입력에 특별한 제한이 있는 경우는 다항식 시간 알고리즘을 찾을 수 있다. 예를 들어, 0-1 배낭 채우기 문제에서 무게가 적절한 정수 범위라면 동적 계획법을 적용해 다항식 시간에 처리할 수 있다.
- 최적해가 아니고 최적해와 비슷한 근사해가 되더라도 충분히 사용할 수 있는 경우라면 다항식 시간에 해결할 수 있는 근사 알고리즘을 찾아본다.

근사 알고리즘(approximation algorithm)은 NP-완전 문제와 같이 최적해를 구할 수 있다고 알려진 다항식 알고리즘이 없는 경우 사용하는 알고리즘으로, 최적해가 아니라 최적해에 가까운 근사해를 구하는 방법이다. 이들은 대부분 각 문제의 특성에 따라 적용할 수 있는 경험적인 정보, 즉 휴리스틱(heuristic)을 사용한다. 그리고 하나의 문제에 대해 여러 개의 근사 알고리즘이 존재할 수 있다.

[그림 10.12] 근사 알고리즘은 다항식 시간 안에 충분히 좋은 답을 구할 수 있다.

근사 알고리즘과 근사 비율

근사 알고리즘은 근사해를 구하므로 주어진 문제에 사용할 수 있을지 없을지를 결정하기 위해서는 근사해가 최적해와 얼마나 비슷한지를 알아야 한다.

> **근사 비율**(approximation ratio)은 근사해가 얼마나 최적해와 가까운지를 나타내는 지표로, 근사 알고리즘은 반드시 근사 비율을 제시해야 한다.

어떤 최적화 문제에 대해 입력의 크기가 n이고, 최적해의 비용이 C^*, 근사해의 비용을 C라 하자. 이 근사 알고리즘의 근사 비율 $\rho(n)$은 다음과 같이 정의된다.

$$\max\left(\frac{C}{C^*}, \frac{C^*}{C}\right) \le \rho(n)$$

만약 어떤 근사 알고리즘의 근사 비율이 $\rho(n)$이면 이를 $\rho(n)$−**근사 알고리즘**이라 한다. 이 식은 최소화와 최대화 문제에 모두 적용된다. 예를 들어, 최소화 문제에서는 근사해가 당연히 최적해보다 더 클($C \ge C^*$) 수밖에 없을 것이고, 최대화 문제는 그 반대가 될 것이다. 위의 식에 의하면 $\rho(n)$은 항상 1 이상이 되는데, 1에 가까울수록 좋은 근사 알고리즘이고, $\rho(n)=1$은 최적해를 보장하는 알고리즘이다. 최소화 문제와 최대화 문제에서의 근사 비율 예를 살펴보자.

- TSP 문제에서 최적해의 경로의 길이가 100이고, 어떤 근사 알고리즘 A가 항상 길이가 150 이내인 경로를 구해준다면 이 알고리즘의 근사 비율 $\rho(n)$은 $150/100=1.5$이고, 따라서 A는 1.5−근사 알고리즘이다.
- 0−1 배낭 채우기 문제에서 최적해가 100이고, 어떤 근사 알고리즘 A가 항상 50 이상의 배낭 가치를 보장해 준다면 이 알고리즘은 $\rho(n)=100/50=2$이고, 따라서 A는 2−근사 알고리즘이다.

이 장에서는 몇 가지 NP−완전 최적화 문제에 대한 근사 알고리즘을 공부한다.

10.4 통 채우기 문제의 근사 알고리즘

통 채우기(bin packing) 문제에 대한 근사해를 만드는 방법을 살펴보자. 이 문제는 다음과 같이 정의된다.

문제 10.5 통 채우기(bin packing) 문제

> n개의 물건이 있고 용량이 C인 균일한 크기의 통들이 있다. 가장 적은 수의 통을 사용하여 모든 물건을 통에 넣어라. 단, 하나의 물건을 여러 통에 나누어 담을 수는 없으며, 각 물건의 크기는 통의 용량 C보다 크지 않다.

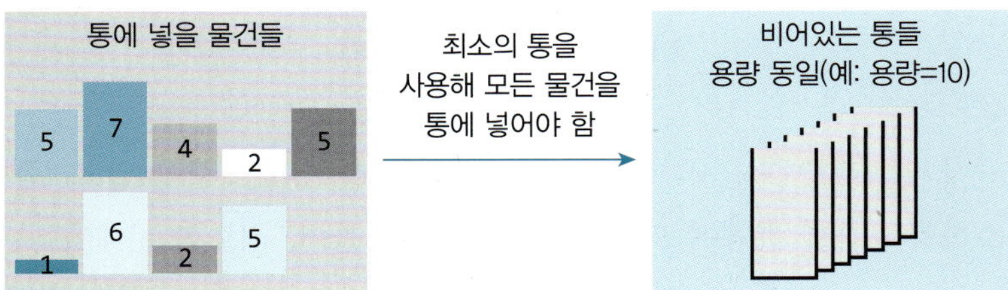

[그림 10.13] 통 채우기 문제

이 문제는 NP-하드로 지수 시간에 최적해를 찾을 수 있는 어려운 문제이다. 통 채우기 문제의 예는 다음과 같다.

- 예제 1) 통의 용량이 10이고, 크기가 각각 {4,8,3,2,1,2}인 6개의 물건이 있다면 {4,3,2,1,}과 {8,2}로 담을 수 있으므로 최적해는 2가 된다.
- 예제 2) 통의 용량이 10이고, 크기가 각각 {9,8,2,2,5,4}인 6개의 물건이 있다면 {9}, {8,2}, {2,5}, {4}로 담을 수 있어 4개의 통이 필요하다.

완전 탐색

시간이 오래 걸리더라도 최적해를 구할 수 있는 완전 탐색을 생각해 보자. 최적해를 위해서는 모든 가능한 조합을 검사해야 한다. 어떻게 할 수 있을까? 만약 통의 개수가 정해져 있다면 각 물건을 모든 통에 각각 넣어보는 조합을 만들어 볼 수 있다. 예를 들어, 통의 개수가 k개라고 하면 물건이 n개이므로 각 물건을 k가지의 통에 넣어볼 수 있고, 따라서 모

든 가능한 경우는 n^k 가지가 된다.

그런데 통은 최대로 몇 개 필요할까? 문제에서는 통이 무한히 준비되어 있다고 가정하였지만, 하나의 물건을 두 통에 나누어 담을 수는 없다는 조건이 있으므로 각 물건을 모두 다른 통에 담는 것이 최악의 경우이며, 따라서 k의 최댓값은 n이다. 결국, 완전 탐색을 위해서는 최악의 경우 n^n 가지의 조합을 검사해야 한다. n이 조금만 커지더라도 현실적인 시간에 결과를 구할 수 없고, 따라서 이 문제는 최적해를 구하기보다는 좋은 근사 알고리즘을 찾는 것이 현명한 방법일 것이다.

필요한 통의 최소 개수와 근사 비용

k의 최댓값이 n이라면 이 문제에서 k의 최솟값, 즉 가능한 최소한의 통의 개수는 몇 개일까? 눈치가 빠른 사람이라면 전체 물건의 크기를 이용해 최소한으로 필요한 통의 개수를 계산할 수 있음을 알 것이다. 필요한 통의 수의 **하한값**은 다음과 같다.

$$\text{필요한 최소 통의 수} = \left\lceil \frac{\text{모든 물건 크기의 합}}{\text{통 하나의 용량}} \right\rceil$$

만약 용량이 10일 때 물건의 전체 크기가 20이라면 최소한 2개의 통이 필요하고, 전체 크기가 21이라면 $\lceil 21/10 \rceil = \lceil 2.1 \rceil = 3$ 으로 최소한 3개의 통은 필요하다. 어떤 알고리즘이라도 항상 이 하한값을 만든다면 최적해를 구하는 알고리즘이다. 통 채우기 문제에서 이러한 하한값은 근사 비율을 계산하는데 활용할 수 있다. 즉, 하한값을 최적해의 비용 C^* 로 사용하는 것이다.

> **잠깐만!! 최적해와 필요한 통의 개수의 하한값**
>
> 이러한 하한값은 이론적인 값이다. 따라서 이 값을 만든다면 최적해를 구하는 알고리즘이지만, 반대로 최적해를 구하는 알고리즘이 항상 하한값의 해를 구할 수 있는 것은 아니다. 예를 들어, 통의 용량이 10이고, 크기가 9일 물건이 10개 있다고 하자. 최적 알고리즘은 통을 10개 사용하는 결과를 나타내고 이것이 최적해이다. 그러나 이러한 최적해는 하한값 $\lceil 90/10 \rceil = 9$ 보다 크다. 따라서 최적해가 하한값과 같은 것은 아님에 유의하라. 하한값을 근사 비율 계산에 사용할 뿐이다.

■ 통 채우기 근사 알고리즘

이제 보다 현실적인 시간에 통을 채울 수 있는 근사 알고리즘을 생각해 보자. 통에 넣을 물건들이 순서적으로 입력된다고 할 때, 이들을 통에 넣기 위한 다음의 네 가지 전략을 생각할 수 있다. 이들 각각이 하나의 근사해를 만든다. 이러한 전략들이 대부분 복잡하지 않은 것에 유의하라. 최적의 해를 구해야 한다는 부담이 없기 때문이다. 즉, 대부분의 경우 근사 알고리즘은 복잡하지 않다.

- **다음 적합**(Next Fit): 바로 앞에 넣었던 통에 여유가 있으면 그곳에 넣고, 여유가 없으면 새로운 통에 넣는다. 우리가 쓰레기를 버릴 때 사용하는 가장 단순한 방법이다.
- **최초 적합**(First Fit): 첫 번째 통부터 순서대로 살펴보면서, 가장 먼저 여유가 있는 통에 넣는다. 여유가 있는 통이 없으면 새로운 통에 넣는다.
- **최선 적합**(Best Fit): 사용된 기존의 통 중에서 남은 공간이 가장 작은 통에 넣는다. 물건이 들어가는 통이 없으면 새로운 통에 넣는다.
- **최악 적합**(Worst Fit): 사용된 기존의 통 중에서 남은 공간이 가장 큰 통에 넣는다. 물건이 들어가는 통이 없으면 새로운 통에 넣는다.

예를 들어, 통의 용량이 10이고, 크기가 각각 [5, 7, 4, 2, 5, 1, 6, 2, 5]인 물건들이 순서대로 입력될 때, 최적해와 이들 근사 알고리즘을 이용한 근사해는 다음 그림과 같다.

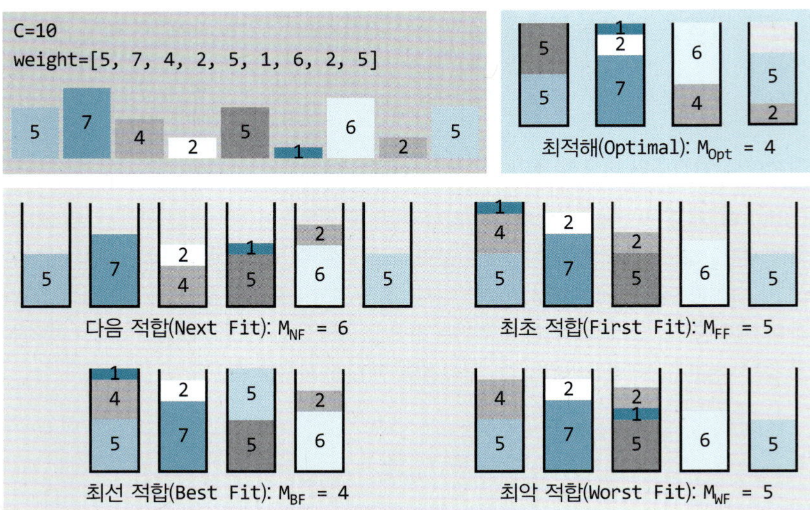

[그림 10.14] 통 채우기 문제의 예와 최적해 및 근사해

결과만을 보면 최적 적합이 4로 가장 우수하고 다음 적합이 6으로 가장 좋지 않다. 그러나 항상 그렇지는 않다는 것에 유의하라. 최적해가 아니므로 입력이 달라지면 결과도 달라진다. 이와 같이, 근사 알고리즘들은 간단하지만 이것으로 끝난 것은 아니다. 근사 비율을 제시해야 하기 때문이다. 다음 적합과 최초 적합 알고리즘을 구체화하고 근사 비율을 계산해 보자.

다음 적합(Next Fit)

다음 적합 알고리즘은 다음과 같다. 리스트의 물건을 순서대로 통에 넣는데, 만약 현재 통의 남은 공간이 부족하면 새로운 통을 이용해 넣는다.

알고리즘 10.1 통 채우기 문제의 다음 적합(Next Fit) 알고리즘

```
01 def binPacking_NextFit(weight, C) :
02     nBins = 0                          # 통의 수
03     remain = 0                         # 현재 통의 남은 공간. 최초:0
04
05     for i in range(len(weight)) :      # 통에 물건을 순서대로 하나씩 넣음
06         if weight[i] > remain :        # 현재 통에 물건을 넣을 수 없으면
07             nBins += 1                 # 새 통을 사용
08             remain = C - weight[i]     # 새 통의 남은 공간 계산
09         else :                         # 현재 통에 물건을 넣을 수 있으면
10             remain -= weight[i]        # 현재 통의 남은 공간 갱신
11
12     return nBins                       # 필요한 통의 수 반환
```

1행: 각 물건의 크기 리스트 weight와 통 하나의 용량 C가 입력된다.

2~3행: 상용한 통의 수와 현재 통의 남은 공간을 초기화한다.

5~10행: 모든 물건에 대해 현재 통에 넣을 수 있으면 넣을 수 없으면 새 통에 넣고 nBins와 remain을 갱신한다. 넣을 수 있으면 넣고 remain만 갱신한다.

복잡도를 살펴보자. 모든 물건을 한 번만 스캔하면 되므로 이 알고리즘의 시간 복잡도는 $O(n)$이다. 이것은 완전 탐색의 $O(n^n)$에 비해 탁월하다.

심화 학습 다음 적합의 근사 비율 계산

다음 적합의 근사 비율을 계산해 보자. 이 알고리즘을 적용하여 다음 그림과 같이 물건을 담았다고 한다면 인접한 두 통에 든 물건의 전체 부피는 반드시 통 하나의 용량보다 클 수밖에 없다. 그렇지 않다면? 당연히 인접한 뒤쪽 통의 물건들이 모두 앞 통으로 옮겨졌을 것이기 때문이다. 그리고 이것은 모든 통에 동일하게 적용된다. 따라서 C^*가 최적해라면 아무리 낭비되더라도 $2C^*$ 이하의 근사해를 만든다. 따라서 이 알고리즘은 2-근사 알고리즘이다.

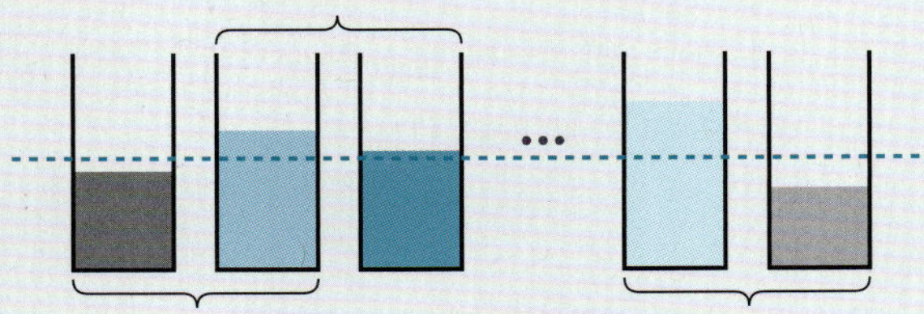

[그림 10.15] 다음 적합에서 모든 인접한 통의 물건 합은 통 용량(C)보다 크다.

최초 적합(First Fit)

이 방법은 첫 번째 통부터 순서대로 살펴보면서, 가장 먼저 여유가 있는 통에 넣는다. 물론 여유가 있는 통이 없으면 새로운 통을 사용한다.

알고리즘 10.2 통 채우기 문제의 최초 적합(First Fit) 알고리즘

```
def binPacking_FirstFit(weight, C) :
    nBins = 0                                   # 통의 수
    remain = [0]*len(weight)                    # 현재까지 사용된 통의 남은 공간

    for i in range(len(weight)) :               # 통에 물건을 순서대로 하나씩 넣음
        bFound = False
        for j in range(nBins) :           # 처음으로 가능한 통을 찾아
            if remain[j] >= weight[i]:          # 물건을 넣음
                remain[j] -= weight[i]
                bFound = True
                break;
        if bFound == False :                    # 가능한 통이 없으면 새 통에 넣음
            remain[nBins] = C - weight[i]
            nBins += 1

    return nBins
```

3행: 사용할 수 있는 모든 통에 대한 남은 공간을 저장할 리스트를 만들고 모두 0으로 초기화한다.

5행: 각각의 물건에 대해,

6~11행: 지금까지 사용된 통을 조사하여 처음으로 이 물건을 넣을 수 있는 통이 발견되면 물건을 넣고, 그 통의 남은 용량을 갱신한다.

12~14행: 넣을 수 있는 통이 없으면, 새 통에 넣고, 남은 용량을 갱신한다.

이 알고리즘은 5행과 7행에서 2중 루프를 사용하고 각 루프가 최대 n번 반복될 수 있으므로 전체 시간 복잡도는 $O(n^2)$이다. 만약, **균형잡힌 이진탐색트리**를 사용한다면 시간 복잡도를 $O(n \log n)$으로 줄일 수 있는데, 이때 탐색트리의 킷값은 각 통의 남은 공간 크기가 되어야 할 것이다. 이러한 트리는 자료구조 도서를 참고하라.

심화 학습 최초 적합의 근사 비율 계산

최초적합의 근사 비율을 계산해 보자. FirstFit으로 m개의 통을 사용했다고 가정하자. 이 경우 그림과 같이 최소한 m-1개의 통은 반드시 통 용량의 절반보다 많은 물건이 들어있어야 한다. 그리고 이들 중 어떤 것도 나머지 통에 든 물건의 무게 합보다 많은 여분을 갖지 않는다. 만약 그렇다면 나머지 통을 만들지 않았을 것이기 때문이다. 따라서 m개의 통이 모두 50%를 약간 넘게 채워지는 경우가 최악의 상황이고, 따라서 이 알고리즘은 2-근사 알고리즘이다.

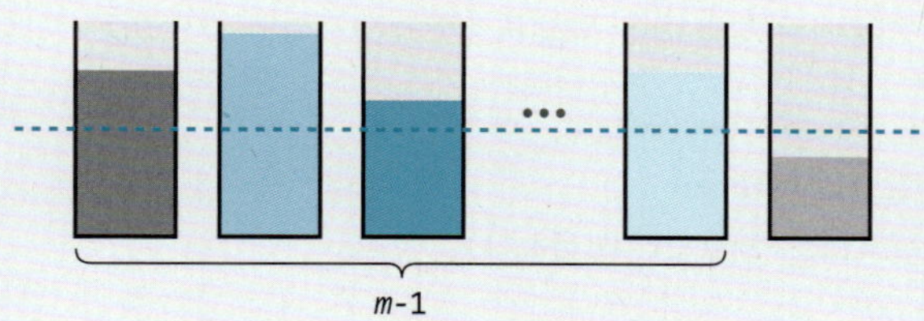

[그림 10.16] 최초 적합에서 m-1개의 통은 반드시 반 이상 채워진다.

최선 적합과 최악 적합

최선 적합과 최악 적합은 기존의 통에서 여유 공간을 모두 검사하여 물건을 넣었을 때 여유 공간이 가장 적거나(Best Fit) 많은(Worst Fit) 통에 채우는 방법이다. 이들도 최초 적합과 같이 균형 잡힌 이진탐색트리를 사용한다면 $O(n \log n)$ 시간에 근사해를 구할 수 있다.

> **잠깐만!! 점근적 근사 비율**
>
> 근사 비율은 절대(absolute) 근사 비율과 점근적(asymptotic) 근사 비율로 다시 나눌 수 있는데, 다음 적합 이외의 방법들은 점근적 근사 비율이 1.7로 다음 적합보다 우수한 것으로 알려져 있다. 이러한 근사 비율의 증명은 복잡하므로 이 책에서는 생략한다.

오프라인(Offline) 알고리즘

앞에서 살펴본 네 가지 근사 알고리즘들은 모두 물건들이 순서에 따라 들어올 때마다 즉시 통을 정해서 넣는 **온라인(online) 알고리즘**이다. 이러한 알고리즘에서는 큰 물건들이 나중에 나오면 불리한 상황이 자주 발생한다. 예를 들어, 즉 작은 물건들로 통을 채웠는데 큰 물건이 나중에 나오면 기존 통들의 여유 공간에 넣을 수 없어 새로운 통이 필요한 경우가 많이 발생할 수 있다는 것이다. 만약 모든 물건을 다 받아 놓고 통을 결정해도 된다면 이런 문제를 보완할 수 있다. 이러한 방법들은 **오프라인(offline) 알고리즘**으로 분류된다.

오프라인 알고리즘에서는 먼저 물건들을 크기의 역순으로 정렬한 후 가장 큰 물건부터 결정해나간다. 최초 적합을 예로 들면, 다음과 같은 알고리즘으로 처리할 수 있는데, 시간 복잡도는 정렬의 시간 복잡도가 $O(n\log n)$이므로 원래의 First Fit의 복잡도와 차이가 없다.

알고리즘 10.3 통 채우기 문제의 최초 적합(First Fit) 오프라인 알고리즘

```
def binPacking_FirstFitDec(weight, c) :
    weight.sort(reverse=True)                  # 무게의 역순으로 정렬
    return binPacking_FirstFit(weight, c)      # FirstFit 수행
```

다음 그림은 앞의 문제를 먼저 정렬한 후 최초 적합을 적용한 결과를 보여준다. 작은 항목들이 뒤 쪽에 배치되어 기존 통의 빈 곳을 적절히 채울 수 있고, 따라서 이 문제의 경우 최적해와 같은 해를 구하는 것을 알 수 있다.

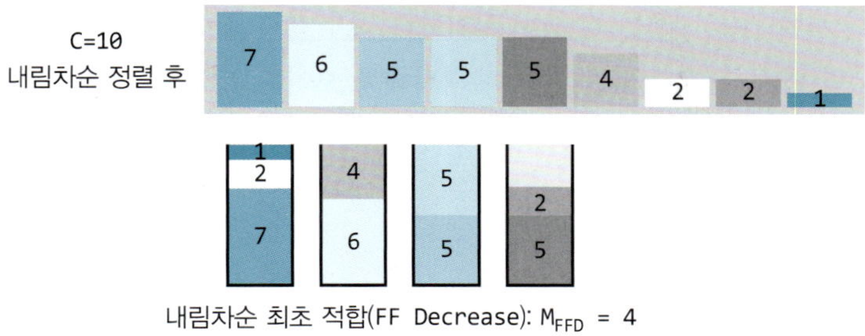

[그림 10.17] 오프라인 근사 알고리즘의 예: 내림차순 최초 적합

알고리즘 테스트 통 채우기 근사 알고리즘 테스트

```
weight = [5, 7, 4, 2, 5, 1, 6, 2, 5]
c = 10
print(weight , c)
print("필요한 통의 수(Next Fit) : ", binPacking_NextFit(weight, c) )
print("필요한 통의 수(FirstFit) : ", binPacking_FirstFit(weight, c) )
print("필요한 통의 수(FirstFitDec) : ", binPacking_FirstFitDec(weight, c) )
```

```
C:\WINDOWS\system32\cmd.exe
[5, 7, 4, 2, 5, 1, 6, 2, 5] 10
필요한 통의 수(Next Fit) :  6
필요한 통의 수(FirstFit) :  5
필요한 통의 수(FirstFitDec) :  4
```

10.5 정점 커버 문제의 근사 알고리즘

정점 커버(vertex cover) 문제는 다음과 같이 정의된다.

문제 10.6 정점 커버 문제

> 무방향 그래프 G=(V,E)에서 모든 간선 (u,v)의 양쪽 정점 u와 v 중에서 적어도 하나 이상의 정점을 포함하는 정점집합 중에서 최소 크기의 집합을 찾아라.

이 문제는 무방향 그래프 G=(V,E)에서 정점 집합 V의 최소 크기의 부분집합 C를 찾는 문제이다. 이때, C의 정점들은 그래프 G의 모든 간선과 연결되어 있어야 한다. 따라서 비록 이름은 "정점" 커버이지만 <u>모든 간선을 커버하는 정점들의 집합을 구하는 문제</u>라고 볼 수 있다. 다음은 몇 가지 그래프의 정점 커버 최적해를 보여주고 있다.

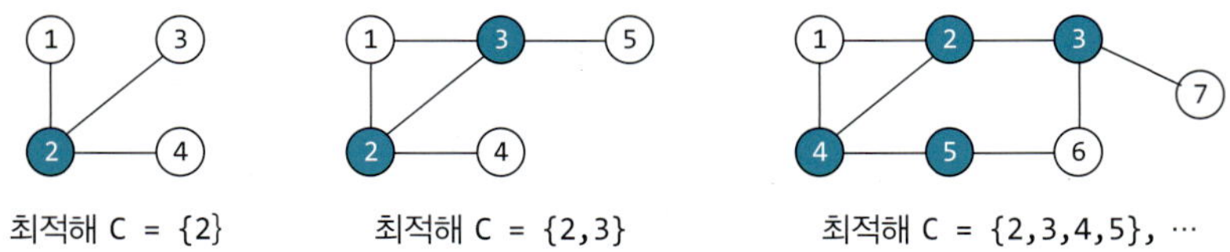

[그림 10.18] 정점 커버 문제의 최적해

정점 커버는 NP-완전으로 알려져 있으므로 P=NP가 되지 않는 한 다항식 시간에 최적해를 찾을 수 없다. 그러나 근사해는 다항식 시간에 찾을 수 있다.

■ 간선 지향 근사 전략

이 문제에 대해서는 두 개의 간단한 전략을 생각할 수 있다.

- **정점 지향 전략**: 주어진 그래프 G의 모든 간선을 커버하기 위해 단순히 정점들을 순서적으로 선택하는 방법을 생각할 수 있다. 하나의 정점 v를 선택해 정점 커버에 포함시키고 v와 연결된 모든 간선을 제거한다. 이때, 간선 (v,u)를 제거한다고 인접 정점 u까지 제거하면 안 되는 것에 유의하라. 이러한 정점의 선택 과정은 그래프의 모든 간선이 제거될 때까지 반복된다. 정점을 선택할 때 임의의 정점을 선택할 수도 있지만, 차수가 큰 정점부터 선택할 수도 있다. 이와 관련한 연습문제에 도전하라.
- **간선 지향 전략**: G의 간선 (u,v)를 임의로 선택하는 방법이다. (u,v)를 선택하면 정점 u와 v를 모두 정점 커버에 포함시키고, 이 두 정점에 연결된 간선들을 모두 제거할 수 있다. 그래프의 모든 간선이 제거될 때까지 이 과정을 반복하면 된다.

여기서는 간선 지향 전략을 사용해 보자. 다음은 정점 커버 문제에 대한 근사해를 구하는 간선 지향 전략 알고리즘이다.

알고리즘 10.4 정점 커버 문제의 근사 알고리즘(간선 지향 전략)

```
1: 정점 커버 집합 c를 공집합으로 초기화한다.
2: 그래프의 모든 간선의 집합을 E라 하자.
3: E가 공집합이 아닐 때까지
    3.1: E에서 임의의 간선 (u, v)를 선택하고, u와 v를 집합 c에 추가한다.
    3.2: u와 v에 연결된 모든 간선을 E에서 삭제한다.
4: c를 반환한다.
```

이 알고리즘은 연속적으로 간선을 선택하는 전략을 사용하는데, 다음은 알고리즘의 실행 과정의 예를 보여준다. 그림 10.18의 최적해인 {2,3,4,5}에 비해 두 개 많은 정점을 찾았으므로 물론 최적해(정점 4개)보다 못한 결과이지만, 이것은 다항식 시간 알고리즘이다.

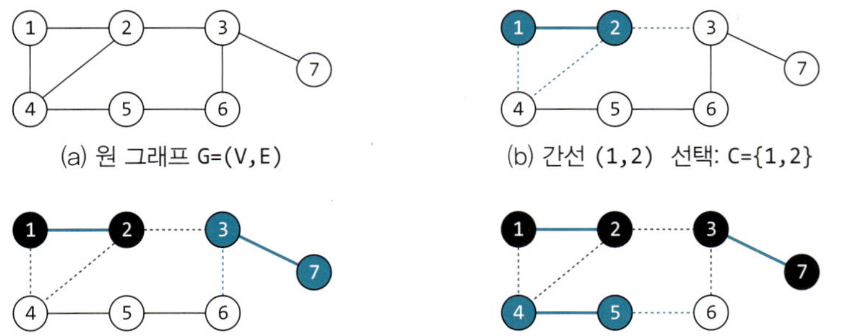

(a) 원 그래프 G=(V,E)　(b) 간선 (1,2) 선택: C={1,2}

(c) 간선 (3,7) 선택: C={1,2,3,7}　(d) 간선 (4,5) 선택: C={1,2,3,7,4,5}

[그림 10.19] 정점 커버 문제의 근사해

심화 학습

알고리즘 10.4의 근사 비율을 계산해 보자.

만약, c를 근사해의 정점 집합, c^*를 최적해의 정점 집합이라 하고, A를 알고리즘 10.4의 3.1 단계에서 선택된 모든 간선의 집합이라 하자.

근사 알고리즘에서는 A에 속한 간선들의 양쪽 정점들을 모두 근사해에 넣는다. 따라서 근사해의 크기는 다음과 같다.

$$|c| = 2|A|$$

최적해 c^*의 정점들은 반드시 집합 A의 모든 간선도 커버해야 한다. 또한, A에는 같은 정점

을 공유하는 두 개의 간선은 있을 수 없다. 따라서 최적해 c^*에는 A의 간선들에 대해 최소한 하나의 끝 정점은 반드시 포함해야 한다. 즉, $|c^*| \geq |A|$이다. 이 식을 위 식에 대입하여 정리하면 다음과 같다.

$$|c| = 2|A| \leq 2|c^*|$$

따라서 이 알고리즘의 근사 비율은 2이며, 근사해의 정점 수가 최적해의 2배를 절대 넘지 않는다.

■ 정점 커버 근사 알고리즘

인접 행렬로 표현된 그래프에서 정점 커버 c를 찾는 알고리즘을 파이썬을 이용해 구체적으로 기술해 보자. 먼저, 정점의 방문 여부를 나타내기 위한 리스트 visited를 사용한다. 만약 어떤 정점 v가 c에 포함된다면(visited[v]=True) v와 연결된 모든 간선은 더 이상 고려할 필요가 없다. 알고리즘은 양 끝 정점이 아직 방문하지 않은 간선 중에서 임의로 하나씩 선택하여 처리한다.

알고리즘 10.5 정점 커버 문제의 근사 알고리즘

```
01 def VertexCover(adj) :
02     V = len(adj)                      # 정점의 개수
03     visited = [False] * V             # 정점의 방문 표시
04     c = []                            # 근사해 집합
05
06     for u in range(V):
07         if visited[u] == False :
08             for v in range(V):
09                 # 아직 방문하지 않은 두 정점 사이의 간선 (u,v)를 선택
10                 if adj[u][v] != 0 and visited[v]==False :
11                     c.append(u)       # u,v를 모두 해에 넣음
12                     c.append(v)
13                     visited[u] = True # u,v와 연결된 모든 간선들을
14                     visited[v] = True # 더 이상 고려하지 않음.
15                     break
16     return c
```

1행: 인접 행렬로 주어진 그래프에 대해 정점 커버를 구하는 근사 알고리즘.

3~4행: 정점의 방문 표시를 위한 리스트 visited 생성 및 초기화와 근사해 집합 c를 생성한다. 처음에 c는 공집합이다.

6~15행: 양쪽 정점 u나 v가 모두 방문하지 않은 모든 간선 (u,v)에 대해, (u,v)를 해에 넣고, u와 v를 방문한 것으로 처리한다.

알고리즘 테스트 정점 커버 문제의 근사 알고리즘

```
G1 = [ [0, 1, 1, 0, 0, 0, 0],
       [1, 0, 0, 1, 0, 0, 0],
       [1, 0, 0, 0, 0, 0, 0],
       [0, 1, 0, 0, 1, 0, 0],
       [0, 0, 0, 1, 0, 1, 0],
       [0, 0, 0, 0, 1, 0, 1],
       [0, 0, 0, 0, 0, 1, 0]]
c1 = VertexCover(G1)
print("Vertex Cover(G1)=", len(c1), c1)
```

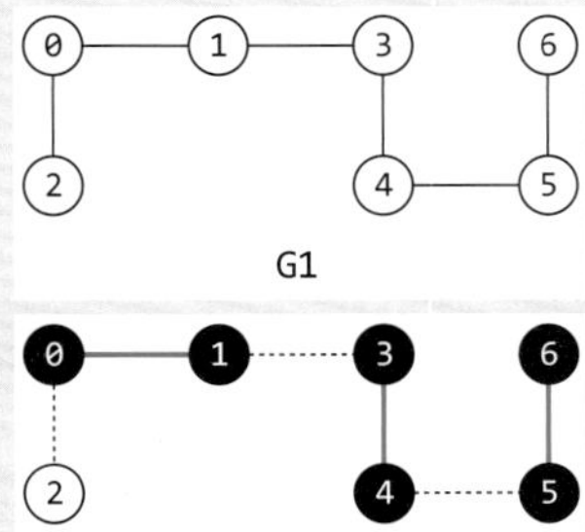


```
C:\WINDOWS\system32\cmd.exe
Vertex Cover(G1)= 6 [0, 1, 3, 4, 5, 6]
```

```
G2 =[ [0, 1, 0, 0, 0, 0],
      [1, 0, 1, 1, 0, 0],
      [0, 1, 0, 0, 1, 1],
      [0, 1, 0, 0, 1, 0],
      [0, 0, 1, 1, 0, 0],
      [0, 0, 1, 0, 0, 0]]
c2 = VertexCover(G2)
print("Vertex Cover(G2)=", len(c2), c2)
```

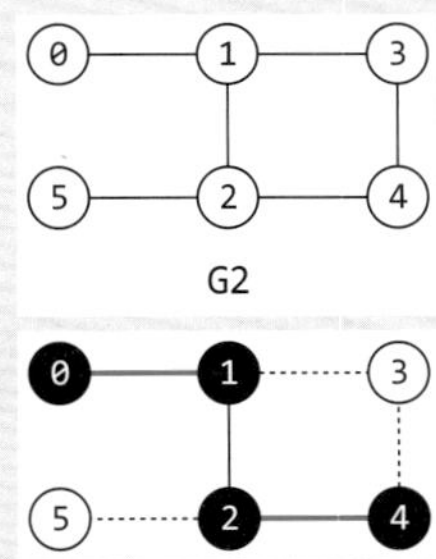


```
C:\WINDOWS\system32\cmd.exe
Vertex Cover(G2)= 4 [0, 1, 2, 4]
```

이 알고리즘의 시간 복잡도는 이중 루프(6행, 8행)를 사용하고 각 루프는 정점의 수만큼 반복한다. 따라서 정점의 수를 n라고 한다면 $O(n^2)$이다. 만약 인접 리스트를 이용한다면 $O(n+e)$로 구현할 수 있다. 이때, e는 그래프의 간선의 수이다.

정점 커버 문제는 비록 일반적인 그래프에서는 NP-완전 문제이지만 다음 그림과 같이 정점을 두 그룹으로 분리할 수 있는 **이분 그래프**(bipartite graph)나 트리에서는 최적해를 구하는 다항식의 알고리즘을 찾을 수 있다.

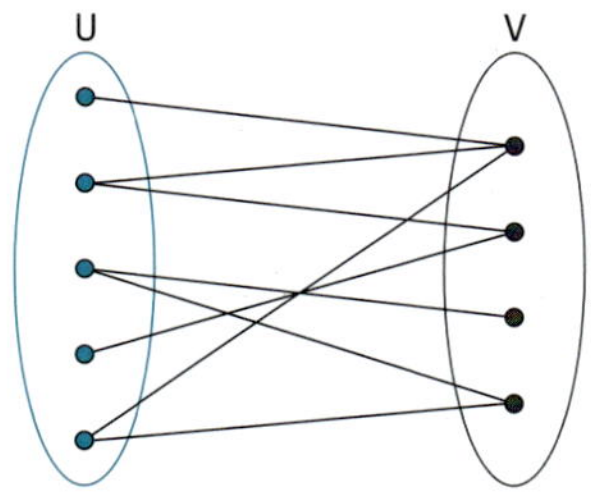

[그림 10.20] 이분 그래프(bipartite graph)의 예

10.6 TSP 문제의 근사 알고리즘(심화)

대표적인 NP-완전 문제인 외판원 문제(TSP)로 돌아가 보자. 이 문제는 가중치 그래프 G=(V,E)에서 최소비용의 해밀토니안 사이클을 찾는 문제이다.

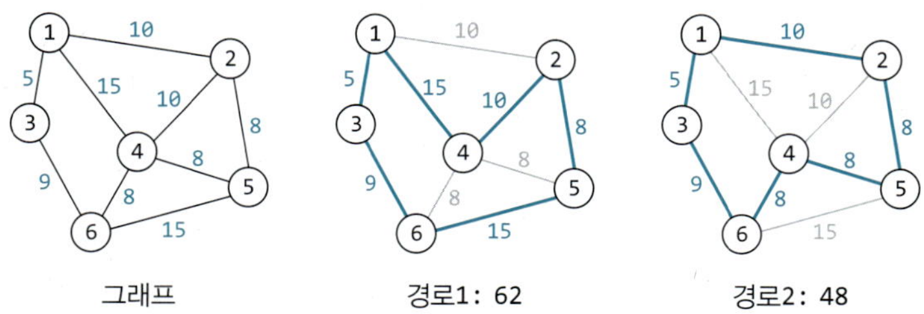

[그림 10.21] TSP 문제의 예

TSP 문제의 최적해를 구하기 위해서는 정점의 수 n의 팩토리얼, 즉 $n!$에 비례하는 단말 노드를 갖는 상태공간트리를 탐색해야 한다. 이를 위해 백트래킹이나 분기 한정 전략을 이용해 탐색공간을 줄일 수 있지만, n이 큰 경우 여전히 현실적인 시간에 해결할 수 없다. 이 문제를 근사 알고리즘으로 해결하는 방법을 생각해 보자.

■ 최소비용 신장트리를 이용한 근사 알고리즘

최소비용 신장트리(MST)를 잘 활용하면 TSP 문제에 대한 근사 알고리즘 하나를 만들 수 있다. 최소비용 신장트리는 가중치 그래프 G=(V,E)가 주어졌을 때 G의 모든 정점을 포함하면서 간선의 가중치 합이 최소가 되는 신장트리이므로 가장 짧은 경로를 찾는 TSP 문제와 관련이 있다. 특히, 8장에서 Kruskal이나 Prim의 최소비용 신장트리 알고리즘이 모두 다항식 시간에 최적해를 구할 수 있었던 것을 기억하라. MST를 이용한 TSP 근사 알고리즘을 위해서는 다음과 같이 몇 가지 추가적인 조건이 필요하다.

- 그래프 G는 완전 그래프(complete graph)이다. 즉, 그래프의 모든 정점에서 다른 모든 정점으로 직접 가는 간선이 존재한다.
- 모든 간선의 가중치 c(u,v)는 음수가 아니어야 한다.
- 간선 가중치는 삼각 부등식(triangle inequality)의 원리가 적용되어야 한다. 이것은 정점 u, v, w가 있을 때 이들 정점 사이의 간선들은 항상 다음 조건이 만족하여야 한다는 것이다.

$$c(u, w) \le c(u, v) + c(v, w)$$

삼각 부등식의 원리는 많은 현실적인 상황에서 만족하는 조건이다. 예를 들어, 세 정점 u, v, w가 2차원 평면상에 정의되어 있고 간선의 가중치가 정점들 사이의 직선거리라고 하자. 이 경우, 정점 u와 v 사이의 직선거리는 다른 점 w를 거쳐서 오는 거리, 즉 u와 w의 직선거리와 w와 v의 직선거리를 더한 것보다는 항상 작거나 같다.

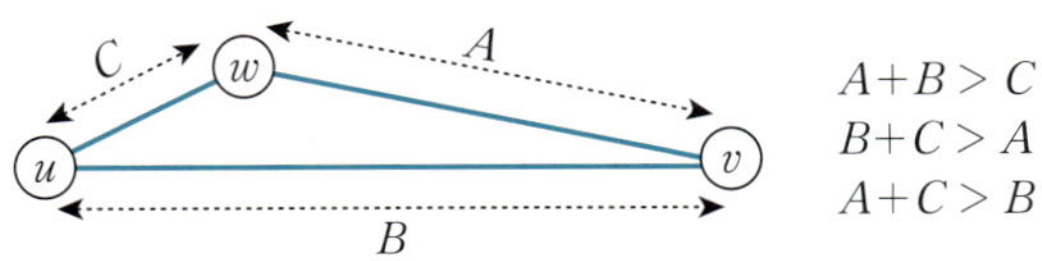

[그림 10.22] 삼각 부등식(triangle inequality)의 원리

주어진 가중치 그래프가 이러한 삼각 부등식의 원리를 만족한다고 하더라도 TSP는 여전히 NP-완전 문제이다. 이것은 다항식 시간 알고리즘을 찾기가 쉽지 않을 것을 의미한다.

이제, 조건이 추가된 TSP 문제의 근사 알고리즘을 생각해 보자. 최소비용 신장트리를 이용하는 방법이다. 자연어로 기술된 근사 알고리즘은 다음과 같다.

알고리즘 10.6 TSP 문제의 근사 알고리즘

1. 입력 그래프에 대한 최소비용 신장트리 MST를 구한다.
2. MST의 임의의 노드 r을 루트로 하여 모든 노드를 방문하고 다시 r로 돌아오는 경로 P를 찾는다.
3. P에서 정점들을 순서대로 검사하여 중복되어 나타나는 모든 정점을 제거한다. 단, 시작 정점과 동일한 마지막 정점은 제거하지 않는다.
4. P를 반환한다.

다음 그림의 (a)와 같은 가중치 그래프에서 TSP 경로를 구하는 과정을 살펴보자. (a)는 완전 그래프라고 가정한다.

- 먼저 최소비용 신장트리 MST를 구한다. 구한 결과가 (b)라고 하자.
- MST의 임의의 노드 A를 루트로 생각하고, 전위 순회를 한다. 이때, 지나가는 모든 정점을 순서대로 나열하면 (c)와 같은 리스트가 구해진다.
- 이 정점 리스트에서 중복된 정점을 제거하면 (d)와 같은 정점들이 남는다.
- 이 정점들을 순서대로 연결하면 (e)와 같이 이 그래프에 대한 하나의 해밀토니언 경로를 찾을 수 있고, 이것은 TSP 근사해가 된다.

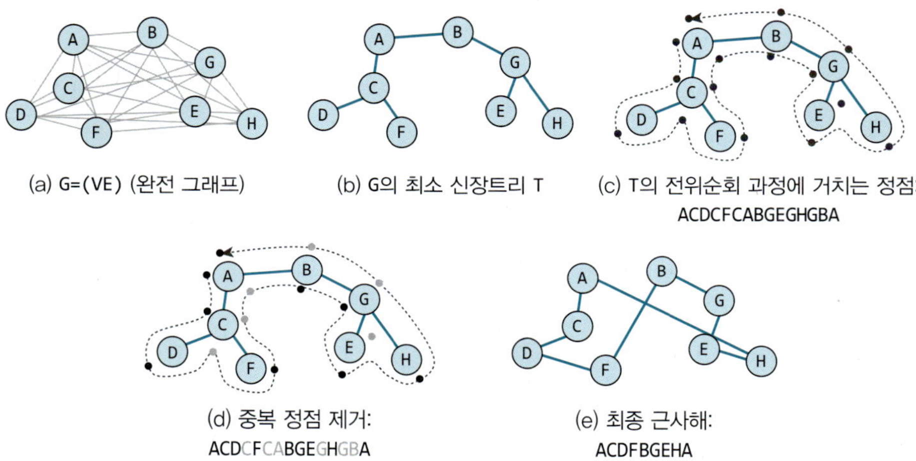

[그림 10.23] MST를 이용한 TSP 근사 알고리즘의 근사해 계산 과정

그림의 (d)에서 처음으로 삭제되는 정점 C를 보자. (c)의 첫 부분의 경로 A,C,D,C,F,...에서 C가 생략되고 A,C,D,F,...으로 경로가 변경되었다. (c)의 전체 정점 리스트에 대해 이것을 적용하면 (e)와 같이 TSP 문제의 최종 근사해를 구할 수 있다.

예제를 통한 최적해와 근사해 비교

다음은 삼각 부등식의 원리를 만족하는 정점이 5개인 완전 가중치 그래프이다. 이 그래프에서 알고리즘 10.6을 이용해 TSP 문제의 근사해를 구해보자.

- 먼저 (b)와 같이 최소비용 신장트리를 구한다. 여기서는 Kruskal 알고리즘을 사용하였다.
- 이 트리에서 A를 루트 노드로 생각하고 (c)와 같이 전위순회를 하면서 거치는 정점을 구하면 A, B, C, B, D, E, D, B, A가 된다.
- 중복 정점을 제거하면 최종 근사해는 (d)와 같이 A, B, C, D, E, A가 된다. 이 근사해의 총 경로 비용은 39이다.

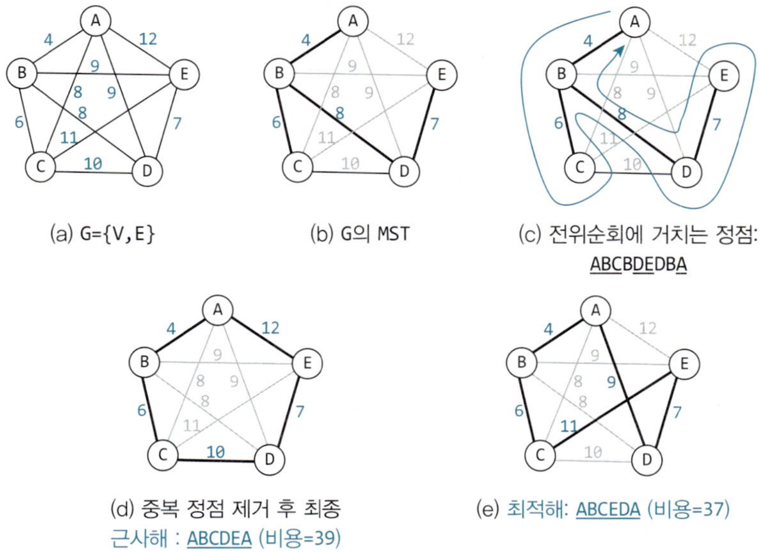

[그림 10.24] MST를 이용한 TSP 근사 알고리즘의 근사해와 최적해의 예

이 문제에서 최적해는 (e)와 같이 경로가 A, B, C, E, D, A이고, 비용은 37이다. 근사 알고리즘을 이용해 구한 근사해는 최적해보다는 좋지 않지만 충분히(?) 좋은 해이다.

■ 알고리즘의 성능 분석

이 알고리즘의 근사해는 최적해와 얼마나 비슷할까? 결론적으로 근사 TSP 알고리즘은 삼각 부등식 조건을 갖춘 완전 그래프의 TSP 문제에 대한 2-근사 알고리즘이다.

심화 학습 알고리즘 10.6의 근사 비율

알고리즘 10.6의 근사 비율을 계산해 보자.

H^*를 최적 경로라고 하자. TSP에서 하나의 간선을 삭제하면 신장트리가 된다. 이때 이 트리가 최소비용 신장트리 MST일 필요는 없다. 그래프의 MST의 가중치의 합은 최적경로 H^*의 길이보다 항상 작거나 같다. 이것은 MST의 가중치가 최적 경로의 하한이 됨을 의미한다.

$$c(\mathrm{MST}) \le c(H^*)$$

MST의 루트 노드부터 모든 노드를 순회하고 다시 루트로 돌아오는 전체 경로를 w라 하자. w는 MST의 모든 간선을 정확히 두 번 방문한다. 따라서 다음의 식이 성립한다.

$$c(w) = 2c(\mathrm{MST}) \le 2c(H^*)$$

전체 경로 w에서 중복되는 정점을 제거하여 구한 근사해를 H라 하자. 삼각 부등식 조건이 모든 간선에 대해 성립하므로 $c(w)$가 $c(H)$보다 절대 클 수는 없으며, 결국 다음의 식이 성립한다.

$$c(H) \le c(w) = 2c(\mathrm{MST}) \le 2c(H^*)$$

따라서 근사해 H의 길이는 최적해 H^*의 길이의 두 배를 절대 넘을 수 없으며, 결국 근사 TSP 알고리즘은 2-근사 알고리즘이다.

이 알고리즘의 시간 복잡도를 살펴보자.

- 1행: 시간 복잡도는 사용하는 MST 알고리즘의 시간 복잡도와 같다. 그래프의 정점의 수가 n이고 간선의 수가 e라고 하자. 만약 Kruskal 알고리즘을 사용한다면 시간 복잡도는 $O(e\log_2 e)$이고, Prim의 알고리즘을 사용하면 시간 복잡도는 $O(n^2)$이다.
- 2행: MST의 간선의 개수는 $n-1$이고, 전체 간선을 두 번 지나가기 때문에 $2(n-1)$개의 간선을 지나가고, 따라서 복잡도는 $O(n)$이다.
- 3행: 정점 리스트를 한번 탐색하면 되기 때문에 $O(n)$이다.

결국, 근사 TSP 알고리즘의 시간 복잡도는 MST 알고리즘에 좌우된다. 따라서 근사 TSP 알고리즘은 최적해를 구하지는 못하지만 다항식 시간에 최적해의 길이의 두 배를 절대 넘지 않는 근사해를 구해준다.

연습문제

1* 장기 게임의 어느 상황에서 차(車)가 유효한 위치에 있다고 하자. 車를 갈 수 있는 네 방향 중에서 어느 한 방향으로 한 칸 움직인다면 그 게임을 이기게 될까 지게 될까? 이 문제는 풀 수 있는 문제인가?

2* 인터넷에서 앨런 튜링이 제시한 정지 문제(halting problem)를 찾아보고, 이 문제가 풀 수 없는 문제임을 증명하는 방법을 제시하라.

3 P와 NP에 속하는 결정 문제의 예를 각각 3개 이상 들어보라.

4 결정 부분집합의 합(SubsetSum) 문제는 집합 S의 부분집합 중에서 원소의 합이 K가 되는 부분집합이 있는지를 묻는 문제이다. 이 문제가 NP-완전문제임을 보여라. 이를 위해 집합 S = { 2, 9, 7, 6, 10, 5 }와 K=17인 경우를 사용하라.

5 다음 문제들의 예를 보여라. 만약 예가 없다면 이유를 설명하라.

(1) 해밀토니안 사이클은 있지만 오일러 회로는 없는 그래프
(2) 오일러 회로는 있지만 해밀토니안 사이클은 없는 그래프
(3) 오일러 회로와 해밀토니안 사이클이 모두 있는 그래프
(4) 그래프의 모든 정점을 연결하는 사이클은 있지만 해밀토니안 사이클이나 오일러 회로는 모두 없는 그래프

6 다음 중 옳은 것을 모두 골라라.

(1) 모든 NP-완전 문제는 NP-하드이다.
(2) 모든 NP-하드 문제는 NP-완전이다.
(3) NP가 아니라도 NP-완전에 속할 수 있다.
(4) 어떤 NP-완전 문제가 다항식 시간에 풀리면 모든 NP-하드 문제가 다항식 시간에 풀린다.
(5) 어떤 NP-하드 문제가 다항식 시간에 풀리면 모든 NP-완전 문제가 다항식 시간에 풀린다.

(6) 어떤 NP-하드 문제가 다항식 시간에 풀리면 모든 NP-하드 문제가 다항식 시간에 풀린다.

7* 부분집합의 합 문제는 0-1 배낭 문제의 특수한 경우로 볼 수 있다. 배낭 문제의 입력을 변환하여 배낭 문제를 해결할 수 있으면 부분집합의 합 문제를 해결할 수 있다는 것을 설명하라.

8 다음 SAT 문제의 답을 구하라.

(1) $(\overline{a} \vee b)$, $(\overline{b} \vee \overline{c})$, $(a \vee \overline{c})$

(2) $(\overline{a} \vee \overline{b})$, $(\overline{a} \vee \overline{c})$, $(a \vee b \vee c)$

9 다음 그래프에서 해밀토니안 사이클을 찾아보라.

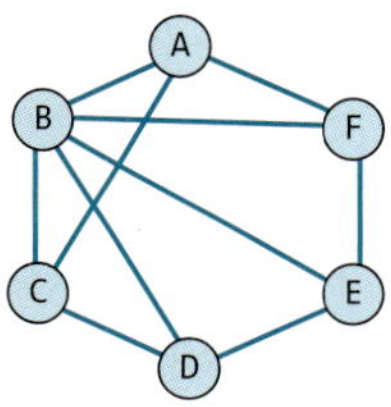

10* 사이클이 없는 방향 그래프에서 해밀토니안 사이클이 있는지를 알아보는 효율적인 방법을 찾아보라. 이 방법이 다항식 시간에 가능한가?

11 다음과 같이 주어진 0-1 배낭 채우기 문제에 대한 해를 구하라. 단, 배낭의 용량은 20이다.

	A	B	C	D	E	F
무게	3	5	2	6	4	7
가치	10	15	8	16	12	20

12 다음 그래프를 가장 적은 수의 색으로 칠하라. 몇 개의 색이 필요한가?

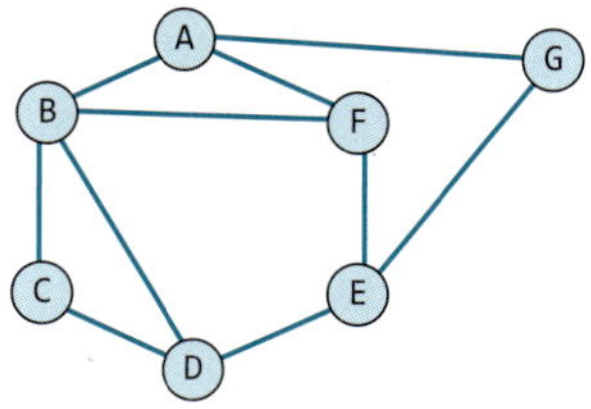

13 집합 S = { 1, 4, 9, 5, 2, 3, 6 }에서 원소의 합이 15가 되는 부분집합을 찾아라.

14 집합 S = { 1, 4, 9, 5, 2, 3, 6 }을 두 개의 부분집합으로 분할하라. 단, 두 부분집합의 원소의 합은 같아야 한다.

15 다음은 통에 넣어야 할 물건들의 크기이다. 크기가 10인 통들을 사용하여 모든 물건을 넣어라. 단, 사용되는 통의 수가 최소가 되도록 하라.

물건 크기: 5, 7, 4, 2, 5, 1, 6, 2, 5

16 다음 그래프에서 최소 개수의 정점 커버를 찾아라.

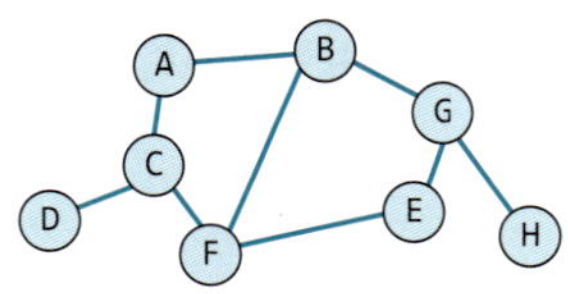

17* 인터넷에서 다음과 같은 NP-완전 문제들의 정의를 찾아보고, 시간 복잡도를 설명해 보라.

(1) 집합 커버(set cover) 문제
(2) 독립 집합(independent set) 문제
(3) 클리크(clique) 문제
(4) 부분 그래프 동형(subgraph isomorphism) 문제
(5) 지배적 집합(dominating set) 문제

18 다음의 통 채우기 문제를 주어진 방법으로 해결하라.

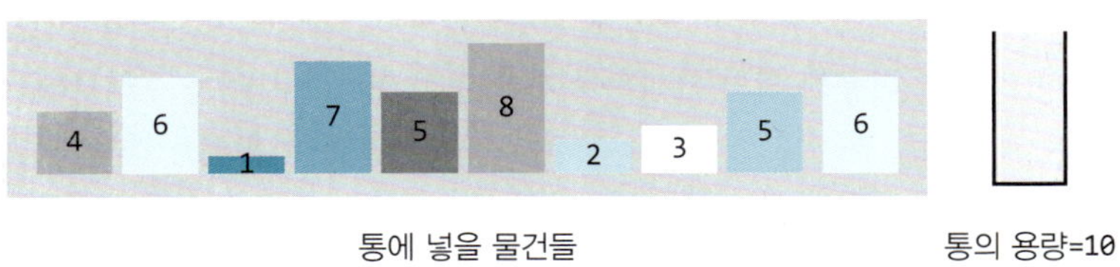

(1) 최적해
(2) 다음 적합
(3) 최초 적합
(4) 최선 적합

(5) 최악 적합
(6) 오프라인 다음 적합
(7) 오프라인 최초 적합

19* 최선 적합 알고리즘을 구현하고 근사 비율을 계산하라.

20* 최악 적합 알고리즘을 구현하고 근사 비율을 계산하라.

21 네 가지 온라인 알고리즘과 오프라인 알고리즘을 구현하고, 다양한 입력에 대해 테스트한 결과를 보여라.

22* 최초 적합 알고리즘에 균형이진 탐색트리를 적용하여 처리시간을 줄이는 방법을 자세히 설명하라.

23 다음 그래프에서 알고리즘 10.5의 간선 지향 전략을 이용해 정점 커버의 근사해를 찾아라.

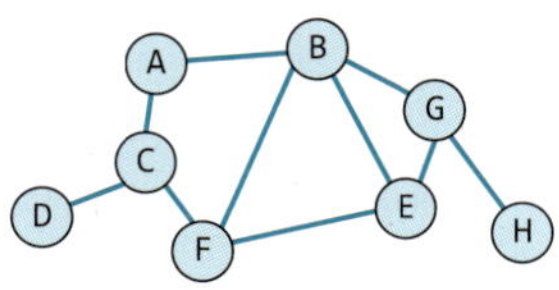

24 23번 문제의 그래프에 대해 정점 지향 전략을 이용해 근사해를 구해보라.

25 정점 지향 전략을 사용할 때, 임의의 정점을 선택하는 것이 아니라 연결된 간선이 가장 많은, 즉 차수가 최대인 정점을 먼저 선택하는 것도 좋은 전략일 것이다. 이러한 탐욕적 기법의 정점 지향 전략을 이용해 위의 그래프에 대한 정점 커버 근사해를 구해보라.

26* 25번 문제의 탐욕적 기법의 정점 지향 전략을 이용한 정점 커버 근사 알고리즘을 구현하고 테스트하라.

27* 어떤 그래프에 대한 TSP의 최적해의 경로 길이는 동일한 그래프의 최소비용 신장트리의 간선들의 가중치의 합보다 항상 작지 않다. 그 이유를 설명하라.

28 다음 그래프에 대한 근사 TSP 알고리즘의 실행 결과를 설명하고, 최적해와 근사해를 비교하라.

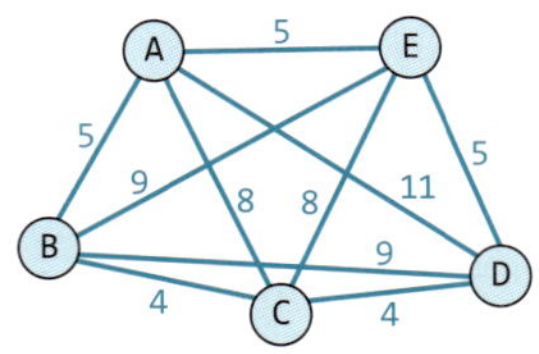

29* 알고리즘 10.6의 근사 TSP 알고리즘을 파이썬으로 구현하고, 28번 문제의 그래프에 대한 결과를 출력해 보라.

30* 인터넷에서 TSP 문제에 대한 근사 비율 1.5의 근사 알고리즘을 찾고 설명해 보라.

찾아보기

ㅈ

ㅊ

파이썬